# Englisch
**(*Britisches Englisch*)**
ohne Mühe

Die Methode für jeden Tag

# Englisch
*(Britisches Englisch)*
## ohne Mühe

von
Anthony BULGER

Deutsche Übersetzung und Bearbeitung von
Susanne GAGNEUR

Zeichnungen von J.-L. Goussé

Der Sprachverlag

Körnerstrasse 12 HH
50823 Köln
Deutschland

E-Mail:
Kontakt@assimil.com

© Assimil 2008-2025
ISBN 978-3-89625-018-6

# Der Assimil-Verlag bietet folgende Sprachkurse an:

## Grundkurse Niveau A1–B2 / Reihe "ohne Mühe"

Amerikanisch • Arabisch • Brasilianisch
Bulgarisch • Chinesisch • Chinesische Schrift
Dänisch • Deutsch (als Fremdsprache) • Englisch
Finnisch • Französisch • Griechisch • Hindi
Indonesisch • Italienisch • Japanisch • Kanji-Schrift
Koreanisch • Kroatisch • Latein • Luxemburgisch
Niederländisch • Norwegisch • Persisch • Polnisch
Portugiesisch • Rumänisch • Russisch • Schwedisch
Spanisch • Suaheli • Thai • Tschechisch
Türkisch • Ungarisch • Vietnamesisch

## Vertiefungskurse Niveau B2–C1 / Reihe "in der Praxis"

Englisch • Französisch • Italienisch • Russisch • Spanisch

## Weitere Sprachkurse in Vorbereitung

… Aktuelles und weitere Infos unter www.AssimilWelt.com

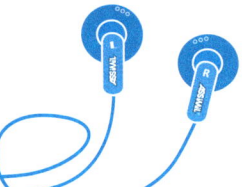

### Die Tonaufnahmen

mit den fremdsprachigen Texten aller Lektionen und Verständnisübungen aus diesem Kurs – insgesamt 170 Min. Spieldauer – können Sie im Internet oder bei Ihrem Buchhändler bestellen: English

4 Audio-CDs ISBN 978-3-89625-168-8
1 MP3-CD ISBN 978-3-89625-618-8

Dieses Buch ist auch zusammen mit der passenden PC-App erhältlich.

## VORWORT

### Verbreitung
Die englische Sprache gehört zur westgermanischen Gruppe der indogermanischen Sprachen. Die Anzahl der Sprecher beläuft sich weltweit auf etwa 1,4 Mrd., davon rund 230 Mio. in den USA, rund 60 Mio. auf den Britischen Inseln, die übrigen in Kanada, Australien, Neuseeland, der Republik Südafrika und den ehemaligen britischen Kolonien. Darüber hinaus ist die englische Sprache für ca. eine weitere Milliarde Sprecher in Indien, Pakistan, Nigeria, Kenia und andere Staaten offizielle Zweitsprache und oft die einzige überregionale Verständigungssprache. Die englische Sprache ist weltweit die am weitesten verbreitete Fremdsprache, z. B. als Hauptsprache des internationalen Verkehrs, der Wirtschaft, der Technik und der Wissenschaft sowie – neben dem Französischen – auch der Diplomatie; einen besonderen Platz nimmt sie in der Unterhaltungsindustrie, Werbung und Jugendkultur ein.

### Sprachgeschichte
Die englische Sprachgeschichte wird gewöhnlich in die Perioden **Altenglisch** (etwa 450–1100 n. Ch.), **Mittelenglisch** (etwa 1100–1500 n. Chr.) und **Neuenglisch** (seit etwa 1500 n. Chr.) gegliedert. Die erste in Großbritannien geschichtlich nachweisbare Sprache war das Keltische. Als seit Mitte des 5. Jahrhunderts die germanischen Stämme der Angeln, Sachsen und Jüten Britannien eroberten, wurden die keltischen Dialekte in Randgebiete des Westens und Nordens zurückgedrängt. Nach der normannischen Eroberung (1066 n. Chr.) war England lange Zeit zweisprachig (amtliche Sprache war das normannische Französisch), bis sich im Laufe des 14. Jahrhunderts das Englische (mit vielen französischen Lehnwörtern) wieder durchsetzte.

### Struktur
Die englische Sprache hat einen sehr umfangreichen und heterogenen Wortschatz. Ein sehr großer Teil des heutigen Vokabulars entstammt dem Französischen. Auch findet man zahlreiche Entlehnungen aus dem Lateinischen, Griechischen, Niederländischen, Spanischen und Deutschen. Die Orthografie, d. h. die Rechtschreibung, wurde bereits nach Einführung des Buch-

drucks durch W. Caxton (1476) erstmals vereinheitlicht. Mit S. Johnsons „Dictionary of the English Language" (1755) war die englische Orthografie bereits weitgehend festgelegt; sie spiegelt den Lautstand des späteren Mittelenglischen, das heißt der Zeit um 1500 n. Chr., wider. Das Englische zeichnet sich durch starke Unterschiede zwischen Lautung und Schreibweise aus. Das Neuenglische hat einen sehr begrenzten Bestand an Deklinations- und Konjugationsformen. Der Plural wird bis auf wenige Ausnahmen durch das Anhängen eines **-s** gebildet. Bei den Pronomen (Fürwörtern) werden formal drei Kasus (grammatische Fälle), bei den Nomen (Hauptwörtern) zwei Kasus unterschieden. Das Neuenglische kennt fast nur ein natürliches Geschlecht und unterscheidet im Wesentlichen zwei Modi und drei Zeitstufen. Bereits im 18. Jahrhundert wurde durch normative Grammatiken die strikte Wortstellung von „Subjekt – Verb – Objekt" fixiert.

**Varianten des Englischen**
Die neben dem britischen Englisch (einschließlich seiner Varianten beziehungsweise Dialekte, darunter das Schottische und Angloirische) bedeutendste Variante ist das amerikanische Englisch; seine Wurzeln sind im Englischen des Elisabethanischen Zeitalters zu suchen. Das amerikanische Englisch weist v. a. im Wortschatz größere Gemeinsamkeiten mit dem britischen Englisch auf. Bedeutende Unterschiede zum britischen Englisch bestehen im Wortschatz, in der Orthografie und v.a. in der Aussprache. Das kanadische Englisch steht dem amerikanischen Englisch nahe, weist aber auch viele Gemeinsamkeiten mit dem britischen Englisch auf. Das australische Englisch und das neuseeländische Englisch sind eng an der britischen Standardsprache orientiert (sie weisen jedoch Besonderheiten in Wortschatz und Aussprache auf). Das südafrikanische Englisch ist vom Afrikaans beeinflusst. In Indien und den ost- und westafrikanischen Ländern ist die englische Sprache meist die Sprache der Wissenschaft, Technik und Verwaltung.

## INHALT

| | |
|---|---|
| Vorwort | V |
| Englisch ohne Mühe mit Assimil | X |
| Passive und aktive Phase | XI |
| Aufbau der Lektionen | XII |
| Arbeitsweise | XV |
| Die Aussprache des Englischen | XVI |
| Tabelle der Laute des Englischen | XIX |

| **Verzeichnis der Lektionen** | **Seite** |
|---|---|
| 1 How are you? | 1 |
| 2 Where's the family? | 3 |
| 3 A lucky man | 7 |
| 4 We're from Scotland | 9 |
| 5 A business trip | 13 |
| 6 Introductions | 15 |
| 7 Wiederholung und Anmerkungen | 19 |
| 8 At a party | 23 |
| 9 How old are you? | 25 |
| 10 Two holidays | 29 |
| 11 Two holidays (continued) | 33 |
| 12 A historical city | 35 |
| 13 Questions about Durham | 39 |
| 14 Revision and notes | 43 |
| 15 Breakfast | 49 |
| 16 Problems | 53 |
| 17 A pub lunch | 55 |
| 18 A cup of coffee | 59 |
| 19 A nice present | 61 |
| 20 Have you got any change? | 65 |
| 21 Revision and notes | 67 |
| 22 This is Simon Barnes | 71 |
| 23 And this is his wife... | 75 |
| 24 Never? | 79 |
| 25 A lazy weekend | 83 |
| 26 Fully booked | 85 |
| 27 A terrible restaurant | 89 |
| 28 Revision and notes | 93 |
| 29 Exercise | 97 |
| 30 By the way... | 101 |
| 31 I'm starving | 103 |
| 32 Too many calories | 107 |
| 33 The UK game show | 111 |

- **34** The West End .................................... 115
- **35** Revision and notes ............................... 117
- **36** I'm looking for a bank ............................ 123
- **37** I'm looking for a job ............................. 127
- **38** The perfect job .................................. 129
- **39** A postcard from Steve ............................ 133
- **40** Following a bank robber .......................... 137
- **41** Meeting Dave's friend at the airport ............. 141
- **42** Revision and notes ............................... 145
- **43** The general election (Part 1) .................... 151
- **44** Mothers .......................................... 155
- **45** What's on television? ............................ 159
- **46** Whose is this? ................................... 163
- **47** The general election (Part 2) .................... 167
- **48** Booking a flight ................................. 171
- **49** Revision and notes ............................... 175
- **50** Time flies ....................................... 183
- **51** A famous citizen of Portsmouth ................... 187
- **52** Rivals ........................................... 191
- **53** A few drinks ..................................... 195
- **54** A terrible memory ................................ 199
- **55** Stop worrying .................................... 203
- **56** Revision and notes ............................... 207
- **57** A job interview .................................. 215
- **58** The good news .................................... 219
- **59** The right clothes ................................ 225
- **60** Give me a lift to York ........................... 229
- **61** Travelling around Britain ........................ 233
- **62** Planning a journey ............................... 237
- **63** Revision and notes ............................... 243
- **64** A shopping expedition ............................ 249
- **65** A coffee at Mario's .............................. 255
- **66** The Beatles ...................................... 259
- **67** What will we do? ................................. 263
- **68** Disaster! ........................................ 269
- **69** A nation of gamblers? ............................ 273
- **70** Revision and notes ............................... 277
- **71** I feel awful! .................................... 283
- **72** Do what the doctor says .......................... 287
- **73** A worried mother ................................. 291
- **74** Planning a holiday ............................... 295
- **75** It's a deal ...................................... 299
- **76** Lost ............................................. 303
- **77** Revision and notes ............................... 307

| | |
|---|---|
| **78** He's still in a meeting | 313 |
| **79** The interview | 317 |
| **80** Higher education | 321 |
| **81** The interview (continued) | 327 |
| **82** At last! | 331 |
| **83** Bad weather | 335 |
| **84** Revision and notes | 341 |
| **85** An accident | 347 |
| **86** A tourist trap | 351 |
| **87** A letter from a friend | 357 |
| **88** Getting away | 361 |
| **89** A bite to eat | 367 |
| **90** An old friend | 371 |
| **91** Revision and notes | 377 |
| **92** Selfish | 383 |
| **93** Temptation | 387 |
| **94** A dinner party | 391 |
| **95** A dinner party (continued) | 397 |
| **96** The wrong number | 401 |
| **97** Tactless | 405 |
| **98** Revision and notes | 409 |
| **99** Crash! | 415 |
| **100** London | 421 |
| **101** Art | 425 |
| **102** Travel stories | 431 |
| **103** A quick promotion | 435 |
| **104** Renting a car | 439 |
| **105** Revision and notes | 445 |
| **106** It's so good to see you again! | 451 |
| **107** Gossip | 457 |
| **108** News from abroad | 463 |
| **109** What luck! | 469 |
| **110** Goodbye for now | 475 |

## Anhänge

| | |
|---|---|
| Grammatikalischer Index | 484 |
| Grammatikalischer Anhang | 488 |
| Wörterverzeichnis Englisch – Deutsch | 538 |

## ENGLISCH OHNE MÜHE MIT ASSIMIL

Dieser Kurs richtet sich sowohl an Personen, für die das Englische noch eine völlig unbekannte Sprache ist, als auch an Personen, die bereits über ein wenig Englischkenntnisse verfügen und diese gerne auffrischen möchten. Es vermittelt in 110 Lektionen modernes und lebensnahes Englisch. Insgesamt umfasst der Wortschatz, den Sie in diesem Kurs erlernen, ca. 3.000 Vokabeln.

**Englisch ohne Mühe** präsentiert Ihnen die Sprache so, wie man ihr im täglichen Leben begegnet. Durch den lebendigen Kontext werden Sie sich sehr schnell wohl fühlen. Die Assimil-Methode bietet eine natürliche Progression: Lassen Sie sich leiten, und Sie werden sehr bequem Ihr Ziel erreichen.

Das Geheimnis der natürlichen Assimilierung bei Assimil ist die **Regelmäßigkeit** des Lernens: 15–20 Minuten täglich in Gesellschaft Ihres Kurses, und Sie werden schnell Fortschritte machen. Haben Sie einmal wenig Zeit, so vermindern Sie die Lerndosis lieber, als dass Sie sie ganz streichen. Sie müssen nicht pro Tag eine Lektion durcharbeiten, sondern können eine Lektion auf zwei oder drei Tage verteilen. Lernen Sie nicht „zwischen Tür und Angel" oder wenn Sie unter Stress stehen oder zu müde sind. Wählen Sie zum Lernen einen Ort und eine Tageszeit, der bzw. die auf Ihre Lerngewohnheiten abgestimmt ist.

Lernen Sie **nicht auswendig**. Die bessere Art, sich eine Fremdsprache anzueignen (zu assimilieren), ist wiederholtes Lesen und vor allem Anhören der Dialoge und Übungstexte.

Lesen Sie auf jeden Fall die vorliegende **Einleitung** und die **Erläuterungen zur Aussprache**. Beides ist eine wichtige Ergänzung zu den Tonaufnahmen; außerdem wird hier beschrieben, wie Sie die vereinfachte Lautschrift lesen.

Vor allem in den ersten Tagen Ihres Studiums sollten Sie sich die Lautbeschreibungen möglichst täglich ansehen und die Laute laut und deutlich nachsprechen. Sie können die Lautbeschreibungen in der vorliegenden Einleitung außerdem jederzeit zum Nachschlagen benutzen.

Nach der letzten Lektion des Kurses finden Sie einen kurzen **grammatikalischen Index**, in dem alle Grammatikthemen aufgelistet sind, die in den Wiederholungslektionen (jede 7. Lektion) behandelt werden. Mit seiner Hilfe können Sie sich auf die Schnelle Informationen zu einem gewünschten Thema aus diesen Lektionen heraussuchen.

Weiterführende Informationen zu allen in diesem Kurs behandelten Grammatikthemen sowie komplette Konjugations- und Deklinationslisten finden Sie im umfangreichen **grammatikalischen Anhang**.

Den Abschluss des Kurses bildet ein englisch-deutsches **Wörterverzeichnis**, das den gesamten, in den Lektionstexten von „Englisch ohne Mühe" vermittelten Wortschatz, mit Angabe der jeweiligen Lektionsnummer enthält. Außerdem umfasst das Wörterverzeichnis zahlreiche weitere Begriffe des englischen Grundwortschatzes, die ohne Lektionsnummer angegeben sind.

## *PASSIVE UND AKTIVE PHASE*

Wie alle Assimil-Kurse gliedert sich auch dieser Kurs in eine passive und eine aktive Phase (auch „Zweite Welle" genannt). Bis Lektion 49 lernen Sie zunächst passiv, d.h. Sie sollen nur verstehen, was Sie lesen und hören. Sie sollen möglichst oft die Aufnahmen anhören, sich mit der Aussprache vertraut machen, die Anmerkungen lesen und die Übungen absolvieren. In dieser Phase bilden Sie noch keine eigenen Sätze, sondern sammeln lediglich passive Kenntnisse an.

Mit Lektion 50 beginnt die „Aktive Phase" oder auch „Zweite Welle" (für die Sie von nun an täglich etwa 5–10 Minuten mehr einplanen müssen). Sie finden nun am Ende jeder Lektion den Hinweis „Zweite Welle:", gefolgt von einer Lektionsnummer. Das bedeutet: Nachdem Sie Ihre aktuelle Lektion wie gewohnt studiert haben, gehen Sie zurück zu der angegebenen Lektion und arbeiten diese aktiv durch, d. h. Sie versuchen, den deutschen Dialog auf der rechten Buchseite – wie ein Dolmetscher – auf Englisch wiederzugeben, wobei Sie die linke Buchseite zudecken. Sie können (und sollten) ebenso mit der Verständnisübung der jeweiligen Lektion verfahren, d.h. auch hier versuchen, die deutschen Sätze auf Englisch wiederzugeben. Zur Kontrolle haben Sie jedes Mal die fremdsprachigen Sätze auf der gegenüberliegenden Buchseite.

Im Laufe dieser „Aktivierung" werden Sie angenehm überrascht sein, wie viele Kenntnisse Sie – ohne Mühe und intuitiv – erworben haben und dass Sie schon eine Menge Wortschatz und Strukturen passiv „assimiliert" haben. Gleichzeitig werden Sie feststellen, dass Sie Ihre bislang erworbenen Kenntnisse vertiefen und festigen und gleichzeitig Ihren Wortschatz erweitern. Außerdem zeigt Ihnen die „Zweite Welle" die Schwierigkeiten auf, die noch bei Ihnen bestehen, und Sie werden herausfinden, was Sie noch einmal wiederholen müssen.

## *AUFBAU DER LEKTIONEN*

### A. Lektionstext

Auf jeder linken Buchseite finden Sie den fremdsprachigen Lektionstext, auf der gegenüberliegenden Buchseite die deutsche Übersetzung, die eine sinngemäße Übersetzung ist. Um Ihnen vor allem am Anfang das Verständnis zu erleichtern, finden Sie an vielen Stellen auch die wörtliche Übersetzung bestimmter Satzteile in runden Klammern (...). Satzteile oder Ausdrücke im Deutschen, die im englischen Text nicht vorhanden sind, jedoch für das Verständnis oder für die syntaktische Korrektheit des Deutschen wichtig sind, sind mit eckigen Klammern versehen [...]. Eingekreiste Zahlen am Satzende im englischen Dialog verweisen auf die Anmerkungen (siehe Punkt C.).

### B. Vereinfachte Lautschrift/Aussprache

In allen Lektionen finden Sie jeweils unter dem englischen Lektionstext einen mit „Aussprache" bzw. „Pronunciation" überschriebenen Absatz, der die phonetische Transkription aller Sätze der jeweiligen Seite enthält. Bei der Lautschrift handelt es sich nicht um die internationale Lautschrift, sondern eine speziell von

ASSIMIL entwickelte Phonetik, die Ihnen die Aussprache des Englischen erleichtern soll. Wie Sie die Phonetik lesen, wird in der vorliegenden Einleitung im Absatz „Die Aussprache des Englischen" erläutert.

Ab Lektion 22 werden nur noch die Ausdrücke in vereinfachter Lautschrift wiedergegeben, deren Aussprache schwierig oder ungewöhnlich ist. Im weiteren Verlauf des Kurses wird die Lautschrift immer mehr reduziert.

## C. Anmerkungen

Eingekreiste Zahlen im englischen Lektionstext verweisen auf die Anmerkungen, die immer auf der gleichen Buchdoppelseite zu finden sind; das erspart Ihnen umständliches Hin- und Herblättern. Die Anmerkungen enthalten in Kürze wichtige Informationen zum Verständnis des jeweiligen Satzes, eines Satzteils oder eines Wortes bzw. deren Grammatik, ergänzenden Wortschatz, Synonyme und Antonyme zu bestimmten Wörtern und gelegentlich landeskundliche Details.

## D. Verständnisübung mit Lösung

Die 1. Übung jeder Lektion ist eine aus wenigen englischen Sätzen bestehende Verständnisübung, in der das Vokabular der aktuellen Lektion und auch der letzten Lektionen wieder aufgegriffen und in einen anderen Kontext eingebettet wird. Anhand dieser Übung können Sie feststellen, ob Sie den bisher gelernten Wortschatz verstanden und assimiliert haben. Die Lösung dieser Übung finden Sie in Form der deutschen Übersetzung der Übungssätze auf der gegenüberliegenden Buchseite.

## E. Lückentextübung mit Lösung

Die 2. Übung jeder Lektion ist eine Lückentextübung, die ebenfalls auf dem bislang kennengelernten Vokabular basiert. Hier sollen Sie auf der Grundlage der angegebenen deutschen Sätze in die darunter stehenden englischen Sätze fehlende Wörter einsetzen. Die „Lücken" werden durch Punkte dargestellt, wobei jeder Punkt für einen Buchstaben steht. Endet ein Satz mit einer „Lücke", so ist der Schlusspunkt des Satzes fett gedruckt. Die Lösung zu dieser Übung, d.h. die Wörter, die Sie einsetzen müssen, finden Sie auf der rechten Buchseite.

**F. Motivationshinweise**

Gelegentlich gibt es kleine Lernhinweise, die dazu dienen sollen, Sie zu ermuntern und zu motivieren, Sie also sozusagen „bei Laune zu halten". Sie enthalten auch wichtige Tipps für das effektive Lernen und für Situationen, in denen Sie auf Schwierigkeiten stoßen oder in denen Sie sich demotiviert fühlen.

**G. Wiederholungslektionen**

Jede 7. Lektion ist eine Wiederholungslektion. Hier wird in systematischer Form die Grammatik der vergangenen sechs Lektionen wiederholt, vertieft und anhand von Beispielen erläutert. In diesen Lektionen finden Sie u.a. auch Konjugations-, Deklinations- und Wörterlisten, die Sie vielleicht in den Lektionen vermisst haben. Zur Auflockerung enthalten einige dieser Lektionen auch landeskundliche Informationen. Jede Wiederholungslektion enthält außerdem eine Verständnisübung in Form eines kleinen Dialogs, wie Sie sie aus den normalen Lektionen kennen. Dieser Dialog wird auch auf den Tonaufnahmen gesprochen.

**H. Landeskundliche Anmerkungen**

Zur Auflockerung oder Illustration bestimmter landeskundlicher Gegebenheiten finden Sie gelegentlich am Ende einer Lektion eine kurze Anmerkung, die in wenigen Sätzen etwas Hintergrundwissen zum jeweiligen Thema vermittelt.

**I. Illustrationen**

Schenken Sie auch unseren mit viel Liebe gemachten Illustrationen ein bisschen Aufmerksamkeit. Jede Karikatur dreht sich um einen Satz aus der jeweiligen Lektion. Vielleicht helfen Ihnen die Illustrationen, sich bestimmte Wendungen oder Ausdrücke besser zu merken, weil Sie sie mit einem Bild bzw. einer Situation verbinden können.

## J. Tonaufnahmen

Sie können zwar auch mit dem Buch alleine lernen, wir empfehlen Ihnen dennoch dringend, die Tonaufnahmen (vier Audio-CDs bzw. MP3-Audiodateien) zu erwerben. Sie enthalten sämtliche englischen Lektionstexte sowie die englischen Texte der Verständnisübung. Professionelle Sprecherinnen und Sprecher gewährleisten eine hohe Authentizität in Aussprache, Betonung und Satzmelodie. Zu Beginn werden die Lektionstexte relativ langsam gesprochen, im Laufe der Lektionen steigert sich das Sprechtempo bis hin zu dem typischen, recht schnellen Englisch, wie Sie es in Großbritannien und unter britischen Muttersprachlern hören.

## *ARBEITSWEISE*

**1.** Lesen Sie die vorliegende Einleitung, vor allem die Lautbeschreibungen, aufmerksam durch.

**2.** Hören Sie sich zunächst Ihre aktuelle Lektion mehrmals hintereinander auf den Tonaufnahmen an, und vergleichen Sie die Aussprache mit der vereinfachten Lautschrift unter dem Lektionstext.

**3.** Vergleichen Sie jeden englischen Satz mit seiner Übersetzung auf der gegenüberliegenden Seite, und versuchen Sie anhand der wörtlichen Übersetzung, den englischen Satzbau nachzuvollziehen.

**4.** Wenn es zu einem Satz eine Anmerkung gibt, so lesen Sie diese.

**5.** Hören Sie sich dann die Lektion erneut an. Sie können versuchen, den englischen Text Satz für Satz laut mitzulesen, aber beachten Sie: Wenn Sie Anfänger sind, sollten Sie sich auf gar keinen Fall Stress mit der Aussprache machen! Akzeptieren Sie, dass Ihr Ohr in diesem Stadium noch nicht an die typisch englischen Laute gewöhnt ist und dass Sie einige Zeit brauchen werden, um die fremdartigen Laute auszusprechen.

**6.** Lesen Sie jeden Satz mehrmals laut, und versuchen Sie dann, festzustellen, ob Sie ihn auch wiederholen und dabei vor allem seinen Sinn verstehen können, wenn Sie nicht ins Buch sehen.

Lassen Sie sich nicht dadurch beirren, dass Ihre Aussprache nicht 100%ig mit der der Sprecher übereinstimmt.

**7.** Hören Sie sich die Lektion noch einmal komplett an.

**8.** Wenn Sie den gesamten Lektionstext verstanden, sich mit der Aussprache vertraut gemacht und die Anmerkungen gelesen haben, absolvieren Sie die Verständnisübung.

**9.** Arbeiten Sie anschließend, am besten schriftlich, die Lückentextübung durch, natürlich ohne zwischendurch auf die Lösung zu sehen!

**10.** Gehen Sie erst dann zur nächsten Lektion über, wenn Sie die aktuelle Lektion gut verstehen und sie Ihnen keine Schwierigkeiten mehr bereitet!

## *DIE AUSSPRACHE DES ENGLISCHEN*

„Die Grammatik ist einfach, aber die Aussprache ...!" Solche und ähnliche Stoßseufzer hört man häufig im Zusammenhang mit der englischen Sprache, aber wir wollen in diesem Kurs versuchen, dieses vermeintliche Vorurteil ein wenig zu entkräften. Wie bereits weiter oben gesagt, zeichnet sich das Englische durch erhebliche Abweichungen zwischen Lautung und Schreibweise aus, und es kann mit den 26 Buchstaben seines Alphabets eine Palette von fast 50 verschiedenen Lauten erzeugen, aber das sollte Sie nicht entmutigen.

Die Laute des Englischen stellen für einen deutschen Sprecher im Wesentlichen keine größere Schwierigkeit dar, nur wenige Laute sind etwas „gewöhnungsbedürftig", aber mit unseren Erklärungen (siehe Absatz „Besonderheiten") und durch häufiges und aufmerksames Anhören der Tonaufnahmen werden Ihnen auch diese Laute schon nach kurzer Zeit problemlos über die Lippen kommen.

Was die Ausspracheregeln betrifft, so gibt es hierzu unzählige hervorragende Veröffentlichungen, die Sie bei Interesse heranziehen können; im vorliegenden Kurs sollen Sie mit diesen Regeln nicht belastet werden. Ein langer und ausführlicher Diskurs über die zahlreichen Aussprachenuancen der Laute des Eng-

lischen würde nur dazu führen, dass Sie die Geduld verlieren. Und Sie wollen ja so schnell wie möglich mit dem Lernen – und vor allem mit dem Sprechen – beginnen. So ist es unser Ziel, Ihnen die Aussprache des Englischen mit den Mitteln der intuitiven Assimilation, auf eine natürliche Weise, spontan und ohne Zeitverlust näherzubringen. Hierzu stehen Ihnen zwei wichtige Hilfen zur Verfügung:
• die vereinfachte Lautschrift;
• die Tonaufnahmen.

**Die vereinfachte Lautschrift**
Wie bereits erwähnt, geben wir Ihnen eine vereinfachte Lautschrift an die Hand, die eine Hilfestellung für die Aussprache des Englischen sein soll und die im gesamten Kurs durch kursiv gedruckten Text in eckigen Klammern ([*Laut*]) gekennzeichnet ist. Die Silben der einzelnen Wörter sind durch Bindestriche voneinander getrennt; die Vokale betonter Silben sind fett gedruckt.

Beachten Sie, dass wir ganz bewusst nicht die internationale Lautschrift benutzen, da diese den meisten nicht bekannt und schwer zu lesen ist. Wir verwenden stattdessen eine speziell an „deutsche Zungen" angepasste Assimil-Lautschrift, die ausschließlich die Buchstaben des deutschen Alphabets benutzt und weitgehend ohne Sonderzeichen auskommt. Wir haben uns bemüht, diese Lautschrift so einfach wie möglich zu gestalten, so dass Sie sie ohne große Anstrengung und vor allem spontan lesen können. Beachten Sie trotzdem, dass vor allem zahlreiche Vokale im Englischen mehrere Aussprachevarianten haben, je nachdem, in welchen Buchstabenkombinationen sie vorkommen. Auch gibt es viele Laute, die je nachdem, an welcher Stelle im Wort sie stehen, stumm bleiben, d.h. nicht gesprochen werden. Wann welcher Laut wie gesprochen wird, müssen Sie einfach mit dem entsprechenden Wort lernen.

Lesen Sie in jedem Fall in den Lektionen die unter **PRONUNCIATION** („Aussprache") aufgeführte Lautschrift so, wie sie dort steht, Buchstabe für Buchstabe (also [*ei*] nicht wie „Ei", sondern zuerst ein [*e*] und dann ein [*i*]).

## Besonderheiten

Beachten Sie bitte die im Folgenden genannten Besonderheiten bei der Aussprache einzelner Laute:

• Sprechen Sie den in der Phonetik mit [ä] wiedergegebenen Laut wie eine Mischung aus [ä] und einem sehr offenen [a].

• Sprechen Sie den in der Lautschrift mit [ö] wiedergegebenen Laut wie ein kurzes, dunkles [e] wie der Auslaut von „Küche" (fast wie ein [ö]), *nicht* dagegen mit auseinandergezogenen Mundwinkeln wie in „w<u>e</u>nig" und auch *nicht* [ä] wie in „K<u>e</u>ller".

• Der Lautschriftbuchstabe [*j*] steht für den Laut, wie er z.B. im Wort „<u>D</u>schungel" oder „Garage" vorkommt. Sprechen Sie ein [sch], und lassen Sie dazu die Stimmbänder vibrieren (= stimmhaft; im Gegensatz zum stimmlosen [sch] wie z.B. in „<u>Sch</u>ule").

• Das englische l (Lautschrift [*l*]) ist ein sog. „retroflexes", d.h. mit nach oben gebogener Zungenspitze gebildetes [*l*]. Sie erzeugen es, indem Sie die Zungenspitze wie beim deutschen l gegen die Rückseite der oberen Schneidezähne drücken, aber die Zunge dabei stark nach unten biegen.

• Das englische r (Lautschrift [*r*]) ist ein „retroflexes", d.h. mit nach oben gebogener Zungenspitze gebildetes [*r*], was bedeutet, dass die Zungenspitze Richtung Gaumen gebogen und die Zungenränder breit gegen die Backenzähne des Oberkiefers gedrückt werden. Als Auslaut und gelegentlich im Wortinneren wird das **r** oft auch gar nicht gesprochen; wir haben es in diesen Fällen eingeklammert.

• Das **th** (sprich ti-eitsch), ein für das Englische typischer Laut, ist durch deutsche Schriftzeichen kaum wiederzugeben. Er gleicht in der Aussprache einem gelispelten [s]. Erzeugen Sie diesen Laut am besten, indem Sie ein [f] sprechen und dann, noch während Sie das [f] sprechen, mit der Zungenspitze die Rückseite der Schneidezähne berühren oder auch die Zungenspitze ein kleines Stückchen zwischen den Zähnen hindurchschieben. Es gibt diesen Laut stimmlos (die Stimmbänder vibrieren nicht; stattdessen wird der Laut durch Luftausstoß zwschen den Lippen erzeugt; Lautschrift [*fß*]) und stimmhaft (die Stimmbänder vibrieren; es erfolgt nur ein minimaler Luftausstoß; Lautschrift [*fs*]).

• Beim Laut **w** oder **wh** ist zu beachten, dass er *nicht* wie das deutsche [w] gesprochen wird, sondern wie ein mit gespitzten Lippen gesprochenes **u**. Kommt dieser Laut als Auslaut (am Wortende) vor, ist er meistens stumm.

• Ein Doppelpunkt (:) nach einem Vokal bedeutet, dass dieser Vokal lang gesprochen wird.

### Betonung

Wie bereits erwähnt, ist in unserer vereinfachten Lautschrift jeweils der Vokal der betonten Wortsilbe durch Fettdruck gekennzeichnet. Bei den meisten zweisilbigen englischen Wörtern ist die erste Silbe die betonte Silbe, bei drei- und mehrsilbigen Wörtern gibt es keine stringenten Regeln; Sie müssen die Betonung zusammen mit dem jeweiligen Wort lernen.

Sie werden sehen, dass auch manche einsilbige Wörter eine Betonung haben. Und Sie werden feststellen, dass – wie im Deutschen – je nach Intention und Satzaussage bestimmte Elemente des Satzes eine gesonderte Betonung erhalten können. Hören Sie sich in jeder Phase Ihres Studiums sehr sorgfältig die Tonaufnahmen an, und scheuen Sie sich nicht, die Sprecher zu imitieren und dabei auch betonte Satzteile mit dem gegebenen Nachdruck zu artikulieren.

### *TABELLE DER LAUTE DES ENGLISCHEN*

Wir geben Ihnen hier nun eine Übersicht über die in diesem Kurs verwendeten Lautschriftzeichen mit jeweiliger Ausspracheanleitung. Für die Laute, die auch im Deutschen existieren, finden Sie deutsche Beispielwörter. Für einige Laute, speziell für die oben unter „Besonderheiten" beschriebenen, gibt es keine deutschen Beispielwörter; halten Sie sich in diesen Fällen an die Lautbeschreibung.

Sehen Sie sich diese Liste, bevor Sie mit Lektion 1 beginnen, sehr gründlich an, und benutzen Sie sie vor allem in der ersten Zeit immer wieder zum Nachschlagen. Lesen Sie auch anfangs immer wieder die oben unter „Besonderheiten" aufgeführten Informationen zur Erzeugung der für Deutsche fremden Laute, und versuchen Sie, die Erklärungen beim Anhören der Tonaufnahmen nachzuvollziehen.

## 1. Vokale

| Lautschriftbuchstabe | Aussprachebeschreibung | Beispielwort |
|---|---|---|
| a / a: | kurzes/langes a | „M<u>a</u>nn", „k<u>a</u>men" |
| ai | ein a, gefolgt von einem i | „K<u>ai</u>n", „H<u>ai</u>" |
| ao | ein a, gefolgt von einem o | „<u>Au</u>to", „H<u>au</u>s" |
| ä / ä: | langes/kurzes ä, das zu einem offenen a tendiert (siehe „Besonderheiten") | |
| ei | ein e, gefolgt von einem i | |
| i / i: | kurzes/langes i | „M<u>i</u>st", „m<u>i</u>r" |
| O / O: | kurzes/langes offenes o | „H<u>o</u>lz", – |
| ou | ein o, gefolgt von einem u | |
| ö | kurzes, dunkles e, fast wie ein ö (siehe „Besonderheiten") | „Küch<u>e</u>" |
| Ö / Ö: | kurzes/langes offenes ö | „k<u>ö</u>stlich", – |
| u / u: | 1. kurzes/langes u<br>2. Steht es für den Laut **w/wh**, wird es wie [u] mit gespitzten Lippen gesprochen (siehe „Besonderheiten") | „J<u>u</u>nge", „M<u>u</u>s" |

## 2. Konsonanten

Wo dies möglich ist, finden Sie den betreffenden Laut einmal als Anlaut und einmal im Wortinneren.

| Lautschriftbuchstabe | Aussprachebeschreibung | Beispielwort |
|---|---|---|
| b | wie das deutsche b | „<u>B</u>all", „a<u>b</u>er" |
| d | wie das deutsche d | „<u>D</u>ose", „e<u>d</u>el" |
| f | wie das deutsche f | „<u>F</u>all", „Ei<u>f</u>er" |
| g | wie das deutsche g | „<u>G</u>ans", „ma<u>g</u>er" |
| h | wie das deutsche h, d.h. behaucht | „<u>H</u>ose", „E<u>h</u>e" |

| | | |
|---|---|---|
| j | wie das deutsche j | „Junge", „Maja" |
| ĵ | *sch* mit Einsatz der Stimmbänder (= stimmhaft; s. „Besonderheiten") | „Dschungel", „Garage" |
| k | wie das deutsche k | „Kugel", „Makel" |
| l | „retroflexes", d. h. mit hochgebogener Zungenspitze gebildetes l (siehe „Besonderheiten") | |
| m | wie das deutsche m | „Mann", „Amen" |
| n | wie das deutsche n | „Nase", „jene" |
| p | wie das deutsche p | „Pause", „kapieren" |
| r / (r) | „retroflexes", d. h. mit hochgebogener Zungenspitze gebildetes r (siehe „Besonderheiten"); als Auslaut und im Wortinneren häufig nicht artikuliert | |
| s | wie das deutsche stimmhafte s | „Sache", „Hase" |
| ß | wie das deutsche stimmlose s | „Maß" |
| sch | wie das deutsche sch | „Schaf", „Asche" |
| t | wie das deutsche t | „tief", „Kater" |
| fs | stimmhaftes „gelispeltes" s. Sprechen Sie ein f, und legen Sie die Zungenspitze an die Rückseite der Schneidezähne (siehe „Besonderheiten") | |
| fß | stimmloses „gelispeltes" s. Sprechen Sie ein f, und legen Sie die Zungenspitze an die Rückseite der Schneidezähne (siehe „Besonderheiten") | |
| w | wie das deutsche w | „Wasser", „ewig" |

Vergessen Sie nicht, sich die Erklärungen zur Aussprache besonders in der ersten Zeit Ihres Englisch-Studiums täglich durchzulesen und vor allem bei Zweifeln und Schwierigkeiten immer heranzuziehen, um keine „Lücken" und Unklarheiten entstehen zu lassen.

**1 • one** [uan]

> **First lesson** [fÖ:(r)ßt lä-ß(ö)n]

# How are you? ① ②

| 1 | – Hello, Mike. ③ |
| --- | --- |
| 2 | How are you? ④ |
| 3 | – I'm fine, thanks. ⑤⑥⑦ |
| 4 | And you? |
| 5 | – I'm very well. ⑧ |
| 6 | I'm on holiday. |

(AUSSPRACHE)

[hao a:(r) ju: **1** hä-lou maik **2** hao a:(r) ju: **3** aim fain fßänkß **4** änd ju: **5** aim wä-ri uäl **6** aim On hO-lö-deï]

### 1. ÜBUNG: VERSTEHEN SIE DIESE SÄTZE?

*Anhand der Verständnisübung können Sie kontrollieren, ob Sie das bisher kennengelernte Vokabular, eingebettet in einen anderen Kontext, verstehen.*

❶ Hello, how are you? ❷ I'm very well, thanks. ❸ And you?
❹ I'm fine. ❺ I'm on holiday.

## Erste Lektion

**Wie geht es dir?**

**1** – Hallo, Mike.
**2** Wie geht es dir (wie bist du)?
**3** – Mir geht es gut (ich-bin gut), danke.
**4** Und dir (du)?
**5** – Mir geht es sehr gut (ich-bin sehr gut).
**6** Ich habe Urlaub (ich-bin auf Urlaub).

**ANMERKUNGEN**

① Vergessen Sie nicht, sich die Einleitung anzusehen. Sie beinhaltet viele Informationen über den Umgang mit diesem Kurs.

② Für „du", „ihr" und das höfliche „Sie" kennt das Englische nur ein Wort: **you** [*ju:*].

③ Normalerweise schreibt man alle Wörter klein. Ausnahme: Wörter am Satzanfang und Eigennamen.

④ Die Übersetzung in runden Klammern ist immer eine wörtliche Übersetzung des jeweiligen Satzes oder Satzteils.

⑤ **I** [*ai*] „ich" wird immer großgeschrieben. **I'm** „ich bin" ist die Kurzform von **I am** [*ai äm*]. In der gesprochenen Sprache sind diese Kurzformen sehr häufig.

⑥ **fine** „gut, fein" drückt Wohlbefinden aus und ist auch sonst vielseitig einsetzbar: **a fine day** [*ö fain dei*] „ein schöner Tag". **Fine!** „Ausgezeichnet!".

⑦ Beachten Sie in **thanks** den stimmlosen Anlaut **th** [*fß*]: Sprechen Sie ein **f**, und legen Sie dann die Zungenspitze an die Rückseite der Schneidezähne.

⑧ **I'm very well** und **I'm fine** sind gleichbedeutend.

**LÖSUNG DER 1. ÜBUNG: HABEN SIE VERSTANDEN?**

❶ Hallo, wie geht es dir (wie bist du)? ❷ Es geht mir sehr gut (ichbin sehr gut), danke. ❸ Und dir (du)? ❹ Mir geht's gut (ich-bin gut). ❺ Ich habe (ich-bin auf) Urlaub.

**3** • **three** [fßri:]

> **2. ÜBUNG: SETZEN SIE DIE FEHLENDEN WÖRTER EIN!**
>
> *Bei der Lückentextübung entspricht jeder Punkt einem Buchstaben. Schlusspunkte am Satzende nach einer Lücke sind fett gedruckt.*

❶ Wie geht es dir?

How . . . you?

❷ Es geht mir gut (ich-bin gut), danke.

. ' . fine, . . . . . . .

❸ Und dir (du)?

. . . . . . ?

❹ Ich habe (ich-bin auf) Urlaub.

I'm . . . . . . . . . .

---

▶ **Second lesson** [ßä-könd lä-ß(ö)n]

# Where's the family? ① ②

| 1 | – Where's Liz? ③ |
| 2 | – She's at work. ④ |
| 3 | – Poor Liz. ⑤ ⑥ |

(PRONUNCIATION)

[prou-nan-ßjei-schön]
[uä:(r)s fsö fä-mö-li **1** uä:(r)s lis **2** schi:s ät uÖ:(r)k **3** pu:(r) lis]

(ANMERKUNGEN)

① Sprechen Sie **w** + **h**, wie hier in **where**, als [u] mit stark gespitzten Lippen. Alle Laute werden ausführlich in der Einleitung beschrieben.

**four** [fO:(r)] • 4

⑤ Es geht mir sehr gut (ich-bin sehr gut).

   I'm  . . . .   . . . . .

> **LÖSUNG DER 2. ÜBUNG: DIE FEHLENDEN WÖRTER.**
> ❶ are ❷ I'm – thanks ❸ And you ❹ on holiday ❺ very well.

> *Lerntipp*
>
> *In den ersten Lektionen liegt der Schwerpunkt auf dem Hören und Verstehen. Sehen Sie sich möglichst oft die Liste der Laute in der Einleitung an. Sprechen Sie die Wörter langsam, laut und deutlich, und zögern Sie nicht, Wörter oder Sätze, bei denen Sie „stecken bleiben", mehrmals zu üben.*
>
> *Wenn Sie Anfänger sind, sollten Sie sich auf gar keinen Fall Stress mit der Aussprache machen! Akzeptieren Sie, dass Ihr Ohr in diesem Stadium noch nicht an die typisch englischen Laute gewöhnt ist und dass Sie einige Zeit brauchen werden, um die fremdartigen Laute auszusprechen.*

# Zweite Lektion

## Wo ist die Familie?

**1** – Wo ist Liz?
**2** – Sie ist bei [der] Arbeit.
**3** – Arme Liz.

(ANMERKUNGEN)

② Hier taucht in **the** „der, die, das" zum ersten Mal das stimmhafte **th** auf, das Sie erzeugen, indem Sie ein **f** sprechen und dann mit der Zungenspitze die Schneidezähne berühren.

③ **Where's** ist die Kurzform von **where is** „wo ist".

④ Wieder eine Kurzform: **She's** von **she is** „sie ist".

⑤ Das **r** im Auslaut wird im britischen Englisch – vor allem nach langen Vokalen – nicht ausgesprochen (die Amerikaner hingegen sprechen es!). Daher haben wir es in der Lautschrift eingeklammert.

⑥ Das **z** von **Liz** wird wie das stimmhafte [s] in „Ha<u>s</u>e" gesprochen.

LEKTION 2

**4** Where are the kids? ⑦⑧
**5** – They're at school. ⑨

(PRONUNCIATION)

[**4** uä:r a:(r) fsö kids **5** fseir ät ßku:l]

### FIRST EXERCISE: DO YOU UNDERSTAND THESE SENTENCES?

[f**Ö**:(r)ßt äk-ß**ö**(r)-ßais du: ju: an-d**ö**(r)-ßtänd fsi:s ß**ä**n-tön-ßis]

❶ Where's the kid? ❷ She's at school. ❸ They're at work.
❹ Poor Liz. ❺ Where are the schools?

### SECOND EXERCISE: FILL IN THE CORRECT WORDS!

[ß**ä**-könd äk-ß**ö**(r)-ßais fil in fsö kö-r**ä**kt u**Ö**:(r)ds]

❶ Sie ist in der Schule.

   . . . ' .  at school.

❷ Sie sind bei [der] Arbeit.

   . . . . ' . .   . .   work.

❸ Wo ist die Familie?

   . . . . . ' .   the family?

❹ Wo sind die Kinder?

   . . . . .   . . .   the kids?

❺ Ich bin arm.

   I'm  . . . . .

___
**Lerntipp**

*Konzentrieren Sie sich gegenwärtig ganz auf das Verstehen des Textes, und machen Sie sich mit der Aussprache vertraut. Lernen Sie möglichst täglich – mehr als 15-20 Minuten müssen es nicht sein. Machen Sie sich keine Gedanken über Dinge, die vielleicht bis jetzt noch nicht erklärt wurden; die Erklärung wird zu gegebener Zeit kommen. Betrachten Sie die Anmerkungen als einen guten Freund, der Sie auf Ihrem Weg begleitet und Ihnen das, was Sie im Moment verstehen müssen, geduldig erklärt.*

**4** Wo sind die Kinder?
**5** – Sie sind in [der] (bei) Schule.

(ANMERKUNGEN)

⑦ Wie Sie hier und im nächsten Satz hören, wird das r am Wortende deutlicher gesprochen, wenn das nächste Wort mit einem Vokal (Selbstlaut) beginnt: In diesem Fall werden die beiden Laute miteinander verbunden.

⑧ Der Plural (Mehrzahl) wird bei den meisten Hauptwörtern durch Anhängen von -s gebildet: kid, Plural kids, wird in der Umgangssprache für „Kind" benutzt; es hat auch die Bedeutung „(Reh-)Kitz".

⑨ Präpositionen (Verhältniswörter) spielen eine große Rolle: Sie kennen nun schon on holiday „im (auf) Urlaub", at work „bei [der] Arbeit" und at school „in [der] (bei) Schule".

SOLUTION TO FIRST EXERCISE: DID YOU UNDERSTAND?

[ßö-**lu:**-schön Of f**Ö:**(r)ßt äk-ßö(r)-ßais did ju: an-dö(r)-ßtänd]

❶ Wo ist (wo-ist) das Kind? ❷ Sie ist in der Schule (sie-ist bei Schule). ❸ Sie sind bei der Arbeit (sie-sind bei Arbeit). ❹ Arme Liz. ❺ Wo sind die Schulen?

SOLUTION TO SECOND EXERCISE: THE CORRECT WORDS.

[ßö-**lu:**-schön Of ßä-könd äk-ßö(r)-ßais fsö kö-räkt u**Ö:**(r)ds]

❶ She's ❷ They're at ❸ Where's ❹ Where are ❺ poor.

7 • seven [ßä-wön]

> ▶ **Third lesson** [fßÖ:(r)d lä-ß(ö)n]

# A lucky man ①

| 1 | – Hi, I'm Mathew. ② |
| 2 | What's your name? ③ |
| 3 | – My name's Sally. ④⑤ |
| 4 | And this is Roger. |
| 5 | He's my brother. ⑥ |
| 6 | – Roger's a very lucky man! ⑦⑧ |

PRONUNCIATION

[ö la-ki män **1** hai aim mäfß-ju **2** uOtß jur neim **3** mai neims ßä-li **4** änd fsiß is rO-djö(r) **5** hi:s mai bra-fsö(r) **6** rO-djö(r)s ö wä-ri la-ki män]

___ Lerntipp ___
Sehen Sie sich in der ersten Zeit oft die Beschreibung der englischen Laute in der Einleitung an, um sich gleich die richtige Aussprache anzugewöhnen.

## Dritte Lektion

### Ein Mann mit Glück (Glück-habender Mann)

1 – Hallo, ich heiße (ich-bin) Mathew.
2   Wie heißt du (was-ist dein Name)?
3 – Ich heiße (mein Name-ist) Sally.
4   Und das (dies) ist Roger.
5   Er ist mein Bruder.
6 – Roger hat viel Glück (ist ein sehr Glück-habender Mann)!

(ANMERKUNGEN)

① Achtung: Das Adjektiv (Eigenschaftswort) **lucky** bedeutet nicht „glücklich" im Sinne von „zufrieden", sondern „Glück haben". In ihm steckt **luck** [*lak*] „Glück".

② **Hi** ist wie **Hello** eine lockere Begrüßungsfloskel, die unter gleichaltrigen Freunden und Bekannten verwendet wird.

③ Das Englische unterscheidet nicht zwischen männlichen, weiblichen und neutralen Substantiven. Daher kann **your** „dein" oder „deine" heißen: **your name** „dein Name"; **your school** „deine Schule".

④ **My** „mein, meine" wird für alle grammatischen Geschlechter benutzt, sowohl im Singular (**my family** „meine Familie") als auch im Plural (**my kids** „meine Kinder").

⑤ **name's** ist hier die Kurzform von **name is**.

⑥ Wieder eine Kurzform, die in der Umgangssprache sehr gängig ist: **He's** (= **He is**) „er ist".

⑦ Der unbestimmte Artikel **a** „ein, eine" kann für alle Substantive verwendet werden.

⑧ Adjektive wie hier **lucky** sind unveränderlich und stehen immer vor dem Substantiv, das sie beschreiben.

**FIRST EXERCISE: DO YOU UNDERSTAND THESE SENTENCES?**

❶ This is my brother. ❷ He's a lucky man. ❸ What's your name? ❹ My name's Sally. ❺ Hi, I'm Roger.

**SECOND EXERCISE: FILL IN THE CORRECT WORDS!**

❶ Er hat viel Glück (er-ist sehr Glück-habend).

   He's . . . .   . . . . . .

❷ Roger ist (Roger-ist) mein Bruder.

   Roger's . .   . . . . . . . . .

❸ Ich heiße (mein Name-ist) Sally.

   . .   . . . . . '.   Sally.

❹ Und das (dies) ist Mathew.

   . . .   . . . .   . .   Mathew.

---

▶ **Fourth lesson** [fO:(r)fß lä-ß(ö)n]

# We're from Scotland

**1** – Where are you from? ①②
**2** – We're from Scotland. ③

(PRONUNCIATION)

[ui:(r) fröm ßkOt-lönd **1** uä:r a:(r) ju: frOm **2** ui:(r) fröm ßkOt-lönd]

(ANMERKUNGEN)

① Hier hören Sie, dass das o im betonten Wort from deutlich wie ein offenes [O] ausgesprochen wird, während from im Lektionstitel unbetont ist und das o fast verschluckt wird. Hören Sie aufmerksam die Tonaufnahmen an, und achten Sie bei allen Sätzen auf die Satzbetonung.

### SOLUTION TO FIRST EXERCISE: DID YOU UNDERSTAND?

❶ Das (dies) ist mein Bruder. ❷ Er ist ein Mann, der Glück hat (ein Glück-habender Mann). ❸ Wie heißt du (was-ist dein Name)? ❹ Mein Name ist (Name-ist) Sally. ❺ Hallo, ich heiße (ich-bin) Roger.

### SOLUTION TO SECOND EXERCISE: THE CORRECT WORDS.

❶ very lucky ❷ my brother ❸ My name's ❹ And this is.

---

**Lerntipp**

*Hören Sie sich, wenn Sie eine neue Lektion beginnen, diese zunächst immer ein paarmal komplett an, bevor Sie damit beginnen, sich mit den einzelnen Sätzen zu befassen. Und wenn Sie an einem Tag einmal wenig Zeit zum Lernen haben, so reicht es schon aus, wenn Sie sich die Tonaufnahmen Ihrer aktuellen Lektion mehrmals anhören. Wichtig ist, dass Sie die Sprache täglich im Ohr haben!*

---

## Vierte Lektion

### Wir kommen (wir-sind) aus Schottland

**1** – Woher kommen Sie (wo sind Sie von)?
**2** – Wir kommen aus (wir-sind von) Schottland.

---

**ANMERKUNGEN**

② Sehen Sie sich den Satzbau bei der Frage an: Fragewort (where „wo") am Anfang und Präposition (from „von") am Satzende.

③ Nationalitätsbezeichnungen werden großgeschrieben: Scotland „Schottland", Scottish [ßkO-tisch] „schottisch".

**11** • eleven [*i-lä-wön*]

| 3 | –Really? Which city? ④⑤ |
| 4 | –From Dundee. ⑥ |
| 5 | It's a small town on the east coast. ⑦⑧⑨ |

(PRONUNCIATION)

[**3** ri:-li uitsch ßi-ti **4** fröm dan-di: **5** itß ö ßmO:l taon On fsi i:ßt koußt]

### FIRST EXERCISE: DO YOU UNDERSTAND THESE SENTENCES?

❶ We're from Dundee. ❷ It's a small town. ❸ It's on the east coast. ❹ Really? From which city? ❺ Where are you?

### SECOND EXERCISE: FILL IN THE CORRECT WORDS!

❶ Es ist eine Stadt an (auf) der Ostküste.

..'. a town .. the east coast.

❷ Woher kommst du / kommt ihr / kommen Sie?

..... are you .... ?

❸ Aus welcher (Groß-)Stadt kommst du / kommt ihr / kommen Sie?

..... city ... ... .... ?

❹ Dundee ist klein.

Dundee'. ..... .

❺ Mike und Sally sind aus Schottland.

Mike ... Sally ... .... Scotland.

**3** – Wirklich? Aus welcher Stadt (welche Stadt)?
**4** – Aus (von) Dundee.
**5** Das ist (es-ist) eine kleine Stadt an (auf) der Ostküste.

**ANMERKUNGEN**

④ Hier hätte man auch fragen können: From which city?.

⑤ city bedeutet in der Regel „Großstadt". Offiziell darf eine Stadt sich city nennen, wenn sie eine Kathedrale hat.

⑥ Die Schotten haben die Angewohnheit, das r ein wenig zu „rollen". Das können Sie hier gut beim Wort from hören.

⑦ Während he das männliche und she das weibliche Personalpronomen ist, bezeichnet man mit dem neutralen it vorwiegend Sachen und Abstraktes, aber auch manche Tiere.

⑧ town [taon] bezeichnet eine Stadt mittlerer Größe (vgl. city).

⑨ Aussprachebesonderheit: Der Artikel the „der, die, das" wird [fsi:] gesprochen, wenn man am Anfang des nachfolgenden Wortes einen Vokal hört, z. B. the apple, the hour.

**SOLUTION TO FIRST EXERCISE: DID YOU UNDERSTAND?**

❶ Wir kommen aus (wir-sind von) Dundee. ❷ Es ist eine kleine Stadt. ❸ Es liegt an (es-ist auf) der Ostküste. ❹ Wirklich? Aus (von) welcher Stadt? ❺ Wo bist du / seid ihr / sind Sie?

**SOLUTION TO SECOND EXERCISE: THE CORRECT WORDS.**

❶ It's – on ❷ Where – from ❸ Which – are you from ❹ 's small ❺ and – are from.

---

**Großbritannien**
Großbritannien, in der Amtssprache **United Kingdom of Great Britain and Northern Ireland** [ju-nai-tid king-döm Of greit bri-tön änd nO:(r)-fsö(r)n ai(r)-lönd] „Vereinigtes Königreich von Großbritannien und Nordirland" besteht aus den Landesteilen Schottland, England [ing-lönd], Wales [ueils] und Nordirland und erstreckt sich über 244.835 km². Der Begriff „Britische Inseln" (**British Isles** [bri-tisch ails]) umfasst dagegen Großbritannien, die Insel Irland, die Shetland- und Orkney-Inseln, die Hebriden, die Inseln Man, Wight und Anglesey sowie zahlreiche kleinere Inseln, zusammen ergeben Sie eine Gesamtfläche von 315.000 km².

13 • thirteen [fß**Ö**:(r)-ti:n]

> ▶ **Fifth lesson** [fif-fß l**ä**-ß(ö)n]

# A business trip ①

| 1 | – Why are you here in Birmingham? ② |
| 2 | – We're on business. ③ |
| 3 | – Are you teachers? ④ |
| 4 | – No, we're not. ⑤⑥ |
| 5 | We're doctors. |
| 6 | – Oh dear. Who's sick? ⑦ |

(PRONUNCIATION)

[ö bis-nöß trip **1** uai a:(r) ju: hi:(r) in b**Ö**r-ming-öm **2** ui:(r) On bis-nöß **3** a:(r) ju: ti:-tschö(r)s **4** n**ou** ui:(r) n**O**t **5** ui:(r) d**O**k-tö(r)s **6** ou di:-ö hu:s ß**i**k]

(FIRST EXERCISE: DO YOU UNDERSTAND THESE SENTENCES?)

❶ Why are you here? ❷ We're in Birmingham on business. ❸ Oh dear! Sally's sick. ❹ We're not doctors, we're teachers. ❺ It's very dear.

## Fünfte Lektion

### Eine Geschäftsreise

**1** – Warum sind Sie hier in Birmingham?
**2** – Wir sind geschäftlich hier (wir-sind auf Geschäft).
**3** – Sind Sie Lehrer (Plural)?
**4** – Nein (wir-sind nicht).
**5**   Wir sind Ärzte.
**6** – Oh je (Lieber). Wer ist krank?

(ANMERKUNGEN)

① Durch die Betonung der ersten Silbe von **business** „Geschäft, Handel" wird aus dem eigentlich dreisilbigen Wort [*bi-si-nöß*] ein zweisilbiges.

② Die erste Silbe von **Birmingham** wird stark betont, die letzte fast verschluckt.

③ Merken Sie sich diese Wendung mit der Präposition **on**: **on business** „geschäftlich".

④ Fragen mit **to be** „sein" werden durch Inversion (Satzumstellung) gebildet: **You are...** „Sie sind ..." – **Are you...?** „Sind Sie ...?".

⑤ Mit **not** „nicht" wird ein Satz verneint: **I'm a teacher** „Ich bin (ein) Lehrer" – **I'm not a teacher** „Ich bin kein (nicht ein) Lehrer".

⑥ Die verneinende Antwort lautet nicht einfach nur **No** „Nein", sondern man wiederholt meistens das Pronomen und das Hilfsverb aus der Frage: **Are you lucky?** – **No, I'm not**.

⑦ Die Grundbedeutung von **dear** ist „teuer" (**It's very dear** „Es ist sehr teuer"). Hier ist es jedoch Teil einer Redewendung: **Sally's sick!** – **Oh dear!** „Sally ist krank! – Oh je!/Ach du liebe Güte!".

(SOLUTION TO FIRST EXERCISE: DID YOU UNDERSTAND?)

❶ Warum bist du/seid ihr/sind Sie hier? ❷ Wir sind geschäftlich in Birmingham (auf Geschäft). ❸ Oh je! Sally ist krank. ❹ Wir sind keine (wir-sind nicht) Ärzte, wir sind Lehrer. ❺ Es ist sehr teuer.

**15** • fifteen [*fif-ti:n*]

> **SECOND EXERCISE: FILL IN THE CORRECT WORDS!**
>
> ❶ Ich komme (bin) nicht aus (von) Schottland.
>
>    . ' .   . . .   from Scotland.
>
> ❷ Sind Sie Lehrer? – Nein (wir-sind nicht).
>
>    . . .   . . .   teachers? – . . ,   . . ' . .   . . . .

___ *Lerntipp* ___
*Denken Sie weiterhin an Ihre tägliche „Portion" Assimil? Lernen Sie entspannt, blättern Sie auch ruhig hin und wieder mal ein paar Lektionen zurück, und wiederholen Sie, vor allem, wenn Sie sich noch nicht ganz sicher fühlen. Wenn Sie an einem Tag ein bisschen mehr Zeit haben, gehen Sie nicht gleich nach den Übungen zur nächsten Lektion über. Schauen Sie sich die früheren Lektionen noch einmal an. Ihr Buch sollte Sie überallhin begleiten, und wenn Sie Zeit haben, egal wo, beschäftigen Sie sich mit der englischen Sprache.*

▶ **Sixth lesson** [*ßik-fß lä-ß(ö)n*]

# Introductions

**1** – Steve, this is Bronwen Jones. ①
**2** – Good evening, Bronwen. ②

(PRONUNCIATION)

[*in-trö-dak-tschöns **1** ßti:w fsiß is brOn-uön djouns **2** gud i:-wö-ning brOn-uön*]

❸ Wir sind in Birmingham.

..'.. .. Birmingham.

❹ Warum bist du/seid ihr/sind Sie krank?

... ... ... sick?

❺ Wer ist geschäftlich hier?

...'. here .. ........ ?

**SOLUTION TO SECOND EXERCISE: THE CORRECT WORDS.**

❶ I'm not ❷ Are you – No, we're not ❸ We're in ❹ Why are you ❺ Who's – on business.

---

**Birmingham**
Birmingham ist die zweigrößte Stadt Großbritanniens. Sie liegt im geografischen Zentrum des Landes, in den **Midlands**. Birmingham ist ein bedeutender Industriestandort und eine wichtige Wirtschaftsmetropole; man nennt es auch „die Stadt der 1.001 Gewerbe".

---

## Sechste Lektion

### Sich vorstellen (Einführungen)

**1** – Steve, das (dies) ist Bronwen Jones.
**2** – Guten Abend, Bronwen.

**ANMERKUNGEN**

① Das Demonstrativpronomen (hinweisende Fürwort) **this** wird benutzt, wenn die Person oder Sache sich in der Nähe befindet: **This is our** [ao(r)] **school** „Dies ist unsere Schule". **This is my sister** [ßiß-tö(r)] „Dies ist meine Schwester".

② Sprechen Sie **good evening** „guten Abend" wie ein Wort aus. Weitere Grußformeln sind **good morning** [gud m**O**:(r)-ning] „guten Morgen", **good afternoon** [gud af-tö(r)-n**u:**n] „guten Nachmittag" und **good night** [gud n**ai**t] „gute Nacht".

LEKTION 6

**17** • **seventeen** [*ßä-wön-ti:n*]

| 3 | Are you Welsh, by any chance? ③④ |
| 4 | –Yes, I am. ⑤ |
| 5 | –So am I. I'm from Cardiff. |

**PRONUNCIATION**

[*3 a:(r) ju: uälsch bai ä-ni tscha:nß 4 jäß ai äm 5 ßou äm ai aim fröm ka:(r)-dif*]

**FIRST EXERCISE: DO YOU UNDERSTAND THESE SENTENCES?**

❶ Good morning, Bronwen. ❷ I'm Welsh. – So am I.
❸ This is our school. ❹ Is she Scottish? – Yes, she is.
❺ Steve's from Cardiff.

**SECOND EXERCISE: FILL IN THE CORRECT WORDS!**

❶ Sind Sie aus Wales (walisisch)? – Ja (ich bin).

. . . . . . Welsh? – Yes, . . . .

❷ Ich bin aus (von) Cardiff. – Ich auch (so bin ich).

. ' . . . . Cardiff. – So . . I.

❸ Kommt (ist) sie aus (von) Schottland? – Nein (sie-ist nicht).

. . . . . from Scotland? – No, . . . ' . . . .

❹ Dies ist meine Schwester.

. . . . . . . . sister.

❺ Sind Sie zufällig aus (von) Cardiff?

. . . . . . . . . . Cardiff, by any chance?

---

*Lerntipp*

*Die nächste Lektion lädt zu einer ersten Wiederholung ein. Dies wird in Zukunft alle sieben Lektionen der Fall sein. In den Wiederholungslektionen wird der durchgearbeitete Stoff systematisch vertieft. Dies soll dafür sorgen, dass sich Ihre Kenntnisse ein wenig ordnen und festigen.*

**3** Sind Sie zufällig [aus] Wales (walisisch, durch irgendeinen Zufall)?
**4** – Ja (ich bin).
**5** – Ich auch (so bin ich). Ich bin aus (von) Cardiff.

(ANMERKUNGEN)

③ **Welsh** „walisisch" ist abgeleitet vom Namen **Wales**.

④ Die Wendung **by any chance** „zufällig" steht immer am Satzende.

⑤ Bejaht man eine Frage, sagt man nicht nur **Yes**, sondern man wiederholt Personalpronomen und Hilfsverb: **Is she Scottish? – Yes, she is** „Ist sie Schottin (schottisch)? – Ja (sie ist)". Die Kurzformen (z. B. **she's not**) werden nur bei verneinenden Antworten benutzt.

SOLUTION TO FIRST EXERCISE: DID YOU UNDERSTAND?

❶ Guten Morgen, Bronwen. ❷ Ich bin aus Wales (ich-bin walisisch). – Ich auch (so bin ich). ❸ Das (dies) ist unsere Schule. ❹ Ist Sie Schottin (schottisch)? – Ja (sie ist). ❺ Steve ist aus (von) Cardiff.

SOLUTION TO SECOND EXERCISE: THE CORRECT WORDS.

❶ Are you – I am ❷ I'm from – am ❸ Is she – she's not ❹ This is my ❺ Are you from.

**Cardiff**
**Cardiff** ist die Hauptstadt von Wales und besitzt einen bedeutenden Hafen. Es ist Wirtschaftszentrum und auch Sitz des walisischen Parlaments, das seit 1999 besteht. Es ist die erste gesetzgebende Versammlung in Wales seit der Eingliederung in den Rechtsraum von England im Jahre 1536.

19 • **nineteen** [nain-ti:n]

> ▶ **Seventh lesson** [ßä-wönfß lä-ß(ö)n]

## Wiederholung und Anmerkungen

*Dies ist Ihre erste Wiederholungslektion. Hier wird nun „Bilanz gezogen", d. h. hier wird vieles, was Sie in den ersten sechs Lektionen kennengelernt haben, ausführlicher erläutert, vertieft und anhand von Beispielen illustriert. Benutzen Sie diese Lektion auch zum Nachschlagen. Ausführlichere Informationen zu allen grammatikalischen Themen dieses Kurses finden Sie im grammatikalischen Anhang am Ende des Buches. Lernen Sie jedoch auf keinen Fall auswendig!*

### 1. Aussprache

Bei vielen Lauten des Englischen unterscheidet sich die Aussprache nicht wesentlich von der deutschen Aussprache. Einige andere erfordern jedoch bei der Aussprache ein wenig Übung. In der Kurseinleitung finden Sie die komplette Liste der englischen Laute mit der jeweiligen Aussprachebeschreibung. Sehen Sie sich diese Liste vor allem in der ersten Zeit immer wieder an, und benutzen Sie sie auch zum Nachschlagen.

Machen Sie sich jedoch zu Beginn keinen zu großen Stress mit der Aussprache. Akzeptieren Sie, dass Sie einige Zeit brauchen, um die typischen Laute herauszuhören und zu erzeugen. Hören Sie sich so oft wie möglich die Tonaufnahmen der Lektionen an, die Sie bereits durchgearbeitet haben, und beachten Sie neben der Aussprache der einzelnen Laute auch die Betonung und die Satzmelodie.

Beachten Sie, dass der Schwerpunkt am Anfang auf dem VERSTEHEN liegt. So sollten Sie die nächste Lektion auch erst dann in Angriff nehmen, wenn Sie die Texte der aktuellen Lektion verstehen, und zwar auch dann, wenn Sie nicht ins Buch schauen.

### 2. Pronomen

Sie haben schon ein paar Pronomen (persönliche Fürwörter) kennengelernt, und Sie haben auch erfahren, dass das Engli-

## Siebte Lektion

sche für „du", „ihr" und „Sie" nur das Pronomen **you** kennt. Weiterhin wissen Sie, dass es in der 3. Person Singular (Einzahl) für männliche Personen **he**, für weibliche Personen **she** und für Sachen, Abstraktes und manche Tiere das neutrale **it** gibt (wobei man nicht verschweigen sollte, dass Autos oder Schiffe oft liebevoll **she** genannt werden ...). Hier zeigen wir Ihnen alle Pronomen im Überblick:

| Pronomen | Singular | Plural |
|---|---|---|
| 1. Person | **I** [*ai*] „ich" | **we** [*ui:*] „wir" |
| 2. Person | **you** [*ju:*] „du/Sie" | **you** [*ju:*] „ihr/Sie" |
| 3. Person | **he** [*hi:*] „er" | **they** [*fsei*] „sie" |
| | **she** [*schi:*] „sie" | |
| | **it** [*it*] „es" | |

### 3. Verb to be „sein" und seine Kurzformen

Der Infinitiv, also die Grundform aller Verben (Tätigkeitswörter), beinhaltet als ersten Bestandteil immer das Wort **to** [*tu:*]. Eines der wichtigsten und häufigsten Verben ist das Verb **to be** [*tu: bi:*] „sein", dessen Personalformen in der Gegenwart (unverkürzt und verkürzt) folgendermaßen lauten:

| | Unverkürzte Form | Verkürzte Form |
|---|---|---|
| **Singular** | | |
| 1. Person | **I am** [*ai äm*] „ich bin" | **I'm** [*aim*] |
| 2. Person | **you are** [*ju: a:(r)*] „du bist" | **you're** [*jur*] |
| 3. Person | **he is** [*hi: is*] „er ist" | **he's** [*hi:s*] |
| | **she is** [*schi: is*] „sie ist" | **she's** [*schi:s*] |
| | **it is** [*it is*] „es ist" | **it's** [*itß*] |
| **Plural** | | |
| 1. Person | **we are** [*ui: a:(r)*] „wir sind" | **we're** [*ui(r)*] |
| 2. Person | **you are** [*ju: a:(r)*] „ihr seid/Sie sind" | **you're** [*ju(r)*] |
| 3. Person | **they are** [*fsei a:(r)*] „sie sind" | **they're** [*fsei(r)*] |

## 4. Negation

Die Negation (Verneinung) wird mit dem Wort **not** „nicht, kein"
gebildet, das dem Verb nachgestellt wird; auch hier gibt es eine
Kurzform:

> **I am (I'm) not...** „Ich bin nicht/kein ..."
> **You are (you're) not...** „Du bist nicht/kein ...".

## 5. Fragen

Sie haben bereits eine Form der Fragebildung kennengelernt.
Hierzu wird die sog. Inversion, d. h. Umkehrung von Personalpronomen und Verb, angewandt:

| Aussagesatz | Fragesatz |
|---|---|
| **He is/He's...** „Er ist ..." | **Is he...?** „Ist er ...?" |
| **You are/You're...** „Du bist / ihr seid / Sie sind ..." | **Are you...?** „Bist du / seid ihr / Sind Sie ...?" |

**Achtung:** Bei dieser Frageform gibt es keine Kurzformen.

## 6. Fragewörter

Es sind auch schon einige Fragewörter (man sagt auch „Interro-
gativpronomen") vorgekommen. Beachten Sie die Aussprache
des Anlauts **wh**: Sprechen Sie ihn wie [u] mit gespitzten Lippen.
Eine Ausnahme bildet **who?**, das „aspiriert", also [hu:] ausgesprochen wird:

| Fragewort | Beispielsatz |
|---|---|
| **Where?** [uä:(r)] „Wo?" | **Where is the family?** „Wo ist die Familie?" |
| **What?** [uOt] „Was?" | **What's your name?** „Wie heißt du (was-ist dein Name)?" |
| **Which?** [uitsch] „Welcher, -e, -es?" | **Which city are you from?** „Aus welcher Stadt kommen Sie (welche Stadt sind Sie von)?" |
| **Why?** [uai] „Warum?" | **Why are you in Birmingham?** „Warum sind Sie in Birmingham?" |
| **Who?** [hu:] „Wer?" | **Who's sick?** „Wer ist krank?" |

## 7. Antworten

Unter Briten gilt es als unhöflich, eine Frage einfach nur mit **Yes** „Ja" oder **No** „Nein" zu beantworten. Man sollte immer das Pronomen und das Hilfsverb der Frage wieder aufgreifen:

**Are you English** [*ing-lisch*]**?** „Sind Sie Engländer/in (englisch)?" – **Yes, I am.** „Ja (ich bin)."
**Is she a doctor?** „Ist sie (eine) Ärztin?" – **No, she's not.** „Nein (sie-ist nicht)."

## 8. Verständnis-/Formulierungsübung

Die folgende Übung ist eine Verständnisübung, wie Sie sie aus den normalen Lektionen kennen. Die Sätze enthalten nur bekanntes Vokabular und bekannte Strukturen. Sie können Sie sich auch auf den Tonaufnahmen anhören. Solange Sie sich noch in der passiven Phase befinden, sollten Sie einfach versuchen, den Sinn der Sätze zu erfassen, d. h. überprüfen, ob Sie die Sätze verstehen – mehr nicht.
Befinden Sie sich dagegen in der aktiven Phase, in deren Verlauf Sie sukzessive alle Lektionen – wie ein Dolmetscher – vom Deutschen ausgehend auf Englisch formulieren (siehe Erklärungen in der Einleitung), sollten Sie versuchen, diese Übung in der gleichen Weise zu absolvieren, d. h. die deutschen Sätze ins Englische zu übersetzen.

❶ Hi, Mathew. How are you? ❷ I'm fine, thanks. ❸ Where is Sally? ❹ Is she at work? ❺ Yes, she is. Poor Sally! ❻ Are the kids at school? ❼ No, they're not. ❽ Poor you!

❶ Hallo Mathew. Wie geht es dir (wie bist du)? ❷ Mir geht es gut (ich-bin fein), danke. ❸ Wo ist Sally? ❹ Ist sie bei [der] Arbeit? ❺ Ja (sie ist). Arme Sally! ❻ Sind die Kinder in der (bei) Schule? ❼ Nein (sie-sind nicht). ❽ Du/Sie Armer / ihr Armen!

___ *Lerntipp* ___
*Bevor Sie zu Lektion 8 übergehen, lesen Sie diese Lektion noch ein paarmal durch, bis Ihnen die Erklärungen keinerlei Schwierigkeiten mehr bereiten. Sie können auch bereits durchgearbeitete Lektionen noch einmal ansehen oder auch nur die Tonaufnahmen anhören. Versuchen Sie, niemals einzelne Wörter isoliert zu lernen, sondern assimilieren Sie immer kurze Sätze oder ganze Wendungen, z. B.* **How are you?***,* **at school** *usw.*

LEKTION 7

## ▶ Eighth lesson [*eit-fß lä-ß(ö)n*]

# At a party

**1** – Who's that pretty girl in the blue dress? ①
**2** – Her name's Karen. ②
**3**    She's an artist. ③
**4**    She lives in a flat in Hampstead. ④⑤
**5** – And who's the guy next to her? ⑥⑦
**6** – That's her husband.
**7**    His name's Lenny. ⑧

(PRONUNCIATION)

[*ät ö pa:(r)-ti* **1** *hu:s fsät pri-ti gÖ:(r)l in fsö blu: dräß* **2** *hÖ:(r) neims kä-rön* **3** *schi:s ön a:(r)-tißt* **4** *schi: liws in ö flät in hämp-ßtäd* **5** *änd hu:s fsö gai näkßtu: hÖ:(r)* **6** *fsätß hÖ:(r) has-bönd* **7** *his neims läni*]

___ Lerntipp ___
*Dies ist der Beginn Ihrer zweiten Kurseinheit. Was die Struktur des Englischen angeht, so gibt es noch nicht allzu viele Schwierigkeiten. Probleme, die Sie vielleicht mit der Aussprache haben, werden sich mit der Zeit lösen. Wichtig ist, dass Sie sich jeden Tag ein bisschen mit Ihrer neuen Fremdsprache beschäftigen. Durch die ständige Wiederholung des bereits Kennengelernten wird sich der Stoff nach und nach in Ihrem Gedächtnis festigen.*

### FIRST EXERCISE: DO YOU UNDERSTAND THESE SENTENCES?

❶ Who's the guy next to him? ❷ She lives in a flat in Hampstead. ❸ That's her husband. ❹ He's a teacher. ❺ Anna's the girl in the blue dress. ❻ His house is pretty.

## Achte Lektion

**Auf (bei) einer Party**

1 – Wer ist dieses hübsche Mädchen in dem blauen Kleid?
2 – Sie heißt (ihr Name-ist) Karen.
3    Sie ist (eine) Künstler[in].
4    Sie wohnt (lebt) in einer Wohnung in Hampstead.
5 – Und wer ist der Typ neben ihr?
6 – Das ist ihr Ehemann.
7    Sein Name ist Lenny.

(ANMERKUNGEN)

① Während **this** „dieser, -e, -es" auf ein Objekt in der unmittelbaren Nähe verweist, deutet **that** auf ein weiter entferntes Objekt hin: **Who's that?** „Wer ist das [da]?".

② In **her name** „ihr Name" ist **her** das Possessivpronomen (besitzanzeigendes Fürwort) der 3. Person Singular, wenn der „Besitzer" weiblich ist.

③ Vor Berufsbezeichnungen steht der unbestimmte Artikel **a**: **Anna** [*ä-nö*] **is a teacher** „Anna ist (eine) Lehrerin". Beginnt das nachfolgende Wort mit einem Vokal, wird **a** zu **an** [*ön*]: **She's an engineer** [*än-dji-ni:(r)*] „Sie ist (eine) Ingenieurin".

④ Mit **lives**, der 3. Person Singular von **to live** [*tu: liw*] „leben, wohnen", lernen Sie ein neues Verb kennen.

⑤ **flat** „Wohnung" kann auch ein Adjektiv (Eigenschaftswort) sein: „flach, eben": **flat screen** „Flachbildschirm". Merken Sie sich auch **house** [*haoß*] „Haus".

⑥ **guy** „Typ, Kerl" ist sehr umgangssprachlich. In einem formellen Kontext sollten Sie es nicht verwenden.

⑦ Sprechen Sie **next to** wie ein Wort: [*näkßtu:*].

⑧ Ist der „Besitzer" männlich, lautet das Possessivpronomen **his** „sein, seine": **his flat** „seine Wohnung".

**SECOND EXERCISE: FILL IN THE CORRECT WORDS!**

❶ Sein Name ist David.

 ... ....'. David.

❷ Ihr Name ist Anna.

 ... ....'. Anna.

❸ Das [da] ist ihr Ehemann.

 ....'. ... husband.

❹ Sie lebt in einer Wohnung.

 She ..... in . .....

▶ **Ninth lesson** [nainfß lä-ß(ö)n]

# How old are you?

**1** – **T**ell me, how **o**ld are you? ①
**2** – That's a **v**ery **p**ersonal qu**e**stion. ②

(PRONUNCIATION)

[hao **ou**ld a:(r) ju: **1** täl mi: hao **ou**ld a:(r) ju: **2** fsätß ö wä-ri p**Ö**:(r)-ßö-nöl kueß-tschön]

### SOLUTION TO FIRST EXERCISE: DID YOU UNDERSTAND?

❶ Wer ist der Typ neben ihm? ❷ Sie lebt in einer Wohnung in Hampstead. ❸ Das [da] ist ihr Ehemann. ❹ Er ist (ein) Lehrer. ❺ Anna ist das Mädchen in dem blauen Kleid. ❻ Sein Haus ist hübsch.

❺ Lenny ist (ein) Künstler.

Lenny' . .. ....... .

### SOLUTION TO SECOND EXERCISE: THE CORRECT WORDS.

❶ His name's ❷ Her name's ❸ That's her ❹ lives – a flat ❺ s an artist.

---

**Guy**
Das Wort **guy** hat historischen Ursprung: 1606 versuchten einige Katholiken, den protestantischen König James I. zu ermorden; man wollte Fässer mit Schießpulver unter dem Parlament zünden. Das Komplott wurde jedoch vorher aufgedeckt. Der Feuerwerker der Gruppe, **Guy Fawkes**, wurde hingerichtet. Noch heute wird an jedem 5. November sein Bildnis – **guy** genannt – mit großen Freudenfeuern verbrannt. Das Wort **guy** wurde im 19. Jh. für einen „komischen Typen" benutzt, heute heißt es einfach nur „Typ, Kerl" und ist durchaus positiv gemeint.

---

## Neunte Lektion

**Wie alt sind Sie?**

1 – Sagen Sie mir, wie alt sind Sie?
2 – Das ist eine sehr persönliche Frage.

(ANMERKUNGEN)

① To tell „sagen, erzählen". Tell me... ist der Imperativ, d. h. die Befehlsform: „Sag/sagt/sagen Sie mir".

② personal „persönlich" meint hier „indiskret". Anders z. B. in personal property [prO-pö(r)-ti]: „persönliches Eigentum". Vielleicht kennen Sie auch personal computer „PC (Personalcomputer)".

LEKTION 9

**27** • twenty-seven [tuän-ti-ßä-wön]

| 3 | But **OK**, I'm th**i**rty-tw**o**. ③ |
|---|---|
| 4 | I'm div**o**rced with two s**o**ns and a d**au**ghter. ④ |
| 5 | – And how old are th**ey**? ⑤ |
| 6 | – The b**oy**s are t**e**n and **ei**ght, and the g**i**rl's twelve. ⑥ |
| 7 | – Oh d**ea**r, I'm too y**ou**ng for you! ⑦ |

**PRONUNCIATION**

[**3** bat **ou-kei** aim fß**Ö**:(r)-ti-tu: **4** aim di-w**O**:(r)ßd uifs tu: ßans änd ö d**O**:-tö(r) **5** änd hou ould a:(r) fs**ei 6** fsö b**ois** a:(r) tän änd **eit** änd fsö g**Ö**:(r)ls tuälw **7** ou di:-ö aim tu: **j**ang fö ju:]

___ Lerntipp _____
*Wir empfehlen Ihnen, ergänzend zu diesem Buch auch die Tonaufnahmen zu erwerben, auf denen die englischen Lektions- und Verständnisübungstexte enthalten sind. Die Aufnahmen bieten Ihnen auch unterwegs (im Auto, mit dem MP3-Player, ...) die Möglichkeit, die Fremdsprache täglich „im Ohr" zu haben.*

**FIRST EXERCISE: DO YOU UNDERSTAND THESE SENTENCES?**

❶ T**e**ll me, how **o**ld are you? ❷ **OK**, I'm div**o**rced with two d**au**ghters. ❸ You're t**oo** y**ou**ng for me! ❹ Her comp**u**ter is very **o**ld. ❺ That's a p**e**rsonal qu**e**stion.

| 3 | Aber gut (OK), ich bin 32.
| 4 | Ich bin geschieden und habe (mit) zwei Söhne und eine Tochter.
| 5 | – Und wie alt sind sie?
| 6 | – Die Jungen sind zehn und acht, und das Mädchen ist zwölf.
| 7 | – Oh je, ich bin zu jung für Sie!

(ANMERKUNGEN)

③ **OK** „gut, in Ordnung" wird mittlerweile in allen Sprachen verstanden.

④ **son** „Sohn" wird genauso ausgesprochen wie **sun** „Sonne": [ßan]. Hören Sie genau auf die Aussprache von **daughter** „Tochter": [dO:-tö(r)].

⑤ **old** heißt nicht nur „alt", sondern es kann auch „früher, ehemalig" bedeuten.

⑥ Bei einer Altersangabe nennt man nur die Zahl. Der Zusatz **years** [ji:-ö(r)s] „Jahre" ist nicht erforderlich. **How old is he? – He's thirty-nine** [fßÖ:(r)-ti-nain] „Wie alt ist er? – Er ist 39." Die Zahlen behandeln wir in Lektion 14.

⑦ **young** [jang] „jung" ist das Gegenteil von **old**.

___ *Lerntipp* ___

*Sie werden in diesen frühen Lektionen mit einigen grammatikalischen Fachwörtern konfrontiert, die wir beim ersten Auftreten immer durch ein verständliches Synonym erklären. Die grammatikalischen Erklärungen sind lediglich als Hilfe gedacht; lassen Sie sich nicht entmutigen, wenn Sie beim ersten Mal nicht alles verstehen, denn Sie dürfen ohne Weiteres neue Wörter bis zu sechsmal vergessen. Wichtiger ist das intuitive Verstehen.*

SOLUTION TO FIRST EXERCISE: DID YOU UNDERSTAND?

❶ Sag/sagen Sie mir, wie alt bist du / sind Sie? ❷ OK, ich bin geschieden und habe (mit) zwei Töchter. ❸ Du bist / Sie sind zu jung für mich! ❹ Ihr Computer ist sehr alt. ❺ Das ist eine persönliche Frage.

**29** • twenty-nine [tuän-ti-nain]

> **SECOND EXERCISE: FILL IN THE CORRECT WORDS!**

❶ Dieser Typ ist zu jung für sie.

  That guy's ... ..... ... ....

❷ Mein Sohn ist zehn, und meine Tochter ist zwölf.

  .. son .. ... and .. daughter ..
  ....... .

❸ Wie alt ist er? – Er ist 39.

  ... ... .. he? – ..'. thirty-nine.

❹ Sag mir, wie alt ist ihr Sohn?

  .... .., ..... .. ... son?

---

▶  **Tenth lesson** [tänfß lä-ß(ö)n]

# Two holidays

**1** – How's the weather up there in Durham? ①

**2** – Terrible! It's cold, cloudy and wet. ②

**3**  It's always rainy here in March. ③④⑤

**4**  What's it like down in Cornwall? ⑥

(PRONUNCIATION)

[*tu:* h**O**-lö-deis **1** haos fsö u**ä**-fsö(r) ap fsä:r in d**a**-röm **2** tä-ri-bl itß ko**u**ld kl**a**o-di änd uät **3** itß **O:**l-ueis r**ei**-ni hi:(r) in m**a:**rtsch **4** u**O**tß it laik daon in k**O:**(r)n-uöl]

(ANMERKUNGEN)

① Der Doppelvokal *ea* kann unterschiedlich ausgesprochen werden: [*ä*] wie hier in weather oder [*i:*] wie in teacher oder dear. Im Text finden Sie noch weitere Aussprachevarianten.

⑤ Wie geht es dir? – Gut, und dir (du)?

How ... ... ? – .. , and ... ?

**SOLUTION TO SECOND EXERCISE: THE CORRECT WORDS.**

❶ too young for her ❷ My – is ten – my – is twelve ❸ How old is – He's ❹ Tell me – how old is her ❺ are you – OK – you.

_Lerntipp_

*Um die richtige Aussprache zu üben, sollten Sie die Texte laut lesen. Manchmal ist es auch hilfreich, die eigene Aussprache aufzunehmen und anschließend kritisch anzuhören und mit den Tonaufnahmen zu vergleichen.*

## Zehnte Lektion

### Zwei Arten von Urlaub (zwei Urlaube)

1 – Wie ist das Wetter da oben (oben dort) in Durham?
2 – Schrecklich! Es ist kalt, bedeckt (wolkig) und nass.
3   Es ist immer regnerisch hier im März.
4   Wie ist es (was-ist es wie) unten in Cornwall?

**ANMERKUNGEN**

② **Terrible** hat zwar ein **e** am Ende, dieses wird jedoch nicht gesprochen, sondern die letzte Silbe wird [*bl*] ausgesprochen.

③ Aus Substantiven kann man Adjektive bilden: **cloud** [*klaod*] „Wolke" – **cloudy** „wolkig"; **rain** [*rein*] „Regen" – **rainy** „regnerisch".

④ Nicht nur Eigennamen, auch die Monatsnamen werden großgeschrieben: **March** „März", **April** [*ei-pril*] „April".

⑤ Zeitangaben (hier: **in March**) werden meistens ans Satzende gestellt.

⑥ Merken Sie sich **what's... like?** „wie ist ...?" als feste Wendung: **What's the weather like there?** „Wie ist das Wetter dort?". **like** hat die Grundbedeutung „wie; ähnlich; gleich".

**31** • thirty-one [fßÖ:(r)-ti-uan]

| **5** | – Great. It's h**o**t and s**u**nny. ⑦⑧ |
|---|---|
| **6** | We're r**ea**lly l**u**cky. ⑨ |

(PRONUNCIATION)

[*5 greit itß hOt änd ßa-ni 6 ui:(r) ri-ö-li la-ki*]

### FIRST EXERCISE: DO YOU UNDERSTAND THESE SENTENCES?

❶ H**o**w's the w**ea**ther **u**p there? ❷ **OK**. What's it like down in D**u**rham? ❸ It's c**o**ld, cl**ou**dy and r**ai**ny. ❹ He's **a**lways on the ph**o**ne. ❺ C**o**rnwall's gr**ea**t in **A**pril.

### SECOND EXERCISE: FILL IN THE CORRECT WORDS!

❶ Wie ist das Wetter? – Schrecklich.

 . . . '. the . . . . . . . ? – Terrible.

❷ Es ist heiß und sonnig (oben) hier.

 . . '. . . . and . . . . . . . here.

❸ Es ist immer regnerisch im März.

 . . ' . . . . . . . . . . . . . in . . . . . .

❹ Ich bin am Telefon.

 I'm . . . . . . . . . . . .

❺ Wir haben wirklich Glück.

 . . ' . . . . . . . . lucky.

5 – Großartig. Es ist heiß und sonnig.
6 Wir haben wirklich Glück (wir-sind wirklich Glück-habend).

(ANMERKUNGEN)

⑦ **Great**: Hier wird **ea** [*ei*] ausgesprochen.

⑧ Das Adjektiv **sunny** ist vom Nomen **sun** [*ßan*] „Sonne" abgeleitet.

⑨ Eine weitere Art, **ea** auszusprechen: **really** [*ri-ö-li*].

> *Präpositionen*
> *Sie werden bemerkt haben, dass der Gebrauch der Präpositionen (**on**, **in** usw.) vom Deutschen abweicht. Assimilieren Sie daher Wendungen mit Präpositionen immer im Ganzen: **on the phone**, **in March**, **on holiday** ...*

### SOLUTION TO FIRST EXERCISE: DID YOU UNDERSTAND?

❶ Wie ist das Wetter da oben (oben dort)? ❷ Gut. Wie ist es (unten) in Durham? ❸ Es ist kalt, bedeckt (wolkig) und regnerisch. ❹ Er ist immer am (auf dem) Telefon ❺ Cornwall ist großartig im April.

### SOLUTION TO SECOND EXERCISE: THE CORRECT WORDS.

❶ How's – weather ❷ It's hot – sunny up ❸ It's always rainy – March ❹ on the phone ❺ We're really.

---

**Ortsnamen**
Ortsnamen verraten uns viel über ein Land. Großbritannien ist im Laufe seiner Geschichte von vielen Völkern „besucht" worden, die die Ortsnamen mitgeprägt haben. So enden viele Namen auf **-ham**, dem friesischen Wort für „Wiese". **-chester** (Winchester, Dorchester) kommt von **castra**, lateinisch für „Festung". Die Wikinger drückten vielen Orten mit der altnordischen Namensendung **-thorpe** („Dorf") ihren Stempel auf. Diese Endungen werden niemals betont gesprochen; achten Sie darauf, wenn Sie sich die Tonaufnahmen anhören!

▶ **Eleventh lesson** [*i-lä-wönfß lä-ß(ö)n*]

## Two holidays (continued)

**1** – I'm **jea**lous! How's y**ou**r h**o**liday? ① ②
**2** – Fant**a**stic! Our hot**e**l's right in the c**e**ntre of the t**o**wn. ③ ④
**3** It's sm**a**ll, but it's cl**ea**n and c**o**mfortable. ⑤
**4** The ch**i**ldren aren't too h**a**ppy. ⑥
**5** Th**ei**r room's t**i**ny. ⑦
**6** But the v**ie**w is s**u**per.
**7** They're right **o**pposite a n**i**ght club! ⑧ ⑨

(PRONUNCIATION)

[*tu: h**O**-lö-deis kön-tin-ju:d* **1** *aim djä-löß haos ju(r) h**O**-lö-dei* **2** *fän-täß-tik ao(r) hou-täls rait in fsö ß**ä**n-tö(r) Ow fsö ta**o**n* **3** *itß ßm**O**:l bat itß kl**i**:n änd k**a**mf-tö-bl* **4** *fsö tsch**i**l-drön a:-rönt tu: h**ä**-pi* **5** *fs**ä**:(r) ru:ms t**ai**-ni* **6** *bat fsö wj**u**: is ß**u**:-pö(r)* **7** *fsei(r) rait **O**-pö-sit ö n**ai**t klab*]

*Mittlerweile wissen Sie, dass* **you** *„du", „ihr" und „Sie" bedeuten kann. Wir brauchen jetzt in den Übungssätzen nicht mehr alle drei Varianten anzuführen, sondern werden mal die eine, mal die andere benutzen.*

## Elfte Lektion

### Zwei Urlaube (Fortsetzung)

**1** – Ich bin neidisch! Wie ist euer Urlaub?
**2** – Fantastisch! Unser Hotel liegt genau im Stadtzentrum (ist richtig in dem Zentrum von der Stadt).
**3** Es ist klein, aber es ist sauber und komfortabel.
**4** Die Kinder sind nicht so zufrieden (zu fröhlich).
**5** Ihr Zimmer ist winzig.
**6** Aber die Aussicht ist super.
**7** Sie befinden sich (sind) direkt gegenüber eines Nachtclubs!

(ANMERKUNGEN)

① Der Anlaut von **jealous** „neidisch, eifersüchtig", [*dj*], ähnelt dem von „**D**schungel".

② Der Laut **ea** in **jealous** wird ebenso gesprochen wie in **weather**: [*ä*].

③ Die Verwendungsmöglichkeiten von **right** (Grundbedeutung „richtig, recht") sind sehr zahlreich: **on your right** „zu Ihrer Rechten", **That's** [*fsätß*] **right!** „Das ist richtig!", **right in the middle** [*midl*] „genau in der Mitte" sind nur einige Beispiele.

④ **of** wird nicht mit [*f*], sondern mit [*w*] gesprochen.

⑤ Bei längeren Wörtern werden die unbetonten Silben oft fast ganz verschluckt: **comfortable** [*kamf-tö-bl*].

⑥ Nicht alle Nomen bilden ihren Plural durch Anhängen eines -s; es gibt einige Ausnahmen, darunter **children** [*tschil-drön*]: Der Singular lautet **child** [*tschaild*].

⑦ Das Gegenteil von **tiny** „winzig" lautet **huge** [*hju:dj*] „riesig". Sie kennen schon **small** [*ßmO:l*] „klein"; das Gegenteil lautet **large** [*la:(r)dj*] „groß".

⑧ Die Aussprache der Verbkurzform **they're** „sie sind" und des Possessivpronomens **their** „ihr, ihre" unterscheidet sich nur geringfügig; man hört den Unterschied nur, wenn sehr langsam gesprochen wird.

⑨ Man findet gelegentlich auch die Schreibweise **nightclub**.

### FIRST EXERCISE: DO YOU UNDERSTAND THESE SENTENCES?

❶ **Ou**r room's **hu**ge. ❷ But th**ei**r room's **ti**ny. ❸ Our h**o**tel's very c**o**mfortable. ❹ We're right in the c**e**ntre of the t**o**wn. ❺ The w**ea**ther's gr**ea**t! – I'm j**ea**lous.

### SECOND EXERCISE: FILL IN THE CORRECT WORDS!

❶ Das Hotel liegt zu Ihrer Rechten (ist auf Ihrer rechts).

The hotel's  . .   . . . .   . . . . . .  .

❷ Ihre (3. Pers. Pl.) Kinder sind sehr fröhlich.

. . . . .   . . . . . . . . .  are very  . . . . . . .

❸ Unser Zimmer ist direkt gegenüber des Nachtclubs.

. . .  room's  . . . . .   . . . . . . . .  the night club.

❹ Wie ist euer Urlaub? – Fantastisch!

. . . ' .   . . . .   holiday? –  . . . . . . . . . !

---

▶ **Twelfth lesson** [tuälf-fß lä-ß(ö)n]

# A historical city

**1**  D**u**rham is a hist**o**rical c**i**ty in the n**o**rth-**ea**st of **E**ngland. ①②

---

(PRONUNCIATION)

[ö hiß-t**O**-ri-köl ß**i**-ti **1** da-röm is ö hiß-t**O**-ri-köl ß**i**-ti in fsö n**O**:(r)fß-**i**:ßt ow **i**ng-lönd]

> **SOLUTION TO FIRST EXERCISE: DID YOU UNDERSTAND?**
>
> ❶ Unser Zimmer ist riesig. ❷ Aber ihr Zimmer ist winzig. ❸ Unser Hotel ist sehr komfortabel. ❹ Wir sind genau im Stadtzentrum. ❺ Das Wetter ist großartig! – Ich bin neidisch.

❺ Es ist klein, aber es ist sehr sauber.

..'. small ... ..'. very ......

> **SOLUTION TO SECOND EXERCISE: THE CORRECT WORDS.**
>
> ❶ on your right ❷ Their children – happy ❸ Our – right opposite ❹ How's your – Fantastic ❺ It's – but it's – clean.

---
**Lerntipp**

*Gehen Sie erst dann zur nächsten Lektion über, wenn Ihnen die aktuelle Lektion keine größeren Schwierigkeiten mehr bereitet. Selbst wenn Sie nicht alles lückenlos verstehen: Durch die ständige Wiederholung lösen sich eventuell auftretende Schwierigkeiten mit der Zeit wie von selbst.*

---

## Zwölfte Lektion

### Eine historische Stadt

[1] Durham ist eine historische Stadt im Nordosten Englands (von England).

**ANMERKUNGEN**

① Da es sich hier nicht um einen Dialog handelt, werden nicht die Kurzformen der Verben **is** und **are** benutzt.

② Sie kennen nun schon **east** „Osten" und **north** „Norden". Die restlichen Himmelsrichtungen heißen **west** [*uäßt*] „Westen" und **south** [*ßaofß*] „Süden". Alle kann man wie im Deutschen kombinieren: **south-east**, **north-west**, ...

LEKTION 12

**37 • thirty-seven** [fßÖ:(r)-ti-ßä-wön]

| 2 | There is an eleventh century Norman cathedral ③④ |
|---|---|
| 3 | and there is also a majestic castle. ⑤⑥ |
| 4 | There are three old stone bridges across the river ⑦ |
| 5 | and there is a very famous university. ⑧ |

**PRONUNCIATION**

[**2** fsä:r is ön i-lä-wönfß ßän-tschö-ri nO:(r)-mön kö-fßi:-dröl **3** änd fsä:r is O:l-ßou ö mö-djäß-tik ka:-ßl **4** fsä:r a:(r) fßri: ould ßtoun brid-jis ö-krOß fsö ri-wö(r) **5** änd fsä:r is ö wä-ri fei-möß ju-nö-wÖ(r)-ßi-ti]

**FIRST EXERCISE: DO YOU UNDERSTAND THESE SENTENCES?**

① There's a famous university in Durham. ② It's in the southwest of England. ③ There are three stone bridges. ④ The castle is majestic. ⑤ There's a great view of the cathedral.

**SECOND EXERCISE: FILL IN THE CORRECT WORDS!**

① Es gibt eine Brücke, [die] über den Fluss [führt].

. . . . . .'. a . . . . . . . . . . . . . the river.

**thirty-eight** [fßÖ:(r)-ti-eit] • 38

**2** Es gibt eine normannische Kathedrale aus dem 11. Jahrhundert (eine 11. Jahrhundert normannische Kathedrale),
**3** und es gibt auch eine stattliche Burg.
**4** Es gibt drei alte Steinbrücken, [die] über den Fluss [führen],
**5** und (es gibt) eine sehr berühmte Universität.

(ANMERKUNGEN)

③ Meistens wird das r im Auslaut nicht gesprochen; in diesem Text können Sie aber hören, dass es, wenn das nachfolgende Wort mit einem Vokal beginnt, mit diesem verbunden wird.

④ Adjektive, die auf der Grundlage von Eigennamen gebildet werden, werden großgeschrieben: a Norman cathedral, an English city, ...

⑤ majestic kann „stattlich", aber auch „majestätisch" oder „grandios" bedeuten.

⑥ Sprechen Sie castle „Burg", „Schloss" wie „Kassel", also ohne das t und mit langem [a].

⑦ In der Kombination there is/there are ist there kein Demonstrativpronomen („da, dort"), sondern es drückt aus, dass etwas vorhanden ist: „es ist/sind, es gibt". Auf there are folgt ein Plural; von there are wird keine Kurzform gebildet.

⑧ Die Universität von Durham ist nach Oxford [Okß-föd] und Cambridge [keim-bridj] die älteste Universität Englands.

(SOLUTION TO FIRST EXERCISE: DID YOU UNDERSTAND?)

❶ Es gibt eine berühmte Universität in Durham. ❷ Er/sie/es liegt (ist) im Südwesten Englands (von England). ❸ Es gibt drei Steinbrücken. ❹ Die Burg ist stattlich. ❺ Man hat (es gibt) einen großartigen Ausblick auf (von) die Kathedrale.

LEKTION 12

② Durham ist eine englische Stadt.

Durham's .. ....... .... .

③ Es gibt drei Burgen.

..... ... three ....... .

④ Es gibt auch eine berühmte Universität.

..... .. .... a famous university.

⑤ Die Kathedrale ist sehr alt.

The .........'. very .... .

---

▶ **Thirteenth lesson** [fßÖ:(r)-ti:nfß lä-ß(ö)n]

# Questions about Durham

**1** – Is there a river in Durham? ①
**2** – Yes, there is. ②
**3**    It's called the River Wear. ③
**4** – Are there any museums? ④
**5** – Yes, there are. At least ten.

(PRONUNCIATION)

[kuäß-tschöns ö-baot da-röm **1** is fsä:r ö ri-wör in da-röm **2** jäß fsä:r is **3** itß kO:ld fsö ri-wö(r) ui:(r) **4** a:(r) fsä:r ä-ni mju-si:-öms **5** jäß fsä:r a:r ät li:ßt tän]

(ANMERKUNGEN)

① Sie haben there is (+ Nomen im Singular) „es gibt" kennengelernt; nun sehen Sie auch, wie man hiermit eine Frage formuliert: Is there a hotel? „Gibt es ein Hotel?"

**forty** [fO:(r)-ti] • 40

> **SOLUTION TO SECOND EXERCISE: THE CORRECT WORDS.**
> ❶ There's – bridge across ❷ an English city ❸ There are – castles
> ❹ There is also ❺ cathedral's – old.

> *Lerntipp*
>
> *Ein Geheimnis beim Erlernen einer Fremdsprache liegt darin, sich nicht zu viel auf einmal vorzunehmen. Nehmen Sie sich Zeit, wiederholen Sie viel, und geben Sie sich damit zufrieden, die Texte mehrmals anzuhören und mitzulesen und die Übungen zu machen. Wichtig ist vor allem die Regelmäßigkeit: Schlagen Sie Ihr Buch täglich auf, und wenn es nur für fünf Minuten ist ...*

# Dreizehnte Lektion

## Fragen über Durham

1 – Gibt es einen Fluss in Durham?
2 – Ja (da ist).
3   Er heißt Wear (es-ist genannt der Fluss Wear).
4 – Gibt es irgendwelche Museen?
5 – Ja (da sind). Mindestens zehn.

(ANMERKUNGEN)

② Der Brite antwortet auf eine Frage nicht einfach nur mit **Yes** oder **No**. Daher lautet hier die Antwort **Yes, there is**. Beachten Sie die Betonung auf **Yes** und **is**.

③ **to call** „rufen; nennen" verwenden Sie für eine Namensangabe (**He is called Bob** „Er heißt (ist genannt) Bob"); **to call** bedeutet aber auch „anrufen, telefonieren": **Call me this afternoon** [af-tö(r)-n**u:**n] „Ruf mich heute Nachmittag an".

④ **Are there** ist die Frageform von **there are**. In der Frage taucht oft **any** „irgendwelcher, -e, -es" auf: **Are there any hotels in Durham?** „Gibt es (irgendwelche) Hotels in Durham?".

LEKTION 13

**41** • forty-one [fO:(r)-ti-uan]

| 6 | – Is there an **ai**rport? ⑤ |
|---|---|
| 7 | – No, there **is**n't. |
| 8 | But there **is** a **rai**lway st**a**tion. ⑥⑦ |

(PRONUNCIATION)

[**6** is fsä:r ön **ä**:(r)-pO:(r)t **7** nou fsä:r isnt **8** bat fsä:r is ö **rei**l-uei ß**tei**-schön]

### FIRST EXERCISE: DO YOU UNDERSTAND THESE SENTENCES?

❶ Call me this aftern**oo**n, Bob. ❷ Are there any n**i**ght clubs in D**u**rham? ❸ Is there a b**u**s st**a**tion? ❹ N**o**, there **i**sn't. ❺ But there *is* an **ai**rport.

### SECOND EXERCISE: FILL IN THE CORRECT WORDS!

❶ Gibt es einen Fluss? – Ja (da ist).

. . . . . . . . a river? - . . . , . . . . . . . .

❷ Gibt es (irgendwelche) Steinbrücken?

. . . . . . . . . . stone bridges?

❸ Es gibt mindestens zehn Museen.

. . . . . . . . . . . . . . . ten museums.

❹ Sie heißt Karen. Sie ist (eine) Künstlerin.

. . . '. . . . . . . Karen. She's . . . . . . . . .

❺ Wo ist der Bahnhof?

. . . . . '. the . . . . . . . . . . . . . . . ?

---
*Lerntipp*

Seien Sie nicht verwirrt, wenn sich die Grammatikerklärungen in den Anmerkungen nur auf wenige Zeilen beschränken. Es wird immer nur so viel erklärt, wie Sie benötigen, um den jeweiligen Ausdruck oder Satz zu verstehen. Sie werden aber merken, dass alle Grammatikthemen im Laufe der Zeit immer wieder aufgegriffen und wiederholt werden. Bedenken Sie immer, dass Sie Ihre Muttersprache auch nicht durch das Lesen seitenlanger Grammatikerklärungen gelernt haben ...

**6** – Gibt es einen Flughafen (Lufthafen)?
**7** – Nein, es gibt keinen (da ist-nicht).
**8** Aber es gibt einen Bahnhof (Eisenbahn Station).

(ANMERKUNGEN)

⑤ Der Doppelvokal **ai** hat unterschiedliche Aussprachevarianten; in **airport** wird er [ä] gesprochen.

⑥ Hier wäre zwar auch die Kurzform **there's** möglich gewesen, aber der Sprecher will betonen, dass es anstelle eines Flughafens einen Bahnhof gibt, daher die Betonung auf **is**.

⑦ **railway** (**ai** wird hier [ei] gesprochen!) ist zusammengesetzt aus **rail** „Schiene" und **way** „Weg". **Station** würde genügen, um einen „Bahnhof" zu bezeichnen, aber man könnte es mit **bus** [baß] **station** „Busbahnhof" verwechseln.

**SOLUTION TO FIRST EXERCISE: DID YOU UNDERSTAND?**

❶ Ruf mich heute (diesen) Nachmittag an, Bob. ❷ Gibt es (irgendwelche) Nachtclubs in Durham? ❸ Gibt es einen Busbahnhof? ❹ Nein (da ist-nicht). ❺ Aber es gibt einen Flughafen.

**SOLUTION TO SECOND EXERCISE: THE CORRECT WORDS.**

❶ Is there – Yes, there is ❷ Are there any ❸ There are at least ❹ She's called – an artist ❺ Where's – railway station.

## Fourteenth lesson [fO(r)-ti:nfß lä-ß(ö)n]

### Revision and notes
[rö-wi-jön änd noutß]
### Wiederholung und Anmerkungen

In den letzten sechs Lektionen haben Sie schon wieder sehr gute Fortschritte gemacht. Sehen wir uns noch einmal an, was Sie kennengelernt haben.

### 1. Aussprache

Mittlerweile haben Sie sich schon ein bisschen mit der Aussprache vertraut gemacht, und vielleicht sind Ihnen die typischen Laute nun nicht mehr so fremd. Üben Sie weiter die ungewohnten Laute, aber setzen Sie sich nicht zu sehr unter Druck, wenn es nicht klappt! Sehen Sie sich immer wieder die Lautbeschreibungen in der Einleitung an, und hören Sie sich so oft wie möglich die Tonaufnahmen an.

### 2. Possessivpronomen

Im Folgenden sehen Sie alle besitzanzeigenden Fürwörter. Mit Ausnahme der 3. Person Singular sind sie unveränderlich, d. h. es spielt keine Rolle, ob der Besitzer männlich, weiblich oder neutral ist oder ob das Besitztum im Singular oder im Plural steht:

|  | Pronomen | Beispiele: Besitzer im Singular |
|---|---|---|
| 1. Person | **my** „mein, meine" | **my dress** „mein Kleid", **my children** „meine Kinder" |
| 2. Person | **your** „dein, deine" | **your flat** „deine Wohnung", **your rooms** „deine Zimmer" |
| 3. Person | **his** „sein, seine" | **his house** „sein Haus"; **his castles** „seine Schlösser" |
|  | **her** „ihr, ihre" | **her view** „ihre Aussicht", **her holidays** „ihre Ferien" |
|  | **its** „sein, seine" | **its cathedral** „seine Kathedrale", **its bridges** „seine Brücken" |

## Vierzehnte Lektion

|  | **Pronomen** | **Beispiele: Besitzer im Plural** |
|---|---|---|
| 1. Person | **our** „unser, unsere" | **our teacher** „unser Lehrer", **our daughters** „unsere Töchter" |
| 2. Person | **your** „euer, eure/Ihr, Ihre" | **your son** „euer/Ihr Sohn", **your nightclubs** „eure/Ihre Nachtclubs" |
| 3. Person | **their** „ihr, ihre" | **their school** „ihre Schule", **their kids** „ihre Kinder". |

### 3. Kardinalzahlen bis 100

Anhand der Seitenzahlen in diesem Buch können Sie sich mit den Kardinalzahlen (Grundzahlen) vertraut machen.

| | | | |
|---|---|---|---|
| 1 | **one** [*uan*] | 11 | **eleven** [*i-lä-wön*] |
| 2 | **two** [*tu:*] | 12 | **twelve** [*tuälw*] |
| 3 | **three** [*fßri.*] | 13 | **thirteen** [*fßÖ:(r)-ti:n*] |
| 4 | **four** [*fO:(r)*] | 14 | **fourteen** [*fO:(r)-ti:n*] |
| 5 | **five** [*faiw*] | 15 | **fifteen** [*fif-ti:n*] |
| 6 | **six** [*ßikß*] | 16 | **sixteen** [*ßikß-ti:n*] |
| 7 | **seven** [*ßä-wön*] | 17 | **seventeen** [*ßä-wön-ti:n*] |
| 8 | **eight** [*eit*] | 18 | **eighteen** [*ei-ti:n*] |
| 9 | **nine** [*nain*] | 19 | **nineteen** [*nain-ti:n*] |
| 10 | **ten** [*tän*] | 20 | **twenty** [*tuän-ti*] |

Für die Zahlen ab „20" wird an die Zehnereinheit einfach die jeweilige Einerziffer angehängt; zwischen den beiden Zahlen steht ein Bindestrich:

| | |
|---|---|
| 21 | **twenty-one** |
| 22 | **twenty-two** |
| 23 | **twenty-three** |
| 24 | **twenty-four** |
| 25 | **twenty-five** ... |

**45 • forty-five** [fO:(r)-ti-faiw]

Die Zehnerzahlen lauten:

| | | |
|---|---|---|
| 30 | **thirty** | [fßÖ:(r)-ti] |
| 40 | **forty** | [fO:(r)-ti] |
| 50 | **fifty** | [fif-ti] |
| 60 | **sixty** | [ßikß-ti] |
| 70 | **seventy** | [ßä-wön-ti] |
| 80 | **eighty** | [ei-ti] |
| 90 | **ninety** | [nain-ti] |
| 100 | **one hundred** | [uan han-dröd] |

Weitere Beispiele für Kardinalzahlen:

| | |
|---|---|
| 43 | **forty-three** |
| 55 | **fifty-five** |
| 77 | **seventy-seven** |
| 82 | **eighty-two** |
| 96 | **ninety-six** |

Eine gute Methode, die Zahlen zu lernen, besteht darin, sich aus diesem Buch willkürlich Seiten herauszusuchen und die jeweilige Seitenzahl laut auszusprechen.

## 4. Ordinalzahlen

Wie die Ordinalzahlen (Ordnungszahlen; „erster, -e, -es, zweiter, -e, -es" usw.) gebildet werden, sehen Sie, wenn Sie sich die Lektionsnummern anschauen, nämlich in der Regel durch Anhängen von -th [fß]. Bei den ersten Zahlen merken Sie aber sofort, dass die Bildung nicht ganz regelmäßig ist!

| | | | | | |
|---|---|---|---|---|---|
| 1. | **first** | [fÖ:(r)ßt] | 11. | **eleventh** | [i-lä-wönfß] |
| 2. | **second** | [ßä-könd] | 12. | **twelfth** | [tuälf-fß] |
| 3. | **third** | [fßÖ:(r)d] | 13. | **thirteenth** | [fßÖ:(r)-ti:nfß] |
| 4. | **fourth** | [fO:(r)fß] | 14. | **fourteenth** | [fO:(r)-ti:nfß] |
| 5. | **fifth** | [fif-fß] | | ... | |
| 6. | **sixth** | [ßikfß] | | | |
| 7. | **seventh** | [ßä-wönfß] | | | |
| 8. | **eighth** | [eitfß] | | | |
| 9. | **ninth** | [nainfß] | | | |
| 10. | **tenth** | [tänfß] | | | |

## 5. Redewendungen mit to be

Sehen wir uns an, welche Ausdrücke mit **to be** Sie angetroffen haben:

> **How are you?** „Wie geht es dir/euch/Ihnen?"
> **How is he?** „Wie geht es ihm?"
> **It is** (**It's**) **very cold.** „Es ist sehr kalt."
> **How are your holidays?** „Wie sind deine/eure/Ihre Ferien?"
> **How old is she?** „Wie alt ist sie?"
> **She is twenty.** „Sie ist 20 [Jahre alt]."

Erinnern Sie sich noch daran, dass bei der Altersangabe niemals das Wort **years** „Jahre" benutzt wird?

> **I'm fifteen.** „Ich bin 15."
> **He's thirty-one.** „Er ist 31."

## 6. this/that und here/there

Das Englische unterscheidet ebenso wie das Deutsche zwischen Nähe bzw. Ferne eines Objekts und benutzt hierzu eine Reihe von Demonstrativpronomen. Wird eine Person vorgestellt, die direkt neben dem Sprecher steht, so sagt dieser beispielsweise:

> **This is Bronwen.** „Das [hier] ist Bronwen."

Steht Bronwen dagegen etwas weiter entfernt, so würde man sagen:

> **That's Bronwen.** „Das [da drüben] ist Bronwen."

Selbstverständlich kann ein Objekt, das für die eine Person weit entfernt ist, für eine andere Person in unmittelbarer Nähe sein:

> **What's that? – This? It's a dress.** „Was ist das [da]? – Dies [hier]? Das ist ein Kleid."

*LEKTION 14*

Ähnlich verhält es sich mit **here** „hier" und **there** „da, dort"; Ersteres wird verwendet, wenn man sich in der Nähe des Objekts befindet, von dem die Rede ist:

> **I live here in Hampstead.** „Ich lebe hier in Hampstead."

Im Gegensatz hierzu lautet die Frage, wenn sich das Objekt des Interesses weiter entfernt befindet:

> **What's the weather like there in Cornwall?** „Wie ist das Wetter dort in Cornwall?" oder sogar **What's the weather like down there in Cornwall?**.

Dann haben Sie noch gelernt, dass **there + is/are** „es gibt" bedeutet, also darauf hinweist, dass etwas existiert:

> **There is a room with a nice view.** „Es gibt ein Zimmer mit einer hübschen Aussicht."

### 7. their, there und they're

Wir wollen noch einmal auf diese drei Wörter eingehen, die leicht zu verwechseln sind, aber nicht verwechselt werden sollten:
a) **their** „ihr, ihre" (3. Person Plural) ist ein Possessivpronomen (besitzanzeigendes Fürwort; siehe „2. Possessivpronomen"):

> **This is their flat.** „Dies ist ihre Wohnung."

b) **there** kann ein Demonstrativpronomen (hinweisendes Fürwort, „da, dort") sein. In der Verbindung **there + is/are** hat es aber die Bedeutung „es ist/sind, es gibt".

> **What's the weather like there?** „Wie ist das Wetter dort?"
> **There's a famous university in Durham.** „Es gibt eine berühmte Universität in Durham."

Die Aussprache von **their** und **there** ist absolut identisch: [fsä:(r)].

c) **they're**, die Kurzform von **they are** „sie sind" (3. Person Plural von **to be** „sein"), wird ein wenig anders ausgesprochen: [fsei(r)]. Es kann aber im schnellen Redefluss wie **their** oder **there** klingen.

## 8. Monatsnamen und Jahreszeiten

Zunächst die Monatsnamen, die, wie Sie wissen, mit großem Anfangsbuchstaben geschrieben werden:

**January** [*djän-ju-ö-ri*] „Januar"
**February** [*fä-bru-ö-ri*] „Februar"
**March** [*ma:(r)tsch*] „März"
**April** [*ei-pril*] „April"
**May** [*mei*] „Mai"
**June** [*dju:n*] „Juni"
**July** [*dju:-lai*] „Juli"
**August** [*O:-gößt*] „August"
**September** [*ßäp-täm-bö(r)*] „September"
**October** [*Ok-tou-bö(r)*] „Oktober"
**November** [*nou-wäm-bö(r)*] „November"
**December** [*di-ßäm-bö(r)*] „Dezember".

Die Jahreszeiten lauten:

**spring** [*ßpring*] „Frühling"
**summer** [*ßa-mö(r)*] „Sommer"
**autumn** [*O:-töm*] „Herbst"
**winter** [*uin-tö(r)*] „Winter".

## 9. Verständnis-/Formulierungsübung

Die Sätze der nun folgenden Verständnisübung enthalten nur bekanntes Vokabular und bekannte Strukturen. Sie können Sie sich auch auf den Tonaufnahmen anhören. Solange Sie sich noch in der passiven Phase befinden, sollten Sie einfach versuchen, den Sinn der Sätze zu erfassen, d. h. überprüfen, ob Sie die Sätze verstehen – mehr nicht.

Befinden Sie sich dagegen in der aktiven Phase, in deren Verlauf Sie sukzessive alle Lektionen – wie ein Dolmetscher – vom Deutschen ausgehend auf Englisch formulieren (siehe Erklärungen in der Einleitung), sollten Sie versuchen, diese Übung in der gleichen Weise zu absolvieren, d. h. die deutschen Sätze ins Englische zu übersetzen.

**49** • **fo**rty-**nine** [fO:(r)-ti-nain]

### DO YOU UNDERSTAND THESE SENTENCES?

❶ **Wh**o's the pr**e**tty g**i**rl next to **Le**nny? ❷ Th**a**t's K**a**ren. Sh**e**'s an **a**rtist. ❸ She's th**i**rty-two. She has tw**o** d**au**ghters. ❹ Sh**e** and her h**u**sband live in D**u**rham. ❺ It's **a**lways r**ai**ny up there. ❻ **I**s there a univ**e**rsity in D**u**rham? ❼ Yes, there **i**s. And there are at le**a**st ten museums. ❽ **A**h, but **a**re there any n**i**ght clubs?

---
*Lerntipp*

Sollten Sie den Eindruck haben, es herrscht in Ihren Englischkenntnissen ein bisschen „Durcheinander", so könnte es daran liegen, dass Sie zu schnell vorgehen und zu wenig wiederholen. Vergessen Sie nie den Grundsatz: „Eile mit Weile" ... Arbeiten Sie bereits absolvierte Lektionen ruhig hin und wieder noch ein-

---

▶  **Fifteenth lesson** [fif-ti:nfß lä-ß(ö)n]

## Breakfast

**1** – **I**s there any **tea**? ①
**2** – **No**, but you can h**a**ve some c**o**ffee. ②③

I'M REALLY HUNGRY.

(PRONUNCIATION)

[bräk-fößt **1 is** fsä:r ä-ni ti: **2 nou** bat ju: kän häw ßam kO-fi]

**DID YOU UNDERSTAND?**

❶ Wer ist das hübsche Mädchen neben (zu) Lenny? ❷ Das ist Karen. Sie ist (eine) Künstlerin. ❸ Sie ist 32. Sie hat zwei Töchter. ❹ Sie und ihr Ehemann leben in Durham. ❺ Es ist immer regnerisch dort oben. ❻ Gibt es eine Universität in Durham? ❼ Ja. Und es gibt mindestens zehn Museen. ❽ Aha, aber gibt es irgendwelche Nachtclubs?

*mal durch, lesen Sie immer gründlich die Wiederholungslektionen, und hören Sie sich oft die Tonaufnahmen an. Ab der nächsten Lektion wird der Dialog nur noch einmal auf den Tonaufnahmen gesprochen.*

## 15. Lektion

### Frühstück

1 – Gibt es (irgendwelchen) Tee?
2 – Nein, aber du kannst etwas Kaffee haben (kannst haben etwas Kaffee).

**ANMERKUNGEN**

① Das Ihnen schon bekannte **any** „irgendwelcher, -e, -es" wird benutzt, wenn danach gefragt wird, ob etwas Bestimmtes vorhanden ist oder nicht.

② **can** „können, in der Lage sein, die Möglichkeit haben" hat keinen Infinitiv (Grundform mit **to**) und wird nicht konjugiert, d. h. die Form lautet immer **can**.

③ **to have** „haben" ist gleichzeitig Hilfs- und Vollverb. Es lautet in allen Personen **have**, außer in der 3. Person Singular: **he/she/it has** [häs] „er/sie/es hat".

| 3 | —OK. Are there any eggs? |
|---|---|
| 4 | —No, but I have some bacon. ④ |
| 5 | —Great. And is there any cereal? ⑤ |
| 6 | I'm really hungry. ⑥ |

(PRONUNCIATION)

[*3 ou-kei a:(r) fsä:r ä-ni ägs 4 nou bat ai häw ßam bei-kön 5 greit änd is fsä:r ä-ni ßi:-ri-öl 6 aim ri:-ö-li hang-gri*]

FIRST EXERCISE: DO YOU UNDERSTAND THESE SENTENCES?

❶ Is there any coffee? ❷ Are there any eggs? ❸ You can have some tea. ❹ She's really thirsty. ❺ This is a great breakfast.

SECOND EXERCISE: FILL IN THE CORRECT WORDS!

❶ Gibt es Frühstücksflocken zum (für) Frühstück?

.. .... ... cereal for ........ ?

❷ Und gibt es Tee?

And .. ..... ... tea?

❸ Ich bin sehr hungrig.

.'. very ....... .

❹ Ja, sie hat etwas Schinkenspeck.

Yes, she ... .... bacon.

❺ Sie (3. Pers. Pl.) können (etwas) Kaffee haben.

They ... .... ... coffee.

**fifty-two** [fif-ti-tu:] • 52

| 3 | – In Ordnung. Gibt es (irgendwelche) Eier? |
| --- | --- |
| 4 | – Nein, aber ich habe etwas Schinkenspeck. |
| 5 | – Großartig. Und gibt es (irgendwelches) Müsli? |
| 6 | Ich bin wirklich hungrig. |

(ANMERKUNGEN)

④ **some**, im Singular „etwas", im Plural „einige", wird nur in affirmativen (bejahenden) Sätzen benutzt und bezeichnet eine nicht näher definierte Menge: **I have some questions** „Ich habe einige Fragen".

⑤ Mit **cereal** ist nicht nur Müsli, sondern auch jede andere Art von „Frühstücksflocken" wie Cornflakes usw. gemeint.

⑥ **to be hungry** „hungrig sein, Hunger haben"; **to be thirsty** [tßÖ:(r)ß-ti] „durstig sein, Durst haben".

---

**Frühstück**

In britischen Hotels erhalten Sie oft ein opulentes **full English breakfast** mit Eierspeisen, geräuchertem Speck, Würstchen, gegrillten Tomaten, manchmal auch Bohnen in Tomatensauce und Nieren, dazu Tee oder Kaffee. In Privathaushalten wird nicht mehr so reichhaltig gefrühstückt; die Ernährungsgewohnheiten haben sich geändert. Häufig findet man das **continental** [kOn-ti-nän-tl] **breakfast**, zu dem Brot, Brötchen oder Toast mit Marmelade und Kaffee oder Tee gehören. Die Zeiten des Schriftstellers **Somerset Maugham**, der behauptete, die einzige Möglichkeit in Großbritannien, gut zu essen, bestünde darin, jeden Tag dreimal zu frühstücken, sind definitiv vorbei.
Und wie entstand das Wort **breakfast**? Aus **break** [breik] „brechen" und **fast** [fa:ßt] „Fasten".

---

**SOLUTION TO FIRST EXERCISE: DID YOU UNDERSTAND?**

❶ Gibt es Kaffee? ❷ Gibt es Eier? ❸ Sie können (etwas) Tee haben. ❹ Sie ist wirklich durstig. ❺ Dies ist ein großartiges Frühstück.

**SOLUTION TO SECOND EXERCISE: THE CORRECT WORDS.**

❶ Is there any – breakfast ❷ is there any ❸ I'm – hungry ❹ has some ❺ can have some.

LEKTION 15

▶ **Sixteenth lesson** [ßikß-ti:nfß lä-ß(ö)n]

# Problems

| 1 | – Hi, Fred. What's wr**o**ng? ① ② |
|---|---|
| 2 | – I've got a b**i**g pr**o**blem. ③ |
| 3 | – Can I h**e**lp? ④ |
| 4 | – This c**a**mera's br**o**ken. ⑤ ⑥ |
| 5 | – But that's J**o**hn's c**a**mera. ⑦ |
| 6 | – Ex**a**ctly. That's my pr**o**blem. ⑧ |

(PRONUNCIATION)

[prO-blöms **1** hai fräd uOtß rOng **2** aiw gOt ö big prO-blöm **3** kän ai hälp **4** fsiß käm-rös brou-kön **5** bat fsätß djOns käm-rö **6** ig-säkt-li fsätß mai prO-blöm]

FIRST EXERCISE: DO YOU UNDERSTAND THESE SENTENCES?

❶ What's wr**o**ng with this ph**o**ne? ❷ This c**a**mera's br**o**ken. ❸ I've got a pr**o**blem. ❹ Can I h**e**lp? ❺ That's m**y** coffee.

## 16. Lektion

## Probleme

1 – Hallo Fred. Was ist los (was-ist falsch)?
2 – Ich habe (bekommen) ein großes Problem.
3 – Kann ich [dir] helfen?
4 – Dieser Fotoapparat ist kaputt (ge-/zerbrochen).
5 – Aber das ist Johns Fotoapparat.
6 – Genau. Das ist mein Problem.

### ANMERKUNGEN

① Beginnt ein Wort mit wr, wird das w nicht gesprochen: [rOng].

② What's wrong? „Was ist los?; Stimmt etwas nicht?" ist eine sehr gebräuchliche Wendung. Die Grundbedeutung von wrong ist „falsch; unrecht". A wrong number [nam-bö(r)] „eine falsche Nummer".

③ In I've got (Kurzform von I have got) ist have nicht Hilfs-, sondern Vollverb und bedeutet „haben, besitzen". Da I've im Redefluss fast nicht zu hören ist, wird got (Infinitiv to get „bekommen, erhalten") hinzugefügt, das hier keine eigene Bedeutung hat.

④ Fragen mit can werden wie Fragen mit to be durch Inversion gebildet: I can... – Can I...? „Kann ich ...?".

⑤ Achten Sie auf die Aussprache von camera: Die erste Silbe ist betont, das e wird komplett verschluckt, und das a am Ende wird hier [ö] ausgesprochen.

⑥ Die Form broken ist ein sog. Partizip Perfekt; der Infinitiv lautet to break [tu: breik] „(zer)brechen", das Sie aus breakfast kennen.

⑦ camera ist der „Fotoapparat", die „Filmkamera" heißt im britischen Englisch film camera und im amerikanischen Englisch movie [mu:-wi] camera.

⑧ Exactly: Folgt auf Ex- ein a, wird das x [gs] gesprochen. Andere Aussprachevarianten des englischen x lernen Sie später kennen.

### SOLUTION TO FIRST EXERCISE: DID YOU UNDERSTAND?

❶ Was ist los (falsch) mit diesem Telefon? ❷ Dieser Fotoapparat ist kaputt. ❸ Ich habe ein Problem. ❹ Kann ich helfen? ❺ Das ist mein Kaffee.

**SECOND EXERCISE: FILL IN THE CORRECT WORDS!**

❶ Sie hat eine Wohnung in London.

.... '. ... a .... in London.

❷ Genau. Das ist mein Problem.

Exactly. .... '. .. problem.

❸ Ich habe einen Fotoapparat.

. ' .. ... a ....... .

❹ Kannst du Fred helfen?

... ... .... Fred?

▶ **Seventeenth lesson** [ßä-wön-ti:nfß lä-ß(ö)n]

# A pub lunch

**1** – Can I help you? ①
**2** – A pint of bitter, please. ②③
**3** And have you got any crisps? ④⑤
**4** – Sure. What flavour? ⑥⑦
**5** I've got salt and vinegar, cheese or curry. ⑧

(PRONUNCIATION)

[ö pab lansch **1** kän ai hälp ju: **2** ö paint ow bi-tö(r) pli:s **3** änd häw ju: gOt ä-ni krißpß **4** schu:(r) uOt flei-wö(r) **5** aiw gOt ßO:lt änd wi-nö-gö(r) tschi:s O(r) ka-ri]

(ANMERKUNGEN)

① Can I help you? heißt hier nicht „Kann ich Ihnen helfen?", sondern die Kellnerin fragt damit nach dem Wunsch des Gastes. Auch in Geschäften wird der Kunde mit dieser Frage angesprochen.

② Ein pint entspricht etwa 0,568 Liter.

③ please „bitte" ist fester Bestandteil vieler Höflichkeitsfloskeln: Tea? – Yes, please „Tee? – Ja, bitte". Das Verb to please bedeutet „gefallen".

❺ Dieses Telefon ist kaputt.

.... telephone is ........ .

**SOLUTION TO SECOND EXERCISE: THE CORRECT WORDS.**

❶ She's got – flat ❷ That's my ❸ I've got – camera ❹ Can you help
❺ This – broken.

### Lerntipp

*Die englische Sprache vereint sowohl lateinische als auch angelsächsische Einflüsse in sich, und auch das Französische hat die Sprache mitgeprägt, was man an Wörtern wie z. B. **hotel** sieht. Achten Sie im weiteren Verlauf gelegentlich darauf, ob Sie die Ursprünge der verschiedenen Wörter ausfindig machen können.*

## 17. Lektion

### Ein Mittagessen in der Kneipe (Kneipe Mittagessen)

1 – Was hätten Sie gerne?
2 – Ein Bier (Pint von bitterem Bier), bitte.
3 – Und haben Sie (irgendwelche) Chips?
4 – Natürlich. Welcher (was) Geschmack?
5 – Ich habe [welche mit] Salz und Essig, Käse oder Curry.

**ANMERKUNGEN**

④ **crisps** sind „(Kartoffel-)Chips". **crisp** ist auch ein Adjektiv: „knackig, knusprig, kross".

⑤ Achtung: Falscher Freund! Wenn Sie in Großbritannien **chips** bestellen, bekommen Sie Pommes frites!

⑥ Achten Sie hier auf die Aussprache des **s**- am Wortanfang: [sch].

⑦ **flavour** „Aroma, Geschmack". Das Verb **to flavour** bedeutet „würzen". **We've got seventeen flavours** „Wir haben 17 Geschmacksrichtungen".

⑧ **crisps** „Chips" werden in den Pubs sehr gerne gegessen; es gibt die ungewöhnlichsten Sorten, darunter auch Basilikum und Hummer!

**6** – Er, no thanks. Just the beer. ⑨

(PRONUNCIATION)

[6 a(r) nou fßänkß djaßt fsö bi:-ö(r)]

### FIRST EXERCISE: DO YOU UNDERSTAND THESE SENTENCES?

❶ Can I help you? ❷ No, thanks. ❸ Coffee? – Yes, please.
❹ Have you got any salt and vinegar crisps? ❺ Two pints of bitter, please.

### SECOND EXERCISE: FILL IN THE CORRECT WORDS!

❶ Haben Sie Bier?

. . . . . . . . . . . beer?

❷ Natürlich. Welcher (was) Geschmack?

. . . . . . . . flavour?

❸ Haben wir Chips?

. . . . . . . . . . . crisps?

❹ Kaffee? – Nein, danke.

Coffee? - . . , . . . . . . .

❺ Ich kann Ihnen helfen.

. . . . . . . . you.

---

**Pubs**
Der **pub** (kurz für **public house** [pab-lik haoß]) ist nicht nur eine einfache Kneipe, sondern vielerorts ein wichtiges Zentrum des gesellschaftlichen Lebens, in dem man nicht nur trinkt und isst, sondern auch spielt (Billard, Darts usw.) und die wichtigsten Neuigkeiten austauscht. Lange galten für die Pubs sehr eingeschränkte Öffnungszeiten – ein Relikt aus dem 1. Weltkrieg – die 1990 wieder gelockert wurden, was den Pubs einen enormen Aufschwung bescherte. Manche **pubs** sind berühmt für ihre ausgezeichnete Küche – man nennt sie **gastro-pubs**.

**fifty-eight** [*fif-ti-eit*] • 58

6 – Hm, nein danke. Nur (gerade) das Bier.

**ANMERKUNGEN**

⑨ Die Aussprache von **beer** ähnelt der von **here**; nach dem langen betonten **i** [*i:*] folgt ein kurzer ö-Laut; das **r** wird nicht gesprochen.

**SOLUTION TO FIRST EXERCISE: DID YOU UNDERSTAND?**

❶ Was hätten Sie gerne (kann ich Ihnen helfen)? ❷ Nein, danke. ❸ Kaffee? – Ja, bitte. ❹ Haben Sie Salz- und Essigchips? ❺ Zwei Bier (zwei Pints von bitterem-Bier), bitte.

**SOLUTION TO SECOND EXERCISE: THE CORRECT WORDS.**

❶ Have you got any ❷ Sure – What ❸ Have we got any ❹ No thanks ❺ I can help.

**Kleine Bierkunde**
Bier ist neben Tee und zunehmend auch Kaffee das zweite Nationalgetränk in Großbritannien. Man unterscheidet zwei Typen von Bier: **Ale** [*eil*], ein stark gehopftes obergäriges Bier, das bei Raumtemperatur getrunken wird und von dem jeder Pub mehrere Sorten anbietet; am beliebtesten ist **bitter**. Die zweite Sorte ist das helle **Lager** [*la:-gö(r)*], das etwas weniger Alkohol enthält als **Ale**. Im Allgemeinen wird das Bier in einem **pint** oder in einem **half-pint** serviert. Man bestellt niemals „ein Bier", sondern man nennt immer die Menge, dann den Biertyp und dann noch den Namen der Brauerei oder die Marke. Na dann: **Cheers!** [*tschi:-ös*] „Zum Wohl!".

LEKTION 17

**59 • fifty-nine** [fif-ti-nain]

▶  **Eighteenth lesson** [ei-ti:nfß lä-ß(ö)n]

## A cup of coffee ①

**1** – How about a cup of coffee? ②
**2** – White with two sugars, please. ③④
**3** – Oh dear, I haven't got any milk. ⑤⑥
**4** – No problem. Black coffee's fine. ⑦
**5** – Here you are. ⑧
**6** – Thanks very much. ⑨

(PRONUNCIATION)

[ö kap ow kO-fi **1** hao ö-baot ö kap ow kO-fi **2** uait uifs tu: schu-gö(r)s pli:s **3** ou di:-ö ai hä-wönt gOt ä-ni milk **4** nou prO-blöm bläk kO-fis fain **5** hi:-ö ju: a:(r) **6** fßänkß wä-ri matsch]

FIRST EXERCISE: DO YOU UNDERSTAND THESE SENTENCES?

❶ How about a cup of tea? ❷ White with one sugar, please. ❸ Tea's fine. ❹ We haven't got any milk. ❺ Thanks very much.

## 18. Lektion

**Eine Tasse (von) Kaffee**

1 – Wie wär's mit einer Tasse Kaffee?
2 – Mit Milch (weiß) mit zwei [Stücken] Zucker, bitte.
3 – Oh je, ich habe keine Milch (habe-nicht bekommen irgendeine Milch).
4 – Kein Problem. Schwarzer Kaffee ist in Ordnung (fein).
5 – Bitte sehr (hier du bist).
6 – Vielen Dank (danke sehr viel).

**ANMERKUNGEN**

① Sie können zwar auch einfach a coffee oder a tea bestellen, a cup of coffee/tea klingt jedoch höflicher. Die „Untertasse" heißt saucer [ßO:-ßö(r)], der „Löffel" spoon [ßpu:n].

② Um einer Person etwas anzubieten, verwenden Sie How about...?: How about some crisps? „Wie wär's mit / Möchtest du ein paar Chips?". (Hier benutzt man nicht any, da nicht nach dem Vorhandensein einer Sache gefragt, sondern ein Vorschlag gemacht wird.)

③ Um einen Kaffee mit Milch zu bestellen, sagen Sie a white coffee. Trinken Sie Ihren Kaffee „schwarz", so bestellen Sie ihn black [bläk].

④ Wie bei sure wird auch hier das s am Anfang von sugar [sch] gesprochen.

⑤ haven't ist die Kurzform von have not.

⑥ Hier sehen Sie, wie Sie any in einem negativen Satz verwenden. I've got some milk „Ich habe Milch" – I haven't got any milk „Ich habe keine Milch".

⑦ No heißt nicht nur „nein", sondern auch „kein, keine". No milk, thank you „Keine Milch, danke".

⑧ Here you are ist eine geläufige Floskel, wenn man einer Person etwas zu essen oder zu trinken serviert.

⑨ Thanks oder thanks very much ist eine formlose Variante des offiziellen Thank you „Danke".

**61** • sixty-one [ßikß-ti-uan]

> **SECOND EXERCISE: FILL IN THE CORRECT WORDS!**

① Ich habe keinen Zucker.

I . . . . . '. . . . . . sugar.

② Wie wär's mit ein paar Pommes frites?

. . . . . . . . . . . . chips?

③ Bitte sehr.

. . . . you . . . .

④ Schwarzer Kaffee ist in Ordnung (fein).

Black . . . . . . '. . . . . .

---

▶ **Nineteenth lesson** [nain-ti:nfß lä-ß(ö)n]

# A nice present

**1** – It's **Lau**ra's **bi**rthday next **wee**k. ①
**2**   **Le**t's buy her **so**mething **ni**ce. ②③
**3** – She **ha**sn't got **a**nything **pre**tty to **wea**r. ④

(PRONUNCIATION)

[ö naiß prä-snt **1** itß l**O**:-rös b**Ö**:(r)fß-dei näkßt ui:k **2** lätß bai h**Ö**:r ßam-fßing naiß **3** schi: häsnt g**O**t **ä**-ni-fßing pri-ti tu: u**ä**:(r)]

(ANMERKUNGEN)

① Hier deutet das 's nicht auf eine Kurzform hin, sondern es handelt sich um das **s** des Genitivs („Besitzfall"), der eine Zugehörigkeit beschreibt: **the birthday of Laura** = **Laura's birthday**.

### SOLUTION TO FIRST EXERCISE: DID YOU UNDERSTAND?

❶ Wie wär's mit einer Tasse Tee? ❷ Kaffee mit Milch (weiß) mit einem [Stück] Zucker, bitte. ❸ Tee ist in Ordnung (fein). ❹ Wir haben keine (nicht irgendeine) Milch. ❺ Vielen Dank (danke sehr viel).

❺ Keine Milch? Kein Problem.

.. milk? .. problem.

### SOLUTION TO SECOND EXERCISE: THE CORRECT WORDS.

❶ haven't got any ❷ How about some ❸ Here – are ❹ coffee's fine ❺ No – No.

# 19. Lektion

## Ein hübsches Geschenk

**1** – Laura hat nächste Woche Geburtstag (es-ist Lauras Geburtstag nächste Woche).
**2** Lass uns etwas Hübsches [für sie] kaufen (lass-uns kaufen ihr etwas hübsch).
**3** – Sie hat nichts Schönes (hat-nicht bekommen irgendetwas schön) zu[m] Anziehen.

### ANMERKUNGEN

② Mit **Let's** = **Let us** „Lass uns ..." können Sie eine Aufforderung oder einen Vorschlag einleiten: **Hey** [*hei*], **let's have a cup of coffee** „He, lass uns einen Kaffee trinken".

③ **nice** „hübsch, nett, schön" ist vielfältig einsetzbar: **a nice day** „ein schöner Tag"; **a nice guy** „ein netter Typ"; **a nice city** „eine hübsche Stadt".

④ **some** „einige" und **any** „irgendwelche" können mit **thing** „Ding, Sache" kombiniert werden: **something** „etwas" (in affirmativen Sätzen); **anything** „nichts" (in Verneinungen oder Fragen).

*LEKTION 19*

| 4 | How about a new blouse? ⑤
| 5 | –Good idea! ⑥
| 6 | That's a very nice present.

(PRONUNCIATION)

[*4* hao ö-*baot* ö *nju:* blaos *5* gud ai-di-ö *6* fsätß ö wä-ri naiß prä-snt]

### FIRST EXERCISE: DO YOU UNDERSTAND THESE SENTENCES?

❶ It's Laura's birthday. ❷ Let's buy her something pretty.
❸ Steve's a very nice guy. ❹ I haven't got anything to wear.
❺ A new blouse is a good idea.

### SECOND EXERCISE: FILL IN THE CORRECT WORDS!

❶ Dies ist Lauras Bluse.

This is . . . . . ' . . . . . . . .

❷ Sie hat nichts Hübsches.

She . . . . ' . . . . . . . . . . . nice.

❸ Ich habe etwas Schönes zum Anziehen.

. ' . . . . . . . . . . . . . pretty to wear.

❹ Lass uns (haben) einen Kaffee trinken.

. . . ' . . . . . a coffee.

❺ Nächste Woche hat Steve Geburtstag.

It's . . . . . ' . . . . . . . . . next week.

---
*Lerntipp*

*Mittlerweile sind Sie mit der Aussprache des Englischen schon recht gut vertraut, und langsam entwickeln Sie ein „Ohr" für die typischen Laute. Ab der übernächsten Lektion werden wir die vereinfachte Lautschrift daher nach und nach reduzieren. Wichtig bleiben weiterhin die Tonaufnahmen, die Sie sich sehr sorgfältig anhören sollten.*

| 4 | Wie wär's mit einer neuen Bluse?
| 5 | – Gute Idee!
| 6 | Das ist ein sehr hübsches Geschenk.

(ANMERKUNGEN)

⑤ Der Doppelvokal **ou** in **blouse** wird genauso gesprochen wie in **about**: [ao].

⑥ **idea** wird in drei Silben gesprochen; die Betonung liegt auf der mittleren Silbe: [ai-di-ö].

(SOLUTION TO FIRST EXERCISE: DID YOU UNDERSTAND?)

❶ Laura hat Geburtstag (es-ist Lauras Geburtstag). ❷ Lass uns (ihr) etwas Schönes [für sie] kaufen. ❸ Steve ist ein sehr netter Typ. ❹ Ich habe nichts zu[m] Anziehen. ❺ Eine neue Bluse ist eine gute Idee.

(SOLUTION TO SECOND EXERCISE: THE CORRECT WORDS.)

❶ Laura's blouse ❷ hasn't got anything ❸ I've got something ❹ Let's have ❺ Steve's birthday.

▶ **Twentieth lesson** [tuän-ti-öfß lä-ß(ö)n]

## Have you got any change?

1 – Have you got any change? ①
2 – No, I haven't.
3 – Please. I haven't got any money.
4 And I haven't got any friends. ②
5 I haven't got anything… except this small gun.
6 Now, have you got any change? ③④

(PRONUNCIATION)
[häw ju: gOt ä-ni tscheinĵ 1 häw ju: gOt ä-ni tscheinĵ 2 nou ai hä-wönt 3 pli:s ai hä-wönt gOt ä-ni ma-ni 4 änd ai hä-wönt gOt ä-ni fränds 5 ai hä-wönt gOt ä-ni-fßing ik-ßäpt fsiß ßmO:l gan 6 nao häw ju: gOt ä-ni tscheinĵ]

FIRST EXERCISE: DO YOU UNDERSTAND THESE SENTENCES?

❶ Has she got any change? ❷ We haven't got any friends in this city. ❸ I live in Southampton now. ❹ Have you got any milk? – No, I haven't. ❺ Please help me.

## 20. Lektion

**Haben Sie (irgendwelches) Kleingeld?**

1 – Haben Sie [ein bisschen] Kleingeld?
2 – Nein (ich habe-nicht).
3 – Bitte. Ich habe kein Geld (habe-nicht bekommen irgendwelches Geld).
4 Und ich habe keine Freunde.
5 Ich habe nichts ... außer diesem kleinen Gewehr.
6 Nun, haben Sie [jetzt ein bisschen] Kleingeld?

(ANMERKUNGEN)

① change kommt vom Verb to change „wechseln" und bedeutet eigentlich „Wechselgeld". Hier ist aber „Kleingeld" gemeint. Have you got any change? ist in diesem Kontext vergleichbar mit unserem „Haste mal 'nen Euro?".

② Lassen Sie sich nicht von der Schreibweise in die Irre führen: ie in friends wird [ä] ausgesprochen.

③ Die Lautfolge ow in now wird wie in how „wie" ausgesprochen: [ao].

④ Die Grundbedeutung von now ist „nun, jetzt" (in dieser Bedeutung kann es am Satzanfang oder am Satzende stehen): I live in Southampton [ßaofß-hämp-tön] now „Ich lebe jetzt in Southampton".

**SOLUTION TO FIRST EXERCISE: DID YOU UNDERSTAND?**

❶ Hat sie Wechselgeld/Kleingeld? ❷ Wir haben keine Freunde in dieser Stadt. ❸ Ich lebe/wohne jetzt in Southampton. ❹ Hast du Milch? – Nein. ❺ Bitte hilf mir.

**SECOND EXERCISE: FILL IN THE CORRECT WORDS!**

① Ich habe nichts außer diesem kleinen Gewehr.

I . . . . . ' . . . . . . . . . . . . . . . . this small gun.

② Haben Sie Wechselgeld/Kleingeld?

. . . . you . . . . . . change?

③ Hat sie eine neue Bluse? – Nein (sie hat-nicht).

. . . . . . . . . a new blouse? – No, . . . . . . . ' . .

④ Sie hat einige Freunde in Southampton.

. . . ' . . . . . . . . . . . . . . . . in Southampton.

---

▶ **Twenty-first lesson** [tuän-ti-fö:(r)ßt lä-ß(ö)n]

**Revision and notes**

**1. Verb „to have"**

In Lektion 15 haben Sie das Verb **to have** „haben" kennengelernt, neben **to be** „sein" eines der häufigsten Verben des Englischen. Im **Oxford English Dictionary**, einem bedeutenden Nachschlagewerk für die englische Sprache, sind weit über 20 Bedeutungen von **to have** aufgeführt. **to have** kann sowohl Hilfsverb sein (d. h. es wird zur Bildung der Zeitformen der übrigen Verben gebraucht) als auch Vollverb (d. h. es wird in seiner eigentlichen Bedeutung benutzt). Sie haben es allerdings bis jetzt nur als Vollverb kennengelernt, z. B. in:

**I have some bacon.** „Ich habe etwas Schinkenspeck."
**Please have some tea!** „Bitte nimm (hab) etwas Tee!"

⑤ Sie (3. Pers. Pl.) haben kein Geld.

   They .....'. ... ... ..... .

**SOLUTION TO SECOND EXERCISE: THE CORRECT WORDS.**

❶ haven't got anything except ❷ Have – got any ❸ Has she got – she hasn't ❹ She's got some friends ❺ haven't got any money.

*In der nächsten Lektion haben Sie wieder Gelegenheit, sich einen systematischen Überblick über das zu verschaffen, was Sie in den letzten sechs Lektionen kennengelernt haben.*

## 21. Lektion

Die Personalformen von **to have** lauten in allen Personen **have**, nur in der 3. Person Singular **has**: **he/she/it has** „er/sie/es hat".

### 2. some und any

Zunächst zwei grundsätzliche Anmerkungen zu **some** und **any**: **some** wird immer in affirmativen (bejahenden) Aussagen verwendet und bezeichnet eine unbestimmte Menge (bei zählbaren Sachen „einige, ein paar", bei unzählbaren Sachen „etwas").

   **I have some milk but no sugar.** „Ich habe (etwas) Milch, aber keinen Zucker."

**any** („irgendwelcher, -e, -es") wird immer in verneinten Sätzen oder Fragen verwendet, in denen es darum geht, ob etwas vorhanden ist oder nicht:

> **Is there any coffee?** „Gibt es (irgendwelchen) Kaffee?"
> **I haven't got any change.** „Ich habe kein Wechselgeld/Kleingeld."

Sie haben ebenfalls die Zusammensetzungen **something** „etwas" bzw. **anything** „nichts" kennengelernt, für deren Anwendung die gleichen Regeln gelten wie für **some** und **any**:

> **I have something for you.** „Ich habe etwas für dich."
> **We haven't got anything.** „Wir haben nichts."

## 3. can

**Can** „können, in der Lage sein" ist ein sogenanntes „Defektivum" oder „defektives Verb", d. h. ein Verb, das nicht in allen üblichen Konjugationsformen auftritt. Es hat auch keinen Infinitiv (Grundform mit **to**).

**Can** ist relativ einfach zu verwenden: Um eine Frage zu stellen, wenden Sie die Inversion an, d. h. Sie vertauschen das Verb und das Pronomen:

> **I can help you.** „Ich kann Ihnen helfen."
> **Can I help you?** „Kann ich Ihnen helfen?"

Wie Sie in Lektion 17 erfahren haben, wird **Can I help you?** auch z. B. von Kellnern oder Verkäufern benutzt, um einen Gast oder Kunden nach seinem Wunsch zu fragen. **How can I help you?** „Was kann ich für Sie tun?" ist die Standardfrage, die Sie am Telefon hören, wenn Sie z. B. bei einem Unternehmen, einer Behörde usw. anrufen.

## 4. got

Die Struktur **have got** ist diverse Male vorgekommen und erscheint Ihnen vielleicht zunächst etwas gewöhnungsbedürftig. Um sie zu verstehen, muss man sich Folgendes klarmachen: Bei den Kurzformen von **have** bzw. **has** (**I've**, **she's**) hört man den Endlaut oft nicht; außerdem entsteht Verwirrung dadurch, dass das **'s** sowohl die Kurzform von **is** als auch das Kennzeichen des Genitivs ist. Aus diesem Grund wird **got**, das Partizip Perfekt des Verbs **to get** „erhalten, bekommen", eingefügt.

**I have a camera.** – (**I've a camera.**) – **I've got a camera.**
„Ich habe einen Fotoapparat."

In dieser Konstruktion hat **got** keine eigene Bedeutung. Es wird in affirmativen, negativen und Fragesätzen verwendet:

**I've got a camera.** „Ich habe einen Fotoapparat."
**I haven't got a camera.** „Ich habe keinen (nicht einen) Fotoapparat."
**Have you got a camera?** „Hast du einen Fotoapparat?"

Merken Sie sich jedoch, dass die Konstruktion mit **got** sehr umgangssprachlich ist; in formellen Situationen oder in der Schriftsprache findet man sie nicht.

## 5. Genitiv (Besitzfall)

Wie im Deutschen wird im Genitiv an den Eigennamen des Besitzers ein **s** angehängt, im Englischen zusätzlich mit einem Apostroph:

**Steve's brother** „Steves Bruder";
**Roger's problem** „Rogers Problem".

Laut der offiziellen Grammatiken wird der Genitiv nur bei Lebewesen und Sachen verwendet, denen eine „Persönlichkeit" zugeordnet wird (Länder, Firmen, ...). Wir werden jedoch im Laufe dieses Kurses Fälle sehen, bei denen Sie feststellen können, dass das moderne Englisch hier die eine oder andere Ausnahme zulässt.

## 6. please und thank you

Diese beiden Wörter sind die beiden wichtigsten Höflichkeitsfloskeln. **Thank you** wird manchmal auch in einem Wort geschrieben: **thankyou**; in der gesprochenen Sprache hört man auch oft **thanks**.
Sie sollten **please** oder **thank you** niemals alleine verwenden, sondern sie immer in eine kurze Wendung einbinden:

**Coffee? – Yes, please.** „[Möchten Sie] Kaffee? – Ja, bitte."
**Tea? – No, thank you.** „[Möchten Sie] Tee? – Nein, danke."

**71** • **seventy-one** [ßä-won-ti-uan]

## 7. Alphabet

Nun ist es auch Zeit, sich anzusehen, wie Sie auf Englisch buchstabieren:

| Buchstabe | Aussprache | Buchstabe | Aussprache |
|---|---|---|---|
| a | [ei] | n | [än] |
| b | [bi:] | o | [ou] |
| c | [ßi:] | p | [pi:] |
| d | [di:] | q | [kju:] |
| e | [i:] | r | [a(r)] |
| f | [äf] | s | [äß] |
| g | [dji:] | t | [ti:] |
| h | [eitsch] | u | [ju:] |
| i | [ai] | v | [wi:] |
| j | [djei] | w | [dabl-ju:] |
| k | [kei] | x | [äkß] |
| l | [äl] | y | [uai] |
| m | [äm] | z | [säd] |

## 8. Verständnis-/Formulierungsübung

Die Sätze der nun folgenden Verständnisübung enthalten nur bekanntes Vokabular und bekannte Strukturen. Sie können sie sich auch auf den Tonaufnahmen anhören. Solange Sie sich

---

▶ **Twenty-second lesson** [tuän-ti-ßä-könd lä-ß(ö)n]

# This is Simon Barnes

**1**   This man's name is Simon Barnes. ①

(PRONUNCIATION)

[... ß**ai**-mön b**a:**(r)ns **1** ... mä:ns ...]

noch in der passiven Phase befinden, sollten Sie einfach versuchen, den Sinn der Sätze zu erfassen, d. h. überprüfen, ob Sie die Sätze verstehen – mehr nicht.

Befinden Sie sich dagegen in der aktiven Phase, in deren Verlauf Sie sukzessive alle Lektionen – wie ein Dolmetscher – vom Deutschen ausgehend auf Englisch formulieren (siehe Erklärungen in der Einleitung), sollten Sie versuchen, diese Übung in der gleichen Weise zu absolvieren, d. h. die deutschen Sätze ins Englische zu übersetzen.

### DO YOU UNDERSTAND THESE SENTENCES?

❶ Is there any coffee for breakfast? ❷ No, but I've got some tea. ❸ Oh dear, I haven't got any milk. ❹ No problem, I'm not really thirsty. ❺ Hey, is that Steve's camera? ❻ Yes, and it's broken. ❼ And I've got a big problem.

### DID YOU UNDERSTAND?

❶ Gibt es Kaffee zum Frühstück? ❷ Nein, aber ich habe Tee. ❸ Oh je, ich habe keine Milch. ❹ Kein Problem, ich bin nicht wirklich durstig. ❺ He, ist das Steves Fotoapparat? ❻ Ja, und er ist kaputt. ❼ Und ich habe ein großes Problem.

## 22. Lektion

### Dies ist Simon Barnes

1    Der Name dieses Mannes (dieses Mannes Name) ist Simon Barnes.

(ANMERKUNGEN)

① Das 's weist hier nicht auf eine Kurzform hin; this man's ist wieder ein Genitiv: „dieses Mannes". Merken Sie sich auch woman [u-mön] „Frau" (beim Anlaut werden die Lippen vor dem [u] gespitzt und kurz geschlossen).

| 2 | He lives in Salford, a suburb of Manchester. ② |
| 3 | He is a secondary school teacher. ③ |
| 4 | He works in a school near his home. ④ |
| 5 | Simon teaches English, geography and history. ⑤ |
| 6 | He likes his job very much. ⑥ |

(PRONUNCIATION)

[*2* ... liws in *ßO:*l-föd ... ßa-b*Ö:*(r)b ... män-tschäß-tö(r) *3* ... ßä-köndri ... *4* ... u*Ö:*(r)kß ... h*ou*m *5* ... ti:-tschis ... dj*O*-grö-fi ... hiß-tö-ri *6* ... l*ai*kß ... dj*O*b ...]

*Ab jetzt geben wir in der vereinfachten Lautschrift nur noch die neuen und schwierig auszusprechenden Wörter an.*

FIRST EXERCISE: DO YOU UNDERSTAND THESE SENTENCES?

❶ This man's name's Simon. ❷ He lives in Manchester. ❸ Maggie teaches in a primary school. ❹ She likes her job very much. ❺ I work near my home.

| 2 | Er lebt in Salford, einem Vorort von Manchester.
| 3 | Er ist Lehrer an einer weiterführenden Schule (ein weiterführende Schule Lehrer).
| 4 | Er arbeitet an (in) einer Schule in der Nähe seines Hauses (nah sein Heim).
| 5 | Simon unterrichtet Englisch, Geografie und Geschichte.
| 6 | Er mag seine Arbeit sehr (viel).

(ANMERKUNGEN)

② **He lives**: Diese Gegenwartszeitform nennt man **simple present** [*ßim-pl prä-snt*]. Mit ihr beschreibt man gewohnheitsmäßige und wiederkehrende Handlungen und Ereignisse.

③ **primary** [*prai-mö-ri*] **schools** sind für Kinder zwischen 5 und 11 (etwa „Grundschule"), **secondary schools** für Kinder zwischen 12 und 16.

④ Auch **he works** ist ein **simple present**. Nur in der 3. Person Singular erhalten die Verben die Endung **-s** (oder, je nach Verb-Endung, **-es**), in allen übrigen Personen gibt es keine Endung.

⑤ Adjektive, die eine Nationalität oder Sprache bezeichnen, werden groß geschrieben: **Maggie teaches French** [*fränsch*], **German** [*djÖ:(r)-mön*] **and Spanish** [*ßpä-nisch*] „Maggie unterrichtet Französisch, Deutsch und Spanisch".

⑥ **He likes** (Endung **-s**) ist die 3. Person Singular von **to like** „mögen".

___
*Lerntipp*

*Lernen Sie niemals auswendig. Sie können dann lediglich Sätze zu einem späteren Zeitpunkt wieder aus dem Gedächtnis „abspulen", aber nicht den Sinn dieser Sätze verstehen.*
___

(SOLUTION TO FIRST EXERCISE: DID YOU UNDERSTAND?)

❶ Der Name dieses Mannes (dieses Mannes Name) ist Simon. ❷ Er lebt in Manchester. ❸ Maggie unterrichtet an (in) einer Grundschule. ❹ Sie liebt ihre Arbeit sehr (viel). ❺ Ich arbeite in der Nähe meines Hauses (nah mein Heim).

**SECOND EXERCISE: FILL IN THE CORRECT WORDS!**

① Der Name dieser Frau ist Sally.

.... ....'. .... is Sally.

② Ich mag meinen Lehrer sehr (viel).

. .... my teacher .... .... .

③ Die Schule ist in der Nähe meines Hauses.

The school .. .... .. .... .

④ Sie lebt und lehrt in einem Vorort von Manchester.

She ..... and ....... .. a ...... of Manchester.

⑤ Es gibt französische, deutsche und spanische Kinder an meiner Schule.

..... ... ....., ..... and ....... ........ at my school.

---

▶ **Twenty-third lesson** [tuän-ti-fßÖ:(r)d lä-ß(ö)n]

# And this is his wife

| 1 | Cathy Barnes is Simon's wife. ① |
| 2 | She is a very talented person. |
| 3 | She speaks four languages fluently. ② |

(PRONUNCIATION)

[... u**ai**f **1** kä-f**ß**i ... **ß**ai-möns u**ai**f **2** ... tä-lön-tid p**Ö**:(r)-ßön **3** ... ßpi:kß f**O**:(r) läng-gui-djis fl**u**-önt-li]

### SOLUTION TO SECOND EXERCISE: THE CORRECT WORDS.

❶ This woman's name ❷ I like – very much ❸ is near my home
❹ lives – teaches in – suburb ❺ There are French, German –
Spanish children.

---

**Manchester**
Manchester in der Grafschaft Lancashire im Nordwesten Englands ist die zweitgrößte Stadt Großbritanniens und eine bedeutende Handels- und Kulturmetropole. In der Mitte des 18. Jh. entwickelte sich Manchester dank neuer Technologien zum Weltzentrum der Baumwollindustrie. Heute ist Manchester nicht nur für seinen florierenden Handel bekannt, sondern auch für seinen Fußballverein **Manchester United**; es gilt auch als Zentrum der Popmusik. Darüber hinaus gibt es in Manchester eine der größten chinesischen Gemeinschaften außerhalb der VR China. Ein bekanntes Lied bringt es auf den Punkt; dort heißt es: „Manchester hat alles … außer einem Strand!"

---

## 23. Lektion

### Und das ist seine Frau

| 1 | Cathy Barnes ist Simons Frau. |
| 2 | Sie ist eine sehr talentierte Person. |
| 3 | Sie spricht vier Sprachen fließend. |

**ANMERKUNGEN**

① **s** wird nach allen Vokalen und nach Konsonanten (außer p, t, k, f und th!) stimmhaft wie in „Ha*s*e" gesprochen. Nach den genannten Ausnahmen wird es [ß] wie in „Maß" gesprochen.

② Adverbien (Umstandswörter, die ein Adjektiv oder Verb näher bestimmen) werden gebildet, indem man -ly an das Adjektiv anhängt: **fluent** – **fluently**.

**77 • seventy-seven** [ßä-won-ti-ßä-won]

| 4 | She sings and plays the piano. ③ |
|---|---|
| 5 | She writes software for computers. ④⑤ |
| 6 | But at the moment she does not have a job. ⑥⑦ |

(PRONUNCIATION)

[**4**... ßings ... pleis ... pi-ä-nou **5** ... raitß ßOft-uä:(r) fO:r köm-pju:-tö(r)s **6** ... mou-mönt ... ]

### FIRST EXERCISE: DO YOU UNDERSTAND THESE SENTENCES?

❶ We speak German fluently. ❷ She is a very talented person. ❸ She does not play the piano. ❹ I do not have a job. ❺ This is Simon and this is his wife, Cathy.

### SECOND EXERCISE: FILL IN THE CORRECT WORDS!

❶ Sie leben in Salford.

They .... .. Salford.

❷ Sie leben nicht in Manchester.

They .. ... .... .. Manchester.

❸ Er programmiert keine (tut nicht schreiben) Software.

He .... ... ..... software.

❹ Wir sprechen nicht fließend Spanisch (tun nicht sprechen Spanisch fließend).

We .. ... .... Spanish ........ .

❺ Sie hat im Moment keine (tut nicht haben eine) Arbeit.

She .... ... .... a job .. ...
....... .

| 4 | Sie singt, und [sie] spielt (das) Klavier.
| 5 | Sie programmiert (schreibt) Software für Computer.
| 6 | Aber im (bei dem) Moment hat sie keine (sie tut nicht haben eine) Arbeit.

**ANMERKUNGEN**

③ Vor Musikinstrumenten steht immer der bestimmte Artikel **the**.

④ Der Anlaut von **write** wird ebenso gesprochen wie z. B. bei **wrong**: [*r*]; das **w** ist stumm.

⑤ **software** „Software, Computerprogramm" (auch **programme** [*prou-gräm*] oder **application** [*ä-pli-kei-schön*], **hardware** [*ha:(r)d-uä:(r)*] „Hardware").

⑥ **does** ist die 3. Person Singular von **to do** „machen, tun". Für die Verneinung im **simple present** stellt man die jeweilige Form von **to do** + **not** vor das Verb: **They live in Salford. – They do not live in Salford. She has a job. – She does not have a job.**

⑦ **at the moment** könnte auch am Satzende stehen.

### SOLUTION TO FIRST EXERCISE: DID YOU UNDERSTAND?

❶ Wir sprechen fließend Deutsch (Deutsch fließend). ❷ Sie ist eine sehr talentierte Person. ❸ Sie spielt nicht (das) Klavier. ❹ Ich habe keine (tue nicht haben eine) Arbeit. ❺ Das (dies) ist Simon, und das (dies) ist seine Frau Cathy.

### SOLUTION TO SECOND EXERCISE: THE CORRECT WORDS.

❶ live in ❷ do not live in ❸ does not write ❹ do not speak – fluently ❺ does not have – at the moment.

___ *Lerntipp* ___

*Sie merken immer wieder, dass der englische Satzbau teilweise vom deutschen abweicht, z. B. steht die Zeitbestimmung im Englischen oft am Satzende. Assimilieren Sie daher immer kurze Sätze oder Wendungen als Ganzes.*

**Lerntipp**

*Wenn Sie die englischen Texte mit- oder auch nachsprechen, sollten Sie sich nicht scheuen, laut zu sprechen und die Satzintonation ruhig ein bisschen übertrieben nachzuahmen.*

▶ **Twenty-fourth lesson** [tuän-ti-fO:(r)fß lä-ß(ö)n]

## Never?

**1** – Cathy, where are the car keys?
**2** – I don't know, dear. ① ②
**3**    Are they in your coat pocket? ③
**4** – Of course not. I never put them in my coat. ④ ⑤

(PRONUNCIATION)

[nä-wö(r) **1** kä-fßi uä:r ... ka:(r) ki:s **2** ... dount nou ... **3** ... kout pO-köt **4** ... kO:(r)s nOt ... nä-wö(r) put fsäm ...]

(ANMERKUNGEN)

① **don't** ist die Kurzform von **do not**. **I play the piano** – **I don't play the piano** „Ich spiele/spiele nicht Klavier". Die Form der 3. Pers. Sing. lautet **does not** (**doesn't**): **She doesn't play the piano**.

> **Namen**
> Die Briten – und vor allem die Amerikaner – lieben es, Kurzformen von Namen zu benutzen. Die meisten Frauen, die **Catherine** heißen, werden **Cathy** genannt. Weitere gängige Abkürzungen sind **Ted** oder **Ed** (**Edward**), **Jim** (**James**), **Dick** (**Richard**), **Bob** (**Robert**), **Betty** oder **Beth** (**Elizabeth**), **Chris** (**Christine**), **Maggie** oder **Meg** (**Margaret**) und **Sue** (**Susan**).
>
> Ebenso üblich ist es, neue Bekanntschaften relativ bald mit dem Vornamen anzusprechen. Fassen Sie dies nicht als unhöflich auf; es ist die britische Form der herzlichen Begrüßung. So ist es durchaus nicht ungewöhnlich, selbst in einem formellen Rahmen auf **Hello, my name's Simon Barnes** die Antwort **Hi, Simon, pleased to meet you** zu erhalten. Dennoch sollten Sie es zunächst Ihrem englischen Gesprächspartner überlassen, hier die Initiative zu ergreifen.

## 24. Lektion

### Niemals?

1 – Cathy, wo sind die Autoschlüssel?
2 – Ich weiß es nicht, Schatz (Lieber).
3   Sind sie in deiner Manteltasche?
4 – Selbstverständlich nicht. Ich stecke sie niemals in meine Mantel[tasche].

(ANMERKUNGEN)

② **know**: Beim Anlaut **kn** bleibt das **k** stumm, gesprochen wird nur das **n**.

③ **coat pocket**: Wie das Deutsche besitzt auch das Englische zahlreiche zusammengesetzte Substantive: **airport shuttle** [*ä:(r)-pO:(r)t schatl*] „Flughafen(pendel)bus"; **village** [*wi-lödj*] **school** „Dorfschule".

④ **never** „niemals"; **ever** [*ä-wö(r)*] „jemals".

⑤ **pocket** bezeichnet immer eine „Tasche" an einem Kleidungsstück (Mantel, Hose, ...), nicht die Tasche, die man in der Hand oder am Arm trägt.

**5** – In th**a**t case, what are th**e**se? ⑥⑦
**6** – Th**o**se are... the car k**e**ys. ⑧
**7** I, er, s**o**metimes put them th**e**re!

### PRONUNCIATION

[**5** ... fsät keiß uOt ... fsi:s **6** fsous ... **7** ... ßam-taims ... ]

### FIRST EXERCISE: DO YOU UNDERSTAND THESE SENTENCES?

❶ She doesn't know where they are. ❷ He doesn't have a coat. ❸ I never put them in my pocket. ❹ Of course not. ❺ These are my keys and those are your keys.

### SECOND EXERCISE: FILL IN THE CORRECT WORDS!

❶ Er lebt nicht in Schottland.

. . . . . . . . ' . . . . . in Scotland.

❷ Wenn das so ist (in diesem Fall), was ist das (sind diese)?

In that case, . . . . . . . . . . . . ?

❸ Sie steckt sie niemals in ihren Mantel.

She . . . . . . . . . . . . . in her coat.

❹ Ich weiß nicht, Schatz (Teuerster, -e).

I . . . ' . . . . . , . . . . .

**5** – Wenn das so ist (in diesem Fall), was ist das hier (was sind diese)?
**6** – Dies (jene) sind ... die Autoschlüssel.
**7** Ich, hm, tue sie manchmal dahin (manchmal stecke sie dorthin)!

(ANMERKUNGEN)

⑥ **case**: Hier wird das **s** stimmlos („Maß") gesprochen.

⑦ **these** „diese" ist der Plural von **this** „dieser, -e, -es [hier]" und bezieht sich auf Dinge in der Nähe des Sprechers: **this key** „dieser Schlüssel [hier]" – **these keys** „diese Schlüssel [hier]".

⑧ **Those** „jene" ist der Plural von **that** „dieser, -e, -es [dort]" und bezieht sich auf Dinge, die weiter vom Sprecher entfernt sind: **that coat** „dieser Mantel [dort]" – **those coats** „jene Mäntel [dort]".

### SOLUTION TO FIRST EXERCISE: DID YOU UNDERSTAND?

❶ Sie weiß nicht, wo sie sind. ❷ Er hat keinen Mantel. ❸ Ich stecke sie niemals in meine Tasche. ❹ Selbstverständlich nicht. ❺ Dies [hier] sind meine Schlüssel, und das [da] sind deine Schlüssel.

❺ Ich stecke die Schlüssel manchmal in meine Tasche.

I . . . . . . . . . . . . . the keys in . . . . . . . .

### SOLUTION TO SECOND EXERCISE: THE CORRECT WORDS.

❶ He doesn't live ❷ what are these ❸ never puts them ❹ don't know, dear ❺ sometimes put – my pocket.

---

**Kosenamen**
Die Briten lieben Kosenamen in jeder Form. Nicht nur Familienangehörige und Partner werden mit **dear** oder **darling** „Schatz, Liebling" angesprochen, auch zu Fremden sagt der Brite **mate** [meit] „Freund", **love** [law] „meine Liebe" oder **duck** [dak] „mein Entchen". Dabei ist dies Ausdruck von Liebenswürdigkeit. Die Ursache hierfür liegt vielleicht darin, dass den Briten für ihr Miteinander das „du" fehlt. Als Neuling sollten Sie niemals fremde Personen, vor allem in einem formellen Kontext, mit **love** oder **duck** ansprechen!

LEKTION 24

83 • eighty-three [ei-ti-fßri:]

▶ **Twenty-fifth lesson** [tuän-ti-fif-fß lä-ß(ö)n]

# A lazy weekend

1 Simon doesn't work at the weekend. ①
2 He and Cathy get up late and have brunch. ②
3 Then Simon does the shopping ③
4 and Cathy goes to the gym. ④
5 In the evening, they don't do any cooking. ⑤
6 They usually go to the cinema ⑥
7 and then to a restaurant for a late dinner. ⑦

(PRONUNCIATION)

[ö lei-si ui:k-änd **1** ... dasnt uÖ:(r)k ... ui:k-änd **2** ... gät ap leit ... bransch **3** fsän ... schO-ping **4** ... gous ... djim **5** ... i-wö-ning ... dount du: ... ku-king **6** ... ju-jö-li ... ßi-nö-ma **7** ... räß-tö-rOnt ... di-nö(r)]

## 25. Lektion

### Ein faules Wochenende

1 Simon arbeitet am Wochenende nicht (tut nicht arbeiten bei dem Wochenende).
2 Er und Cathy stehen spät auf (stehen auf spät) und essen [ein] (haben) Brunch.
3 Dann geht Simon einkaufen (Simon macht das Einkaufen),
4 und Cathy geht ins Fitnessstudio (zu der Gymnastik).
5 Am (in dem) Abend kochen sie nicht (sie tun nicht machen irgendwelches Kochen).
6 Normalerweise gehen sie ins Kino
7 und dann für ein spätes Abendessen in (zu) ein Restaurant.

(ANMERKUNGEN)

① Die Endung -s der 3. Person Singular verschiebt sich in der Verneinung auf das Hilfsverb: **doesn't**.

② Das **brunch** (kontrahierte Form aus **breakfast** „Frühstück" und **lunch** [lansch] „Mittagessen") wird am späten Vormittag eingenommen und ist eine Mischung zwischen diesen beiden Mahlzeiten. Der Plural von **brunch** lautet **brunches** [bran-schis].

③ **to do** „tun, machen" ist nicht nur Hilfs-, sondern auch Vollverb: **to do the shopping** „einkaufen gehen, die Einkäufe erledigen".

④ **does** und **goes** werden zwar beide mit **oe** geschrieben, aber unterschiedlich ausgesprochen: [das] und [gous], mit stimmhaftem [s].

⑤ **to do the cooking** ist wieder eine Wendung mit **to do**. Ebenso: **to do the washing-up** [uO-sching-ap] „den Abwasch machen".

⑥ **usually** [ju-jö-li], abgeleitet von **usual** [ju:-jöl] „gewöhnlich, normal", wird bei gewohnheitsmäßigen Handlungen benutzt: **I usually go to the gym on Friday** [frai-dei] „Normalerweise gehe ich freitags ins Fitnessstudio (auf Freitag)".

⑦ Nach **to go** folgt oft die Präposition **to** „zu, nach": **They go to the theatre every month** [ßi-ö-tö(r) ew-ri manßß] „Sie gehen jeden Monat ins Theater".

**FIRST EXERCISE: DO YOU UNDERSTAND THESE SENTENCES?**

❶ I get up late and have brunch. ❷ I do the shopping and she goes to the gym. ❸ We usually go to the cinema at the weekend. ❹ We go to the theatre every month. ❺ He doesn't do the washing-up.

**SECOND EXERCISE: FILL IN THE CORRECT WORDS!**

❶ Sie arbeitet am Wochenende nicht.
   She ..... '. .... .. the weekend.

❷ Sie steht spät auf und geht ins Fitnessstudio.
   She .... .. .... and .... .. the gym.

❸ Sie kochen am Abend nicht.
   They ...'. .. any cooking in the evening.

❹ Sie gehen für ein spätes Abendessen in ein Restaurant.
   They .. .. a restaurant ... a late dinner.

---

▶  **Twenty-sixth lesson** [tu*ä*n-ti-ßik-fß l*ä*-ß(ö)n]

# Fully booked ①

**1** – Good **e**vening. W**e**lcome to „The Tw**e**nties". ②

(PRONUNCIATION)
[*fu*-li bukt **1** gud **i**:-wö-ning u*ä*l-kam ... tu*ä*n-ti:s]

> **SOLUTION TO FIRST EXERCISE: DID YOU UNDERSTAND?**

❶ Ich stehe spät auf und esse ein (habe) Brunch. ❷ Ich mache die Einkäufe, und sie geht ins Fitnessstudio. ❸ Wir gehen normalerweise am Wochenende ins Kino. ❹ Wir gehen jeden Monat ins Theater. ❺ Er macht nicht den Abwasch.

❺ Er macht den Abwasch und die Einkäufe.

He .... the ....... – .. and the
........ .

> **SOLUTION TO SECOND EXERCISE: THE CORRECT WORDS.**

❶ doesn't work at ❷ gets up late – goes to ❸ don't do ❹ go to – for ❺ does – washing-up – shopping.

---
**Mahlzeiten**
Für die britische Mittelschicht ist das **dinner** die Abendmahlzeit. In vielen Arbeiterfamilien hingegen – vor allem im Norden Englands – ist **dinner** das „Mittagessen", und das Abendessen heißt **supper** [*ßa-pö(r)*], manchmal auch **tea**. In manchen Gegenden gibt es noch den **high tea** am späten Nachmittag.

---

## 26. Lektion

**Voll [aus]gebucht**

**1** – Guten Abend. [Herzlich] willkommen im (zu) „The Twenties".

(ANMERKUNGEN)

① **book** [*buk*] „Buch", **to book** „buchen, reservieren": **Book me a hotel room** „Reservier mir ein Hotelzimmer"; **booking office** [*O-fiß*] „Theaterkasse; Fahrkartenschalter; Vorverkaufsstelle".

② Der Name **The Twenties** bedeutet „Die Zwanziger [Jahre]". Der Plural eines Nomens, das auf Konsonant + **-y** endet, wird mit **-ies** gebildet: **lady** [*lei-di*] „Dame" – **ladies** [*lei-di:s*] „Damen".

**87 • eighty-seven** [ei-ti-ßä-won]

**2** – A table for two, please.
**3** Put us in the non-smoking section. ③④
**4** We want to be not too far from the door ⑤
**5** but near the kitchen –
**6** and close to the waiter! ⑥⑦
**7** – I'm sorry, sir, but we're fully booked this evening. ⑧

(PRONUNCIATION)

[*2* ... **teibl** ... *3* ... n**O**n-ßm**ou**-king ß**ä**k-tsch**ö**n *4* ... n**O**t tu: f**a**:(r) ... d**O**:(r) *5* ... n**i**:(r) ... k**i**t-sch**ö**n *6* ... kl**ou**ß ... u**ei**-tö(r) *7* ... ß**O**:-ri ßÖ:(r) ... f**u**-li b**u**kt ...]

(FIRST EXERCISE: DO YOU UNDERSTAND THESE SENTENCES?)

❶ Good evening and welcome. ❷ I want to be close to the kitchen. ❸ The restaurant closes at weekends. ❹ We're fully booked this evening. ❺ I'm very sorry I'm late.

**eighty-eight** [ei-ti-eit] • 88

2 – Ein Tisch für zwei [Personen], bitte.
3   Setzen Sie uns [bitte] in den Nichtraucherbereich.
4   Wir möchten (sein) nicht zu weit von der Tür [entfernt] sitzen,
5   aber in der Nähe der Küche –
6   und nah beim Kellner!
7 – Es tut mir leid, [mein] Herr, aber wir sind heute (diesen) Abend voll ausgebucht.

(ANMERKUNGEN)

③ Der Imperativ wird sowohl im Singular als auch im Plural mit dem Infinitiv gebildet: **Put me in the smoking section, please** „Setzen Sie mich in den Raucherbereich, bitte". **Tell me, how old are you?** „Sagt mir, wie alt seid ihr?".

④ **-tion** wird immer als eine Silbe gesprochen: [-(t)schön].

⑤ **too** „zu (sehr)", nicht zu verwechseln mit der Präposition **to** „zu, nach" oder dem Zahlwort **two** „zwei".

⑥ **close** [klouß] (oft mit der Präposition **to**) bedeutet wie **near** „nahe bei, in der Nähe von", es kann aber auch „nah" im emotionalen Sinne bedeuten: **She's very close to her brother** „Sie steht (ist) ihrem Bruder sehr nah". Verwechseln Sie es nicht mit **to close** [klous] „schließen, geschlossen sein".

⑦ Die weibliche Form von **waiter** ist **waitress** [uei-tröß] „Kellnerin". **Wine waiter** ist der „Weinkellner", **head waiter** der „Oberkellner".

⑧ **sorry** wird immer zusammen mit **to be** verwendet und drückt Bedauern bzw. eine Entschuldigung aus: **I'm sorry I'm late** [leit] **for work** „Es tut mir leid, dass ich zu spät zur Arbeit komme (bin spät für Arbeit)".

(SOLUTION TO FIRST EXERCISE: DID YOU UNDERSTAND?)

❶ Guten Abend und [herzlich] willkommen. ❷ Ich möchte (sein) in der Nähe der Küche [sitzen]. ❸ Das Restaurant hat am Wochenende geschlossen (schließt an Wochenenden). ❹ Wir sind heute (diesen) Abend voll ausgebucht. ❺ Es tut mir sehr leid, dass ich mich verspätet habe (ich-bin spät).

LEKTION 26

## SECOND EXERCISE: FILL IN THE CORRECT WORDS!

❶ Setzen Sie uns in den Raucherbereich, bitte.

... .. in the smoking section, ....... .

❷ Er steht (ist) seiner Schwester sehr nah.

He's very ..... .. ... sister.

❸ Reservieren Sie mir einen Tisch für acht [Personen].

.... .. a table for ...... .

❹ Ich möchte nicht (sein) zu weit von der Tür [entfernt] sitzen.

..... .. .. not ... .. ..... .... the door.

---

▶ **Twenty-seventh lesson** [tuän-ti-ßä-wönfß lä-ß(ö)n]

# A terrible restaurant

**1** Simon and Cathy can't find a free table anywhere, ① ②

**2** so they try a new wine bar near their house. ③

**3** – This place is really terrible, darling.

(PRONUNCIATION)

[... tä-rö-bl räß-tö-rO: **1** ... ka:nt faind ... fri: teibl ä-ni-uä:(r) **2** ... trai ... nju: uain ba:(r) ... **3** ... pleiß ... tä-rö-bl ...]

(ANMERKUNGEN)

① **free** heißt nicht nur „frei", sondern auch „gratis": **I've got three free tickets** [ti-kötß] „Ich habe drei Freikarten". Sie finden **free** auch in Zusammensetzungen wie **lead-free** [li:d-fri:] „bleifrei".

⑤ Sag mir, wie alt sind sie?

..... .., how old ... ..... ?

**SOLUTION TO SECOND EXERCISE: THE CORRECT WORDS.**

① Put us – please ② close to his ③ Book me – eight ④ I want to be – too far from ⑤ Tell me – are they.

___ *Lerntipp* ___
*Immer wenn Sie sich einen Dialog mehrmals angehört haben, können Sie sich vorstellen, Sie sind Schauspieler, stehen auf einer Bühne und versuchen, die Sprecher mit viel Nachdruck in der Stimme zu imitieren.*

## 27. Lektion

### Ein schreckliches Restaurant

1  Simon und Cathy können nirgendwo einen freien Tisch finden (können-nicht finden einen freien Tisch nirgendwo),
2  daher probieren sie ein neues Weinlokal (Weinbar) in der Nähe ihres Hauses aus.
3  – Dieses Weinlokal (dieser Ort) ist wirklich schrecklich, Liebling.

(ANMERKUNGEN)

② **anywhere** wird in Fragen („irgendwo") oder verneinten Sätzen („nirgendwo") benutzt, **somewhere** „irgendwo" in bejahten Sätzen: **They live somewhere near Manchester** „Sie leben irgendwo in der Nähe von Manchester".

③ **so** leitet hier eine Konsequenz aus einer Handlung ein: „daher, aus diesem Grund".

**4** The food's dreadful, and the portions are so small! ④⑤

**5** – Hey, waiter, your thumb's on my steak! ⑥

**6** – Oh don't worry, sir. It's not very hot.

(PRONUNCIATION)

[*4 ... fu:ds dräd-ful ... pO:(r)-schöns ... ßmO:l 5 ... ßambs ... ßteik 6 ... dount uö-ri ... hOt*]

(FIRST EXERCISE: DO YOU UNDERSTAND THESE SENTENCES?)

❶ Is this table free? – No, I'm sorry. ❷ She lives somewhere near you. ❸ The food in this restaurant's dreadful. ❹ I can't find them anywhere. ❺ Don't worry. They're OK.

(SECOND EXERCISE: FILL IN THE CORRECT WORDS!)

❶ Ich habe (bekommen) drei Freikarten.

. ' . . . . . three . . . . . . . . . . . .

❷ Ich kann nirgendwo einen Tisch finden.

. . . . ' . . . . . a table . . . . . . . . .

❸ Sie probieren ein Weinlokal in der Nähe ihres Hauses aus.

. . . . . . a wine bar . . . . . . . . . house.

❹ Die Portionen in diesem Restaurant sind so klein.

The portions at that restaurant . . . . .

. . . . . .

❺ Mach dir keine Sorgen, es ist nicht sehr heiß.

. . . ' . . . . . . . , . . ' . . . . very hot.

4 Das Essen ist fürchterlich, und die Portionen sind so klein!
5 – He, [Herr] Ober, Sie haben Ihren Daumen (Ihr Daumen-ist) auf meinem Steak!
6 – Oh, keine Sorge (tun-nicht beunruhigen), [mein] Herr. Es ist nicht sehr heiß.

(ANMERKUNGEN)

④ dreadful und terrible sind Synonyme und bedeuten: „schrecklich, fürchterlich". The music [mju-sik] is dreadful „Die Musik ist fürchterlich".

⑤ Hier bedeutet so „so" im Sinne von „so viel, so sehr": She's so lucky „Sie hat so viel Glück".

⑥ Die restlichen Finger der Hand heißen index [in-däkß] finger „Zeigefinger", middle [mi-d(ö)l] finger „Mittelfinger", ring-finger „Ringfinger" und little finger „kleiner Finger".

A TERRIBLE RESTAURANT

(SOLUTION TO FIRST EXERCISE: DID YOU UNDERSTAND?)

❶ Ist dieser Tisch frei? – Nein, es tut mir leid. ❷ Sie lebt irgendwo in deiner Nähe. ❸ Das Essen in diesem Restaurant ist fürchterlich. ❹ Ich kann sie nirgendwo finden. ❺ Keine Sorge. Es geht ihnen gut (sie-sind in Ordnung).

(SOLUTION TO SECOND EXERCISE: THE CORRECT WORDS)

❶ I've got – free tickets ❷ I can't find – anywhere ❸ They try – near their ❹ are so small ❺ Don't worry – it's not.

## ▶ Twenty-eighth lesson [tuän-ti-*eit*-fß lä-ß(ö)n]

### Revision and notes

#### 1. Simple Present (Einfache Gegenwart)

Es gibt im Englischen zwei Gegenwartsformen; wir beschäftigen uns hier vorerst mit dem **simple present**, der einfachen Gegenwart, und zeigen Ihnen am Beispiel von **to work** „arbeiten", wie die unterschiedlichen Personalformen lauten. Bis auf die 3. Person Singular sind die Personalformen identisch mit dem Infinitiv (Grundform); das **to** wird weggelassen:

**Verbform**

**Singular**
1. Person            **I work** „ich arbeite"
2. Person            **you work** „du arbeitest"
3. Person            **he/she/it works** „er/sie/es arbeitet"

**Plural**
1. Person            **we work** „wir arbeiten"
2. Person            **you work** „ihr arbeitet / Sie arbeiten"
3. Person            **they work** „sie arbeiten".

Sie sehen: Nur bei der 3. Person Singular wird ein **-s** angehängt. Bei Verben, deren Infinitiv auf **-s**, **-sh**, **-ch** oder **-x** endet (und bei den Verben **to go** und **to do**!), lautet die Endung der 3. Person Singular **-es**:

**to wash** „waschen"     **he/she/it washes** „er/sie/es wäscht"
**to teach** „lehren, unterrichten"     **he/she/it teaches** „er/sie/es lehrt"
**to go** „gehen"     **he/she/it goes** „er/sie/es geht"
**to do** „machen, tun"     **he/she/it does** „er/sie/es tut".

Bei Verben, deren Infinitiv auf Konsonant + **-y** endet, lautet die Endung der 3. Person Singular **-ies**:

**to worry** „sich beunruhigen"     **he/she worries** „er/sie beunruhigt sich".

## 28. Lektion

Bei Verben, deren Infinitiv auf Vokal + **-y** endet, wird die „normale" Endung **-s** angehängt:

**to play** „spielen"   **he/she/it plays** „er/sie/es spielt".

Die Verneinung wird mit der Konstruktion **do not** (3. Person Singular **does not**) vor dem Verb gebildet. Dabei verschiebt sich in der 3. Person Singular das **-s**, das normalerweise an das Hauptverb angehängt wird, auf das Hilfsverb der Negation:

| | |
|---|---|
| **I work in a restaurant.** | **I do not work in a restaurant.** |
| **You work in a restaurant.** | **You do not work in a restaurant.** |
| **He/she work<u>s</u> in a restaurant.** | **He/she do<u>es</u> not work in a restaurant.** |

Die Kurzformen der Verneinung haben Sie in den letzten sechs Lektionen ebenfalls schon kennengelernt:

**do not – don't** und **does not – doesn't**.

### Verwendung des simple present

Die einfache Gegenwart wird zur Beschreibung allgemeingültiger, gewohnheitsmäßiger und wiederholt ausgeführter Handlungen benutzt:

 **Salford is near Manchester.** „Salford liegt (ist) in der Nähe von Manchester."
 **It always rains in May.** „Im Mai regnet es immer."
 **We get up late at the weekends.** „Wir stehen am Wochenende spät auf."
 **She likes her job.** „Sie mag ihre Arbeit."
 **He works in a wine bar.** „Er arbeitet in einem Weinlokal."

Es gibt noch eine andere Gegenwartsform, die Handlungen und Ereignisse beschreibt, die zum Zeitpunkt des Sprechens stattfinden; diese Form werden wir später kennenlernen.

## 2. Verneinung

Sie haben verschiedene Konstruktionen angetroffen, mit denen eine Aussage verneint werden kann:

- Verneinung mit **never**:
  **I never put the keys in my pocket.** „Ich stecke die Schlüssel niemals in meine Tasche."

- Verneinung mit **any**:
  **I haven't got anything to eat.** „Ich habe nichts (nicht bekommen irgendetwas) zu essen."
  **I can't find them anywhere.** „Ich kann sie nirgendwo (nicht finden sie irgendwo) finden."

Vergessen Sie nicht, dass **somewhere**, **something** usw. nur in bejahenden Sätzen, niemals in verneinten Sätzen, vorkommen.

## 3. these und those

**This** „dieser, -e, -es [hier]" bezeichnet ein Objekt in unmittelbarer Nähe, **that** „dieser, -e, -es [dort]" ein weiter entferntes Objekt. Im Plural wird **this** zu **these** „diese [hier]", und **that** wird zu **those** „diese [dort]":

**These are my keys and those are your keys.** „Dies [hier] sind meine Schlüssel, und das [da] sind deine Schlüssel."

## 4. Regelmäßige und unregelmäßige Pluralbildung

Nach der allgemeinen Regel wird der Plural bei Substantiven durch Anhängen eines -**s** gebildet:

**one teacher** „ein Lehrer"   **two teachers** „zwei Lehrer"
**one school** „eine Schule"   **two schools** „zwei Schulen".

Es gibt jedoch Ausnahmen: Wie auch bei den Verbformen des **simple present** (siehe Absatz 1) lautet die Pluralendung bei Substantiven, die auf -**s**, -**sh**, -**ch** oder -**x** enden, -**es**:

**one sandwich** „ein Sandwich"   **two sandwiches** [ßänd-uit-schis] „zwei Sandwiches".

Substantive, die auf Konsonant + **-y** enden, erhalten als Pluralendung **-ies**:

**twenty** „zwanzig" **twenties** „Zwanziger".

... jedoch nicht, wenn vor dem **-y** ein Vokal steht; dann lautet die Pluralendung **-s**:

**one key** „ein Schlüssel" **two keys** „zwei Schlüssel".

Eine Reihe von Substantiven hat eine gänzlich unregelmäßige Pluralbildung. Eines davon haben Sie kennengelernt:

**one child** [*tschaild*] „ein Kind" **two children** [*tschil-drön*] „zwei Kinder".

Weitere Substantive werden Sie im Laufe der Lektionen antreffen.

## 5. Wochentage

Die Monatsnamen haben wir Ihnen schon vorgestellt (L. 14), hier nun die Wochentage, **the days** [*deis*] **of the week** [*ui:k*]. Beachten Sie in diesem Zusammenhang, dass
- die Betonung immer auf der ersten Silbe liegt;
- die Wochentage immer mit einem Großbuchstaben geschrieben werden:

**Monday** [*man-dei*] „Montag"
**Tuesday** [*tju:s-dei*] „Dienstag"
**Wednesday** [*uäns-dei*] „Mittwoch"
**Thursday** [*ßÖ:(r)s-dei*] „Donnerstag"
**Friday** [*frai-dei*] „Freitag"
**Saturday** [*ßä-tö(r)-dei*] „Samstag"
**Sunday** [*ßan-dei*] „Sonntag".

## 6. Verständnis-/Formulierungsübung

Zum Abschluss können Sie mit der folgenden Verständnis-/Formulierungsübung Ihre erworbenen Kenntnisse überprüfen und vertiefen.

## DO YOU UNDERSTAND THESE SENTENCES?

❶ David lives near Manchester and teaches geography. ❷ He likes his job, but he doesn't like his school. ❸ This morning, he's late for work. ❹ Where are the car keys, dear? ❺ I can't find them anywhere. ❻ In that case, what are these?

---

▶ **Twenty-ninth lesson** [tuän-ti-nainfß lä-ß(ö)n]

## Exercise

1. Cathy is a very active woman. ①
2. She likes swimming, climbing and cycling. ②③
3. Simon is different from his wife.
4. He does not like energetic activities. ④
5. His favourite sport is playing video games. ⑤

### PRONUNCIATION

[äk-ßö(r)-ßais **1** ... äk-tif **u**-mön **2** ... ßui-ming klai-ming ... ßai-kling **3** ... dif-rönt ... uaif **4** ... ä-nö(r)-djä-tik äk-ti-wö-ti:s **5** ... fei-wö-rit ßpO(r)t ... plei-ing wi-di-ou geims]

### ANMERKUNGEN

① Der Plural von **woman** ist unregelmäßig: **women** [ui-mön]. Ähnlich der Plural von **man** [män] „Mann": **men** [men] „Männer".

### DID YOU UNDERSTAND?

❶ David lebt in der Nähe von Manchester und unterrichtet Geografie. ❷ Er mag seine Arbeit, aber er mag seine Schule nicht. ❸ Heute (diesen) Morgen kommt er [zu] spät zur Arbeit (er-ist spät für Arbeit). ❹ Wo sind die Autoschlüssel, Liebling? ❺ Ich kann sie nirgendwo finden. ❻ Wenn das so ist (in diesem Fall): Was ist das hier (was sind diese)?

## 29. Lektion

### Sport (Übung)

| 1 | Cathy ist eine sehr aktive Frau. |
| 2 | Sie mag Schwimmen, Klettern und Radfahren. |
| 3 | Simon ist anders als (unterschiedlich von) seine Frau. |
| 4 | Er mag keine (tut nicht mögen) körperlichen (kraftvollen) Aktivitäten. |
| 5 | Scin Lieblingssport ist, mit Videospielen zu spielen (ist spielend Video Spiele). |

(ANMERKUNGEN)

② Nach **to like** „mögen, gerne haben" oder **to love** [*tu law*] „lieben" wird oft ein sog. „Gerundium" benutzt, d. h. an das Verb wird **-ing** angehängt: **He likes playing the flute** [*flu:t*] „Er mag Flötespielen"; **We love skiing** [*ßki-ing*] „Wir lieben Skifahren".

③ **cycling** kommt von **to cycle** [*ßaikl*] „Radfahren". Das „Fahrrad" heißt **bicycle** [*bai-ßi-kl*] oder kurz **bike** [*baik*]. Der „Radweg" ist eine **cycle lane** [*ßai-kl lein*].

④ Achtung: Bei **active** (Satz 1) liegt die Betonung auf der ersten Silbe, bei **activities** (Pluralendung -**ies**!) auf der zweiten Silbe.

⑤ **playing** ist wieder ein Gerundium (-**ing**-Form), d. h. eine Deklinationsform des Verbs: Gemeint ist das „Spielen" als regelmäßig stattfindende Handlung.

**6** – Oh Simon, you d**o**n't take any **e**xercise. ⑥

**7** – Y**e**s, I d**o**. I have br**ea**kfast in b**e**d on S**u**nday. ⑦

### FIRST EXERCISE: DO YOU UNDERSTAND THESE SENTENCES?

❶ Cathy's a very active woman. ❷ He likes climbing and swimming. ❸ You don't take any exercise. – Yes, I do. ❹ Simon's very different from his wife. ❺ I love skiing.

### SECOND EXERCISE: FILL IN THE CORRECT WORDS!

❶ Er mag Klavierspielen.

.. ..... ....... the piano.

❷ Sie mag keine körperlichen Aktivitäten.

... ......'. .... energetic ...........

❸ Vier Männer und drei Frauen arbeiten in diesem Weinlokal.

.... ... and ..... ..... ... in that wine bar.

❹ Aber du magst Skifahren nicht. – Doch.

But you ...'. .... ....... – ..., . ...

❺ Sie ist ganz (sehr) anders als ihr Ehemann.

She's very different .... ... ........ .

___ Lerntipp ___
*Sie haben schon eine ganze Reihe von Redewendungen kennengelernt, die Sie sich immer im Ganzen einprägen sollten.* **Of course**, **in that case**, **don't worry**, **I'm sorry** *sind nur einige davon. Sie können sie auch mit einem Textmarker anstreichen.*

**6** – Oh Simon, du machst [überhaupt] keinen Sport (tust-nicht nehmen irgendwelche Übung).
**7** – Doch (ja ich tue). Ich frühstücke sonntags im Bett (habe Frühstück im Bett auf Sonntag).

(ANMERKUNGEN)

⑥ Die affirmative Form von **you don't take any exercise** wäre **you take some exercise** „du machst Sport".

⑦ Die Antwort **Yes, I do** ist hier nicht im Sinne eines simplen „Ja" gemeint, sondern Simon widerspricht seiner Frau mit einem entschiedenen „Doch". Ebenso: **Simon doesn't play video games. – Yes, he does** „Simon spielt keine Videospiele. – Doch."

> HE LIKES CLIMBING AND SWIMMING.

(SOLUTION TO FIRST EXERCISE: DID YOU UNDERSTAND?)

❶ Cathy ist eine sehr aktive Frau. ❷ Er mag Klettern und Schwimmen. ❸ Du machst [überhaupt] keinen Sport. – Doch. ❹ Simon ist ganz anders als (sehr unterschiedlich von) seine Frau. ❺ Ich liebe Skifahren.

(SOLUTION TO SECOND EXERCISE: THE CORRECT WORDS.)

❶ He likes playing ❷ She doesn't like – activities ❸ Four men – three women work ❹ don't like skiing – Yes I do ❺ from her husband.

▶ **Thirtieth lesson** [fß**Ö**:(r)-ti-öfß l**ä**-ß(ö)n]

# By the way…

1 – Sarah, do you like classical music? ①
2 – Why do you ask? ②
3 – Because I've got two tickets to a concert.
4    Are you free this evening?
5 – No, I'm not. I'm very busy. ③
6    And by the way, I hate classical music. ④ ⑤

(PRONUNCIATION)

[bai fsö uei **1** ß**ä**-ra … kl**ä**-ßi-köl mju-sik **2** uai … a:ßk **3** bi-k**O**:s … k**O**n-ß(r)t **5** … bi-si **6** … heit …]

FIRST EXERCISE: DO YOU UNDERSTAND THESE SENTENCES?

① By the way, do you like classical music? ② She's not very busy this Saturday. ③ Why do they like skiing? ④ I don't know the way to my hotel. ⑤ Are you free this evening?

## 30. Lektion

**Übrigens ... (an dem Weg)**

1 – Sarah, magst du klassische Musik?
2 – Warum fragst du?
3 – Weil ich zwei Eintrittskarten für (zu) ein Konzert habe.
4   Hast du heute Abend Zeit (bist du frei dieser Abend)?
5 – Nein (ich-bin nicht). Ich bin sehr beschäftigt.
6   Und übrigens, ich hasse klassische Musik.

(ANMERKUNGEN)

① Ja/Nein-Fragen werden mit do/does vor dem Pronomen gebildet: **They like music. – Do they like music?** „Sie mögen Musik. – Mögen sie Musik?". **She likes climbing. – Does she like climbing?** „Sie mag Klettern. – Mag sie Klettern?".

② Fragepronomen (why, how, who, ...) werden an den Anfang der Frage gestellt: **Why does she like climbing?** „Warum mag Sie Klettern?".

③ busy heißt „beschäftigt, fleißig" im Bezug auf Personen (**She's busy cooking** „Sie ist [mit] Kochen beschäftigt"), aber auch „belebt" (**a busy street** [ßtri:t] „eine belebte Straße") oder „hektisch".

④ Die Grundbedeutung von way ist „Weg": **I don't know** [nou] **the way to my school** „Ich kenne den Weg zu meiner Schule nicht".

⑤ Auf to hate kann ebenso wie auf to love/to like ein Gerundium folgen: **I hate cooking** „Ich hasse Kochen", aber auch ein Nomen: **He hates techno** [täk-nou] „Er hasst Techno[-musik]".

(SOLUTION TO FIRST EXERCISE: DID YOU UNDERSTAND?)

❶ Übrigens, mögen Sie klassische Musik? ❷ Sie ist [an] diesem Samstag nicht sehr beschäftigt. ❸ Warum mögen sie Skifahren? ❹ Ich kenne den Weg zu meinem Hotel nicht. ❺ Hast du heute Abend Zeit?

### SECOND EXERCISE: FILL IN THE CORRECT WORDS!

① Er ist [mit] Kochen beschäftigt.

He's .... ........ .

② Mögen sie klassische Musik? – Warum fragen Sie?

.. .... ... classical music? - ... .. ... ask?

③ Hast du heute Abend Zeit (bist du frei ...) ? – Nein (ich-bin nicht).

... ... .... this evening? – No, .'. .... .

---

▶ **Thirty-first lesson** [fßÖ:(r)-ti-fÖ:(r)ßt lä-ß(ö)n]

# I'm starving ①

**1** – I'm starving. Let's have something to eat. ② ③

**2** – What do you usually eat for lunch?

**3** I mean, what sort of food do you like? ④

(PRONUNCIATION)

[... ßta:(r)-wing **1** ... lätß häw ßam-fßing tu: i:t **2** uOt ... ju:-jö-li ... lansch **3** ... mi:n uOt ßO:(r)t ... fu:d ...]

(ANMERKUNGEN)

① **starving**: Gerundium von **to starve** „verhungern"; es wird vorwiegend im übertragenen Sinne verwendet. Die Vokabel für „hungrig sein" haben Sie schon kennengelernt: **to be hungry**.

④ Wir haben (bekommen) zwei Eintrittskarten für (zu) ein Konzert.

..'.. ... two tickets .. a concert.

⑤ Sie kennt den Weg nicht.

She ..... '. .... the ....

---

**SOLUTION TO SECOND EXERCISE: THE CORRECT WORDS.**

① busy cooking ② Do they like – Why do you ③ Are you free – I'm not ④ We've got – to ⑤ doesn't know – way.

---

## 31. Lektion

**Ich bin am Verhungern**

1 – Ich bin am Verhungern. Lass uns etwas essen (lass-uns haben etwas zu essen).
2 – Was isst du normalerweise zum (für) Mittagessen?
3   Ich meine, welche Art von Essen magst du (tust du mögen)?

---

(ANMERKUNGEN)

② Let's ist die Kurzform von Let us.

③ to have hat nicht immer die Grundbedeutung „haben": to have lunch „zu Mittag essen", to have a holiday „Urlaub machen", to have a shower [schao-ö(r)] „duschen gehen" (shower „Dusche"). Man findet es auch in Aufforderungen oder Wünschen: Have a nice day! „Ich wünsche dir (hab) einen schönen Tag!".

④ food bedeutet „Nahrung, Futter, Essen, Lebensmittel".

LEKTION 31

| 4 | Lamb? Beef? ⑤⑥
| 5 | –**A**ctually, I'm on a d**ie**t, ⑦⑧
| 6 | and tod**ay** I d**o**n't have much time. ⑨
| 7 | –All right, let's just have f**i**sh and ch**i**ps.

(PRONUNCIATION)

[**4** läm bi:f **5** äk-tschö-li ... d**ai**-öt **6** ... tu-d**ei** ... d**ou**nt häw matsch taim **7** O:l r**ai**t ... lätß djaßt ... fisch änd tschipß]

(FIRST EXERCISE: DO YOU UNDERSTAND THESE SENTENCES?)

❶ I'm starving! Let's have lunch. ❷ Actually, we haven't got much time. ❸ Can I have a shower, please? ❹ What does she usually eat? ❺ Have a nice day. – Thanks.

(SECOND EXERCISE: FILL IN THE CORRECT WORDS!)

❶ Lass uns (haben einen) Urlaub machen.

Let's . . . . . . . . . . . .

❷ Welche Art von Musik magst du?

. . . . . . . . of music . . . . . . . . . ?

❸ Sie haben heute nicht viel Zeit.

They . . . '. . . . . much time today.

❹ Eigentlich ist er auf (einer) Diät.

. . . . . . . . , he's . . . diet.

❺ Was essen sie normalerweise zum Abendessen?

. . . . . . . . . usually . . . for dinner?

| 4 | Lammfleisch? Rindfleisch?
| 5 | – Eigentlich bin ich auf (einer) Diät,
| 6 | und heute habe ich nicht viel Zeit.
| 7 | – In Ordnung, dann lass uns nur (haben) Fisch und Pommes frites essen.

(ANMERKUNGEN)

⑤ Bei **lamb** „Lamm, Lammfleisch" wird das **b** nicht gesprochen, ähnlich wie bei **climbing** [kl*ai*-ming].

⑥ **Beef** meint das Fleisch vom Rind, das man isst; spricht man vom Rind als Tier, so sagt man **bull** [b*ul*] für „Stier" und **cow** [k*ao*] für „Kuh". Ähnlich ist es beim „Schwein": Das Tier heißt **pig** [p*ig*], aber sein Fleisch **pork** [pO:(r)k].

⑦ Die Übersetzung von **actually**, das immer am Satzanfang steht, hängt sehr vom Kontext ab. Oft heißt es „eigentlich", manchmal auch „übrigens" und „sogar". Es gibt keine einheitliche Übersetzung; man muss auf den Kontext achten.

⑧ „Eine Diät machen" heißt **to go on a diet**, Diätnahrung erhält man im **health food shop** [*hälfß fu:d schOp*] „Reformhaus" (**health** „Gesundheit").

⑨ Man hätte auch **I haven't got much time** sagen können. Die Amerikaner vermeiden Formulierungen mit **got** und ziehen solche mit **have** vor.

### SOLUTION TO FIRST EXERCISE: DID YOU UNDERSTAND?

❶ Ich bin am Verhungern! Lass uns zu Mittag essen. ❷ Eigentlich haben wir nicht viel Zeit. ❸ Kann ich duschen gehen, bitte? ❹ Was isst sie normalerweise? ❺ Ich wünsche dir einen schönen Tag. – Danke.

### SOLUTION TO SECOND EXERCISE: THE CORRECT WORDS.

❶ have a holiday ❷ What sort – do you like ❸ don't have ❹ Actually – on a ❺ What do they – eat.

*LEKTION 31*

### Thirty-second lesson [fßÖ:(r)-ti-ßä-könd lä-ß(ö)n]

## Too many calories ①

1 – Do you want some delicious fish and chips? ②
2 – No thanks, there are too many calories. ③
3 – Then have some bread and cheese. ④
4 – Not for me. There's too much fat. ⑤⑥

(PRONUNCIATION)

[tu: mä-ni kä-lö-ri:s 1 ... uOnt ... dö-li-schöß ... 2 ... tu: mä-ni kä-lö-ri:s 3 fsän ... bräd ... tschi:s 4 nOt fö mi: ... tu: matsch fät]

(ANMERKUNGEN)

① Achtung Ausnahme: Der Singular von calories ist nicht calory, sondern calorie.

> **Britische Küche**
> Jahrelang war die Qualität der britischen Küche das Thema zahlreicher schlechter Witze, aber zum Glück haben sich die Zeiten geändert. Mittlerweile legen die Briten viel Wert auf gutes Essen; Kochsendungen im Fernsehen und Kochbücher sind ungemein beliebt! Auch bereichern die unterschiedlichsten ausländischen Gerichte den englischen Speisezettel, allen voran indische, und **chicken tikka massala** ist mittlerweile zum Nationalgericht avanciert. Zu den klassischen Gerichten zählen nach wie vor **fish and chips** (panierte Fischfilets und Pommes frites – die der Amerikaner **french fries** oder **fries** nennt!) und **ploughman's** [p*l*ao-*möns*] **lunch** „Mittagessen des Pflügers" (englischer Käse, Salat, Brot und Essiggemüse (**pickles** [*pi-köls*])) und dazu ein Bier.

## 32. Lektion

### Zu viele Kalorien

1 – Möchtest du (etwas) köstlichen Fisch und Pommes frites?
2 – Nein danke, das hat (da sind) zu viele Kalorien.
3 – Dann iss (hab) etwas Brot und Käse.
4 – Nicht für mich. Da ist zu viel Fett [drin].

**ANMERKUNGEN**

② Hier wird in der Frage **some** benutzt, da nicht danach gefragt wird, ob etwas existiert oder nicht, sondern ob die Person etwas möchte; erwartet wird eine positive Antwort.

③ **many** „viele" wird für zählbare Dinge, hier Kalorien, benutzt. Ebenso: **There are many castles** „Dort gibt es viele Schlösser".

④ Hier wird **have** für einen Imperativ verwendet: **Have some...** „Iss ..." (vgl. L. 31).

⑤ **much** „viel" wird benutzt, wenn von einer unzählbaren Menge die Rede ist, hier Fett.

⑥ **fat** ist nicht nur ein Substantiv („Fett"), sondern auch ein Adjektiv („fett; dick"): **Roger's very fat** „Roger ist sehr dick".

| 5 | – What about a mixed salad without dressing? ⑦⑧
| 6 | There aren't many calories in that!
| 7 | – No, but there isn't much taste. ⑨

(PRONUNCIATION)

[**5** u**O**t ö-baot ... mi**k**ßd **ßä**-löd uifs-**ao**t drä-**ß**ing **6** ... **a:**-rönt ... fs**ä**t **7** ... **i**snt matsch t**ei**ßt]


### FIRST EXERCISE: DO YOU UNDERSTAND THESE SENTENCES?

❶ What about some delicious fish and chips? ❷ There are too many calories! ❸ Then have some bread without cheese. ❹ There isn't much dressing on this salad. ❺ This coffee is delicious. – It isn't English.

### SECOND EXERCISE: FILL IN THE CORRECT WORDS!

❶ Es hat (da sind) zu viele Kalorien und (da ist) zu viel Fett.

. . . . . . . too . . . . calories and . . . . . . . too . . . . fat.

❷ Iss einen gemischten Salat. – Nicht für mich.

. . . . a mixed salad. - . . . . . . . . . .

❸ An (in) dieser Sauce ist nicht viel Geschmack.

. . . . . . . . .' . . . . . . . . in that sauce.

❹ Laura ist zu fett. – Nein, ist sie nicht.

Laura's . . . . . . . – No, . . . . . .'. .

❺ Wie wär's mit einem Kaffee? – Ja, gerne (bitte).

. . . . . . . . . . . a coffee? – Yes, please.

**5** – Und wie wär's mit (was über) einem gemischten Salat ohne Salatsauce?
**6** Da sind nicht so viele Kalorien drin (in dem)!
**7** – Nein, (aber) das hat nicht viel Geschmack.

(ANMERKUNGEN)

⑦ **without** „ohne" ist das Gegenteil von **with** „mit".

⑧ **dressing** „Salatsauce" kommt von **to dress** „(sich) anziehen, ankleiden"; auch die deutsche Gastronomie benutzt dieses Wort, z. B. in **French dressing** „Öl-Essig-Sauce". Der Begriff **sauce** [ß0:ß] meint eher eine Sauce für Fleisch- oder Gemüsegerichte.

⑨ **taste** ist ein unzählbares Substantiv, daher: **much taste**.

(SOLUTION TO FIRST EXERCISE: DID YOU UNDERSTAND?)

❶ Wie wär's mit (etwas) köstlichem Fisch und Pommes frites? ❷ Das hat zu viele Kalorien! ❸ Dann iss etwas Brot ohne Käse. ❹ Es ist nicht viel Salatsauce auf diesem Salat. ❺ Dieser Kaffee ist köstlich. – Es ist kein (es ist-nicht) englischer Kaffee.

(SOLUTION TO SECOND EXERCISE: THE CORRECT WORDS.)

❶ There are – many – there is – much ❷ Have – Not for me ❸ There isn't much taste ❹ too fat – she isn't ❺ What about.

_Lerntipp_
Sprechen Sie die Sätze immer laut! Sie sollen lernen, Englisch zu sprechen, nicht nur zu lesen!

> **Thirty-third lesson** [fßÖ:(r)-ti-fßÖ:(r)d lä-ß(ö)n]

## The UK game show

**1** – How many counties are there in Great Britain? ①
**2** – I think that there are fifty-six. ②③
**3** – You're right! How much tea do the British drink each year? ④⑤
**4** – I'm not sure. Around eighty thousand gallons? ⑥⑦
**5** – Correct! How many people live in the London area? ⑧⑨

(PRONUNCIATION)

[... ju:-kei geim schou 1 ... kaon-ti:s ... greit bri-tn 2 ... fßink ... fif-ti-ßikß 3 ju(r) rait ... bri-tisch drink i:tsch ji:-ö 4 ... schu-ö(r) ö-raond ei-ti fßao-sönd gä-löns 5 kö-räkt ... pi:-pl liw ... lan-dön ä:-ri-ö]

(ANMERKUNGEN)

① How many? „wie viele?" fragt nach einer zählbaren Menge, anders als how much? „wie viel?", das nach einer unzählbaren Menge fragt.

② Die Hauptbedeutungen von to think sind „denken, glauben".

## 33. Lektion

### Die Spielshow „Großbritannien"

1 – Wie viele Grafschaften gibt es (sind dort) in Großbritannien?
2 – Ich glaube, es gibt (dass dort sind) 56.
3 – Sie haben recht! Wie viel Tee trinken die Briten im Jahr (tun die Briten trinken jedes Jahr)?
4 – Ich bin nicht sicher. Etwa 363.200 Liter (80.000 Gallonen)?
5 – Korrekt! Wie viele Menschen leben im Großraum London (London Gebiet)?

### ANMERKUNGEN

③ Ganz richtig ist diese Information nicht. Traditionell gibt es seit dem Mittelalter 39 Grafschaften. In ihrer Funktion als Verwaltungsbezirke sind sie seit Mitte des 20. Jahrhunderts einige Male neu gegliedert worden, jedoch bestehen die historischen Grafschaften im Bewusstsein der Bevölkerung weithin fort.

④ right „richtig, recht". „Recht haben" wird mit to be right wiedergegeben. Ebenso: You're wrong „Sie haben unrecht".

⑤ Tee ist nicht zählbar, daher muss es much heißen. Spricht man jedoch von Tassen Tee, so würde man sagen: How many cups of tea? „Wie viele Tassen (von) Tee?".

⑥ Mit around „etwa, ungefähr, rund" beschreibt man eine ungefähre Menge.

⑦ Eine gallon entspricht ungefähr 4,546 Liter. Obwohl in Großbritannien seit 1980 offiziell das metrische System gilt, rechnen immer noch viele Briten z. B. bei Flüssigkeiten in Gallonen.

⑧ Correct ist ein Synonym zu right. „Korrekt" im Sinne von „angemessen, vernünftig" bedeutet reasonable [ri:-sö-nö-bl]: a reasonable salary [ßä-lö-ri] „ein angemessenes Gehalt".

⑨ people „Menschen, Leute" hat immer Pluralbedeutung. Ist eine einzelne Person gemeint, sagt man person [pÖ:(r)-ßön]. Der Plural, persons, wird nur in sehr formellen Situationen benutzt. People heißt auch „Volk" (Singular), der Plural lautet peoples „Völker".

| 6 | – Too many. There's **too** much poll**u**tion!
| 7 | – Congr**a**tul**a**tions. You w**i**n the st**a**r pr**i**ze!
⑩

(PRONUNCIATION)

[**6** ... pö-l**u**:-schön **7** kön-gr**ä**-tju-l**ei**-schöns ... uin ... ßt**a**:(r) pr**ai**s]


### FIRST EXERCISE: DO YOU UNDERSTAND THESE SENTENCES?

❶ How many counties are there in Wales? ❷ How much tea do they drink in England? ❸ You're right, that's a very reasonable salary. ❹ He really wants to win a prize. ❺ Prices in London are too high.

### SECOND EXERCISE: FILL IN THE CORRECT WORDS!

❶ Wie viele [Groß-]Städte gibt es in Großbritannien?

... .... cities ... ..... in Great Britain?

❷ Sie haben recht, es gibt zu viele Menschen.

...'.. ....., there are ... .... .......

❸ Wie viele Menschen leben in dem Gebiet?

... ...... ........ live in the .... ?

❹ Ich glaube, dass es etwa 10.000 sind.

. ..... that ..... .. ...... ten .........

❺ Es gibt zu viel [Umwelt-]Verschmutzung in London.

....., ... .... pollution .. London.

| 6 | – Zu viele. Es gibt zu viel [Umwelt-]verschmutzung!
| 7 | – [Herzlichen] Glückwunsch (Glückwünsche). Sie erhalten (gewinnen) den großen Preis (Star Preis)!

(ANMERKUNGEN)

⑩ **prize** [*praɪs*] „Auszeichnung, Gewinn". Es gibt auch das Wort **price** [*praɪß*] „Kauf-]Preis": **Prices in Manchester are very high** [*haɪ*] „Die Preise in Manchester sind sehr hoch".

**SOLUTION TO FIRST EXERCISE: DID YOU UNDERSTAND?**

❶ Wie viele Grafschaften gibt es in Wales? ❷ Wie viel Tee trinkt man (trinken sie) in England? ❸ Sie haben recht, das ist ein sehr angemessenes Gehalt. ❹ Er möchte wirklich einen Preis gewinnen. ❺ Die Preise in London sind zu hoch.

**SOLUTION TO SECOND EXERCISE: THE CORRECT WORDS.**

❶ How many – are there ❷ You're right – too many people ❸ How many people – area ❹ I think – there are around – thousand ❺ There's too much – in.

---

**England versus Britain**
Die Briten sprechen – besonders untereinander – gerne von **England** (oder **the UK**), wenn sie eigentlich **United Kingdom of Great Britain and Northern Ireland** (siehe Lektion 4) meinen. Sie als Ausländer sollten dies nicht tun; verwenden Sie den Begriff **Britain**. Bezeichnen Sie vor allem niemals einen Schotten oder einen Walliser mit **English**.

---

**Verwaltungsgliederung**
Im 20. Jh. wurde die Verwaltungsgliederung teilweise den neu entstandenen Ballungsgebieten angepasst. Dadurch veränderten sich auch die Grenzen der oben genannten 39 (historischen) Grafschaften (**Counties**). So wurde z. B. 1965 die Verwaltungseinheit **Greater London** eingerichtet. 1974 entstanden sechs **Metropolitan Counties** und die sogenannten **Non-Metropolitan Counties**, darunter auch einige kleinere neue Grafschaften, die jedoch in den 1990er Jahren zum Teil wieder aufgelöst wurden. Die Counties untergliedern sich in Bezirke (**Metropolitan Districts** bzw. **Districts**), die hinsichtlich ihrer Aufgabenbereiche etwa den Stadtverwaltungen Deutschlands entsprechen.

LEKTION 33

▶ **Thirty-fourth lesson** [fßÖ:(r)-ti-fO:(r)fß lä-ß(ö)n]

# The West End

**1** – The West End is a very popular part of London. ①
**2** There are lots of theatres, cinemas and restaurants. ②
**3** Thousands of people come to the West End by car, ③
**4** so there is always a lot of traffic, ④
**5** especially during the rush hour. ⑤⑥
**6** – I don't understand why they call it the „rush hour". ⑦
**7** No-one can move! ⑧
**8** – That's why they take the Tube.

HE'S VERY POPULAR WITH HIS COLLEAGUES.

(PRONUNCIATION)
[... uäßt änd **1** ... uäßt änd ... p**O**-pju-lö(r) pa:(r)t ... **2** ... l**O**tß ... fß**i**-ö-tö(r)s ßi-nö-ma:s ... räß-tö-r**O**:s **3** fß**ao**-sönds ... p**i**:-pl kam ... k**a**:(r) **4** ßou ... **O**:l-ueis ... trä-fik **5** iß-pä-sch**ö**-li dj**u**:-ring fsö rasch-**ao**(r) **6** ... d**ou**nt an-dö(r)-ßtänd uai ... k**O**:l ... **7** n**ou**-uan kän m**u**:w **8** ... teik fsö tj**u**:b]

## 34. Lektion

### Das Westend (Westen Ende)

1 – Das Westend ist ein sehr beliebter Teil von London.
2   Dort gibt es viele Theater, Kinos und Restaurants.
3   Tausende von Menschen kommen mit dem Auto ins Westend,
4   daher gibt es dort immer viel Verkehr,
5   besonders während der Hauptverkehrszeit (sich-beeilen Stunde).
6 – Ich verstehe nicht, warum man (sie) es (die) „rush hour" nennt.
7   Niemand kommt weiter (kann bewegen)!
8 – Darum nehmen alle die U-Bahn (das-ist warum sie nehmen die Röhre).

### ANMERKUNGEN

① **popular** „beliebt, populär": **She's very popular with her colleagues** [kO-li:gs] „Sie ist sehr beliebt bei ihren Kollegen".

② **lots of** ist ein umgangssprachliches Synonym für **many** „viele".

③ **Thousand** kann man auch im Plural benutzen: „Tausende". Ebenso **hundred** [han-dröd] „100" – **hundreds**, **million** [mil-jön] „Million" – **millions**: **Hundreds and thousands of people** „Hunderttausende von Menschen".

④ Für „viel" oder „viele" wird in der Umgangssprache oft **a lot of** benutzt, sowohl für zählbare als auch für unzählbare Mengen: **a lot of theatres/a lot of traffic**.

⑤ Auf **during** „während" folgt immer eine Zeitangabe: **We don't go out during the week** „Wir gehen während der Woche nicht aus".

⑥ Sprechen Sie **rush hour** wie ein Wort, mit der Betonung auf der ersten Silbe: [rasch-ao(r)]. **rush hour** kann auch Adjektivfunktion haben: **rush-hour traffic** „Berufsverkehr".

⑦ **they** steht hier für das unpersönliche „man".

⑧ **No-one** „niemand" kann auch ohne Bindestrich geschrieben werden: **no one**.

### FIRST EXERCISE: DO YOU UNDERSTAND THESE SENTENCES?

① There's always a lot of traffic during the rush hour. ② We don't understand why they call it the West End. ③ There are lots of theatres and cinemas. ④ He's very popular with his colleagues. ⑤ Hundreds and thousands of people come by car.

### SECOND EXERCISE: FILL IN THE CORRECT WORDS!

① Es gibt viele Restaurants im Westend.

. . . . . . . . . . . . . . . . . . restaurants . . the West End.

② Es gibt so viele Menschen, dass sich niemand bewegen kann.

. . . . . . . . . . . . . . . . . . . . . that . . – . . . . . . move.

③ Es gibt immer viel Verkehr, besonders am Wochenende.

. . . . . '. always . . . . . . traffic, . . . . . . . . . . . . the weekend.

④ Warum nennt man es (die) „rush hour"?

. . . . . . . . . . . . . . . . . . the „rush hour"?

⑤ Es ist ein sehr beliebter Teil der Stadt.

. . '. a . . . . . . . . . . . . . . . . of the city.

---

▶  **Thirty-fifth lesson** [fßÖ:(r)-ti-fif-fß lä-ß(ö)n]

### Revision and notes

*Sie haben schon enorme Fortschritte gemacht! Machen Sie sich keine Sorgen, wenn noch nicht alles 100%ig klar ist. Beschäftigen Sie sich weiter täglich ein bisschen mit Ihrer neuen Fremdsprache, und Sie werden merken, dass Ihre Kenntnisse sich durch die ständige Wiederholung weiter festigen werden.*

> **SOLUTION TO FIRST EXERCISE: DID YOU UNDERSTAND?**

❶ Es gibt immer viel Verkehr während der Hauptverkehrszeit. ❷ Wir verstehen nicht, warum man es das Westend nennt. ❸ Dort gibt es viele Theater und Kinos. ❹ Er ist sehr beliebt bei seinen Kollegen. ❺ Hunderttausende von Menschen kommen mit dem Auto.

> **SOLUTION TO SECOND EXERCISE: THE CORRECT WORDS.**

❶ There are lots of – in ❷ There are so many people – no-one can ❸ There's – a lot of – especially at ❹ Why do they call it ❺ It's – very popular part.

---

**West End, East End und Underground**

Das **West End** liegt im Westen des Londoner Stadtzentrums; hier befinden sich die großen Einkaufsstraßen **Oxford Street** und **Regent** [ri:-djönt] **Street** sowie die meisten Theater, Kinos und Hotels. Die belebtesten Plätze sind **Piccadilly Circus** [pi-kö-di-li ßÖ:(r)-köß] und **Leicester Square** [läß-tö(r) ßkuä:(r)], auch **China Town** [tschai-nö taon], das Chinesenviertel, liegt in diesem Teil der Stadt.

Die andere Seite der Stadt, das **East End**, ist das ehemalige Arbeiterviertel. Es liegt an den Docks, wurde in den 80er Jahren saniert, in **Docklands** umbenannt und ist heute das Handels- und Finanzzentrum Londons.

Das schnellste und praktischste Fortbewegungsmittel in London ist **the Underground**, im Volksmund **the Tube** genannt. Sie wurde 1863 eröffnet und war die erste U-Bahn der Welt. Ihr Schienennetz erstreckt sich heute über 400 Kilometer; es werden mehr als 300 Haltestellen angefahren.

---

# 35. Lektion

*Sehen wir uns nun an, was in den letzten sechs Lektionen vorgekommen ist:*

## 1. Frageform beim simple present

Wenn Sie in der einfachen Gegenwart eine Ja/Nein-Frage stellen möchten, verwenden Sie das Hilfsverb **to do** „machen, tun".

Es wird direkt dem Pronomen vorangestellt; diesem folgt die Grundform des Verbs ohne **to**:

> **You like beef. – Do you like beef?** „Du magst Rindfleisch. – Magst du Rindfleisch?"

In der 3. Person Singular verschiebt sich die Personalendung **-s** auf das Hilfsverb **do**:

> **She likes concerts. – Does she like concerts?** „Sie mag Konzerte. – Mag sie Konzerte?"

Fassen wir noch einmal am Beispiel von **to like** „mögen, gern haben" die grammatischen Formen zusammen, die Sie kennen:

| | |
|---|---|
| Infinitiv (Grundform) | **to like** |
| Bejahende (Affirmative) Form | **I like** |
| | **He/she/it likes** |
| Frageform | **Do I like?** |
| | **Does he/she/it like?** |
| Verneinende (Negative) Form | **I don't like** |
| | **He/she/it doesn't like** |

## 2. Bestimmter Artikel the

Der bestimmte Artikel **the** „der, die, das" wird nicht in allen Fällen wie im Deutschen benutzt. Sehen wir uns noch einmal an, wann er verwendet wird und wann nicht:
● **the** wird nicht benutzt:

**a.** bei allgemeingültigen Aussagen

> **She likes salad.** „Sie mag Salat".

Das gilt auch für Fälle, in denen das Substantiv durch ein Adjektiv näher definiert wird:

> **She likes mixed salad.** „Sie mag gemischten Salat".

**b.** vor Ländernamen, es sei denn, sie stehen im Plural

> **England**, aber **the British Isles**.

**c.** bei Sportarten

> **She plays tennis and football.** „Sie spielt Tennis und Fußball."

● **the** wird hingegen benutzt:

**a.** wenn von einer näher definierten Sache die Rede ist

> **She likes the mixed salad in this restaurant.** „Sie mag den gemischten Salat in diesem Restaurant."
> **Get me the camera from the table.** „Hol mir den Fotoapparat vom Tisch."

**b.** bei Sachen, die es nur einmal gibt (der Mond, die Sonne, das Wetter)

> **Don't go out in the sun without a hat** [*hät*]. „Geh nicht ohne Hut in die Sonne."
> **The weather's terrible in January.** „Im Januar ist das Wetter schrecklich."

**c.** bei Musikinstrumenten

> **Laura plays the piano.** „Laura spielt Klavier."

### 3. much, many und a lot of mit Mengenangaben

Die allgemeine Regel besagt, dass **much** und **many** in Fragesätzen und verneinten Aussagen verwendet werden. **much** steht immer vor einem Substantiv im Singular oder vor einer nicht zählbaren Menge, **many** steht immer vor zählbaren Substantiven im Plural:

> **There isn't much traffic today.** „Heute ist nicht viel Verkehr."
> **Is there much traffic today?** „Ist heute viel Verkehr?"
> **There aren't many cars in the West End this evening.** „Es gibt heute Abend nicht viele Autos im Westend."
> **Are there many cars in the West End this evening?** „Gibt es heute Abend viele Autos im Westend?"

In bejahten (affirmativen) Sätzen wird in der Umgangssprache anstelle von **much** und **many** meistens **a lot of** oder **lots of** benutzt, wobei es hierbei keine Rolle spielt, ob es sich um zählbare oder unzählbare Mengen handelt:

> **There are a lot of cars.** „Es gibt viele Autos."
> **There's a lot of traffic.** „Es gibt viel Verkehr."
> **There are lots of people.** „Dort sind viele Menschen."
> **He has lots of money.** „Er hat viel Geld."

**A lot of** kann auch in Fragen oder verneinten Sätzen verwendet werden:

> **There aren't a lot of cars in the West End this evening.**
> **Is there a lot of traffic this evening?**

Machen Sie sich stets klar, dass es für die Auswahl von **much** oder **many** immer entscheidend ist, ob es sich um eine zählbare oder um eine unzählbare Menge handelt.

### 4. Vorschläge und Aufforderungen

Schon früh haben Sie gelernt, dass Sie mit **How about...?** oder **What about...?** einen Vorschlag unterbreiten können:

> **How/What about a cup of coffee?** „Wie wär's mit einer Tasse Kaffee?"

In der letzten Einheit haben Sie noch andere Möglichkeiten kennengelernt, Vorschläge und Aufforderungen zu formulieren bzw. eine Person nach ihren Wünschen zu fragen:

> **Do you want some chips?** „Möchten Sie (ein paar) Pommes frites?"
> **Does she want some dressing on her salad?** „Möchte sie (etwas) Salatsauce auf ihren Salat?"

Sie stellen fest, dass hier meistens **some** benutzt wird und nicht **any**, das man in Fragesätzen und verneinten Aussagen findet, denn hier wird nicht nach dem Vorhandensein einer Sache gefragt. In der Regel erwartet man auf Fragen wie die oben aufgeführten eine positive Antwort.

Weiterhin wurde erklärt, dass Aufforderungen auch mit dem Verb **to have** ausgedrückt werden können:

> **Have a cup of tea!** „Trink (hab) eine Tasse Tee!"

Bezieht sich ein Vorschlag oder eine Aufforderung auf eine Handlung, so benutzt man häufig eine Konstruktion mit einem sog. „Gerundium" (-**ing**-Form):

> **What about having lunch in the West End?** „Wie wär's, wenn wir im Westend zu Mittag essen?"

### 5. Gewichts- und Maßeinheiten

In Großbritannien wurde in den 80er Jahren das auf dem Kontinent übliche metrische System für Gewichts- und Maßeinheiten eingeführt. Seitdem wird Benzin nicht mehr in **gallons**, sondern in Litern abgemessen, und Schinken wird nicht mehr nach **pounds**, sondern nach Kilogramm abgewogen. Trotzdem rechnen noch viele Briten, vor allem bei großen Zahlen, nach den alten Einheiten, und nach wie vor läuft man **two miles** von einer Metrostation zur nächsten. Wahrscheinlich wird es noch einige Jahrzehnte dauern, bis das neue System von allen Briten vollständig akzeptiert und auch angewandt wird.
Was die Temperaturangaben angeht, so hat die Bezeichnung „Celsius" die Einheit „Fahrenheit" beim Wetterbericht abgelöst, nicht jedoch in der alltäglichen Unterhaltung. So hört man z. B. heute noch **The temperature** [*täm-prö-tschö(r)*] **is in the nineties** „Die Temperatur beträgt ungefähr 90°", wobei hier 90° Fahrenheit gemeint sind, was in etwa 32° Celsius entspricht.

Hier eine kleine Gegenüberstellung der wichtigsten Gewichts- und Maßeinheiten:

| | |
|---|---|
| **an ounce** [*aonß*] „Unze" | 28,35 g |
| **a pound** [*paond*] „Pfund" | 453,6 g |
| **a stone** [*ßtoun*] „Stein" | 6,348 kg |
| **a pint** [*paint*] „Pint" | 0,568 l |
| **a gallon** [*gä-lön*] „Gallone" | 4,546 l |
| **an inch** [*insch*] „Zoll" | 2,54 cm |
| **a foot** [*fut*] „Fuß" | 30,48 cm |
| **a mile** [*mail*] „Meile" | 1,609 km |

## 6. Verständnis-/Formulierungsübung

**DO YOU UNDERSTAND THESE SENTENCES?**

❶ Do you like the West End? ❷ No, I don't. There's too much traffic and too many people, especially during the rush hour. ❸ But there are lots of theatres and cinemas. ❹ And there are also lots of good restaurants. ❺ Hey, I'm starving! Let's have lunch.

---

▶ **Thirty-sixth lesson** [fßÖ:(r)-ti-ßikfß lä-ß(ö)n]

# I'm looking for a bank ①

**1** – Excuse me, I'm looking for a bank. ②③
**2** – Mm, I know there's one near here. ④
**3** Go down to the butcher's and turn left. ⑤

(PRONUNCIATION)

[... *lu*-king ... b**ä**nk **1** ikß-kj**u**:s mi: ... *lu*-king ... b**ä**nk **2** ... n**ou** ... ni:-ö hi:-ö **3** ... but-schö(r)s ... tÖ:(r)n läft]

**DID YOU UNDERSTAND?**

❶ Magst du das Westend? ❷ Nein. Es gibt zu viel Verkehr und zu viele Menschen, besonders während der Hauptverkehrszeit. ❸ Aber dort gibt es viele Theater und Kinos. ❹ Und es gibt auch viele gute Restaurants. ❺ He, ich bin am Verhungern! Lass uns Mittagessen gehen (haben).

## 36. Lektion

**Ich suche eine Bank**

**1** – Entschuldigung (entschuldigen mich), ich suche (ich-bin suchend für) eine Bank.
**2** – Mhm, ich weiß, [dass] es hier in der Nähe eine gibt (da-ist eine nah hier).
**3** Gehen Sie (hinunter) [bis] zum Metzger, und [dann nach] (wenden) links.

(ANMERKUNGEN)

① **I'm looking**: Die „Verlaufsform" der Gegenwart (sog. **present continuous**) wird mit **to be** + Verb + **-ing** gebildet und benutzt, wenn sich eine Handlung zum Zeitpunkt des Sprechens im Ablauf befindet („gerade").

② **Excuse me** ist nicht nur eine Entschuldigung, sondern wird auch benutzt, wenn Sie z. B. jemanden auf der Straße ansprechen.

③ **to look** heißt „sehen, gucken", aber **to look for** heißt „suchen"!

④ In einem informellen Kontext wird die Konjunktion (Bindewort) **that** „dass" oft weggelassen, vor allem nach Verben des Denkens und Meinens: **to think**, **to know**, **to hope** [houp] „hoffen".

⑤ Bei **butcher** „Metzger, Fleischer" wird das **u** ausnahmsweise [u] ausgesprochen. **butcher's** ist ein spezieller Gebrauch des Genitivs, den man oft bei Geschäften, Restaurants usw. findet. Hier ist das Wort **shop** impliziert.

**4** I think the bank's next to the post office. ⑥

**5** – That's too far. Can you lend me some money? ⑦

**6** – But I don't even know you! ⑧

**7** – Exactly. That's why I'm asking you. ⑨

(PRONUNCIATION)

[4 ... poußt **O**-fiß 5 ... *tu*: fa:(r) ... länd ... 6 bat ... i:-wön ... 7 ig-säkt-li ... **a**:ß-king ...]

### FIRST EXERCISE: DO YOU UNDERSTAND THESE SENTENCES?

❶ Excuse me, we're looking for the post office. ❷ Go down to the bank and turn right. ❸ That's why we're asking you. ❹ I think it's next to the butcher's. ❺ But we don't even know her. – Exactly.

### SECOND EXERCISE: FILL IN THE CORRECT WORDS!

❶ Kannst du mir etwas Geld leihen?

. . . . . . . . . . me . . . . money?

❷ Ich suche eine Bank. – Ich weiß, es gibt eine hier in der Nähe.

.'. . . . . . . . . . . . a bank. – I . . . .
. . . . . .'. . . . . . . . here.

❸ Warum bittet sie dich um Hilfe?

Why . . . . . . . . . . . . you . . . help?

❹ Sie leihen mir immer Geld, wenn ich frage.

They . . . . . . . . . . . . money if . . . . . .

❺ Der Metzger ist neben der Post.

The . . . . . . . .'. is . . . . . . the . . . .
. . . . . . .

| 4 | Ich glaube, die Bank ist neben der Post (Post Büro).
| 5 | – Das ist zu weit. Können *Sie* mir etwas Geld leihen?
| 6 | – Aber ich kenne Sie nicht einmal (ich tue-nicht sogar kennen Sie)!
| 7 | – Genau. Deshalb frage ich Sie [ja] (das-ist warum ich-bin fragend Sie).

(ANMERKUNGEN)

⑥ **next** heißt nicht nur „neben" (immer mit **to**!), sondern auch „nächster, -e, -es": **next Tuesday** „nächsten Dienstag"; **the next lesson** „die nächste Lektion".

⑦ **to lend** „etw. ausleihen, geben": **If I ask him for money he always lends me some** „Wenn ich ihn um Geld bitte, leiht er mir immer etwas".

⑧ **even** „sogar, selbst" in Verbindung mit einer Negation bedeutet „nicht einmal".

⑨ **to ask** heißt „fragen", aber **to ask for** „bitten um".

### SOLUTION TO FIRST EXERCISE: DID YOU UNDERSTAND?

❶ Entschuldigung, wir suchen (wir-sind suchend) die Post. ❷ Gehen Sie (hinunter) [bis] zur Bank, und [dann nach] (wenden) rechts. ❸ Deshalb fragen wir (wir-sind fragend) dich. ❹ Ich glaube, es ist neben dem Metzger. ❺ Aber wir kennen sie nicht einmal. – Genau.

### SOLUTION TO SECOND EXERCISE: THE CORRECT WORDS.

❶ Can you lend – some ❷ I'm looking for – know there's one near ❸ is she asking – for ❹ always lend me – I ask ❺ butcher's – next to – post office.

*Lerntipp*

*Vielleicht helfen Ihnen unsere kleinen humorigen Illustrationen, bestimmte Redewendungen oder Sätze besser im Gedächtnis zu behalten?*

## ▶ Thirty-seventh lesson [fßÖ:(r)-ti-ßä-wönfß lä-ß(ö)n]

# I'm looking for a job

**1** – Hi David, it's nice to see you again. ①
**2** What are you doing these days? ②
**3** – I'm still working in that school in Salford.
**4** What about you? What are you up to? ③
**5** – I'm not working at the moment, as usual. ④⑤
**6** In fact, I'm looking for a job. ⑥⑦
**7** I want one that doesn't take too much time. ⑧

(PRONUNCIATION)

[... djOb **1** hai dei-wid ... ßi: ju ö-gän **2** uOt ... du-ing fsi:s deis **3** ... ßtil uÖ:(r)-king ... ßOl-föd **4** ... ap tu **5** ... mou-mönt ... äs ju:-ĵu-öl **6** in fäkt ... **7** ... uOnt uan ... da-snt ... taim]

## 37. Lektion

**Ich suche eine Arbeit**

| 1 | – Hallo David, (es-ist) schön, dich wiederzusehen. |
| 2 | Was machst du im Moment so (diese Tage)? |
| 3 | – Ich arbeite immer noch an dieser Schule in Salford. |
| 4 | Was ist mit dir (was über dich)? Was machst du so (bist du hinauf zu)? |
| 5 | – Ich arbeite im Moment nicht, wie gewöhnlich. |
| 6 | Genauer gesagt (in Tatsache), ich suche eine Arbeit. |
| 7 | Ich möchte eine [Arbeit], die nicht zu viel Zeit [in Anspruch] nimmt. |

**ANMERKUNGEN**

① again „wieder, erneut" steht immer hinter dem Verb, auf das es sich bezieht.

② Hier sehen Sie, wie Sie eine Frage in der Verlaufsform bilden: You're working hard. – Are you working hard? „Du arbeitest hart. – Arbeitest du hart?".

③ Mit What's up to...? erkundigt man sich danach, womit sich eine Person derzeit beschäftigt. Anders: What's up with...? „Was ist los mit ...?", das Sorge um das Wohlbefinden einer Person ausdrückt.

④ Um eine Aussage in der Verlaufsform zu verneinen, setzen Sie not zwischen die konjugierte Form von to be und das Partizip: She's working in Manchester. – She's not working in Manchester.

⑤ Eine weitere sehr gebräuchliche Redewendung ist as usual „wie gewöhnlich, wie immer".

⑥ Bei zahlreichen Verben ändert sich die Bedeutung mit der verwendeten Präposition: to look „sehen" – to look for „suchen" – to look at „ansehen, betrachten".

⑦ Während „Job" im Deutschen auch eine kleine Nebenbeschäftigung ist, ist job im Englischen eine „Arbeit", eine „Arbeitsstelle". Das Job Centre [ßän-tö(r)] ist vergleichbar mit unserem „Arbeitsamt".

⑧ Hier steht one stellvertretend für a job, um eine Wiederholung zu vermeiden. Ebenso: Do you want a coat? – I've got one, thanks. „Möchtest du einen Mantel? – Ich habe einen, danke".

LEKTION 37

### FIRST EXERCISE: DO YOU UNDERSTAND THESE SENTENCES?

❶ Hi, nice to see you again. ❷ What's David up to these days? ❸ Is he still looking for a job? ❹ Do you want a beer? – I've got one, thanks. ❺ What's up with Sarah? – She's sick, as usual.

### SECOND EXERCISE: FILL IN THE CORRECT WORDS!

❶ Arbeiten sie im Moment viel (hart diese Tage)?

... .... ........ .... these days?

❷ Was sehen sie an?

What ... ... ....... .. ?

❸ Sie arbeitet im Moment nicht in Birmingham.

...' ... ........ .. Birmingham at the moment.

❹ Er möchte eine, die nicht zu viel Zeit [in Anspruch] nimmt.

.. ..... ... that doesn't take ... .... .... .

---

▶ **Thirty-eighth lesson** [ßßÖ:(r)-ti-eitfß lä-ß(ö)n]

# The perfect job

**1** – Do you rem**e**mber St**e**ve? H**e**'s got the p**e**rfect j**o**b. ①

(PRONUNCIATION)

[... pÖ:(r)-fökt ... **1** ... ri-mäm-bö(r) ßti:w ... pÖ:(r)-fökt ...]

**one hundred and thirty • 130**

### SOLUTION TO FIRST EXERCISE: DID YOU UNDERSTAND?

❶ Hallo, schön, dich wiederzusehen. ❷ Was macht David so im Moment? ❸ Sucht er immer noch nach einer Arbeit? ❹ Möchtest du ein Bier? – Ich habe eins, danke. ❺ Was ist mit Sarah los? – Sie ist krank, wie gewöhnlich.

❺ Sie wollen uns niemals wiedersehen.

  They . . . . . . . . . to . . . . . . . . . .

### SOLUTION TO SECOND EXERCISE: THE CORRECT WORDS

❶ Are they working hard ❷ are they looking at ❸ She's not working in ❹ He wants one – too much time ❺ never want – see us again.

___ *Lerntipp* ___

*Sie merken nun, dass die Sätze etwas länger und komplexer werden. Nehmen Sie sich weiterhin die Zeit, sich ausführlich mit jedem Satz zu befassen, bevor Sie fortfahren.*

## 38. Lektion

### Die perfekte Arbeit

**1** – Erinnerst du dich an Steve? Er hat die perfekte Arbeit.

(ANMERKUNGEN)

① **to remember** „sich an etw./jdn. erinnern". Großbritannien feiert jedes Jahr am 11. November den **Remembrance** [*ri-mäm-brönß*] **Day**, an dem man der Toten der beiden Weltkriege gedenkt.

LEKTION 38

| 2 | He works **o**nly at w**ee**kends and bank h**o**lidays. ② |
|---|---|
| 3 | He n**e**ver works d**u**ring the w**ee**k. ③ |
| 4 | He **o**ften travels abr**oa**d and **vi**sits exciting c**ou**ntries. ④ |
| 5 | For ex**a**mple, he s**o**metimes sends me p**o**stcards from Tah**i**ti! |
| 6 | – Wow, that sounds gr**ea**t. Wh**a**t does he d**o**? ⑤⑥ |
| 7 | – He r**o**bs b**a**nks. |

(PRONUNCIATION)

[**2** ... **ou**n-li ... bänk h**O**-lö-deis **3** ... n**ä**-wö(r) ... dj**u**:-ring ... **4** ... **O**:-fön trä-wöls ö-br**O**:d ... wi-sitß ig-s**ai**-ting kan-tri:s **5** för ig-s**a**:m-pl ... ßam-taims ßänds ... pou**ß**t-ka:(r)ds ... **6** u**a**o fsät ßaonds gr**ei**t ... **7** ... r**O**bs ...]

### FIRST EXERCISE: DO YOU UNDERSTAND THESE SENTENCES?

❶ I'm sorry, I don't remember your name. ❷ That looks great. But what is it? ❸ He's got the perfect job. – It sounds great. ❹ I want to travel abroad and visit exciting countries. ❺ What does she do? – Actually, she robs banks!

### SECOND EXERCISE: FILL IN THE CORRECT WORDS!

❶ Sie arbeiten nur am Wochenende und [an] Feiertagen.

. . . . . . . . . . . . . at weekends and . . . . . . . . . . . . .

❷ Wir reisen nie [ins] Ausland.

. . . . . . . . . . . . . . abroad.

| 2 | Er arbeitet nur am Wochenende (an Wochenenden) und [an] Feiertagen (Bank Ferien). |
| --- | --- |
| 3 | Er arbeitet nie während der Woche. |
| 4 | Er reist oft [ins] Ausland und besucht aufregende Länder. |
| 5 | Zum Beispiel schickt er mir manchmal Postkarten aus Tahiti! |
| 6 | – Oho, das klingt großartig. Was macht er? |
| 7 | – Er raubt Banken [aus]. |

**ANMERKUNGEN**

② Anstelle von **bank holiday** kann man auch **public** [*pab-lik*] **holiday** sagen.

③ **never** „niemals" (vgl. **ever** „jemals"): **He never remembers my birthday** „Er erinnert sich niemals an meinen Geburtstag."

④ Das **t** in **often** wird von den meisten Briten nicht gesprochen; man hört jedoch ganz selten auch [*Of-tön*].

⑤ Etwas kann „großartig klingen" (**to sound** „klingen"), aber auch „großartig aussehen": **That restaurant looks great**.

⑥ In dieser Lektion wird durchgehend das **simple present** benutzt, da von gewohnheitsmäßigen Handlungen die Rede ist, was auch durch die Zeitbestimmungen **only** „nur", **never** „niemals", **often** „oft" und **sometimes** „manchmal" verdeutlicht wird.

**SOLUTION TO FIRST EXERCISE: DID YOU UNDERSTAND?**

❶ Es tut mir leid, ich erinnere mich nicht an Ihren Namen. ❷ Das sieht großartig aus. Aber was ist das? ❸ Er hat die perfekte Arbeit. – Das hört sich großartig an. ❹ Ich möchte ins Ausland reisen und aufregende Länder besuchen. ❺ Was macht sie? – Nun, sie raubt Banken aus!

❸ Sie schickt mir manchmal Postkarten aus Tahiti.

. . . . . . . . . . . . . . . . . . postcards from Tahiti.

❹ Sie besuchen oft ihren Bruder.

. . . . . . . . . . . . . . . their brother.

LEKTION 38

⑤ Erinnern Sie sich an mich? – Ja.

. . . . . . . . . . . . . . . . . . ? – Yes, . . . .

▶ **Thirty-ninth lesson** [fßÖ:(r)-ti-nainfß lä-ß(ö)n]

# A postcard from Steve

1   Hi everyone. I'm having a great time in Mauritius. ①②
2   The sun is shining and the temperature is in the nineties. ③

(PRONUNCIATION)

[... *pouß*t-ka:(r)d ... **1** ... ew-ri-uan ... mö-ri-schöß **2** ... ßan ... schai-ning ... täm-pri-tschö(r) ... nain-ti:s]

> **SOLUTION TO SECOND EXERCISE: THE CORRECT WORDS.**

❶ They work only – bank holidays ❷ We never travel ❸ She sometimes sends me ❹ They often visit ❺ Do you remember me – I do.

---

**Feiertage**
Mit Ausnahme von Ostern (**Easter**) und Weihnachten (**Christmas**) gibt es in Großbritannien keine religiösen Feiertage. An zwei Montagen im Jahr gibt es einen Feiertag: den **spring bank holiday** Ende Mai und den **August bank holiday** Ende August. Auch der 26. Dezember ist ein Feiertag (**public holiday**): **Boxing** [*bOk-ßing*] **Day**. Früher schenkten an diesem Tag die Bürgerlichen ihren Dienern und Lieferanten zu Weihnachten ein wenig Geld in einer kleinen Schachtel, einer **box**.

---

## 39. Lektion

### Eine Postkarte von Steve

**1** Hallo Ihr alle (jeder). Es geht mir großartig auf (ich-bin habend eine großartige Zeit in) Mauritius.
**2** Die Sonne scheint, und die Temperatur beträgt 32° C (ist in den Neunzigern).

(ANMERKUNGEN)

① Auf **everyone** „jeder, -e, -es" oder „alle" folgt das Verb immer im Singular. Ein Synonym ist **everybody** [*ew-ri-ba-di*]: **Everyone/Everybody knows that!** „Jeder weiß / Alle wissen das!".

② Auf seiner Postkarte beschreibt Steve, was er die ganze Zeit über macht; daher wird die Verlaufsform benutzt.

③ Mit **nineties** sind natürlich nicht Grad Celsius, sondern Grad Fahrenheit gemeint (vgl. Lektion 35).

| 3 | I'm **ly**ing on a **bea**ch **dr**in**k**ing a **gin** and **to**nic ④ |
| --- | --- |
| 4 | and **th**in**k**ing ab**out** you **all** at w**or**k. ⑤ |
| 5 | I'm st**ay**ing in a l**u**xury ho**tel** with a **view** of the **o**cean. ⑥ |
| 6 | I go sw**i**mming **four** times a d**ay**. |
| 7 | And if I w**a**nt s**o**mething, I just **a**sk for it. ⑦ |
| 8 | I d**o**n't w**a**nt to go b**a**ck to the **o**ffice! ⑧ |

(PRONUNCIATION)

[*3 ... lai-ing ... bi:tsch dring-king ... djin änd tO-nik 4 ... ßing-king ö-baot ju O:l ... 5 ... ßtei-ing ... lak-schö-ri hou-täl ... wju: ... ou-schön 6 ... ßui-ming fO:(r) taims ... 7 ... uOnt ßam-ßing ... djaßt ... 8 ... bäk ... O-fiß*]

(FIRST EXERCISE: DO YOU UNDERSTAND THESE SENTENCES?)

❶ Everyone knows that Manchester is an exciting city.
❷ She's lying on the beach and drinking a gin and tonic.
❸ We don't want to go back to the office. ❹ Sharon and Steve are having a great time in Mauritius. ❺ They go swimming four times a day.

| 3 | Ich liege an (bin liegend auf) einem Strand, trinke (trinkend) einen Gin (und) Tonic
| 4 | und denke (denkend) an Euch alle bei der Arbeit.
| 5 | Ich wohne (bin wohnend) in einem Luxushotel mit (einem) Blick auf den Ozean.
| 6 | Ich gehe viermal am Tag schwimmen.
| 7 | Und wenn ich etwas möchte, dann bitte ich nur darum.
| 8 | Ich möchte nicht (gehen) zurück ins Büro!

## ANMERKUNGEN

④ **to lie** „liegen" ist eines der Verben, deren Infinitivendung **-ie** im Partizip Präsens zu **-y** wird. Achtung: Es gibt noch **to lie** „lügen" (gleiche Aussprache), jedoch lässt der Kontext keine Verwechslung zu: **I know Sharon's** [*schä-rön*] **lying** „Ich weiß, dass Sharon lügt". **Don't lie to me** „Lüg mich nicht an".

⑤ **drinking... thinking**: Die Verwendung der Verlaufsform drückt hier aus, dass die beiden Handlungen zur gleichen Zeit wie das Liegen am Strand stattfinden.

⑥ Die Grundbedeutung von **to stay** ist „bleiben, sich aufhalten".

⑦ **just** „nur, einfach": **I just want a gin, no tonic** „Ich möchte nur einen Gin, kein Tonic[wasser]". **Just tell me what you want** „Sag mir einfach, was du willst".

⑧ Hier sehen Sie wieder, wie wichtig die Präpositionen sind: **to go back** „zurückgehen", **to go to** „nach/zu ... gehen".

## SOLUTION TO FIRST EXERCISE: DID YOU UNDERSTAND?

❶ Jeder weiß / Alle wissen, dass Manchester eine aufregende Stadt ist. ❷ Sie liegt am (auf dem) Strand und trinkt (trinkend) einen Gin (und) Tonic. ❸ Wir möchten nicht (gehen) zurück ins Büro. ❹ Sharon und Steve geht es großartig auf (sind habend eine großartige Zeit in) Mauritius. ❺ Sie gehen viermal am Tag schwimmen.

### SECOND EXERCISE: FILL IN THE CORRECT WORDS!

① Wir wissen, dass er lügt. Er hat kein Geld.

We .... ..'. .....: he hasn't ... ... money.

② Ich hoffe, es geht ihnen gut im (sie-sind habend eine gute Zeit auf) Urlaub.

I hope ....'.. ....... a .... .... on holiday.

③ Lass uns dieses Jahr nach Cornwall zurückgehen.

Let's .. .... .. Cornwall this year.

---

▶ **Fortieth lesson** [fO:(r)-ti:-öfß lä-ß(ö)n]

# Following a bank robber ①

**1** – We're following the bank robber, sergeant.
**2**   He's sitting at the bar in his hotel. ②
**3** – Is there anyone with him, constable? ③

PRONUNCIATION

[fO-lou-ing ö bänk rO-bö(r) **1** ... ßa:(r)-djönt **2** ... ßi-ting ... ba:(r) ... **3** ... ä-ni-uan ... kan-ßtö-bl]

❹ Sie wohnen in einem Luxushotel mit (einem) Blick auf das Meer.

. . . . ' . .  . . . . . . . .  . .  a luxury hotel with . . . . .  . .  the ocean.

❺ Wenn du etwas möchtest, [dann] bitte nur darum.

If you want something, . . . .  . . .  . . .  it.

SOLUTION TO SECOND EXERCISE: THE CORRECT WORDS.

❶ know he's lying – got any ❷ they're having – good time ❸ go back to ❹ They're staying in – a view of ❺ just ask for.

___ *Lerntipp* ___
*Lesen Sie die Lektion noch ein paarmal, und versuchen Sie weiterhin, die Sätze zu wiederholen, ohne auf den Text zu sehen.*

## 40. Lektion

### Verfolgung eines (verfolgend einen) Bankräubers

**1** – Wir verfolgen den Bankräuber, [Herr] Kommissar.
**2** Er sitzt (ist sitzend) an der Bar in seinem Hotel.
**3** – Ist (da) jemand bei (mit) ihm, [Herr] Wachtmeister?

(ANMERKUNGEN)

① Mit der Endung -er können Sie aus einem Verb ein Substantiv bilden (bei to rob – robber „Räuber" muss das b verdoppelt werden). Ein weiteres Beispiel: to teach – teacher.

② to sit „sitzen"; to sit down „sich hinsetzen". Sit down next to me „Setz dich neben mich".

③ anyone (oder anybody) wird in Fragesätzen („jemand") und verneinten Sätzen („niemand") verwendet: I don't know anyone/anybody here „Ich kenne hier niemanden". In affirmativen Sätzen verwenden Sie someone: Someone is watching me „Jemand beobachtet mich".

**4** – There's a beautiful girl standing next to him. ④

**5** But she's not talking to him; she's reading the paper. ⑤

**6** I think they know we're watching them. ⑥

**7** It must be because I'm wearing my uniform. ⑦

(PRONUNCIATION)

[*4* ... bju-ti-ful gÖ:(r)l ßtän-ding ... *5* ... tO:-king ... ri:-ding ... pei-pö(r) *6* ... uO-tsching fsöm *7* ... maßt bi: bi-kO:s ... uä:-ring mai juni-fO(r)m]

FIRST EXERCISE: DO YOU UNDERSTAND THESE SENTENCES?

❶ Excuse me, constable, I'm looking for a newsagent. ❷ Is there anybody with him? ❸ He's standing next to his wife. ❹ Hi, you must be Anne. ❺ My kids watch television only at the weekend.

SECOND EXERCISE: FILL IN THE CORRECT WORDS!

❶ Sie sitzen an der Bar in ihrem Hotel.

. . . . .'. . . . . . . . . . .. the bar in . . . . . hotel.

**one hundred and forty • 140**

|4| – Ein schönes Mädchen steht neben ihm (da-ist ein schönes Mädchen stehend neben zu ihm).
|5| Aber sie spricht nicht mit (sie-ist nicht sprechend zu) ihm; sie liest (sie-ist lesend) die Zeitung (Papier).
|6| Ich glaube, sie wissen, dass wir sie beobachten (wir-sind beobachtend sie).
|7| Es muss daran liegen, dass ich (es muss sein weil ich-bin tragend) meine Uniform trage.

(ANMERKUNGEN)

④ **to stand** „stehen", **to stand up** „aufstehen". **Stand up when I'm talking to you!** „Stehen Sie auf, wenn ich mit Ihnen spreche!".

⑤ **paper** wird als Kurzform von **newspaper** [nj**u**:s-pei-pö(r)] für „Zeitung" benutzt. Der „Zeitungshändler" (der oft gleichzeitig ein kleiner „Tante-Emma-Laden" ist) ist ein **newsagent** [nj**u**:s-ei-djönt].

⑥ **to watch** „beobachten, ansehen, betrachten". **Anne watches television** [tä-lö-wi-jön] **only at the weekend** „Anne sieht nur am Wochenende fern". **watch** ist die „Armbanduhr": **Let's buy her a watch for her birthday** „Lass uns ihr zum Geburtstag eine Armbanduhr kaufen".

⑦ **must** „müssen" ist wie **can** ein Hilfsverb ohne Konjugationsformen: **Hi, you must be Steve** „Hallo, du musst Steve sein".

### SOLUTION TO FIRST EXERCISE: DID YOU UNDERSTAND?

❶ Entschuldigen Sie, [Herr] Wachtmeister, ich suche einen Zeitungshändler. ❷ Ist (da) jemand bei (mit) ihm? ❸ Er steht neben seiner Frau. ❹ Hallo, du musst Anne sein. ❺ Meine Kinder sehen nur am Wochenende fern.

❷ Ich glaube, sie wissen, dass wir sie beobachten.
I . . . . . . . . . . . . that . . ' . . . . . . . . . them.

❸ Es muss daran liegen (muss sein), dass (weil) er seine Uniform trägt.

It .... .. because ..'. ......... ... uniform.

❹ Bitte stehen Sie auf, wenn ich mit Ihnen spreche.

Please ..... .. when .'. ......... .. you.

❺ Er sieht sie nicht an; er liest die Zeitung.

..'. ... ....... .. her; ..'. ....... the paper.

---

▶ **Forty-first lesson** [f**O:**(r)-ti-f**Ö:**(r)ßt l**ä**-ß(ö)n]

# Meeting Dave's friend at the airport

**1** – **Ca**thy, **Mi**ke's arr**i**ving from **Te**xas this aftern**oo**n. ①

**2** Can you m**ee**t him at the **ai**rport? ②

**3** – But I d**o**n't kn**o**w him. How can I rec**o**gnise him?

---

(PRONUNCIATION)

[*mi:*-ting deiws fränd ... **ä:**(r)-p**O:**(r)t **1** kä-fßi maikß ö-r**ai**-wing ... täk-ßöß ... af-tö(r)-n**u:**n **2** ... m**i:**t ... **ä:**(r)-p**O:**(r)t **3** ... rä-k**ö**g-nais ...]

> **SOLUTION TO SECOND EXERCISE: THE CORRECT WORDS.**

❶ They're sitting at – their ❷ think they know – we're watching ❸ must be – he's wearing his ❹ stand up – I'm talking to ❺ He's not looking at – he's reading.

---

**Polizei**
Es gibt in Großbritannien keine Landespolizei; jede Grafschaft hat ihre eigene Polizeitruppe. Die allgemeine Bezeichnung für einen Polizisten ist **police officer**. Wenn Sie einen Polizisten ansprechen, um ihn z. B. nach dem Weg zu fragen, beginnen Sie mit **Excuse me, officer...** Der unterste Dienstgrad ist der **constable**, der nächsthöhere Grad der **sergeant**. Die früher verwendete Bezeichnung **bobby** für einen Polizisten ist mittlerweile veraltet. Die Bezeichnung geht zurück auf **Sir Robert (Bobby) Peel**, der 1829 die erste organisierte Polizei gründete, die Londoner **Metropolitan Police**.

---

## 41. Lektion

### (Treffend) Daves Freund vom Flughafen abholen

**1** – Cathy, Mike kommt (ist ankommend) heute (diesen) Nachmittag aus Texas an.
**2** Kannst du ihn vom Flughafen abholen (treffen ihn an dem Flughafen)?
**3** – Aber ich kenne ihn nicht. Wie kann ich ihn erkennen?

**ANMERKUNGEN**

① Die Verlaufsform beschreibt oft Handlungen, die in naher Zukunft stattfinden: **She's arriving tomorrow** [*tu-mO-rou*] „Sie kommt morgen an". **I'm going on holiday in June** „Ich fahre im Juni in Urlaub". Oft enthält der Satz eine Zeitangabe.

② In unserem Satz heißt **to meet** „abholen", die Grundbedeutung ist aber „treffen": **I'm meeting her in front** [*frant*] **of the cinema** „Ich treffe sie vor dem Kino".

LEKTION 41

**143** • one hundred and forty-three

4 – You'll recognise him as soon as he gets off the plane. ③④

5 He's at least six feet tall and weighs twenty stone. ⑤⑥

6 He's got long grey hair, blue eyes and a white beard. ⑦

7 He always wears a yellow and black shirt, ⑧

8 red leather cowboy boots and an enormous green hat.

9 – Yeah, no problem. ⑨

(MIKE AND LISA ARE ARRIVING THIS AFTERNOON.)

PRONUNCIATION

[4 ... äs ßu:n äs ... gätß Of ... plein 5 ... li:ßt ... fi:t tO:l ... ueis ... ßtoun 6 ... lOng grei hä:(r) blu: ais ... uait bi:(r)d 7 ... O:l-weis uä:(r)s ... jä-lou ... bläk schÖ:(r)t 8 räd lä-fsö(r) kao-boi bu:tß ... ö-nO:(r)-möß gri:n hät 9 jä-ö ... prO-blöm]

**4** – Du wirst ihn erkennen, sobald (wie bald wie) er aus dem Flugzeug steigt.
**5** Er ist mindestens 1,80 m (sechs Füße) groß und wiegt 127 Kilo (20 Stein).
**6** Er hat lange graue Haare, blaue Augen und einen weißen Bart.
**7** Er trägt immer ein gelbschwarzes (gelb und schwarz) Hemd,
**8** rote lederne Cowboystiefel und einen riesigen grünen Hut.
**9** – Jaa, kein Problem.

(ANMERKUNGEN)

③ **You'll** ist eine Futurform (Zukunft), die Sie bald näher kennenlernen werden.

④ **to get off** „aussteigen": **Get off the bus at Trafalgar Square** [*trö-fal-gö ßkuä:(r)*] „Steig am Trafalgar Square aus dem Bus". Gegenteil: **to get on** „einsteigen": **Get on at Waterloo** [*uO:-tö(r)-lu:*] **station** „Steig am Bahnhof Waterloo ein".

⑤ Nach einer Größenangabe wird oft **tall** „groß, hoch" hinzugefügt. Die Frage nach der Größe einer Person lautet **How tall are you?** „Wie groß bist du?". In der Antwort verzichtet man dagegen auf **tall**, um eine Wiederholung zu vermeiden.

⑥ Erinnern Sie sich an die Maß- und Gewichtseinheiten aus Lektion 35? **A stone** entspricht 6,348 kg. Es wird immer im Singular benutzt.

⑦ **hair** „Haar, Haare" wird immer im Singular benutzt: **Her hair is short** [*schO:(r)t*] „Ihre Haare sind kurz". **Your hair's too long** „Deine Haare sind zu lang". Sind einzelne Haare gemeint, sagt man **hairs**: **There are two hairs on my steak!** „Auf meinem Steak sind zwei Haare!".

⑧ Ist etwas zweifarbig, werden die beiden Farben durch **and** verbunden: **a blue and white shirt** „ein blauweißes Hemd".

⑨ In der Umgangssprache hört man anstelle des formellen **Yes** oft **Yeah, yea** oder **yuh**.

LEKTION 41

## FIRST EXERCISE: DO YOU UNDERSTAND THESE SENTENCES?

① Mike and Lisa are arriving this afternoon. ② How tall is he? – At least six feet. ③ Her hair is black and her eyes are blue. ④ You get on at Waterloo and you get off at Trafalgar Square. ⑤ He always wears red leather cowboy boots.

## SECOND EXERCISE: FILL IN THE CORRECT WORDS!

① Sie hat schönes schwarzes Haar, aber es ist zu kurz.

...'. ... beautiful black ...., but ..'. ... ..... .

② Er ist mindestens 1,80 m groß und wiegt 127 Kilo.

..'. .. ..... six feet .... and ...... twenty ..... .

③ Sie kommen morgen aus Texas an.

....'.. ......... .... Texas tomorrow.

④ Wir treffen uns vor dem Kino.

..'.. ......... . ....... .. the cinema.

⑤ Lisa hat lange schwarze Haare.

Lisa has .... ..... ..... .

---

▶ **Forty-second lesson** [f**O**:(r)-ti-ß**ä**-könd l**ä**-ß(ö)n]

### Revision and notes

*Wir wollen uns noch einmal in Ruhe und ganz systematisch ansehen, was Sie in den letzten sechs Lektionen an Neuem kennengelernt haben.*

### 1. Verlaufsform der Gegenwart

Diese Zeitform, die im Englischen **present continuous** heißt, wird benutzt, wenn sich die beschriebene Handlung zum Zeit-

### SOLUTION TO FIRST EXERCISE: DID YOU UNDERSTAND?

❶ Mike und Lisa kommen heute Nachmittag an. ❷ Wie groß ist er? – Mindestens 1,80 m. ❸ Ihre Haare sind schwarz, und ihre Augen sind blau. ❹ Du steigst am [Bahnhof] Waterloo ein, und du steigst am Trafalgar Square aus. ❺ Er trägt immer rote lederne Cowboystiefel.

### SOLUTION TO SECOND EXERCISE: THE CORRECT WORDS.

❶ She's got – hair – it's too short ❷ He's at least – tall – weighs – stone ❸ They're arriving from ❹ We're meeting in front of ❺ long black hair.

---
*Lerntipp*

*Jetzt nähern sie sich schon mit großen Schritten der „Zweiten Welle" (nähere Erklärungen hierzu finden Sie am Ende von Lektion 49 und am Beginn von Lektion 50). Haben Sie vielleicht einiges schon wieder vergessen? Zwei wichtige Tipps gegen das Vergessen sind das Wiederholen und die Regelmäßigkeit. Aber versuchen Sie auch, eigene Methoden zum besseren Speichern des Lernstoffs zu entwickeln, denn jeder Mensch lernt unterschiedlich. Einige Studien wollen herausgefunden haben, dass man Dinge, die man unmittelbar vor dem Schlafen lernt, besser im Gedächtnis behalten kann. Versuchen Sie es doch mal mit Assimil als Bettlektüre, und blättern Sie einige der schon bearbeiteten Lektionen vor dem Einschlafen noch einmal durch.*

---

## 42. Lektion

punkt des Sprechens im Ablauf befindet; man könnte also „gerade" hinzusetzen.

Die Verlaufsform der Gegenwart wird gebildet mit der konjugierten Form von **to be** und dem Partizip Präsens; das ist das Verb mit der Endung **-ing**.

Am Beispiel des Verbs **to drink** „trinken" demonstrieren wir Ihnen hier die Bildung der affirmativen, der negativen und der Frageform (setzen Sie anstelle der Pünktchen „**drinking**" ein):

| Affirmative Form | Negative Form | Frageform |
|---|---|---|
| **I am (I'm) drinking** | I am (I'm) not... | **Am I...?** |
| „Ich trinke [gerade]" | „Ich trinke [gerade] nicht" | „Trinke ich [gerade]?" |
| **You are (You're)...** | You are (You're) not... | **Are you...?** |
| **He/She/It is (-'s)...** | He/She/It is (-'s) not... | **Is he/she/it...?** |
| **We are (We're)...** | We are (We're) not... | **Are we...?** |
| **You are (You're)...** | You are (You're) not... | **Are you...?** |
| **They are (They're)...** | They are (They're) not... | **Are they...?** |

Die Verlaufsform der Gegenwart ist von der einfachen Gegenwart (**simple present**; siehe Lektion 28) zu unterscheiden, die gewohnheitsmäßige und wiederholt ausgeführte Handlungen beschreibt. Vergleichen Sie:

Simple present:
> **I usually read the paper in bed on Sunday.**
> „Normalerweise lese ich sonntags die Zeitung im Bett."

Present continuous:
> **Don't talk to him now. He's reading the newspaper.**
> „Sprich jetzt nicht mit ihm. Er liest [gerade] die Zeitung."

Die Verlaufsform der Gegenwart beschreibt außerdem Handlungen, die in naher Zukunft stattfinden werden, die jedoch im Deutschen nicht unbedingt mit einer Futurform wiedergegeben werden:

> **He's arriving from Texas tomorrow.** „Er kommt (ist ankommend) morgen aus Texas an."
> **We're visiting Scotland next year.** „Wir besuchen (sind besuchend) nächstes Jahr Schottland."

Zusätzlich zu den Hilfsverben **can** und **must** gibt es noch eine Gruppe von Verben, die man „Verben der unfreiwilligen Wahrnehmung" nennt (**to see** [ßi:] „sehen", **to hear** [hi:-ö] „hören", **to smell** [ßmäl] „riechen"), die nicht in der Verlaufsform benutzt werden:

> **I see a free table near the window.** „Ich sehe einen freien Tisch in der Nähe des Fensters."
> **I hear a noise** [nois]**.** „Ich höre ein Geräusch."

In Sätzen mit Verben der unfreiwilligen Wahrnehmung wird oft **can** ergänzt:

**I can see a free table near the window.**
**I can hear a noise.**

## 2. can und must

**can** „können" und **must** „müssen" gehören zu den sog. „defektiven Verben", das sind Verben, die nicht in allen üblichen Konjugationsformen auftreten.

Beide Verben haben folgende Merkmale:
- Sie haben keinen Infinitiv und keine Partizipialform.
- Ihnen folgt immer ein weiteres Verb im Infinitiv (ohne **to**):

**You must go back to the office.** „Du musst ins Büro zurückgehen."
**They can help you.** „Sie können dir helfen."

- Sie erhalten in der 3. Person Singular nicht die Endung -s:

**He can play the piano.** „Er kann Klavier spielen."
**She must be at least thirty.** „Sie muss mindestens 30 [Jahre alt] sein."

Was die Negativ- und Frageformen angeht, so verhalten sich **can** und **must** wie **to be**:

**He can't** [ka:nt] **hear you.** „Er kann dich nicht hören."

Achtung: Wird **must** verneint, so bedeutet es „nicht dürfen". Wie Sie „nicht müssen" ausdrücken, lernen Sie später.

**We mustn't** [maßnt] **be late.** „Wir dürfen nicht [zu] spät kommen (sein)."

Frageform:
**Can you lend me some money?** „Können Sie mir etwas Geld leihen?"
**Must we meet him at the airport?** „Müssen wir ihn am Flughafen abholen (treffen)?"

LEKTION 42

Merken Sie sich vorläufig, dass **can** immer eine Fähigkeit, eine Möglichkeit oder eine Erlaubnis ausdrückt, während **must** Verpflichtungen, Vorschläge und Schlussfolgerungen beschreibt.

## 3. Verbergänzungen

a) Sie haben im Laufe der letzten Lektionen Verben angetroffen, die mittels bestimmter Ergänzungen zusätzliche Informationen beinhalten. Im speziellen Fall ging es darum, wie etwas „aussieht", „sich anhört" oder „klingt", z. B.:

> **He looks Scottish.** „Er sieht schottisch aus."
> **That sounds American.** „Das klingt amerikanisch."

Ähnliche Konstruktionen sind auch mit den Verben **to smell** [ßmäl] „riechen" und **to taste** [teißt] „schmecken" möglich:

> **That smells great.** „Das riecht großartig."
> **That tastes like fish.** „Das schmeckt wie Fisch."

... und etwas kann „sich anfühlen wie" (**to feel** [fi:l] **like**):

> **This feels like real leather.** „Das fühlt sich wie echtes Leder [an]."

b) Wir haben eine weitere Gruppe von Verben angetroffen, die im **present continuous** stehen und bei denen so über den Standort einer Person hinaus Hinweise auf ihre Körperhaltung gegeben werden:

> **He's standing next to his wife.** „Er steht (ist stehend) neben seiner Frau."
> **Laura's sitting at the bar.** „Laura sitzt (ist sitzend) an der Bar."
> **They're lying on a beach in Tahiti.** „Sie liegen an (sind liegend auf) einem Strand in Tahiti."

## 4. Genitivform bei Geschäfts- und Berufsbezeichnungen

Bei Geschäften, Berufsbezeichnungen, Restaurants wird oft das Genitiv-**s** angehängt; das Wort **shop** „Geschäft", **surgery** [ßÖ:(r)-djö-ri] „Praxis" oder **restaurant** ist in diesen Fällen impliziert:

I **must** go to the **butcher's** (= **butcher's shop**). „Ich muss zum Metzger gehen".
You **must** go to the **doctor's** (= **doctor's surgery**). „Du musst zum Arzt gehen."
**Let's** meet at **Paul's** (= **Paul's restaurant**). „Treffen wir uns bei Paul/in Pauls Restaurant."

### 5. Adjektive und Adverbien

Die folgenden Sätze resümieren noch einmal die orts- bzw. zeitbestimmenden Adjektive und Adverbien aus den letzten sechs Lektionen:

I think the bank's <u>near here</u>. „Ich glaube, die Bank ist <u>hier in der Nähe</u>."
Yes, it's <u>next to</u> the butcher's. „Ja, sie ist <u>neben</u> dem Metzger."
I <u>never</u> go to the bank on Tuesday, there are <u>always</u> too many people. „Ich gehe <u>nie</u> dienstags zur Bank; dort ist es <u>immer</u> zu voll (da sind <u>immer</u> zu viele Menschen)."
I <u>sometimes</u> go on Mondays, but <u>only</u> if it's not a bank holiday. „Ich gehe <u>manchmal</u> montags [hin], aber <u>nur</u>, wenn kein Feiertag ist."
And it's <u>often</u> closed in the afternoon. „Und sie ist <u>oft</u> nachmittags geschlossen."

### 6. Verben mit Präpositionen oder Partikeln

Ähnlich wie im Deutschen gibt es auch im Englischen zahlreiche Verben, die sich mit Präpositionen (Verhältniswörtern) kombinieren lassen, wodurch sich in vielen Fällen auch der Sinn des jeweiligen Verbs ändern kann. Wiederholen wir nun noch einmal die, die Sie kennengelernt haben:

**to look** „sehen, schauen" – **to look at** „ansehen, anschauen" – **to look for** „suchen":

He's **looking at** your cowboy boots. „Er sieht sich deine Cowboystiefel an."
He's **looking for** your cowboy boots. „Er sucht nach deinen Cowboystiefeln."

**to go** „gehen" – **to go back** „zurückgehen":

> **I want to go back to the hotel.** „Ich möchte ins Hotel zurückgehen."

**to come** „kommen" – **to come back** „zurückkommen, -kehren":

> **I want to come back to London one day.** „Ich möchte eines Tages nach London zurückkehren."

**to ask** „fragen" – **to ask for** (+ Substantiv) „bitten um":

> **She asked: „Where are the kids?"** „Sie fragte: „Wo sind die Kinder?""
> **Steve asked me for a gin and tonic.** „Steve bat mich um einen Gin Tonic."

**To ask** kann auch ohne Präposition im Sinne von „bitten" benutzt werden, und zwar, wenn Sie eine Person darum bitten, eine bestimmte Handlung auszuführen:

---

▶  **Forty-third lesson** [f**O**:(r)-ti-fß**Ö**:(r)d l**ä**-ß(ö)n]

# The general election (Part 1)

**1** – V**o**te Cons**e**rvative! We're g**o**ing to ch**a**nge Br**i**tain.
**2** We're g**o**ing to cut t**a**xes for **e**verybody.
① ②

(PRONUNCIATION)

[... dj**ä**-nö-röl ö-l**ä**k-tschön **1** w**o**ut kön-ß**Ö**:(r)-wö-tif ... g**o**u-ing ... tsch**ei**nĵ ... **2** ... kat t**ä**k-ßis ... **e**w-ri-b**O**-di]

**He asked me to lend him some money.** „Er bat mich, ihm etwas Geld zu leihen."

## 7. Verständnis-/Formulierungsübung

**DO YOU UNDERSTAND THESE SENTENCES?**

❶ Can anyone help me? ❷ I'm looking for a bank. ❸ There's one next to the butcher's. ❹ Go back to the post office and turn left. ❺ Thanks. Hey, you must be Dave. ❻ Yeah, how do you know? ❼ Because you're wearing a cowboy hat.

**DID YOU UNDERSTAND?**

❶ Kann mir irgendjemand helfen? ❷ Ich suche eine Bank. ❸ Es gibt eine neben dem Metzger. ❹ Gehen Sie zurück zur Post und [dann nach] (wenden) links. ❺ Danke. He, Sie müssen Dave sein. ❻ Ja, woher (wie) wissen Sie [das]? ❼ Weil Sie einen Cowboyhut tragen.

---

## 43. Lektion

### Die allgemeinen Wahl[en] (Teil 1)

[1] – Wählen Sie [die] Konservativen! Wir werden (sind gehend zu verändern) Großbritannien verändern.
[2]   Wir werden (schneiden) die Steuern für alle (jeden) senken.

(ANMERKUNGEN)

① Die Konstruktion **going to** + Verb drückt aus, dass die Handlung in naher Zukunft erfolgen wird: **It's going to rain** „Es wird [gleich] regnen".

② **to cut** hat die Grundbedeutung „(ab)schneiden": **Cut me a piece** [*pi:ß*] **of cheese** [*tschi:s*], **please** „Schneid mir bitte ein Stück Käse ab". Die 2. Bedeutung ist „senken, reduzieren": **We are going to cut petrol** [*pä-tröl*] **prices** „Wir werden [die] Benzinpreise senken".

| 3 | We're going to spend more on health care ③ |
| --- | --- |
| 4 | and we're going to increase pensions. ④ |
| 5 | Don't listen to the government. ⑤⑥ |
| 6 | They say they want progress, change and innovation. |
| 7 | And they do. But not yet! ⑦ |

**PRONUNCIATION**

[*3* ... ßpänd m**O**:(r) ... **häl**fß kä:(r) *4* ... in-kri:s **pän**-schöns *5* ... **li**-ßön ... ga-**wör**-mönt *6* ... ßei ... **prou**-gräß ... **tschein**ĵ ... i-nou-**wei**-schön *7* ... **jät**]

**FIRST EXERCISE: DO YOU UNDERSTAND THESE SENTENCES?**

❶ Take care of yourself. ❷ Listen, don't spend all your money. ❸ Oh dear, it's going to rain. ❹ Cut her a piece of cheese, please. ❺ They're going to cut petrol prices.

| 3 | Wir werden (ausgeben) mehr in (auf) das Gesundheitswesen investieren,
| 4 | und wir werden [die] Renten erhöhen.
| 5 | Hören Sie nicht auf (zu) die Regierung.
| 6 | Sie sagen, dass sie Fortschritt, Veränderung und Innovation wollen.
| 7 | Und das wollen sie [auch] (und sie tun). Aber noch nicht (nicht noch)!

(ANMERKUNGEN)

③ Man findet auch die Schreibweise **healthcare**. Das Verb **to care for/about** bedeutet „sich kümmern um". **to take care of** „aufpassen auf": **Take care of yourself!** „Pass auf dich auf!"

④ Für „Rente" hört man gelegentlich auch **old-age pension**. „Rentner, -in" heißt **pensioner** [*pän-schö-nö(r)*] oder **old-age pensioner** (**OAP**). Letzteres könnte aber als abwertend aufgefasst werden.

⑤ **Don't** (= **Do not**) ist der verneinte Imperativ: **Don't spend all your money!** „Gib nicht all dein Geld aus!".

⑥ Bei **listen** wird das **t** nicht gesprochen.

⑦ Hier wird mit Hilfe von **to do** die Wortwiederholung vermieden und gleichzeitig die vorherige Aussage bekräftigt. **It's important** [*im-pO:(r)-tönt*] **to take some exercise, and I always do** „Es ist wichtig, sich sportlich zu betätigen, und ich tue das immer".

(SOLUTION TO FIRST EXERCISE: DID YOU UNDERSTAND?)

❶ Pass auf dich auf. ❷ Hör zu, gib nicht all dein Geld aus. ❸ Oh je, es beginnt [gleich] zu regnen. ❹ Schneid ihr ein Stück Käse ab, bitte. ❺ Sie werden die Benzinpreise senken.

**SECOND EXERCISE: FILL IN THE CORRECT WORDS!**

❶ Die Regierung wird mehr für das Gesundheitswesen ausgeben.

The government's ..... .. ..... .... on health care.

❷ Und sie werden die Renten erhöhen.

And ....'.. ..... .. increase ........ .

❸ Es ist wichtig, ein gutes Frühstück einzunehmen, und das tut sie immer.

It's important .. .... a .... ......... and ... ....... .... .

❹ Hör nicht auf ihn. Er kümmert sich nur um seine Arbeit.

...'. ...... .. him. He ..... .... ..... his job.

❺ Sie sagen, sie wollen Veränderung[en], und das wollen (tun) sie [auch].

They ... .... .... change and .... .. .

---

▶ **Forty-fourth lesson** [fO:(r)-ti-fO:(r)fß lä-ß(ö)n]

# Mothers

**1** – My son's bigger and stronger than your son, ①

(PRONUNCIATION)

[ma-fsö(r)s 1 ... ßans bi-gö(r) ... ßtrOng-gö(r) fsän jur ßan]

**SOLUTION TO SECOND EXERCISE: THE CORRECT WORDS.**

❶ going to spend more ❷ they're going to – pensions ❸ to have – good breakfast – she always does ❹ Don't listen to – cares only about ❺ say they want – they do.

---

**Politische Parteien**
Großbritannien ist in 650 Wahlkreise (**constituencies**) aufgeteilt; jeder davon stellt einen Parlamentsabgeordneten (**Member of Parliament**; **MP**) im Unterhaus (**House of Commons**), dessen Sitz in Westminster ist. Die Mitglieder des Oberhauses (**House of Lords**) dagegen werden nicht gewählt. Seit 1999 haben auch Schottland und Wales eigene Parlamente.
Die drei großen Parteien sind die **Conservative Party**, die auch **Tory Party** genannt wird, die **Labour Party**, die seit 1996 **New Labour** heißt, und die **Liberal Democrats**. In Schottland und Wales gibt es die **Scottish National Party** bzw. **Plaid Cymru**.
Der Führer der Siegerpartei ist das Regierungsoberhaupt, der **Prime Minister**. Normalerweise dauert eine Legislaturperiode fünf Jahre, jedoch kann der Premierminister schon vor Ablauf dieser Frist allgemeine Wahlen ansetzen. Staatsoberhaupt ist der Monarch bzw. die Monarchin, ihm/ihr fällt jedoch nur eine Repräsentantenrolle zu.

---

## 44. Lektion

**Mütter**

**1** – Mein Sohn ist größer und stärker als Ihr Sohn,

(ANMERKUNGEN)

① Zur Bildung des Komparativs (1. Steigerungsstufe) wird **-er** an das Adjektiv angehängt; zwischen den verglichenen Elementen steht **than** „als". Endet das Adjektiv auf Vokal+Konsonant (**big**), wird der Konsonant verdoppelt (**bigger**).

| 2 | and he's **a**lso sl**i**mmer and n**i**cer. ②
| 3 | – Yes, but m**y** son's more int**e**lligent ③
| 4 | and he's m**u**ch more **i**nteresting.
| 5 | – So wh**a**t? I r**e**ally don't c**a**re ④
| 6 | beca**u**se m**y** son's g**o**ing to be a br**a**in s**u**rgeon. ⑤
| 7 | – But he's **o**nly **ei**ght months **o**ld!
| 8 | – M**ay**be, but he's more amb**i**tious than **o**ther children. ⑥

(PRONUNCIATION)

[2 ... **O**:l-ßou ßl**i**-mö(r) ... n**ai**-ßö(r) 3 ... m**O**:(r) in-t**ä**-li-jönt 4 ... in-tröß-ting 5 ßou u**O**t ... k**ä**:(r) 6 ... br**ei**n ß**Ö**:(r)-jön 7 ... **ou**n-li **ei**t manfß-ß **ou**ld 8 m**ei**-bi ... äm-b**i**-schöß ... **a**-fsö(r) tsch**i**l-drön]

(FIRST EXERCISE: DO YOU UNDERSTAND THESE SENTENCES?)

❶ Perhaps he can help you: he's a surgeon. ❷ He's stronger than you. – I don't care. ❸ Do you think they're interested? – Maybe. ❹ So what? I'm more ambitious than other women. ❺ Her daughter's going to be a teacher.

| 2 | und er ist auch schlanker und netter.
|---|---
| 3 | – Ja, aber mein Sohn ist intelligenter (mehr intelligent),
| 4 | und er ist viel interessanter (viel mehr interessant).
| 5 | – Na und? Das ist mir vollkommen egal (ich wirklich tue-nicht kümmern),
| 6 | denn mein Sohn wird [mal] Neurochirug (Gehirnchirurg).
| 7 | – Aber er ist erst acht Monate alt!
| 8 | – Vielleicht, aber er ist ehrgeiziger (mehr ehrgeizig) als andere Kinder.

(ANMERKUNGEN)

② **slim** „schlank" gibt es auch als Verb: **to slim** „abnehmen, eine Diät machen". Verwechseln Sie **slim** nicht mit **thin** [*fßin*] „dünn".

③ Besteht ein Adjektiv aus zwei oder mehr Silben, wird der Komparativ nicht mit **-er**, sondern mit **more** „mehr" + Adjektiv gebildet.

④ Hier sehen Sie eine umgangssprachliche Wendung mit **to care**. **He's poor but he doesn't care** „Er ist arm, aber das ist ihm egal".

⑤ **brain** mit Plural-**s** ist Teil einer Redewendung: **She's got brains** „Sie ist intelligent". Ein Synonym hierfür ist **She's brainy** [*brei-ni*].

⑥ Ein Synonym zu **maybe** ist **perhaps** [*pÖ(r)-häpß*]: **Are you interested** [*in-tröß-tid*]? – **Maybe/Perhaps** „Bist du interessiert? – Vielleicht".

### SOLUTION TO FIRST EXERCISE: DID YOU UNDERSTAND?

❶ Vielleicht kann er dir helfen: Er ist (ein) Chirurg. ❷ Er ist stärker als du. – Das ist mir egal. ❸ Denkst du, sie sind interessiert? – Vielleicht. ❹ Na und? Ich bin ehrgeiziger als andere Frauen. ❺ Ihre Tochter wird Lehrerin.

## SECOND EXERCISE: FILL IN THE CORRECT WORDS!

① Ihr Sohn ist größer und intelligenter als euer Sohn.

..... son is ...... and ....
............. .... your son.

② Sie ist schlanker und netter als ihre Schwester.

She's ....... and ..... .... her sister.

③ Vielleicht können sie dir etwas Geld leihen.

....... .. .... .... ... some money.

④ Sie sind arm, aber das ist ihnen wirklich egal.

They're poor but they ...... ...'. .....

---

▶  **Forty-fifth lesson** [fO:(r)-ti-fif-fß lä-ß(ö)n]

# What's on television?

**1** – What's on television this evening? ① ②
**2** – I don't know. Look in the paper. ③
**3** – The news starts at seven o'clock ④

(PRONUNCIATION)

[uOtß ... tä-lö-wi-jön 3 ... nju:s ßta(r)tß ... ö-klOk]

(ANMERKUNGEN)

① **What's on in...?** kann auch bedeuten „Was ist los in ...?". Broschüren mit den Veranstaltungstipps einer Stadt heißen oft **What's on...?**.

② Achten Sie auf die Präpositionen: „im Fernsehen" heißt **on television** (oder **telly** [tä-li] oder **TV** [ti:-wi:]), „im Radio" **on the radio** [rei-di-ou]. Merken Sie sich auch **programme** [prou-gräm] „Sendung".

❺ Mein Buch ist viel interessanter als deine Zeitung.

My book is .... .... ............
.... your paper.

**SOLUTION TO SECOND EXERCISE: THE CORRECT WORDS**

❶ Their – bigger – more intelligent than ❷ slimmer – nicer than
❸ Perhaps they can lend you ❹ really don't care ❺ much more interesting than.

___ *Lerntipp* ___
*Es ist nicht nötig, dass Sie sich die Wörter jeder Lektion gleich beim ersten Mal einprägen. Sie werden sie aufgrund der ständigen Wiederholung langsam assimilieren.*

## 45. Lektion

### Was ist im (auf) Fernsehen?

**1** – Was ist heute (diesen) Abend im Fernsehen?
**2** – Ich weiß nicht. Schau in die Zeitung.
**3** – Die Nachrichten beginnen (beginnt) um sieben Uhr,

(ANMERKUNGEN)

③ Sie kennen to look for und to look at. to look in bedeutet „schauen in" (Look in the dictionary [*dik-tschö-nö-ri*] „Schau ins Wörterbuch"), to look up „nachschlagen".

④ news und einige andere Nomen haben Pluralform, werden jedoch mit einem Verb im Singular verwendet: Here's the six o'clock news „Hier sind (ist) die 6-Uhr-Nachrichten". Ebenso: politics [*pO-lö-tikß*] „Politik": Politics is the art of the possible [*pO-ßö-bl*] „Politik ist die Kunst des Möglichen".

| 4 | and there's a good film on BBC at nine. ⑤
|---|---|
| 5 | – Yes, but what time is „Match of the Day"?
| 6 | – Oh Simon, you know I can't stand sports. ⑥
| 7 | – Well, there's ice skating at quarter past ten.
| 8 | – That's a much better idea. A bit of culture. ⑦⑧

(PRONUNCIATION)

[**4** ... bi bi ß**i**: ... **5** ... m**ä**tsch ... **6** ... ßt**ä**nd ßp**O**:(r)tß **7** ... **ai**ß ßk**ei**ting ... ku**O**:(r)-tö(r) pa:ßt ... **8** ... matsch b**ä**-tö(r) ai-d**i**-ö ... bit ... kaltsch**ö**(r)]

### FIRST EXERCISE: DO YOU UNDERSTAND THESE SENTENCES?

❶ What's on telly tonight? – I don't know. ❷ I can't stand your mother. – She doesn't care. ❸ I have a much better idea: let's go home. ❹ The news starts at six and there's a film at nine fifteen. ❺ I'm a bit hungry. Give me a sandwich.

### SECOND EXERCISE: FILL IN THE CORRECT WORDS!

❶ Heute (diesen) Abend gibt es eine gute Sendung im Radio.

. . . . . '. . good programme . . . . .
. . . . . this evening.

| 4 | und um neun Uhr kommt (ist) ein guter Film auf BBC.
| 5 | – Ja, aber um wie viel Uhr kommt (was Zeit ist) „Match des Tages"?
| 6 | – Oh Simon, du weißt, ich kann Sport nicht ausstehen.
| 7 | – Nun, um Viertel nach zehn kommt Eislaufen.
| 8 | – Das ist eine viel bessere Idee. Ein bisschen Kultur.

(ANMERKUNGEN)

⑤ **o'clock** (Kurzform von **of the clock**) wird bei einer exakten Zeitangabe verwendet, kann jedoch in der Umgangssprache auch wegfallen: **The meeting is at nine** „Das Treffen ist um neun".

⑥ **to stand** heißt nicht nur „stehen", sondern auch „ausstehen, ertragen" und wird in dieser Bedeutung immer negativ verwendet: **She can't stand my sister** „Sie kann meine Schwester nicht ausstehen".

⑦ **better** „besser": Steigerung von **good** „gut". **London is better than Salford for restaurants** „London ist, was Restaurants angeht, besser als Salford".

⑧ **A bit** „ein bisschen, ein wenig": **I'm a bit hungry** „Ich bin ein bisschen hungrig".

SOLUTION TO FIRST EXERCISE: DID YOU UNDERSTAND?

❶ Was ist heute Abend im Fernsehen? – Ich weiß nicht. ❷ Ich kann deine Mutter nicht ausstehen. – Das ist ihr egal. ❸ Ich habe eine viel bessere Idee: Lass uns nach Hause gehen. ❹ Die Nachrichten beginnen um sechs, und es gibt einen Film um Viertel nach neun. ❺ Ich bin ein bisschen hungrig. Gib mir ein Sandwich.

❷ Du weißt, was man sagt (sie sagen): „Politik ist die Kunst des Möglichen".

You know .... they say: „......... .. ... ... of the possible".

❸ Manchester ist, was Nachtclubs angeht, besser als London (für Nachtclubs).

Manchester .. ...... .... London ... night clubs.

❹ Ich verstehe dieses Wort nicht. – Schau ins Wörterbuch.

I don't understand this word. – .... .. ... .......... .

❺ Du weißt sehr gut, dass ich Eislaufen nicht ausstehen kann.

You know .... .... that . ....'. ..... ice skating.


▶ **Forty-sixth lesson** [f**O:**(r)-ti-ßi**k**fß l**ä**-ß(ö)n]

# Whose is this?

**1** – Whose p**e**n is th**i**s? ①②
**2** – It's m**i**ne. It's got my n**a**me on it. ③

(PRONUNCIATION)

[h**u:**s ... **1** h**u:**s pän ... **2** ... main ... neim ...]

(ANMERKUNGEN)

① Das Fragepronomen whose „wessen" darf nicht mit who's = who is verwechselt werden. Sie können sagen Whose blouse is this? oder Whose is this blouse? „Wessen Bluse ist das?".

> **SOLUTION TO SECOND EXERCISE: THE CORRECT WORDS.**
>
> ❶ There's a – on the radio ❷ what – Politics is the art ❸ is better than – for ❹ Look in the dictionary ❺ very well – I can't stand.

---

**BBC**
Die **British Broadcasting Corporation** (**BBC**) ist in Großbritannien eine alteingesessene Institution; sie wurde 1922 gegründet. Die Briten nennen sie daher auch liebevoll **Auntie** „Tantchen". Sie betreibt auf nationaler und lokaler Ebene zahlreiche TV- und Radiosender sowie den internationalen **World Service**. Die BBC ist ein staatlicher Sender und hat den Ruf, seriös und unparteiisch zu sein. Um die Monopolstellung der BBC zu untergraben und eine Vielfalt des Sendeangebots zu erreichen, rief die Regierung 1954 eine zweite Sendeanstalt ins Leben, die ausschließlich durch Werbeeinnahmen getragen wird, während die BBC sich durch Rundfunkgebühren finanziert. Seit der Einführung von Kabel- und Satellitenfernsehen in den 80er Jahren hat sich die Rundfunklandschaft in Großbritannien radikal verändert – aber **Auntie** werden die Briten immer verbunden bleiben!

---

## 46. Lektion

### Wem gehört das (wessen ist dieses)?

**1** – Wessen Stift ist das?
**2** – Es ist meiner. Mein Name steht darauf (er-hat bekommen meinen Namen auf ihm).

(ANMERKUNGEN)

② **pen** „Stift", **ball** [bO:l] **pen** oder **biro** [bai-rou] „Kugelschreiber", **fountain** [faon-tön] **pen** „Füller", **pencil** [pän-ßöl] „Bleistift".

③ **mine** „meiner, -e, -es" (Sing. und Plural) ist das Possessivpronomen des Possessivadjektivs **my**: **This is my pen** – **This is mine**. **These are my keys** – **These are mine**.

| 3 | – Can I borrow it to write a letter? ④
|---|
| 4 | – I hate lending things! Where's yours? ⑤
| 5 | Ask Kate if you can borrow hers. ⑥
| 6 | Or maybe Simon can lend you his. ⑦
| 7 | – You're joking: he's got more sense! ⑧

(PRONUNCIATION)

[*3* ... b**O**-rou ... r**ai**t ... l**ä**-tö(r) *4* ... h**ei**t l**ä**n-ding fßings ... j**u**rs *5* ... k**ei**t ... h**Ö**:(r)s *7* ... dj**ou**-king ... ß**ä**nß]

### FIRST EXERCISE: DO YOU UNDERSTAND THESE SENTENCES?

① Lend me some money. – You must be joking! ② Whose is this pen? – I think it's mine. ③ She hates lending her things but I need to borrow a pencil. ④ Where's yours? – It's at home. ⑤ Ask Simon. – He's got more sense.

### SECOND EXERCISE: FILL IN THE CORRECT WORDS!

① Wessen Kugelschreiber ist das? – Wer will das wissen (fragt die Frage)?

. . . . . biro is this? – . . .'. . . . . . . . the question?

3 – Kann ich ihn mir ausleihen, [um] einen Brief zu schreiben (zu schreiben einen Brief)?

4 – Ich hasse [es], Sachen zu verleihen (hasse ausleihend Dinge)! Wo ist dein [Stift] (deiner)?

5   Frag Kate, ob du ihren ausleihen kannst (ob du kannst ausleihen ihren).

6   Oder vielleicht kann Simon dir seinen ausleihen (kann ausleihen dir seinen).

7 – Du machst [wohl] Witze: Er hat genug Verstand, [das nicht zu tun] (er-hat bekommen mehr Verstand)!

(ANMERKUNGEN)

④ **to borrow (from)** „sich etw. ausleihen": **I need to borrow a biro** „Ich muss (brauche zu ausleihen) einen Kugelschreiber ausleihen".
**to lend (to)** „etw. verleihen (an)": **Lend the money to Simon** „Leih Simon das Geld".

⑤ **yours** „deiner, -e, -es/eurer, -e, -es/Ihrer, -e, -es": Possessivpronomen des Possessivadjektivs **your**: **Are these her books? – No, they're yours** „Sind das ihre Bücher? – Nein, es sind deine/eure/Ihre".

⑥ **hers** „ihrer, -e, -es": Possessivpronomen des Possessivadjektivs **her**.

⑦ **his** „seiner, -e, -es": Possessivpronomen des Possessivadjektivs **his**.

⑧ **to joke** „Witze machen, scherzen"; **joke** „Witz"; **to tell jokes** „Witze erzählen". **You're joking** oder **You must be joking** „Du machst [wohl] Witze".

**SOLUTION TO FIRST EXERCISE: DID YOU UNDERSTAND?**

❶ Leih mir etwas Geld. – Du machst [wohl] Witze! ❷ Wem gehört (wessen ist) dieser Stift? – Ich glaube, es ist meiner. ❸ Sie hasst es, ihre Sachen zu verleihen, aber ich muss (brauche zu ausleihen) einen Stift ausleihen. ❹ Wo ist deiner? – Er ist zu Hause. ❺ Frag Simon. – Er hat genug Verstand, [das nicht zu tun].

LEKTION 46

❷ Diese Postkarten [hier] sind meine, und diese [da] sind deine.

..... postcards are .... and ..... are ..... .

❸ Sie macht immer Witze über ihr Alter.

She's ...... ...... ..... her age.

❹ Wem gehören (wessen sind) diese Schlüssel? – Frag Kate. Ich glaube, es (sie) sind ihre.

..... are these keys? – Ask Kate. . ..... .... .. ..... .

❺ Es (sie) sind seine, aber du kannst sie ausleihen.

They're ... , but you ... ...... .... .

---

▶ **Forty-seventh lesson** [fO:(r)-ti-ßä-wönfß lä-ß(ö)n]

# The general election (Part 2)

**1** – Before you decide to vote Conservative,
**2** compare their promises with ours. ①
**3** New Labour's the greatest party in Britain. ②③

---

(PRONUNCIATION)

[... djä-nö-röl ö-läk-tschön ... **1** bi-fO:(r) ... di-ßaid ... wout ... **2** kömpä:(r) fsä:(r) prO-mö-ßis uifs **ao**-ö(r)s **3** nju: **lei**-bö(r) ... **pa**:(r)-ti ...]

> **SOLUTION TO SECOND EXERCISE: THE CORRECT WORDS.**

❶ Whose – Who's asking ❷ These – mine – those – yours ❸ always joking about ❹ Whose – I think they're hers ❺ his – can borrow them.

___ *Lerntipp* ___
*Wie Sie gemerkt haben, haben wir die wörtlichen Übersetzungen in den letzten Lektionen schrittweise reduziert. Mittlerweile können Sie die Unterschiede zwischen dem englischen und dem deutschen Satzbau selbst erkennen und nachvollziehen. So langsam sollten Sie damit beginnen, sich von den deutschen Strukturen zu lösen, um ein Gefühl für die englische Ausdrucksweise zu bekommen.*

## 47. Lektion

### Die allgemeinen Wahl[en] (Teil 2)

1 – Bevor Sie sich [dazu] entschließen, [die] Konservativen zu wählen,
2 vergleichen Sie ihre Versprechen mit unseren.
3 New Labour ist die bedeutendste Partei in Großbritannien.

(ANMERKUNGEN)

① **ours** „unserer, -e, -es": Possessivpronomen des Possessivadjektivs **our**: **Whose is that big black car? – It's ours** „Wem gehört dieses große schwarze Auto? – Es ist unseres".

② Der Superlativ, die höchste Steigerungsstufe, wird gebildet, indem dem Adjektiv **-est** (oder **-st**, wenn es auf einem Vokal endet) angehängt wird: **tall – taller – tallest**; **tiny – tinier – tiniest**.

③ **great** heißt „groß, großartig", aber auch „bedeutend": **He is a great boxer** „Er ist ein bedeutender Boxer".

**4** We're the biggest, the strongest and the most intelligent. ④

**5** And our policies are certainly more democratic than theirs. ⑤⑥

**6** Remember: capitalism means that one man exploits another.

**7** But socialism's exactly the opposite!

**8** Vote New Labour: the best choice for Britain. ⑦

(PRONUNCIATION)

[**4** ... bi-gößt ßtrOng-gößt ... moußt in-tä-li-jönt **5** ... pO-lö-ßi:s ... ßÖ:(r)-tön-li ... dä-mö-krä-tik ... **6** ri-mäm-bö(r) kä-pi-tö-lism mi:ns ... uan män ikß-ploitß ö-na-fsö(r) **7** ... ßou-schö-lisms ig-säkt-li ... O-pö-sit **8** ... tschoiß ...]

### FIRST EXERCISE: DO YOU UNDERSTAND THESE SENTENCES?

❶ I want to compare their car with ours before I buy a new one. ❷ Karim's the biggest and strongest child in the school. ❸ What's the best restaurant in London? ❹ That's a great idea. Let's compare our policies with theirs. ❺ Politics is much more important than politicians.

### SECOND EXERCISE: FILL IN THE CORRECT WORDS!

❶ Wer ist der bedeutendste Boxer (in) der Welt? – Ich!

... '. ... ........ boxer in the world? – Me!

❷ Labour ist die beste Partei in Großbritannien, außer für die Konservativen.

Labour is ... .... ..... in Britain except for the Conservatives.

**4** Wir sind die Größten, die Stärksten und die Intelligentesten.
**5** Und unsere Politik ist (sind) bestimmt viel demokratischer (mehr demokratisch) als ihre.
**6** Denken Sie daran: Kapitalismus bedeutet, dass einer (ein Mann) einen anderen ausbeutet.
**7** Aber Sozialismus ist genau das Gegenteil!
**8** Wählen Sie New Labour: die beste Wahl für Großbritannien.

(ANMERKUNGEN)

④ Besteht ein Adjektiv aus zwei oder mehr Silben, wird der Superlativ durch Voranstellen von most gebildet: most popular „der, die, das beliebteste"; most delicious „der, die, das köstlichste".

⑤ Es gibt zwei Wörter für „Politik": 1. politics (Singular trotz Plural-**s**!) „Politik" im Allgemeinen als „Staatskunst"; 2. policy „Politik" im Sinne eines „politischen Konzepts": the government's health policy „die Gesundheitspolitik der Regierung".

⑥ theirs „ihr, -e, -s": Possessivpronomen des Possessivadjektivs their.

⑦ Den Komparativ better „besser" von good kennen Sie aus Lektion 45. Best „der, die, das beste" ist der Superlativ.

SOLUTION TO FIRST EXERCISE: DID YOU UNDERSTAND?

❶ Ich möchte ihren Wagen mit unserem vergleichen, bevor ich einen neuen kaufe. ❷ Karim ist das größte und stärkste Kind in der Schule. ❸ Welches ist das beste Restaurant in London? ❹ Das ist eine großartige Idee. Lass uns unsere Politik mit ihrer vergleichen. ❺ Die Politik ist viel wichtiger als [die] Politiker.

③ Sie sind die Intelligentesten und bestimmt auch die demokratischsten.

They're ... ... ............ and certainly ... ............ .

④ Es ist wichtig, unsere Versprechen mit ihren zu vergleichen.

It's important to compare ... ........ .... ....... .

⑤ Was ist die Gesundheitspolitik der Regierung?

What is the ............'. ....... ....... ?

---

▶ **Forty-eighth lesson** [*fO:(r)-ti-eitfß lä-ß(ö)n*]

## Booking a flight

**1** – Good morning. Alpha Travel. How can I help you? ①
**2** – I want to book a flight to Glasgow, please. ②
**3** – Certainly. When do you want to fly?
**4** – I don't mind. Any time next week. ③④

(PRONUNCIATION)

[*bu-king ... flait* **1** *... äl-fa trä-wöl ... * **2** *... flait ... gla:s-gou ...* **3** *ßÖ:(r)-tön-li ... uän ... flai* **4** *... maind ä-ni taim näkßt ui:k*]

(ANMERKUNGEN)

① How can I help you? ist die klassische Begrüßungsfloskel, wenn Sie bei einer Firma, einer Behörde usw. anrufen.

**SOLUTION TO SECOND EXERCISE: THE CORRECT WORDS.**

❶ Who's the greatest ❷ the best party ❸ the most intelligent – the most democratic ❹ our promises with theirs ❺ government's health policy.

---
**Lerntipp**

*Haben Sie Schwierigkeiten mit einem bestimmten Grammatikthema? Können Sie sich etwas absolut nicht merken? Notieren Sie sich das Problem ein paar Lektionen weiter am rechten Buchrand, und lernen Sie wie gewohnt weiter. Wenn Sie dann später an diese Stelle kommen, hat sich die Schwierigkeit vielleicht aufgrund der inzwischen erfolgten Wiederholung „in Luft aufgelöst". Besteht das Problem weiter, machen Sie sich einige Lektionen später einen neuen Vermerk, und das so oft, bis sie es verstanden bzw. assimiliert haben.*

---

## 48. Lektion

### (Buchend) Einen Flug buchen

1 – Guten Morgen. Alpha Reisen. Was kann ich für Sie tun (wie kann ich helfen Ihnen)?
2 – Ich möchte (will) einen Flug nach Glasgow buchen, bitte.
3 – Gerne (sicher). Wann möchten Sie fliegen?
4 – Das ist mir egal. Jederzeit (irgendwelche Zeit) nächste Woche.

(ANMERKUNGEN)

② **flight** „Flug" kommt von **to fly** [*flai*] „fliegen, das Flugzeug nehmen". Verwechseln Sie es nicht mit **fly** [*flai*] „Fliege".

③ **I don't mind** heißt wie **I don't care** „Es ist mir egal", klingt aber weniger kategorisch.

④ **Any** „jeder, -e, -es beliebige": **Any bus can take you to the West End** „Jeder beliebige Bus kann dich (nehmen) zum Westend bringen".

LEKTION 48

| 5 | – I'm **so**rry, we have **no**thing bef**o**re the **twe**nty-**ei**ghth of Oct**o**ber. ⑤⑥
| 6 | **E**verything is f**u**lly b**oo**ked.
| 7 | – **Do** you h**a**ve any flights to **E**dinburgh? ⑦
| 8 | – **Ye**s, but you have to travel v**i**a New Y**o**rk. ⑧

(PRONUNCIATION)

[5 ... na-fßing ... Ok-**tou**-bö(r) 6 ew-ri-fßing ... 7 ... flaitß ... **ä**-din-bö-rou 8 ... trä-wöl **wai**-ö nu: j**O**:(r)k]

### FIRST EXERCISE: DO YOU UNDERSTAND THESE SENTENCES?

❶ I want to book a flight to Glasgow, please. ❷ You can come any time next week. ❸ Do you want coffee or tea? – I really don't mind. ❹ I'm sorry, but everything is fully booked. ❺ What do you want for breakfast? – Nothing. I'm not hungry.

### SECOND EXERCISE: FILL IN THE CORRECT WORDS!

❶ Sie hat nichts zum Anziehen.

She's ... ....... to wear.

❷ Haben Sie irgendwelche Flüge nach New York?

.. ... .... ... ......... .. New York?

❸ Jeder beliebige Bus kann dich zum Stadtzentrum bringen.

... bus can .... ... .. the city centre.

❹ Er hat nichts zu tun.

He hasn't ... ........ to do.

❺ John ist großartig; er denkt an alles.

John is ......; he thinks of ........... .

| 5 | – Es tut mir leid, wir haben (nichts) vor dem 28. Oktober nichts [frei].
| 6 | Alles ist voll ausgebucht.
| 7 | – Haben Sie irgendwelche Flüge nach Edinburgh?
| 8 | – Ja, aber Sie müssen (reisen) über New York fliegen.

**ANMERKUNGEN**

⑤ **nothing** „nichts". **She's got nothing to wear** und **She hasn't got anything to wear** bedeuten beide „Sie hat nichts zum Anziehen".

⑥ Bei einer Datumsangabe benutzt man die Präposition **of**: **the seventh of april** „der 7. April".

⑦ Unser frustrierter Kunde benutzt in seiner Frage **any**, da er nicht weiß, ob es Flüge gibt und außerdem das Risiko besteht, dass es keine gibt.

⑧ Beachten Sie hier die Aussprache von **New**. Sie lautet nicht, wie Sie vielleicht erwarten würden, [*nju:*], sondern [*nu:*].


**SOLUTION TO FIRST EXERCISE: DID YOU UNDERSTAND?**

❶ Ich möchte einen Flug nach Glasgow buchen, bitte. ❷ Sie können nächste Woche jederzeit kommen. ❸ Möchtest du Kaffee oder Tee? – Das ist mir wirklich egal. ❹ Es tut mir leid, aber alles ist voll ausgebucht. ❺ Was möchtest du zum (für) Frühstück? – Nichts. Ich habe keinen Hunger (bin nicht hungrig).

**SOLUTION TO SECOND EXERCISE: THE CORRECT WORDS.**

❶ got nothing ❷ Do you have any flights to ❸ Any – take you to ❹ got anything ❺ great – everything.

*Mit der übernächsten Lektion beginnt eine neue Phase Ihres Englisch-Studiums: Die „Zweite Welle" oder „Aktive Phase", in der Sie dann endlich eigene Sätze auf Englisch formulieren dürfen. Bis jetzt haben Sie ja nur passiv Vokabular und Strukturen assimiliert. Ab Lektion 50 ist es also an der Zeit, diese passiven Kenntnisse in der Praxis anzuwenden.*

▶ **Forty-ninth lesson** [f**O**:(r)-ti-n**ai**nfß l**ä**-ß(ö)n]

**Revision and notes**

**1. Nahe Zukunft: going to und Verlaufsform**

Die Konstruktion **going to** + Verb wird benutzt, um
a) Handlungen und Ereignisse zu beschreiben, die in naher Zukunft stattfinden werden:

**It's going to be hot and sunny tomorrow.** „Morgen wird es heiß und sonnig sein."
**They're going to meet Laura at the airport at five.** „Sie werden Laura um fünf [Uhr] am Flughafen abholen."

Wie Sie in Lektion 41 gesehen haben, kann man zum Ausdruck der nahen Zukunft auch die Verlaufsform benutzen: **They're meeting Laura at the airport at five.**

b) Handlungen zu beschreiben, deren Ausführung fest geplant ist:

**I'm going to stop drinking.** „Ich werde mit dem Trinken aufhören."
**She's going to be a doctor one day.** „Sie wird eines Tages Ärztin werden."

> **Großstädte in Schottland**
> **Glasgow**, die größte Stadt Schottlands, ist ein wichtiger Industriestandort, Handelshafen mit langjähriger Schiffsbautradition und bekannt für seine Whisky-Destillation. Nachdem es Glasgow nach dem 2. Weltkrieg jahrelang wirtschaftlich schlecht ging, erlebt die Stadt seit den 80er Jahren wieder eine Renaissance. **Edinburgh** ist die zweitgrößte Stadt und die Hauptstadt Schottlands. Sie ist Sitz des schottischen Parlaments, Finanz- und Kulturzentrum. Jedes Jahr zieht das Kunstfestival Millionen von Besuchern an. Zwischen den beiden Städten besteht eine liebevolle Rivalität: Glasgow: Arbeiterstadt und bodenständig, Edinburgh: Kunstmetropole und frivol. In Wirklichkeit ergänzen sich beide Städte hervorragend!

## 49. Lektion

In diesem Fall kann man die Konstruktion nicht, wie unter a) erwähnt, durch die Verlaufsform ersetzen.
Kleine Anmerkung zur Aussprache: Wenn die Briten – und vor allem die Amerikaner – schnell sprechen, sagen sie statt **going to** meistens **gonna** [gO-nö], was man vor allem in Liedern und Filmen oft hört. Sie selbst sollten es nicht anwenden.

### 2. Whose...?

**Whose** ist einerseits ein Adjektiv und andererseits ein Possessivpronomen.
Ist es ein Adjektiv, steht es vor dem Substantiv:

**Whose pen is this?** „Wessen Stift ist das?" / „Wem gehört dieser Stift?"
**Whose tickets are these?** „Wessen Eintrittskarten sind das?" / „Wem gehören diese Eintrittskarten?"

Ist **whose** ein Pronomen, steht es vor dem Verb:

**Whose is this pen?** „Wessen Stift ist das?" / „Wem gehört dieser Stift?"
**Whose are these tickets?** „Wessen Eintrittskarten sind das?" / „Wem gehören diese Eintrittskarten?"

## 3. Possessivpronomen

Im Folgenden sehen Sie eine Gegenüberstellung der Possessivadjektive und der Possessivpronomen:

| Possessivadjektiv | Possessivpronomen | Beispielsatz |
|---|---|---|
| my | mine „meiner, -e, es" | It's my pen. It's mine. |
| your | yours „deiner, -e, es"/ „Ihrer, -e, -es" | It's your car. It's yours. |
| his | his „seiner, -e, -es" | It's his school. It's his. |
| her | hers „ihrer, -e, -es" | It's her ticket. It's hers. |
| its | (kein Possessivpronomen) | |
| our | ours „unserer, -e, -es" | It's our computer. It's ours. |
| your | yours „eurer, -e, -es"/ „Ihrer, -e, -es" | It's your restaurant. It's yours. |
| their | theirs „ihrer, -e, -es" | It's their birthday. It's theirs. |

## 4. everything und nothing

In Lektion 39 haben Sie bereits **everyone** und **everybody** „jeder, -e, -es" kennengelernt. Jetzt sind noch **everything** „alles" und **nothing** „nichts" hinzugekommen:

a) **everything**:

**Everything is fully booked.** „Alles ist voll ausgebucht."
**She takes everything she can get.** „Sie nimmt alles, was Sie bekommen kann."

b) **nothing**:

**There's nothing I can do for them.** „Es gibt nichts, was ich für sie tun kann."
**She's doing nothing at the moment.** „Sie tut im Moment nichts."

Die beiden letzten Sätze können auch mit einer Negation + **anything** „alles, jeder, -e, -es" ausgedrückt werden, ohne dass sich ein Bedeutungsunterschied ergibt:

**There isn't anything I can do for them.**
**She isn't doing anything at the moment.**

### 5. Komparativ und Superlativ

Die Endung für den Komparativ (1. Steigerungsstufe) lautet **-er**, die Superlativendung (höchste Steigerungsstufe) **-est**. Die Bildung des Komparativs und des Superlativs von Adjektiven unterscheidet sich jedoch hinsichtlich der Silbenanzahl des Adjektivs.
Sehen wir uns zunächst die einsilbigen Adjektive an:

| **Grundform** | **Komparativ** | **Superlativ** |
|---|---|---|
| **old** „alt" | **older** „älter" | **oldest** „der, die, das älteste; am ältesten" |
| **tall** „groß (hochgewachsen)" | **taller** „größer" | **tallest** „der, die, das größte; am größten" |

Endet ein Adjektiv in der Grundform auf Vokal + Konsonant, wird der Konsonant verdoppelt:

| **big** „groß" | **bigger** „größer" | **biggest** „der, die, das größte; am größten" |

Endet ein Adjektiv in der Grundform auf **-y**, wird der Endung **-er** bzw. **-est** ein **-i-** vorangestellt:

| **happy** „fröhlich" | **happier** „fröhlicher" | **happiest** „der, die, das fröhlichste; am fröhlichsten" |

Einige Adjektive bilden ihre Steigerungsformen unregelmäßig, z. B.

| **good** „gut" | **better** „besser" | **best** „der, die, das beste; am besten" |

Adjektive mit zwei und mehr Silben bilden die Steigerungsformen nicht mit den oben genannten Endungen, sondern mit **more** (Komparativ) und **most** (Superlativ):

| **intelligent** | **more intelligent** | **most intelligent** |
|---|---|---|
| „intelligent" | „intelligenter" | „der, die, das intelligenteste; am intelligentesten". |

Sowohl bei den kurzen als auch bei den langen Adjektiven wird beim Komparativ zwischen die beiden verglichenen Elemente **than** „als" gestellt:

> **John's car is older than Steve's car.** „Johns Auto ist älter als Steves Auto."
> **She is more intelligent than her brother.** „Sie ist intelligenter als ihr Bruder."

Die Steigerung kann durch den Zusatz **much** „viel" verstärkt werden:

> **She is much more intelligent than her brother.** „Sie ist viel intelligenter als ihr Bruder."

### 6. Datumsangaben

Die Frage nach dem Datum lautet **What's the date** [*deit*]? „Welches Datum haben wir heute?". Für die Datumsangabe wird die jeweilige Ordinalzahl und **of** „von" benutzt. So heißt „8. Juli" **the eighth of July**. Aber Achtung: Geschrieben wird das Datum anders. Einige Beispiele:

| **Datum** | **Man spricht ...** | **Man schreibt ...** |
|---|---|---|
| 1. Februar | the first of February | 1st February |
| 2. April | the second of April | 2nd April |
| 6. Juni | the sixth of June | 6th June |
| 30. August | the thirtieth of August | 30th August |
| 26. Oktober | the twenty-sixth of October | 26th October |

Bei den geschriebenen Datumsangaben setzt sich immer mehr der Trend durch, auf den Zusatz -**st**, -**th** usw. zu verzichten und nur die Zahl und den Monat zu schreiben: **6 June**, **26 October** ...

Es existiert auch die Schreibweise **26/10/2005**, man sollte aber beachten, dass die Amerikaner hier die Zahl für den Tag und den Monat vertauschen: **10/26/2005**!

Einen Überblick über die Ordinalzahlen und die Monatsnamen finden Sie in Lektion 14.

### 7. Uhrzeit

Bei den vollen Stunden wird **o'clock** ergänzt, die Verkürzung von **of the clock**:

   **It's three o'clock.** „Es ist drei Uhr."
   **It's ten o'clock.** „Es ist zehn Uhr."
   **It's twelve o'clock.** „Es ist zwölf Uhr."

In der Umgangssprache wird **o'clock** auch häufig weggelassen:

   **Let's meet at ten.** „Treffen wir uns um zehn."

Schon vor langer Zeit wurde in Großbritannien das 24-Stunden-System eingeführt, das z. B. bei Fahrplänen angewendet wird, aber im täglichen Leben benutzen es die meisten Briten nicht. Um Missverständnisse hinsichtlich der Uhrzeit zu vermeiden, setzt man stattdessen **in the morning**, **in the afternoon** oder **in the evening** hinzu:

   **eight (o'clock) in the morning** „8.00 Uhr"
   **three (o'clock) in the afternoon** „15.00 Uhr"
   **six (o'clock) in the evening** „18.00 Uhr".

In einem formelleren Kontext schreibt (und spricht) man die Zahlen nach dem 12-Stunden-System und dann die Abkürzungen **a.m.** [*ei äm*] (lat. **ante meridiem**, Zeit zwischen Mitternacht und 12 Uhr mittags) bzw. **p.m.** [*pi: äm*] (lat. **post meridiem**, Zeit zwischen 12 Uhr mittags und Mitternacht):

   **8 a.m.** „8.00 Uhr"
   **3 p.m.** „15.00 Uhr".

Bei dieser Variante kann man niemals gleichzeitig **o'clock** verwenden!

Bei der Bildung der Uhrzeiten wird wie im Deutschen die Uhr in zwei Hälften geteilt. Alle Uhrzeiten von der vollen bis zur nächsten halben Stunde werden mit **past** gebildet, die Uhrzeiten von der halben bis zur nächsten vollen Stunde mit **to**. Das Wort für „Viertelstunde" heißt **a quarter** [*kuO:(r)-tö(r)*], das Wort für „halb" **half** [*ha:f*].
Einige Beispiele:

| | |
|---|---|
| 15.10 Uhr | **ten** (**minutes** [*mi-nitß*]) **past three** |
| 11.15 Uhr | **a quarter past eleven** |
| 6.30 Uhr | **half past six** |
| 4.40 Uhr | **twenty** (**minutes**) **to five** |
| 1.45 Uhr | **a quarter to two** |

Vom System her unterscheidet sich die Bildung der Uhrzeiten nicht wesentlich vom Deutschen. Versuchen Sie doch mal, in der nächsten Zeit beim Blick auf die Uhr die Uhrzeit auf Englisch zu formulieren.

## 8. Verständnis-/Formulierungsübung

**DO YOU UNDERSTAND THESE SENTENCES?**

❶ I'm going to buy a new car. ❷ You can borrow mine if you like. ❸ No thanks. Yours is much too old. ❹ Old? It's bigger, better and more comfortable than your car. ❺ In fact, anything is better than your car. ❻ I don't care: I want the best car money can buy. ❼ You know what they say: You can't have everything.

**DID YOU UNDERSTAND?**

❶ Ich werde ein neues Auto kaufen. ❷ Du kannst meins ausleihen, wenn du möchtest. ❸ Nein danke. Deins ist viel zu alt. ❹ Alt? Es ist größer, besser und komfortabler als dein Auto. ❺ Eigentlich ist alles besser als dein Auto. ❻ Das ist mir egal: Ich will das beste Auto, das [man mit] Geld kaufen kann. ❼ Du weißt, was man sagt: Man kann nicht alles haben.

## 9. „Zweite Welle" oder „Aktive Phase"

In den ersten 49 Lektionen dieses Kurses haben Sie die Texte und Anmerkungen gelesen, Sie sollten die Tonaufnahmen anhören, die Texte verstehen und sich mit der Aussprache vertraut machen, d. h. Sie haben sich eher passiv mit der Sprache beschäftigt, aber noch keine eigenen Sätze gebildet. Mit der nächsten Lektion treten Sie in eine neue Phase Ihres Englisch-Studiums ein: Die „Zweite Welle" oder auch „Aktive Phase". Hierfür müssen Sie von nun an täglich etwa 5-10 Minuten mehr einplanen, denn nach jeder neu durchgearbeiteten Lektion „aktivieren" Sie eine der ersten Lektionen, d. h. Sie aktivieren nach Lektion 50 die Lektion 1, nach Lektion 51 die Lektion 2, nach Lektion 52 die Lektion 3 usw.

Sie gehen folgendermaßen vor: Sie verdecken den englischen Lektionstext und versuchen, den deutschen Text der Lektion – und danach, wenn Sie besonders gründlich sein wollen, auch den deutschen Text der Verständnisübung – auf Englisch zu formulieren. Sehen Sie dann auf der linken Seite nach, ob Sie die Sätze richtig wiedergegeben haben. Wiederholen Sie die Wörter und Wendungen, die Ihnen entfallen waren, oder lesen Sie ggf. noch einmal die entsprechenden Anmerkungen.

Im Laufe dieser „Zweite Welle" werden Sie feststellen, dass Sie Ihre bislang erworbenen Kenntnisse vertiefen und festigen und gleichzeitig Ihren Wortschatz erweitern.

Verzichten Sie nicht auf diese „Aktive Phase"; sie ist ein integraler Bestandteil des Kurses! Sie werden merken, wie viele passive Kenntnisse Sie schon besitzen, und nun können Sie endlich selbst auf Englisch formulieren! Außerdem zeigt Ihnen die „Zweite Welle" die Schwierigkeiten auf, die noch bei Ihnen bestehen, und Sie werden herausfinden, was Sie noch einmal wiederholen müssen.

## ▶ Fiftieth lesson

## Time flies

**1** – So tell me, how was your holiday? ①
**2** – We visited my aunt in Portsmouth. ②③
**3** It was fun. ④⑤
**4** We stayed in a nice bed and breakfast near her flat
**5** and we explored the tourist attractions.
**6** You know, the Victory, the D-Day Museum, the beach – that kind of thing.
**7** We were really lucky with the weather: it rained only once. ⑥⑦
**8** We wanted to go to the Isle of Wight but it wasn't possible. ⑧

(PRONUNCIATION)

[... flais **2** ... wi-sö-tid ... a:nt ... pO:(r)tß-möfß **3** ... fan **4** ... ßteid ... bäd än bräk-fößt ... flät **5** ... ikß-plO:(r)d ... tu:-rißt ö-träk-tschöns **6** ... wik-tö-ri ... di-dei mju-si-öm ... kaind **7** ... uÖ:(r) ... uä-fsö(r) ... reind ... uanß **8** ... ail ... uait ... uO:-snt pO-ßö-bl]

(ANMERKUNGEN)

① Auf to tell „sagen, erzählen" folgt immer ein Pronomen oder eine Person: Tell me where you live „Sag mir, wo du wohnst". Tell Steve the name of the hotel „Sag Steve den Namen des Hotels".

② Ab jetzt befassen wir uns etwas mit der einfachen Vergangenheit (simple past), die meistens im Deutschen mit der zusammengesetzten Vergangenheit wiedergegeben wird. Das simple past der regelmäßigen Verben wird in allen Personen durch Anhängen von -ed an den Verbstamm gebildet (bzw. -d, wenn der Stamm auf -e endet).

③ Weitere Familienmitglieder sind: uncle [ang-kl] „Onkel", nephew [näf-ju:] „Neffe", niece [ni:ß] „Nichte", cousin [ka-sin] „Cousin, Cousine", grandmother [grän-ma-fsö(r)] „Großmutter", grandfather [grän-fa:-fsö(r)] „Großvater".

## 50. Lektion

### [Die] Zeit fliegt

1 – (So) erzähl mir [mal], wie war dein Urlaub?
2 – Wir (besuchten) haben meine Tante in Portsmouth besucht.
3 Das war lustig (Spaß).
4 Wir (blieben) haben in einer netten Frühstückspension (Bett und Frühstück) in der Nähe ihrer Wohnung gewohnt,
5 und wir (erkundeten) haben die Touristenattraktionen erkundet.
6 Du weißt [ja], die „Victory", das „D-Day-Museum", den Strand – diese ganzen Dinge (diese Art von Ding).
7 Wir hatten (waren) wirklich Glück mit dem Wetter: Es (regnete) hat nur einmal geregnet.
8 Wir wollten (gehen) zur Isle of Wight fahren, aber es war nicht möglich.

(ANMERKUNGEN)

④ **It was...**: Die **simple past**-Formen von **to be** „sein" sind unregelmäßig; sie lernen Sie in der nächsten Wiederholungslektion kennen.

⑤ **fun** „Spaß" wird oft als Adjektiv benutzt. **Our holiday was good fun** „Unser Urlaub war lustig". **This bar is a fun thing to visit** „Ein Besuch in dieser Bar ist lustig". **Have fun!** „Viel Spaß / Amüsier dich gut!". **Funny** „spaßig, komisch, witzig".

⑥ Wissen Sie's noch? **To be lucky** heißt „Glück haben". „Glücklich sein" heißt **to be happy**.

⑦ **once** „einmal, ein einziges Mal", **twice** [tuaiß] „zweimal". Ab „dreimal" heißt es dann **three times, four times** ...

⑧ **wasn't** ist die Kurzform der Verneinung **was not**. In der 2. Person Singular und in den Pluralformen heißt die Verneinung **were** [uÖ:(r)] **not** (kurz **weren't** [uÖ:-rönt] „waren nicht").

**9** We **o**nly had a **wee**k, and **t**ime fl**ie**s when you're **ha**ving f**u**n. ⑨

### FIRST EXERCISE: DO YOU UNDERSTAND THESE SENTENCES?

❶ They were really lucky with the weather. ❷ Sally goes to the gym once or twice a week. ❸ The film was really funny. ❹ We stayed in a nice bed and breakfast near her flat. ❺ Time flies when you're having fun.

### SECOND EXERCISE: FILL IN THE CORRECT WORDS!

❶ Sag mir den Namen des Restaurants deiner Großmutter.

. . . . . . the name of . . . . . . . . . . . . . . . '. restaurant.

❷ Wir wohnten (blieben) in einem Hotel und erkundeten die Touristenattraktionen.

. . . . . . . . . a hotel and . . . . . . . . the tourist attractions.

❸ Nein, ich war nicht im Urlaub, und wir waren nicht in Portsmouth.

No, I . . . . '. on holiday and we . . . . . '. . . Portsmouth.

❹ Wir wollten auf die Isle of Wight fahren, aber es hat den ganzen Tag geregnet.

We . . . . . . . . . . . . . the Isle of Wight but . . . . . . . . all day.

❺ Die ganze Familie war da: mein Onkel, meine Tante, mein Cousin/meine Cousine, mein Neffe und meine Nichte.

All the family . . . there: . . . . . . . . , . . . . . . . , . . . . . . . . , . . . . . . . and . . . . . . . .

[9] Wir hatten nur eine Woche, und [die] Zeit fliegt, wenn man (du-bist habend) Spaß hat.

(ANMERKUNGEN)

⑨ **We only had...**: Auch die Vergangenheit von to have ist unregelmäßig.

### SOLUTION TO FIRST EXERCISE: DID YOU UNDERSTAND?

❶ Sie hatten (waren) wirklich Glück mit dem Wetter. ❷ Sally geht ein- oder zweimal pro (eine) Woche ins Fitnessstudio. ❸ Der Film war wirklich lustig. ❹ Wir wohnten in einem netten Bed & Breakfast in der Nähe ihrer Wohnung. ❺ Die Zeit fliegt, wenn man Spaß hat.

### SOLUTION TO SECOND EXERCISE: THE CORRECT WORDS.

❶ Tell me – your grandmother's ❷ We stayed in – explored ❸ wasn't – weren't in ❹ wanted to go to – it rained ❺ was – my uncle, my aunt, my cousin, my nephew – my niece.

**Bed & Breakfast**
Das **Bed & Breakfast** („Bett & Frühstück"), bei dem Reisende in Privathäusern zu einem relativ niedrigen Preis eine Unterkunft und ein Frühstück erhalten, ist eine preisgünstige Alternative zum Hotel. Jedes Fremdenverkehrsamt hält Listen der örtlichen **B&Bs** [bi:-ön-bi:s] bereit, aus denen der Reisende sich je nach Geldbeutel und Anspruch seine Unterkunft auswählen kann.

LEKTION 50

## Portsmouth

Portsmouth an der Südküste Englands ist eine der bedeutendsten Hafenstädte Großbritanniens und Heimathafen der Kriegsmarine (**Royal Navy**), außerdem Handelshafen und Anlaufpunkt vieler Autofähren. 1496 wurde die erste Schiffswerft gebaut. Ein Zeuge der langen Schiffsbautradition ist die **Victory**, das Schlachtschiff, mit dem Horatio Nelson in der Schlacht von Trafalgar 1805 die englische Flotte zum Sieg über die Franzosen führte. Dort errichtete man auch das **D-Day**-Museum zum Gedenken an die Rolle, die Portsmouth als Verschiffungshafen für die alliierten Armeen am 6. Juni 1945 zukam. Gegenüber der Stadt liegt die **Isle of Wight**, die wegen ihres milden Klimas und ihrer schönen Landschaft ein beliebter Ausflugsort ist.

## ▶ Fifty-first lesson

### A famous citizen of Portsmouth

**1** Charles Dickens, the great writer, was born in Portsmouth in **1812**. ① ②

**2** He had a very unhappy childhood: the family was poor, ③ ④

(PRONUNCIATION)

[... **fei**-möß ßi-ti-sön ... **1** tscha:(r)ls di-köns ... **rai**-tö(r) ... b**O**:(r)n ... p**O**:(r)tß-möfß ... **ei**-ti:n-tuälw **2** ... an-h**ä**-pi tsch**ai**ld-hud ...]

(ANMERKUNGEN)

① Beim Verb **to be born** „geboren werden" muss immer **to be** konjugiert werden. Das Substantiv zu diesem Verb lautet **birth** [b**Ö**:(r)fß] „Geburt", das Sie aus **birthday** kennen.

> **Die „Zweite Welle"**
> *In den ersten 49 Lektionen haben Sie sich mit der Grundstruktur der englischen Sprache vertraut gemacht. Nun beginnt die „Aktive Phase", die wir auch „Zweite Welle" nennen: Sie formulieren selbstständig Sätze auf Englisch. Sie werden feststellen, dass Ihnen die erforderlichen Ausdrücke und Redewendungen spontan einfallen. Mittlerweile verstehen Sie sehr viel, und die Texte der ersten Lektionen werden Ihnen besonders leicht erscheinen. Achtung: Bevor Sie diesen neuen Lernabschnitt absolvieren, sollten Sie die heutige Lektion ganz normal bearbeiten, d. h. sich nur mit dem Verstehen des Dialogs beschäftigen.*
> *Wie Sie die „Zweite Welle" absolvieren, wird am Ende von Lektion 49 erklärt.*

**Zweite Welle: Aktivieren Sie heute Lektion 1!**

## 51. Lektion

### Ein berühmter Bürger von Portsmouth

1 Charles Dickens, der große Schriftsteller, wurde (in) 1812 in Portsmouth geboren.
2 Er hatte eine sehr unglückliche Kindheit: Die Familie war arm,

(ANMERKUNGEN)

② Jahreszahlen werden in zwei Teilen gesprochen: **eighteen twelve** „1812". Aber: **eighteen hundred** „1800". Bei den ersten neun Jahreszahlen nach einer Jahrhundertzahl wird die „Null" **o** [*ou*] gesprochen: „1403" [*fO:(r)-ti:n ou fßri:*].

③ Das **simple past** von **to have** lautet in allen Personen **had**: **In the morning I had some orange juice** [*O-rönĵ dĵu:ß*] „Morgens habe ich etwas Orangensaft getrunken".

④ Die Vorsilbe **un-** kehrt die Bedeutung eines Adjektivs in ihr Gegenteil um: **happy** – **unhappy**; **lucky** – **unlucky**; **important** – **unimportant**. Bei bestimmten Adjektiven lautet sie auch **im-**: **possible** – **impossible**.

| 3 | The father went to prison and the young Charles worked in a factory. |
| 4 | Later he went to London and started a job as a reporter. ⑤ |
| 5 | He published his first book when he was only twenty-four. |
| 6 | It was very successful and Dickens was immediately famous. |
| 7 | He produced around twenty books, mainly novels and travel books. ⑥ |
| 8 | Charles Dickens died in **1870** and was buried in Westminster Abbey. ⑦⑧ |

(PRONUNCIATION)

[*3* ... **fa**:-fsö(r) uänt ... pri-**sön** ... **jang** ... u**Ö**:(r)kd ... **fäk**-tö-ri *4* **lei**-tö(r) ... ßta:(r)-tid ... ri-p**O**:(r)-tö(r) *5* ... **pab**-lischt ... *6* ... ß**ök**-ß**ä**ß-ful ... i-**mi**:-di-öt-li ... *7* ... prö-**dju**:ßd ö-**raond** ... **mein**-li n**O**-wöls ... **trä**-wöl ... *8* ... daid ... **bä**-rid ... **uäßt**-min-ßtö(r) **ä**-bi]

(FIRST EXERCISE: DO YOU UNDERSTAND THESE SENTENCES?)

❶ Three important dates in British history are 1702, 1800 and 1939. ❷ We have around seven hundred books. ❸ They went to the cinema at the weekend. ❹ He worked in a factory and then started a job as a reporter. ❺ Is she unhappy? – No, just unlucky.

**3** der Vater kam (ging) ins Gefängnis, und der junge Charles arbeitete in einer Fabrik.

**4** Später ging er nach London und begann, als Reporter zu arbeiten (begann eine Arbeit als ein Reporter).

**5** Er veröffentlichte sein erstes Buch, als er erst 24 [Jahre alt] war.

**6** Es war sehr erfolgreich, und Dickens war sofort berühmt.

**7** Er schrieb (produzierte) etwa 20 Bücher, hauptsächlich Romane und Reisebeschreibungen (Reisebücher).

**8** Charles Dickens starb (in) 1870 und wurde in der Abtei von Westminster (Westminster Abtei) beigesetzt.

**ANMERKUNGEN**

⑤ **went** ist das **simple past** von **to go**: **They went to the theatre on Saturday** „Am Samstag sind sie ins Theater gegangen".

⑥ **around** „ungefähr, etwa" kann auch Präposition sein: **He moved slowly around the room** „Er bewegte sich langsam im Raum umher".

⑦ Da der Infinitiv von **to die** auf -**e** endet, lautet die Endung für das **simple past** -**d**: **died**. Merken Sie sich auch **death** [däfß] „Tod" und **dead** [dad] „tot".

⑧ Achten Sie darauf, dass das **u** in **buried** hier nicht, wie normalerweise, [a] ausgesprochen wird, sondern [ä].

**SOLUTION TO FIRST EXERCISE: DID YOU UNDERSTAND?**

❶ Drei wichtige Daten in der britischen Geschichte sind 1702, 1800 und 1939. ❷ Wir haben ungefähr 700 Bücher. ❸ Sie sind am Wochenende ins Kino gegangen. ❹ Er arbeitete in einer Fabrik und trat dann eine Stelle als Reporter an. ❺ Ist sie unglücklich? – Nein, sie hat nur kein Glück (nur glücklos).

### SECOND EXERCISE: FILL IN THE CORRECT WORDS!

① Sie bewegten sich langsam im Raum umher.

They . . . . . . . . . . . . . . . the room.

② Charles Dickens wurde in Portsmouth geboren und starb in London.

Charles Dickens . . . . . . . . .. Portsmouth and . . . . .. London.

③ Ich habe keinen Hunger. Ich habe um 11 [Uhr] gefrühstückt.

.'. . . . . . . . . . . I . . . breakfast . . . . . . . . .

④ Wie geht es George? Ist er unglücklich? – Nein. Er ist tot.

How's George? . . he . . . . . . . ? – No. . . ' . . . . . .

⑤ Sie veröffentlichte ihr erstes Buch, als sie erst 34 [Jahre alt] war.

She . . . . . . . . . . . . . first book when she . . . . . . . . . . . . . . -. . . . .

---

▶ **Fifty-second lesson**

## Rivals

**1** – **Ma**ggie, h**o**w c**o**me you like **A**drian more than m**e**?

(PRONUNCIATION)

[*rai*-wöls **1** *mä*-gi ... kam ... *ei*-dri-ön ...]

> SOLUTION TO SECOND EXERCISE: THE CORRECT WORDS.

❶ moved slowly around ❷ was born in – died in ❸ I'm not hungry – had – at eleven ❹ Is – unhappy – He's dead ❺ published her – was only thirty-four.

---

**Charles Dickens**
Charles Dickens ist einer der bedeutendsten Schriftsteller der englischen Literatur. Geprägt durch seine unglückliche Kindheit schrieb er später sozialkritische Romane voller lebendiger, teils etwas verschrobener Gestalten. Zu seinen berühmtesten Werken gehören „Oliver Twist" und „David Copperfield".

---

*Lerntipp*

*Sie können hin und wieder mal einen Blick in den grammatikalischen Anhang werfen und dort wiederholen, was Sie schon gelernt haben, aber lernen Sie nichts auswendig!*

**Zweite Welle: Aktivieren Sie heute Lektion 2!**

## 52. Lektion

### Rivalen

1 – Maggie, wie kommt [es, dass] du Adrian lieber (mehr) magst als mich?

LEKTION 52

**2** — **OK**, he's very good-l**oo**king, but s**o** am **I**. ①②
**3** — **A**drian's very g**e**nerous. He b**uy**s me fant**a**stic pr**e**sents.
**4** — Aha, but d**i**d you kn**o**w that I'm r**ea**lly r**i**ch?
**5** — H**i**m t**oo**. He inh**e**rited a f**o**rtune from his grand-parents. ③
**6** — I'm m**u**ch r**i**cher than him: I inv**e**sted my m**o**ney in the st**o**ck m**a**rket. ④⑤
**7** — **A**h, but **A**drian has a big adv**a**ntage over y**ou**.
**8** — Oh yea**h**? And what's th**a**t? **I**s he more f**u**n than me? ⑥
**9** — N**o**, it's n**o**t th**a**t. He's s**i**ngle and you're n**o**t. ⑦

(PRONUNCIATION)

[**2** ... gud-l**u**-king ... **3** ... dj**ä**-nö-röß ... b**ai**s ... fän-t**ä**ß-tik prä-s**ö**ntß **4** ... ritsch **5** ... in-h**ä**-ri-tid ... f**O**:(r)-tschön ... grän-pä-röntß **6** ... ri-tschö(r) ... in-w**ä**ß-tid ... ßt**O**k mar-köt **7** ... öd-w**a:**n-tödj ou-wö(r) ... **9** ... ß**i**ng-gl ...]

(ANMERKUNGEN)

① good-looking „gutaussehend" (mit den Steigerungsformen better-looking und best-looking) kann für Männer und Frauen verwendet werden, für Männer verwendet man auch handsome [händ-ßam], für eine Frau beautiful [bju-ti-ful].

② so am I „ich auch" kann auch mit einer anderen Variante ausgedrückt werden, die sich aus dem Personalpronomen und too „auch" zusammensetzt: I'm Welsh. – Me too „Ich bin aus Wales. – Ich auch".

③ Anstelle von him too „er auch" könnte man auch so is he sagen.

(FIRST EXERCISE: DO YOU UNDERSTAND THESE SENTENCES?)

❶ How come you like Tim more than me? ❷ He's very handsome. – Me too. ❸ How can I help you? – A single to Manchester please. ❹ Yes, but she's richer than them. ❺ He's very generous and he buys her fantastic presents.

**2** Einverstanden, er sieht sehr gut aus (ist sehr gut-aussehend), aber das bin ich auch.

**3** – Adrian ist sehr großzügig. Er kauft mir fantastische Geschenke.

**4** – Aha, aber hast du gewusst, dass ich wirklich reich bin?

**5** – [Das ist] er auch. Er hat von seinen Großeltern ein Vermögen geerbt.

**6** – Ich bin viel reicher als er: Ich habe mein Geld an der Börse investiert.

**7** – Ach, aber Adrian hat dir gegenüber einen großen Vorteil (einen großen Vorteil über dir).

**8** – Ach wirklich? Und was ist das? Ist er amüsanter als ich?

**9** – Nein, das ist es nicht. Er ist [ein] Single (einzeln), und das bist du nicht.

(ANMERKUNGEN)

④ Bei Vergleichen kann man in der Umgangssprache den Eigennamen durch das jeweilige Personalpronomen ersetzen: I'm better-looking than him „Ich sehe besser aus als er". She is more active than them „Sie ist aktiver als sie".

⑤ stock „Wertpapiere, Aktien"; market „Markt". supermarket „Supermarkt", hypermarket [hai pö(r) mar köt] „Großmarkt".

⑥ Oh yeah? ist meistens ironisch gemeint: David's very sick. – Oh yeah? How come he was in the pub last night? „David ist sehr krank. – Ach wirklich? Wie kommt es [dann], dass er gestern Abend im Pub war?".

⑦ Einige Ausdrücke mit single „einfach, einzig" (als Nomen „Alleinstehende/r"): in a single day „an einem einzigen Tag", single (ticket) „Fahrkarte für eine einfache Fahrt", single mother „alleinerziehende Mutter", singles night „Single-Party (-Nacht)".

(SOLUTION TO FIRST EXERCISE: DID YOU UNDERSTAND?)

❶ Wie kommt [es, dass] du Tim lieber magst als mich? ❷ Er ist sehr hübsch. – [Das bin] ich auch. ❸ Was kann ich für Sie tun? – Eine einfache [Fahrkarte] nach Manchester bitte. ❹ Ja, aber sie ist reicher als sie. ❺ Er ist sehr großzügig, und er kauft ihr fantastische Geschenke.

### SECOND EXERCISE: FILL IN THE CORRECT WORDS!

① Ich liebe Dave, weil er besser aussieht als du.

I love Dave ....... he's ....... - ....... ... ... .

② 4.000 Menschen haben das Museum an einem einzigen Tag besichtigt.

Four thousand ...... ....... the museum .. . ...... ... .

③ Wie kommt es, dass Paul gestern Abend im Pub war?

... ... Paul was in the pub .... ..... ?

④ Er hat mir gegenüber einen großen Vorteil (über mir). Er ist Single.

He ... a big advantage .... ..... .'. ...... .

⑤ Sie ist sehr großzügig. – Er auch.

...'. .... generous. – ... .... .

---

▶ **Fifty-third lesson**

## A few drinks ①②

**1** – Darling, there's no butter or yoghurt in the fridge. ③

(PRONUNCIATION)

[... f*ju:* dring-kß **1** ... b*a*-tö(r) ... j*O*-göt ... fridj]

(ANMERKUNGEN)

① **A few** steht immer mit einem Substantiv im Plural bzw. einer zählbaren Menge. Der unbestimmte Artikel **a** darf niemals fehlen.

## SOLUTION TO SECOND EXERCISE: THE CORRECT WORDS.

❶ because – better-looking than you ❷ people visited – in a single day ❸ How come – last night ❹ has – over me – He's single ❺ She's very – Him too.

___ Lerntipp ___
*Sie können die „Zweite Welle" selbstverständlich auch schriftlich absolvieren.*

**Zweite Welle: Aktivieren Sie heute Lektion 3!**

## 53. Lektion

### Ein paar Drinks (Getränke)

**1** – Liebling, es gibt keine Butter und keinen Joghurt im Kühlschrank.

ANMERKUNGEN

② **drink** meint meistens ein alkoholisches Getränk. **We're invited** [*in-wai-tid*] **to Laura's house for a drink** „Wir sind auf (für) einen Drink zu Laura (Lauras Haus) eingeladen".

③ **fridge** ist die Kurzform von **refrigerator** [*rö-fri-djö-rei-tö(r)*]) „Kühlschrank". **freezer** [*fri:-sö(r)*] „Tiefkühltruhe/-schrank".

| 2 | – Sorry, love. I didn't go sh**o**pping yesterday. ④⑤
| 3 | – But I asked you to go to the supermarket after work.
| 4 | – I know, but I didn't leave the office until nine. ⑥
| 5 | Then I went for a drink with some of the guys from work.
| 6 | – You didn't go to the Red Lion, did you? ⑦
| 7 | – I'm afraid I did. But I only had a few drinks, honestly. ⑧⑨
| 8 | I had a little of that foreign beer called „cognac". ⑩

(PRONUNCIATION)

[2 ßO-ri law ... schO-ping jäß-tö(r)-dei 3 ... a:ßkd ... ßu-pö(r)-ma:(r)-köt ... 4 ... li:w ... O-fiß an-til ... 5 ... gais ... 6 ... räd lai-ön did ju: 7 ... ö-freid ... fju: ... O-nößt-li 8 ... li-tl ... fO-rön ... kO:ld kOn-jäk]

(ANMERKUNGEN)

④ Die Verneinung des simple past wird in allen Personen mit did (Vergangenheit von to do) + not + Infinitiv des Hauptverbs gebildet.

⑤ yesterday „gestern"; today „heute"; tomorrow „morgen".

⑥ until (oder till) bedeutet „bis" (zeitlich). In Verbindung mit einer Negation bedeutet es „erst" bzw. „nicht vor". Simon doesn't get paid [peid] until Monday „Simon wird erst [am] Montag bezahlt (tut-nicht werden bezahlt bis Montag)".

### FIRST EXERCISE: DO YOU UNDERSTAND THESE SENTENCES?

❶ Do you want something to drink? – Orange juice please. ❷ The kitchen has a fridge but no freezer. ❸ I'm afraid I can't come with you tomorrow. ❹ I have a few childhood friends in Manchester. ❺ She didn't leave the office till nine last night.

| 2 | – Tut mir leid, Liebes. Ich bin gestern nicht einkaufen gegangen.
| 3 | – Aber ich habe dich [doch] gebeten, nach der Arbeit zum Supermarkt zu gehen.
| 4 | – Ich weiß, aber ich habe das Büro erst um neun Uhr verlassen (ich tat-nicht verlassen das Büro bis neun).
| 5 | Dann bin ich (ich ging für ein Getränk) mit ein paar von den Jungs aus dem Büro etwas trinken gegangen.
| 6 | – Du bist [doch] nicht [etwa] in den „Roten Löwen" gegangen, oder (tatest du)?
| 7 | – Leider doch (ich fürchte ich tat). Aber ich hatte nur ein paar Drinks, ehrlich.
| 8 | Ich trank (hatte) ein bisschen von diesem ausländischen Bier, das „Cognac" heißt (genannt „Cognac").

(ANMERKUNGEN)

⑦ Eine Besonderheit des Englischen sind die sog. **question tags** (hier: **did you?**), d. h. Fragezusätze, die je nach Kontext eine Bitte um Bestätigung, Erstaunen, Überraschung u. v. m. ausdrücken können. Siehe Wiederholungslektion.

⑧ **I'm afraid...** drückt Bedauern aus. Die Grundbedeutung von **to be afraid of** ist „Angst haben vor, sich fürchten vor": **I'm afraid of flying** „Ich habe Angst vor [dem] Fliegen".

⑨ Das **h** von **honestly** wird nicht gesprochen.

⑩ **a little** „ein bisschen, ein wenig" wird immer mit einem Substantiv im Singular bzw. einer unzählbaren Menge verwendet. **Do you speak Spanish? – A little** „Sprichst du Spanisch? – Ein bisschen".

**SOLUTION TO FIRST EXERCISE: DID YOU UNDERSTAND?**

❶ Möchten Sie etwas (zu) trinken? – Orangensaft bitte. ❷ Die Küche hat einen Kühlschrank, aber keine Tiefkühltruhe. ❸ Ich fürchte, ich kann morgen nicht mit euch kommen. ❹ Ich habe einige Freunde aus der Kindheit in Manchester. ❺ Sie hat das Büro gestern Abend erst um neun [Uhr] verlassen.

## SECOND EXERCISE: FILL IN THE CORRECT WORDS!

① Wie sind auf (für) einen Drink zu Steve (Steves Haus) eingeladen.

We're . . . . . . . . . Steve's house . . . .
. . . . . .

② Er ist gestern nicht zur Arbeit gegangen: Er war krank.

He . . . . '. . . to work . . . . . . . . . : He
. . . sick.

③ Nimm (hab) ein paar Chips und ein bisschen von diesem köstlichen Käse.

Have . . . . crisps and . . . . . . . . .
this delicious cheese.

④ Ich werde erst (bis) Freitag bezahlt.

I don't get . . . . . . . . . / . . . . Friday.

⑤ Ich spreche ein bisschen Spanisch, und ich kenne einige deutsche Wörter (Wörter von Deutsch).

I speak . . . . . . . . . . . . . . . and I know
. . . . . . . . of . . . . . . .

---

▶ **Fifty-fourth lesson**

## A terrible memory

**1** – Where did I put my blue trousers? ① ②

(PRONUNCIATION)

[... tä-rö-bl mä-mö-ri **1** ... trao-sö(r)s]

(ANMERKUNGEN)

① Fragen im **simple past** werden in allen Personen mit **did** + Infinitiv des Hauptverbs gebildet. **did** folgt direkt auf eventuelle Fragepronomen: **Where did you put my tickets?** „Wo hast du meine Karten hingelegt?".

## SOLUTION TO SECOND EXERCISE: THE CORRECT WORDS.

① invited to – for a drink ② didn't go – yesterday – was ③ a few – a little of ④ paid until / till ⑤ a little Spanish – a few words – German.

___ Lerntipp ___
Bestimmt haben Sie sich schon an die Arbeitsweise der „Zweiten Welle" gewöhnt, und das selbstständige Formulieren der ersten Lektionstexte auf Englisch bereitet Ihnen sicherlich keine größeren Schwierigkeiten mehr. Hören Sie sich ruhig immer wieder die Tonaufnahmen der ersten Lektionen an. Jetzt, wo Sie mehr verstehen, haben Sie ein noch besseres Ohr für den englischen Tonfall.

**Zweite Welle: Aktivieren Sie heute Lektion 4!**

## 54. Lektion

### Ein schlechtes (schreckliches) Gedächtnis

**1** – Wo habe ich meine blaue Hose (Hosen) hingetan?

(ANMERKUNGEN)

② **trousers**, aber auch **shorts** „Shorts", **jeans** „Jeans", **pyjamas** [*pödja-mas*] „Schlafanzug" haben immer Pluralform. Man sagt auch **a pair** [*pä:(r)*] **of trousers**, **shorts**, ...

| 2 | I can't find them anywhere.
|---|---
| 3 | I had them yesterday, so they must be somewhere.
| 4 | – Did you look in the wardrobe in the bedroom? ③
| 5 | – Of course. I looked everywhere. Oh here they are! ④
| 6 | – You really have a terrible memory, haven't you? ⑤
| 7 | – I do. Once I forgot my mother's birthday and she was really angry. ⑥
| 8 | – I'm sure she was. What did she say?
| 9 | – She said nothing at all. For six months. ⑦⑧

(PRONUNCIATION)

[**2** ... ä-ni-uä:(r) **4** ... u**O**:-droub ... bäd-ru:m **5** ... k**O**:(r)s ... ew-ri-uä:(r) ... **6** ... tä-rö-bl mä-mö-ri hä-wönt ... **7** ... uanß ... fö-g**O**t ... äng-gri **8** ... schu:-ö(r) ... **9** ... na-ßing ät **O**:l ... manfß-ß]

(ANMERKUNGEN)

③ In einem Haus kann es folgende Räume geben: bathroom [ba:fß-ru:m] „Badezimmer", living [li-wing] room „Wohnzimmer", dining [dai-ning] room „Esszimmer", kitchen [kit-schön] „Küche", toilet [toi-löt] „Toilette".

**FIRST EXERCISE: DO YOU UNDERSTAND THESE SENTENCES?**

❶ Did you look in the bathroom? – Yes, and in the living room. ❷ Everywhere you look, you see fast food restaurants. ❸ She has a terrible memory for names and dates, hasn't she? ❹ Once I forgot my mother's birthday. But only once! ❺ Are you angry? – No, I'm hungry.

**2** Ich kann sie nirgendwo finden.
**3** Ich hatte sie gestern, also muss sie irgendwo sein.
**4** – Hast du im Kleiderschrank im Schlafzimmer (Bettzimmer) nachgesehen?
**5** – Selbstverständlich. Ich habe überall nachgesehen. Oh, hier ist sie!
**6** – Du hast wirklich ein schlechtes (schreckliches) Gedächtnis, nicht wahr?
**7** – Ja (ich tue). Einmal habe ich den Geburtstag meiner Mutter vergessen, und sie war wirklich wütend.
**8** – Das verstehe ich gut (ich-bin sicher sie war). Was hat sie gesagt?
**9** – Sie hat überhaupt nichts gesagt. Sechs Monate lang (für sechs Monate).

(ANMERKUNGEN)

④ **everywhere** „überall": **There are fast food restaurants everywhere** „Überall sind Schnell(essen)restaurants". Das Gegenteil lautet **nowhere** [*nou-uä:(r)*] „nirgendwo".

⑤ **memory** ist nicht nur das „Gedächtnis", sondern auch die „Erinnerung" und auch der „(Computer-)Speicher".

⑥ **to forget** ist ein unregelmäßiges Verb, d. h. seine Vergangenheit wird nicht mit der Endung **-ed** gebildet, sondern sie lautet **forgot**: **I'm sorry, I forgot your name** „Es tut mir leid, ich habe Ihren Namen vergessen".

⑦ **said** ist die (unregelmäßige) Vergangenheit von **to say** „sagen".

⑧ Im Gegensatz zu **during** „während", dem immer ein Substantiv folgt, folgt auf **for** eine Zeitdauer: **He said nothing during the lunch** „Er sagte während des Mittagessens nichts" – **She said nothing for four days** „Sie sagte vier Tage lang nichts".

(SOLUTION TO FIRST EXERCISE: DID YOU UNDERSTAND?)

❶ Hast du im Badezimmer nachgesehen? – Ja, und im Wohnzimmer. ❷ Wohin man [auch] sieht (überall du siehst), sieht man Schnellrestaurants (schnell Essen Restaurants). ❸ Sie hat ein schlechtes Gedächtnis für Namen und Daten, nicht wahr? ❹ Einmal habe ich den Geburtstag meiner Mutter vergessen. Aber nur einmal! ❺ Bist du wütend? – Nein, ich bin hungrig.

LEKTION 54

### SECOND EXERCISE: FILL IN THE CORRECT WORDS!

① Wo hast du meine Schlüssel hingelegt? – Ins Esszimmer.

..... ... ... ... my keys? – In the dining room.

② Ich habe nur zwei (Paare von) Jeans und eine (ein Paar von) Shorts.

I have only ... ..... .. ..... and ... .... .. ...... .

③ Wo bist du gestern Abend hingegangen? – Nirgendwohin, [wo es] interessant [ist].

..... ... .. .. last night? – ....... interesting.

④ Sie sagte während des Films überhaupt nichts.

She .... ....... at all ...... the film.

⑤ Er hat sechs Monate lang in einer Fabrik gearbeitet.

He ...... .. a factory ... six months.

---

▶ **Fifty-fifth lesson**

## Stop worrying

| 1 | (*At the **ai**rport*) |
| 2 | – At l**a**st we're **o**ff on h**o**liday for thr**ee** wh**o**le w**ee**ks! ①② |

(PRONUNCIATION)

[ßtOp uO-ri-ing **2** ... la:ßt ... Of ... houl ...]

**SOLUTION TO SECOND EXERCISE: THE CORRECT WORDS**

① Where did you put ② two pairs of jeans – one pair of shorts ③ Where did you go – Nowhere ④ said nothing – during ⑤ worked in – for.

**Zweite Welle: Aktivieren Sie heute Lektion 5!**

---

## 55. Lektion

### Hör auf dich zu beunruhigen

1  *(Am Flughafen)*
2  – Endlich geht's los (wir-sind weg) in den Urlaub für drei volle (ganze) Wochen!

**ANMERKUNGEN**

① Verwechseln Sie **at last** „endlich, schließlich" nicht mit **at least** „mindestens" oder **last** „letzter, -e, -es".

② **to be off** „weggehen, -fahren, weg sein": **They're off to Greece** [*gri:ß*] **for the summer** „Sie sind den Sommer über nach Griechenland gefahren". **I'm off!** „Ich gehe jetzt! / Ich bin weg!"

| 3 | – Frank, I'm **wo**rried about **lea**ving the h**ou**se **e**mpty. ③
| 4 | Did you **t**urn **o**ff all the **l**ights and the **c**entral h**ea**ting? ④
| 5 | – Of **c**ourse I did, love. St**o**p **wo**rrying.
| 6 | – Did you **lo**ck all the **do**ors? ⑤
| 7 | – **Y**es, I **d**id. And I **s**aid good**bye** to the **n**eighbours. ⑥⑦
| 8 | – And did you make **s**ure the **w**indows were cl**o**sed? ⑧
| 9 | – What? Do you th**i**nk I'm **a**bsent-m**i**nded? ⑨
| 10 | – Good m**o**rning. Can I **s**ee your **t**ickets and **p**assports, please?
| 11 | – Oh n**o**! I l**e**ft my h**a**ndbag on the **k**itchen **t**able. ⑩

(PRONUNCIATION)

[**3** fränk ... u**O**-rid ... li:-wing ... ämp-ti **4** ... t**Ö**:(r)n **O**f ... laitß ... ßäntröl h**i**:-ting **5** ... ßt**O**p u**O**-ri-ing **6** ... l**O**k d**O**:(r)s **7** ... ßäd gud-bai ... n**ei**-bö(r)s **8** ... meik schu-ö ... uin-dous ... kl**ou**sd **9** ... äb-ßönt-main-did **10** ... paß-p**O**(r)tß ... **11** ... läft ... händ-bäg ... kit-schön t**ei**-b/]

(ANMERKUNGEN)

③ Auf **to worry about** „wegen etw./jdm. beunruhigt sein, sich Sorgen machen" kann wie hier ein Gerundium folgen oder eine Person bzw. ein Pronomen: **I worry about David; he doesn't have a job** „Ich mache mir Sorgen wegen David; er hat keine Arbeit".

| 3 | – Frank, ich bin besorgt darüber, das Haus unbewohnt (leer) [zu] lassen.
| 4 | Hast du alle Lampen (Lichter) und die Zentralheizung ausgemacht?
| 5 | – Natürlich habe ich das, Liebling. Hör auf, dir Sorgen zu machen.
| 6 | – Hast du alle (all die) Türen abgeschlossen?
| 7 | – Ja, habe ich. Und ich habe (zu) den Nachbarn auf Wiedersehen gesagt.
| 8 | – Und hast du dich vergewissert (tatest du machen sicher), [dass] die Fenster geschlossen waren?
| 9 | – Was? Glaubst du, ich bin zerstreut?
| 10 | – Guten Morgen. Kann ich bitte Ihre Flugtickets und [die] Pässe sehen?
| 11 | – Oh nein! Ich habe meine Handtasche auf dem Küchentisch stehen gelassen.

(ANMERKUNGEN)

④ **to turn off** „ausschalten" (Ggs. **to turn on** „einschalten"). **They turned off the electricity** [*i-läk-tri-ßö-ti*] **and gas** [*gäß*] **before they went on holiday** „Sie stellten den Strom und das Gas ab, bevor sie in Ferien fuhren".

⑤ **to lock** bedeutet „mit einem Schlüssel abschließen", während **to close** „zumachen, schließen" meint: **Don't forget to close the door before you leave** „Vergiss nicht, die Tür zu schließen, bevor du gehst".

⑥ **goodbye** (manchmal **good-bye**) „auf Wiedersehen" stammt vom altenglischen **God be with ye** (= **you**) „Gott sei mit dir" ab.

⑦ Spricht man vom Nachbarn direkt nebenan, so sagt man **next-door neighbour**. **neighbourhood** ist die „Nachbarschaft".

⑧ **window** ist nicht nur ein „Fenster", sondern auch ein „Schalter": **ticket window** „Kartenschalter". Und **window shopping** bedeutet „Schaufensterbummel".

⑨ **absent-minded** „zerstreut, geistesabwesend" enthält das Substantiv **mind** „Geist, Verstand, Intellekt".

⑩ **to leave** „(ver)lassen" ist unregelmäßig; das **simple past** lautet **left**, das Sie nicht mit **left** „links" verwechseln sollten.

LEKTION 55

### FIRST EXERCISE: DO YOU UNDERSTAND THESE SENTENCES?

❶ The guy at the ticket window said the museum closes at five. ❷ I said goodbye to my next-door neighbour. ❸ Don't forget to close the windows and lock the doors. ❹ She's worried about leaving the house empty. ❺ He loves to go window shopping but he never buys anything.

### SECOND EXERCISE: FILL IN THE CORRECT WORDS!

❶ Hast du die Lampen (Lichter) ausgemacht? Und hast du die Türen abgeschlossen?

... ... ... ... the lights? And ... ... ... the doors?

❷ Sie hat ihre Handtasche auf dem Küchentisch stehen gelassen.

She .... her ....... on the ....... ..... .

❸ Hat sie auch ihren Pass dort gelassen?

... ... ..... her passport there as well?

❹ Er hat während des ganzen Sommers in einem Pub gearbeitet.

He ...... in a pub ...... ... ..... summer.

---

▶ **Fifty-sixth lesson**

### Revision and notes

Jetzt haben Sie, zumindest passiv, schon über die Hälfte des Kurses absolviert, und seit einiger Zeit ist eine neue Phase hinzugekommen: Mit Lektion 50 haben Sie begonnen, das bisher passiv erworbene Wissen zu aktivieren, indem Sie die Lektionen von Beginn des Kurses an nacheinander auf Englisch formulieren. Lernen Sie weiterhin entspannt und vor allem nicht zu viel auf einmal. Sollten Sie im Verlauf der „Zweiten Welle" Lücken

## SOLUTION TO FIRST EXERCISE: DID YOU UNDERSTAND?

① Der Typ am Kartenschalter sagte, das Museum schließt um fünf. ② Ich habe meinem Nachbarn nebenan auf Wiedersehen gesagt. ③ Vergiss nicht, die Fenster zuzumachen und die Türen abzuschließen. ④ Sie ist besorgt darüber, das Haus unbewohnt (leer) zu lassen. ⑤ Er liebt es, (zu gehen) Schaufensterbummel zu machen, aber er kauft niemals etwas.

⑤ Wir fahren morgen ab (sind weg) in die Ferien. Endlich!
..'.. ... .. ....... tomorrow. ..
. . . . !

## SOLUTION TO SECOND EXERCISE: THE CORRECT WORDS.

① Did you turn off – did you lock ② left – handbag – kitchen table ③ Did she leave ④ worked – during the whole ⑤ We're off on holiday – At last.

**Zweite Welle: Aktivieren Sie heute Lektion 6!**

## 56. Lektion

entdecken, so gehen Sie ruhig noch einmal ein paar Lektionen zurück, und wiederholen Sie.

### 1. Einfache Vergangenheit: simple past

Die einfache Vergangenheit (auch „Präteritum"), die im Deutschen in den meisten Fällen mit der zusammengesetzten Vergangenheit (Perfekt) wiedergegeben wird, wird für Handlungen und Ereignisse verwendet, die in der Vergangenheit stattgefunden haben und abgeschlossen sind. Die Verbendung für das **simple past** lautet in allen Personen bei Verben, die auf einem Konsonanten enden, -**ed**:

| | |
|---|---|
| **to visit** „besuchen, besichtigen" | **I visited** „ich besuchte / ich habe besucht", **you visited** „du besuchtest / du hast besucht", usw. |

Endet das Verb auf einem Vokal, lautet die Endung für die Vergangenheit -**d**:

| | |
|---|---|
| **to hope** „hoffen" | **I hoped** „ich hoffte / ich habe gehofft", **you hoped** „du hofftest / du hast gehofft", usw. |

Endet das Verb auf Vokal + **y**, lautet die Endung für die Vergangenheit -**ed**:

| | |
|---|---|
| **to stay** „bleiben, wohnen" | **I stayed** „ich blieb / ich bin geblieben", **you stayed** „du bliebst / du bist geblieben", usw. |

Endet das Verb auf Konsonant + **y**, lautet die Endung für die Vergangenheit ebenfalls -**ed**, aber das **y** wird zu einem **i**:

| | |
|---|---|
| **to worry** „sich beunruhigen" | **I worried** „ich beunruhigte mich / ich habe mich beunruhigt", **you worried** „du beunruhigtest dich / du hast dich beunruhigt", usw. |

**Frageform der einfachen Vergangenheit**

Die Frageform des **simple past** wird mit **did**, der Vergangenheit von **to do**, gebildet; das Hauptverb verliert die Endung -**ed**:

> **She visited the tourist sites** [*ßaitß*]. „Sie besuchte die Touristenorte."
> **Did she visit the tourist sites?** „Besuchte sie die Touristenorte?"
> **They wanted to go to the Isle of Wight.** „Sie wollten zur Isle of Wight fahren".
> **Did they want to go to the Isle of Wight?** „Wollten sie zur Isle of Wight fahren?"

Enthält die Frage ein Fragepronomen (**when**, **where**, **who**, ...), so steht dieses am Satzanfang, und **did** folgt direkt auf das Fragewort:

**When did you go?** „Wann bist du gegangen?"

**Negation der einfachen Vergangenheit**

Auch hierfür wird **did** benutzt, weiterhin die Negation **not** und das Hauptverb im Infinitiv:

**I visited my aunt.** „Ich besuchte meine Tante."
**I did not visit my aunt.** „Ich besuchte meine Tante nicht."
**She wanted to go to the Isle of Wight.** „Sie wollte zur Isle of Wight fahren".
**She did not want to go to the Isle of Wight.** „Sie wollte nicht zur Isle of Wight fahren."

In der Umgangssprache wird **did not** meistens zu **didn't** zusammengezogen:

**I didn't visit my aunt.**
**She didn't want to go to the Isle of Wight.**

**Verdopplung des Endkonsonanten**

Beim Anhängen von Suffixen (Nachsilben) an Wörter, die auf einen einzelnen Konsonanten enden, wird dieser verdoppelt. Dies ist nicht nur bei Adjektiven der Fall (**sun** – **sunny**), sondern auch bei einer Reihe von Verben, im Einzelnen:
● bei einsilbigen Verben, die mit einem einzelnen Konsonanten enden:

**to rob** „(be)rauben"      **robbed**

● bei Verben, bei denen die letzte Silbe mit Vokal + **l** endet:

**to travel** „reisen"      **travelled** (Ausnahme: USA; hier heißt es **traveled**!)

● bei Verben mit zwei und mehr Silben, bei denen die letzte Silbe mit Vokal + Konsonant endet und diese Silbe betont ist:

**to permit** [pÖ(r)-mit] „erlauben"   permitted

(Gegenbeispiel: **to enter** – **entered**, denn hier liegt die Betonung auf der ersten Silbe!)

### Ausspracheregeln

Es gibt gewisse Regeln, die festlegen, wann die Endung -ed [id] ausgesprochen wird und wann nicht:
- Die Aussprache lautet [id], wenn der Verbstamm auf -t oder -d endet: **visited** [wi-sö-tid];
- Nach allen anderen Konsonanten wird das **e** von -ed nicht gesprochen: **stayed** [ßteid].
- Nach den Stammauslauten **s**, **sh**, **f**, **p**, **k** und **x** wird das **d** von -ed wie [t] ausgesprochen: **worked** [huÖ:(r)kt], **published** [pab-lischt].

### Unregelmäßige Verben

Unregelmäßige Verben bilden die Vergangenheit nicht mit **-ed**, sondern haben eigene Vergangenheitsformen. Es gibt ca. 200 unregelmäßige Verben im Englischen, doch sehr viele von ihnen sind selten gebrauchte Verben. Das wohl häufigste unregelmäßige Verb ist **to be**; seine Vergangenheitsformen lauten:

> **I was**, **you were**, **he/she/it was**, **we were**, **you were**, **they were**.

Bei Fragen in der Vergangenheit wird die Inversion angewendet:

| | |
|---|---|
| I was... | Was I...? |
| We were... | Were we...? |

Die Negation erfolgt mit **not**:

| | |
|---|---|
| I was... | I was not (wasn't)... |
| We were... | We were not (weren't)... |

(Die Kurzformen werden nicht angewendet, wenn besonderer Nachdruck auf die Aussage gelegt werden soll: **He was born in London.** – **No, he was *not*!**)

Weitere unregelmäßige Verben, die Sie kennengelernt haben, sind:

| | |
|---|---|
| **to have** „haben" | **had** |
| **to forget** „vergessen" | **forgot** |
| **to go** „gehen" | **went** |
| **to put** „legen, stellen, setzen" | **put** |
| **to say** „sagen" | **said** |

Eine Liste der häufigsten unregelmäßigen Verben finden Sie im Anhang. Lernen Sie sie aber nicht auswendig; schlagen Sie sie auf, wenn Sie ein neues unregelmäßiges Verb kennenlernen.

## 2. a little und a few

Wir haben schon über **many** und **much** gesprochen, und Sie wissen mittlerweile, dass **many** für zählbare Substantive und **much** für unzählbare Mengen benutzt wird. Ebenso verhält es sich mit **a few** „ein paar, einige" und **a little** „ein wenig, ein bisschen":

Zählbar:

**Have a few crisps.** „Nimm ein paar Chips."
**Do you have any friends in Portsmouth?** – **A few.** „Hast du (irgendwelche) Freunde in Portsmouth? – Ein paar."

Unzählbar:

**Have a little milk.** „Nimm ein bisschen Milch."
**Do you speak Greek?** – **A little.** „Sprichst du Griechisch? – Ein wenig."

## 3. for, during und until

**for** und **during** werden beide in Verbindung mit einer Zeitdauer benutzt, wobei bei **during** diese Zeitdauer immer durch ein Substantiv ausgedrückt wird. Das verdeutlichen wir am besten mit zwei Beispielen:

**He worked in a factory for six years.** „Er hat sechs Jahre lang in einer Fabrik gearbeitet".
**He worked in a factory during the summer.** „Er hat während des Sommers in einer Fabrik gearbeitet."

*LEKTION 56*

Ein Hilfsmittel, um sich dies besser zu merken, ist folgende Regel:
- **for** antwortet auf die Frage **How long...?** „Wie lange ...?", **during** auf die Frage **When...?** „Wann ...?":

> **How long did he work in a factory? – For six years.**
> „Wie lange hat er in einer Fabrik gearbeitet? – Sechs Jahre lang."
> **When did he work in a factory? – During the summer.**
> „Wann hat er in einer Fabrik gearbeitet? – Während des Sommers."

- **until**

**until** „bis" (in der Umgangssprache oft zu **till** verkürzt) wird immer zeitlich, niemals örtlich benutzt. So können Sie sagen:

> **He worked until/till ten.** „Er arbeitete bis zehn [Uhr]" oder
> **You can stay until/till Tuesday.** „Du kannst bis Dienstag bleiben",

aber „Er ging bis ans Ende der Straße" heißt **He walked to the end of the street** (örtliches „bis").

Wird **until** jedoch in einem Satz mit einer Negation verwendet, so bedeutet es „erst, nicht vor":

> **I didn't arrive until/till six.** „Ich kam erst um sechs [Uhr] an."
> **We don't get paid until/till Friday.** „Wir werden erst am Freitag bezahlt."

### 4. to tell oder to say?

**to tell** und **to say** bedeuten beide „sagen", **to tell** hat außerdem noch die Bedeutung „erzählen". Auf **to tell** folgt fast immer ein Eigenname oder ein Pronomen. **to tell** wird sehr oft für Aufforderungen benutzt:

> **Tell me where you live.** „Sag mir, wo du wohnst."
> **Tell Adrian everything is fully booked.** „Sag Adrian, alles ist voll ausgebucht."

Auf **to say** folgt in der Regel eine wörtliche oder indirekte Rede:

> **He says that he doesn't live in Manchester.** „Er sagt, dass er nicht in Manchester lebt."
> **She said: "I want to explore the tourist attractions".** „Sie sagte: „Ich möchte die Touristenattraktionen erkunden"."

## 5. Verständnis-/Formulierungsübung

**DO YOU UNDERSTAND THESE SENTENCES?**

❶ Last month, we went to Portsmouth to see my aunt. ❷ We visited all the tourist sites. It was good fun. ❸ Where did you stay? In a hotel? ❹ No, we stayed in a nice bed and breakfast near the D-Day Museum. ❺ Did you go to the Isle of Wight? It's very famous. ❻ No, I'm afraid we didn't have time. ❼ We didn't leave London until Tuesday and we only had a week. ❽ Unfortunately, I forgot my aunt's birthday and she was very angry. ❾ I didn't know you were so absent-minded!

**DID YOU UNDERSTAND?**

❶ Letzten Monat sind wir nach Portsmouth gefahren, um meine Tante zu besuchen (sehen). ❷ Wir haben alle Touristenorte besichtigt. Das hat viel Spaß gemacht. ❸ Wo habt ihr gewohnt? In einem Hotel? ❹ Nein, wir haben in einem hübschen Bed & Breakfast in der Nähe des D-Day-Museums gewohnt. ❺ Seid ihr zur Isle of Wight gefahren? Sie ist sehr berühmt. ❻ Nein, leider hatten wir keine Zeit. ❼ Wir haben London erst am Dienstag verlassen, und wir hatten nur eine Woche. ❽ Leider vergaß ich den Geburtstag meiner Tante, und sie war sehr wütend. ❾ Ich wusste [gar] nicht, [dass] du (warst) so zerstreut bist!

## 6. „Zweite Welle" oder „Aktive Phase"

Vergessen Sie nicht, die Übungen zur „Zweite Welle" zu absolvieren, d. h. die deutschen Lektionstexte und evtl. auch die Texte der Verständnisübung ins Englische zu übersetzen, wenn Sie

LEKTION 56

wollen, auch schriftlich. Die „Zweite Welle" nimmt nicht viel Zeit in Anspruch, aber sie ist ein wichtiger Schritt zur Aktivierung Ihrer passiv erworbenen Kenntnisse, und sie zeigt Ihnen auf, woran Sie noch arbeiten müssen.

Wenn Sie die „Zweite Welle" wie vorgesehen ab Lektion 50 begonnen haben, werden Sie mit dem Formulieren der ersten Lektionstexte wahrscheinlich keine großen Probleme gehabt haben.

## ▶ Fifty-seventh lesson

## A job interview

**1** – Salford 779-883. Hell**o**? ①
**2** – C**ou**ld I sp**ea**k to C**a**therine B**a**rnes, please? ②
**3** – Th**i**s is C**a**thy B**a**rnes spe**a**king. Wh**o** is th**i**s? ③
**4** – M**y** name's R**a**jiv G**u**pta. I'm h**u**man r**e**sources m**a**nager at **O**nline.

I APOLOGISE, BUT WE'RE ALWAYS VERY BUSY DURING THE SUMMER.

(PRONUNCIATION)
[... in-tö(r)-wju: **1** ... da-bl ßä-wön nain da-bl eit fßri: hä-lou **2** kud ... ßpi:k .. **3** ... ßpi:-king ... **4** ... rä-djiw gap-tö ... ju:-mön ri-sO:(r)-ßiß mä-nö-djö(r) ... On-lain]

Den Stoff dieser Lektionen haben Sie schon vor langer Zeit assimiliert und inzwischen viele Male wiederholt. Profitieren Sie von diesen Erfolgserlebnissen, um in der gleichen Weise weiterzumachen!

Und da Sie ja nun schon ein bisschen „fortgeschritten" sind, kommt der Hinweis auf die „Zweite Welle" ab der nächsten Lektion auf Englisch: **Second wave: Activate lesson...!**

**Zweite Welle: Aktivieren Sie heute Lektion 7!**

## 57. Lektion

### Ein Vorstellungsgespräch (Stelle Interview)

**1** – Salford 779-883 (doppelt sieben neun-doppelt acht drei). Hallo?
**2** – Könnte ich bitte mit (zu) Catherine Barnes sprechen?
**3** – Hier spricht Cathy Barnes (dies ist C.B. sprechend). Wer ist da?
**4** – Mein Name ist Rajiv Gupta. Ich bin der Personalchef (menschliche Ressourcen Leiter) der [Firma] (bei) „Online".

(ANMERKUNGEN)

① Die Briten melden sich am Telefon, indem sie ihre Telefonnummer Ziffer für Ziffer nennen. Bei Doppelziffern wird double benutzt, bei Dreifachziffern triple [trai-pl]. Dann folgt ein fragendes Hello?

② Could ist der Konditional (Möglichkeitsform) von can, den man oft in Höflichkeitsfloskeln benutzt: Could you help me? „Könnten Sie mir helfen?".

③ In einer familiäreren Situation würde man antworten: Speaking „Am Apparat".

| 5 | I'd like you to come for an interview with our company. ④
| 6 | – But I sent you an application and a **CV** more than six months ago! ⑤⑥
| 7 | – I know. I apologise, but we're always busy at this time of year.
| 8 | Are you still interested in a job with us? ⑦
| 9 | – Of course I am. When would you like me to come? ⑧
| 10 | – As soon as possible. How about next Thursday?

(PRONUNCIATION)

[**5** aid l**ai**k ... k**a**m ... in-tö(r)-wju: ... k**a**m-pö-ni **6** ... ß**ä**nt ... ä-pli-k**ei**-schön ... ß**i**:-w**i**: ... ö-gou **7** ... ö-p**O**-lö-djais ... **8** ... ßtil ... **9** ... uud ... **10** äs ß**u**:n äs ...]

(ANMERKUNGEN)

④ Mit **would like**, ebenfalls ein Konditional, wird eine höfliche Aufforderung formuliert: **We would** (**We'd**) **like to see you on Saturday** „Wir würden Sie gerne am Samstag sehen". Bei Fragen wird die Inversion angewandt: **Would you like to see me on Saturday?**.

___ Lerntipp ___
Vergessen Sie nicht, ab und zu mal zurückzublättern und die eine oder andere Lektion zu wiederholen.

FIRST EXERCISE: DO YOU UNDERSTAND THESE SENTENCES?

❶ Salford 998-771. Hello? ❷ Could I speak to Cathy Barnes, please? – Speaking. ❸ I'd like you to come next Monday. ❹ Is he still working in Salford? – Of course he is. ❺ I apologize, but we're always very busy during the summer.

| 5 | Ich würde Sie [gerne] zu (ich-würde mögen Sie zu kommen für) einem Vorstellungsgespräch bei unserer Firma einladen.
| 6 | – Aber ich habe Ihnen vor mehr als sechs Monaten eine Bewerbung und einen Lebenslauf (curriculum vitae) geschickt!
| 7 | – Ich weiß. Ich entschuldige [mich], aber wir haben (wir-sind immer beschäftigt) zu dieser Zeit des Jahres immer viel zu tun.
| 8 | Sind Sie immer noch an einer Stelle bei (mit) uns interessiert?
| 9 | – Selbstverständlich bin ich das. Wann soll ich kommen (wann würden Sie mögen mich zu kommen)?
| 10 | – So bald wie möglich. Wie wär's mit nächsten Donnerstag?

(ANMERKUNGEN)

⑤ Einige einsilbige Verben mit der Endung **-end** bilden die Vergangenheit unregelmäßig: **to send** – **sent**, **to lend** – **lent**, **to spend** [ßpänd] „(Geld) ausgeben" – **spent**.

⑥ **ago** („vor" + Zeitdauer) wird immer in Verbindung mit dem **simple past** verwendet und folgt direkt der Zeitangabe: **My brother died four months ago** „Mein Bruder starb vor vier Monaten".

⑦ **still** „immer noch, nach wie vor": **They still live in Tahiti** „Sie leben immer noch auf Tahiti".

⑧ Die Konstruktion **would like** + Personalpronomen + Infinitiv dient auch dazu, einen Wunsch bzw. eine höfliche Bitte zu formulieren, z. B. **I'd like her to come home** „Ich möchte/hätte gerne, dass sie nach Hause kommt".

### SOLUTION TO FIRST EXERCISE: DID YOU UNDERSTAND?

❶ Salford 998-771. Hallo? ❷ Könnte ich bitte mit (zu) Cathy Barnes sprechen? – Am Apparat. ❸ Ich hätte gerne, dass du am nächsten Montag kommst (ich-würde mögen dich zu kommen nächster Montag). ❹ Arbeitet er noch (ist er noch arbeitend) in Salford? – Selbstverständlich. ❺ Ich entschuldige [mich], aber wir haben den Sommer über immer sehr viel zu tun.

LEKTION 57

### SECOND EXERCISE: FILL IN THE CORRECT WORDS!

① Charles Dickens starb vor langer Zeit.

Charles Dickens .... . .... .... .... .

② Sie liehen ihr viel Geld, aber sie gab (es) alles aus.

They .... ... a lot of money but she ..... .. ... .

③ Wann soll ich kommen (wann würdest du mögen mich zu kommen)?

When ..... ... like .. .. .... ?

---

▶ **Fifty-eighth lesson**

## The good news

**1** – Hello? I must speak to Simon Barnes. It's really important. ①
**2** – I'm afraid he's in a class at the moment.
**3** Can I take a message?
**4** Yes. Could you tell him that his wife called, please?

(PRONUNCIATION)

[... nju:s **1** ... maßt ßpi:k ... **2** ... kla:ß ... **3** ... mä-ßödj **4** ... kO:ld ...]

❹ Könnten Sie mir bitte helfen?

..... ... .... .. please?

❺ Hier spricht Cathy Barnes (dies ist C.B. sprechend).

.... .. Cathy Barnes ......... .

**SOLUTION TO SECOND EXERCISE: THE CORRECT WORDS.**

❶ died a long time ago ❷ lent her – spent it all ❸ would you – me to come ❹ Could you help me ❺ This is – speaking.

**Second wave: Activate lesson 8!**

## 58. Lektion

### Die gute Nachricht (Nachrichten)

[1] – Hallo? Ich muss mit Simon Barnes sprechen. Es ist wirklich wichtig.
[2] – Es tut mir leid (ich fürchte), er ist momentan in einer Klasse.
[3] Kann ich etwas ausrichten (nehmen eine Nachricht)?
[4] – Ja. Könnten Sie ihm sagen, dass seine Frau angerufen hat, bitte?

(ANMERKUNGEN)

① **to speak** „sprechen" wird benutzt, wenn nur eine Person spricht, **to talk** [tO:k] „sprechen über, sich unterhalten" bezieht immer mindestens zwei Sprecher mit ein: **We talked for ten minutes about her job** „Wir unterhielten uns zehn Minuten lang über ihre Arbeit".

**5** (*Later*)
**6** – Hello darling. You wanted me to call you back?
**7** – Guess what? I've got an interview with Online. ②
**8** – That's wonderful news! Hello? Speak louder. ③④
**9** I'm on my mobile. ⑤
**10** – You know I sent my CV to them six months ago?
**11** Well, this morning I was doing the housework when the phone rang. ⑥
**12** It was the personnel director himself. ⑦⑧
**13** He said he wants me to go to York next week.

PRONUNCIATION

[**5** lei-tö(r) **7** gäß uOt ... **8** ... wan-dö(r)-ful nju:s ... lao-dö(r) **9** ... mou-bail **10** ... ßänt ... **11** uäl ... du:-ing ... haoß-uÖ:(r)k ... foun räng **12** ... pÖ:(r)-ßö-näl dö-räk-tö(r) him-ßälf **13** ... jO:(r)k]

| 5 | *(Später)*
| 6 | – Hallo, Liebling. Du wolltest (mich), [dass] ich dich zurückrufe?
| 7 | – Stell dir vor (rate was?)! Ich habe ein Vorstellungsgespräch bei (mit) Online.
| 8 | – Das ist [eine] wundervolle Nachricht! Hallo? Sprich lauter.
| 9 | Ich bin am (auf meinem) Handy.
| 10 | – Du weißt, dass ich ihnen vor sechs Monaten meinen Lebenslauf geschickt habe?
| 11 | Nun, heute Morgen erledigte (machte) ich gerade die Hausarbeit, als das Telefon klingelte.
| 12 | Es war der Personalchef persönlich (ihm-selbst).
| 13 | Er sagte, er möchte, [dass] ich nächste Woche nach York komme (fahre).

(ANMERKUNGEN)

② **to guess** „(er)raten" wird vor allem in den USA gerne benutzt. Inzwischen hat es sich allerdings auch in GB eingebürgert, statt **to think** oder **to suppose** [ßö-*pous*] „annehmen" **to guess** zu benutzen: **I guess it's going to rain**.

③ Wie bereits erwähnt, ist **news** von der Form her immer ein Plural, von der Bedeutung her jedoch ein Singular, weswegen auch das Verb im Singular steht.

④ **loud** „laut" – **louder** „lauter" – **loudest** „am lautesten". **loudspeaker** „Lautsprecher".

⑤ Anstelle von **mobile** (**phone**) „Handy" benutzt man auch **cell phone**. **notebook** oder **laptop** bedeutet „tragbarer Computer".

⑥ Auch in der Vergangenheit gibt es die Verlaufsform, die mit dem **simple past** von **to be** + dem Gerundium des Hauptverbs gebildet wird und eine länger andauernde Handlung beschreibt.

⑦ Unterscheiden Sie sorgfältig zwischen **personal** [*pö:(r)-ßö-nöl*] „persönlich" und **personnel** [*pö:(r)-ßö-näl*] „Personal-".

⑧ **director** hat zwei Aussprachevarianten: [*dö-räk-tö(r)*] und [*dai-räk-tö(r)*].

**14** I'm so excited! I really wasn't expecting this.
⑨ ⑩

**15** – Darling, I must go. Tell me all about it this evening. Goodbye.

(PRONUNCIATION)

[**14** ... ik-**ßai**-tid ... u**O:**-snt ikß-**päk**-ting ...]

(FIRST EXERCISE: DO YOU UNDERSTAND THESE SENTENCES?)

❶ I'm afraid she's busy at the moment. Can I take a message? ❷ Please ask her to call me back on my mobile. ❸ Tell me all about it this evening. ❹ Goodbye. See you tomorrow. ❺ Can you guess what we talked about?

(SECOND EXERCISE: FILL IN THE CORRECT WORDS!)

❶ Hast du die gute Nachricht gehört? Sarah erwartet ein Baby!

... ... .... the good .... ? Sarah's ......... . .... !

❷ Oh je. Ich habe vergessen, ihn zurückzurufen.

Oh dear. I ...... to .... ... ... .

❸ Er erledigte (machte) gerade die Hausarbeit, als das Telefon klingelte.

He ... .... the ........ when the ..... .... .

❹ Es war der Direktor persönlich, der anrief.

.. ... the director himself ... ....... .

❺ Er arbeitete gestern nicht zu Hause.

He ....'. ....... at home ......... .

**14** Ich bin so aufgeregt! Das habe ich wirklich nicht erwartet.

**15** – Liebling, ich muss gehen. Erzähl mir heute Abend alles darüber (über das). Tschüss.

(ANMERKUNGEN)

⑨ Hier sehen Sie die Verneinung der Verlaufsform in der Vergangenheit: **He wasn't working as a reporter last year** „Er hat letztes Jahr nicht als Reporter gearbeitet".

⑩ Verwechseln Sie nicht **to expect** „erwarten" und **to wait for** „warten auf": **She's expecting a baby** „Sie erwartet ein Baby" – **We're waiting for the bus** „Wir warten auf den Bus".

### SOLUTION TO FIRST EXERCISE: DID YOU UNDERSTAND?

❶ Leider ist sie im Moment beschäftigt. Kann ich etwas ausrichten (nehmen eine Nachricht)? ❷ Bitte sie darum, mich auf meinem Handy zurückzurufen, bitte. ❸ Erzähl mir heute Abend alles darüber. ❹ Auf Wiedersehen. Bis (sehe dich) morgen. ❺ Kannst du erraten, worüber wir gesprochen haben?

### SOLUTION TO SECOND EXERCISE: THE CORRECT WORDS.

❶ Did you hear – news – expecting a baby ❷ forgot – call him back ❸ was doing – housework – phone rang ❹ It was – who called ❺ wasn't working – yesterday.

---

**York**
**York** ist eine der ältesten und schönsten Städte Englands. Es wurde im 1. Jahrhundert gegründet und ist heute Industriestadt, Verkehrsknotenpunkt und Touristenzentrum. Sehenswert ist nicht nur die wunderschöne Kathedrale, **York Minster**, die im 12. Jahrhundert erbaut wurde, sondern auch die zahlreichen Museen sind eine Reise wert.

---

**Second wave: Activate lesson 9!**

## ▶ Fifty-ninth lesson

### The right clothes ①

**1** – How are you going to get to York for the interview? ②
**2** – Right now, I'm more worried about how I'm going to dress. ③④
**3** – Why don't you wear what you were wearing yesterday? ⑤
**4** – What, the brown suit? No way! ⑥⑦
**5** It makes me look too old. ⑧

(PRONUNCIATION)

[... kloufs-s **1** ... gou-ing ... **2** rait nao ... dräß **3** ... uä:(r) ... uä:-ring **4** ... braon ßu:t ...]

(ANMERKUNGEN)

① **clothes** mit seiner Lautfolge th + s ist ein echter Zungenbrecher, nicht wahr?

## 59. Lektion

### Die richtige Kleidung

1 – Wie wirst du (wie bist du gehend zu gelangen) zum Vorstellungsgespräch nach York kommen?
2 – Im Moment (genau jetzt) mache ich mir eher darüber Gedanken (ich-bin mehr beunruhigt über), wie ich [mich] anziehen werde.
3 – Warum ziehst du nicht das an, was du gestern getragen hast?
4 – Was, das braune Kostüm? Auf gar keinen Fall (kein Weg)!
5 Darin sehe ich zu alt aus (es macht mich aussehen zu alt).

(ANMERKUNGEN)

② In einem informellen Kontext kann to get anstelle von to travel oder to arrive verwendet werden: The bus gets to Manchester at five „Der Bus kommt um fünf in Manchester an".

③ Right now „genau in diesem Moment": Sie wissen schon, dass right (Gegenteil wrong „falsch") sehr vielseitig übersetzt werden kann.

④ Das Englische verwendet, vor allem für täglich ausgeführte Handlungen, seltener reflexive (rückbezügliche) Verben als das Deutsche: to dress „sich anziehen", to wash „sich waschen", to shave „sich rasieren".

⑤ Hier ist what Relativpronomen (bezügliches Fürwort); es verbindet die beiden Satzteile. Anders im nächsten Satz; dort ist what ein Ausruf.

⑥ suit ist bei Männern ein „Anzug", bei Frauen ein „Kostüm".

⑦ Eine nützliche Floskel ist No way! „Kommt gar nicht in Frage!, Auf gar keinen Fall!".

⑧ to look heißt „sehen, schauen", aber auch „aussehen". Merken Sie sich die Konstruktion mit make + Personalpronomen + look: These glasses [gla:-ßis] make him look young „Mit dieser Brille sieht er jung aus" (diese Brillen machen ihn aussehen jung).

| 6 | – Then why not wear a pair of jeans and a sweater? ⑨ |
| 7 | – Don't be silly. I can't wear jeans for an interview! |
| 8 | – Why not? I thought IT companies were very relaxed? ⑩ ⑪ ⑫ |
| 9 | – Very funny. Anyway, it's much easier for men. |
| 10 | You have a suit for every day of the year, don't you? |
| 11 | – Yes I do. The one I'm wearing now! |

(PRONUNCIATION)

[*6* ... *ßuä-tö(r)* *7* ... *ßi-li* ... *8* ... *fßO:t* **ai-ti:** *kOm-pö-ni:s* ... *ri-läkßd* *9* ... *fa-ni* ... *i:-si-ö(r)* ... *män*]

### FIRST EXERCISE: DO YOU UNDERSTAND THESE SENTENCES?

❶ I think the train gets to London at ten. ❷ Could you lend me some money? – No way! ❸ Right now I'm worried about how I'm going to dress tomorrow. ❹ Don't be silly. You can't wear jeans and a sweater for an interview! ❺ I thought IT companies were very informal.

### SECOND EXERCISE: FILL IN THE CORRECT WORDS!

❶ Mit solch einer Brille sieht sie alt aus (jene Brillen machen sie aussehen alt).

Those glasses .... ... .... old.

❷ Frauen sind intelligenter als Männer.

..... are .... intelligent .... ....

❸ Er wusch sich und zog sich im Badezimmer an.

He ...... and ....... in the ........ .

**6** – Warum dann nicht (anziehen) eine Jeans (ein Paar von Jeans) und einen Pullover?

**7** – Sei nicht dumm. Ich kann [doch] zu einem Vorstellungsgespräch keine Jeans anziehen!

**8** – Warum nicht? Ich dachte, IT-Firmen seien sehr locker?

**9** – Sehr lustig. Auf jeden Fall ist es für Männer viel einfacher.

**10** Ihr habt für jeden Tag des Jahres einen Anzug, nicht wahr?

**11** – Stimmt. Der, den ich jetzt trage!

(ANMERKUNGEN)

⑨ sweater (to sweat „schwitzen") wird eher in den USA benutzt, das englische Wort für „Pullover" ist pullover [*pul-ou-wö(r)*]. Das sweatshirt [*ßuät-schÖ:(r)t*] gehört eher zur Sportbekleidung.

⑩ thought ist die unregelmäßige Vergangenheit von to think „denken, glauben".

⑪ IT, kurz für information technology, wird auch als computer science [*ßai-önß*] oder data processing [*dei-tö prou-ßä-ßing*] „Datenverarbeitung" bezeichnet.

⑫ Ein Synonym für relaxed „locker, ungezwungen, informell" ist informal [*in-fO:(r)-möl*].

(SOLUTION TO FIRST EXERCISE: DID YOU UNDERSTAND?)

❶ Ich glaube, der Zug kommt um zehn in London an. ❷ Könntest du mir etwas Geld leihen? – Kommt gar nicht in Frage! ❸ Im Moment mache ich mir Gedanken darüber, was (wie) ich morgen anziehe. ❹ Sei nicht dumm. Du kannst nicht bei (für) einem Vorstellungsgespräch Jeans und (einen) Pullover tragen! ❺ Ich dachte, IT-Firmen seien sehr locker (informell).

④ Was hast du gestern getragen?

   What . . . . . . . . . . . . . . yesterday?

⑤ Dies [hier] ist der falsche Weg. Das [dort] ist der richtige Weg.

   . . . . is the . . . . . way. . . . . '. the . . . . . way.

---

## ▶ Sixtieth lesson

## Give me a lift to York ①

| 1 | – You could drive, but it's quite a long way. ② ③
| 2 | – How far is it from here? About a hundred and fifty miles? ④
| 3 | – No, it's more like eighty. You could take the train.
| 4 | – I suppose so. How long does it take, do you think?
| 5 | – Normally about two hours.
| 6 | But there are often delays on the Manchester-York line.
| 7 | There's always National Coaches. ⑤

(PRONUNCIATION)

[giw ... lift ... **1** ... draiw ... kuait ... **2** ... mails **3** ... trein **4** ... ßö-pous ... **5** nO:(r)-mö-li ... ao(r)s ... **6** ... O:-fön di-leis ... **7** ... nä-schö-nöl kou-tschis]

(ANMERKUNGEN)

① **lift** ist eigentlich ein „Aufzug", aber **to give someone a lift** bedeutet „jdn. mit dem Auto mitnehmen".

② **to drive** meint immer „mit dem Auto fahren". **My mother can't drive** „Meine Mutter kann nicht Auto fahren". Die Vergangenheitsform lautet **drove** [drouw].

> **SOLUTION TO SECOND EXERCISE: THE CORRECT WORDS.**

❶ make her look ❷ Women – more – than men ❸ washed – dressed – bathroom ❹ were you wearing ❺ This – wrong – That's – right.

**Second wave: Activate lesson 10!**

## 60. Lektion

### Nimm mich mit nach York

1 – Du könntest [mit dem Auto] fahren, aber es ist ein ziemlich langer Weg.
2 – Wie weit ist es von hier? Ungefähr 240 Kilometer (ein hundert und fünfzig Meilen)?
3 – Nein, es sind eher (mehr wie) 130 Kilometer (achtzig). Du könntest den Zug nehmen.
4 – Ich nehme es an (so). Wie lange dauert die Fahrt (tut es nehmen), [was] denkst du?
5 – Normalerweise ungefähr zwei Stunden.
6 Aber es gibt oft Verspätungen auf der Strecke Manchester-York (Linie).
7 Es gibt immer [noch] „National Coaches".

(ANMERKUNGEN)

③ Beispiele zu **quite** „ziemlich": **It's quite cold** „Es ist ziemlich kalt". **He talks quite slowly** „Er spricht ziemlich langsam". **I quite like this suit** „Ich mag diesen Anzug ganz gern". **There are quite a lot of cars** „Es gibt ziemlich viele Autos".

④ Die wichtigsten britischen Längen- und Gewichtsmaße finden Sie in Lektion 35.

⑤ **Coach** ist ein „Reisebus", **bus** ein „Linienbus". **National Coaches** ist hier ein Busreiseunternehmen.

| 8 | They're pretty reliable. ⑥ |
| 9 | Wait. I've got an idea. |
| 10 | Brian goes to York every week on business. |
| 11 | I'm sure he would give you a lift. |
| 12 | – Brilliant. Would you mind asking him for me? ⑦ |
| 13 | – Of course not. I'll call him right now. ⑧ |

(PRONUNCIATION)

[**8** ... ri-*lai*-ö-bl **10** *brai*-ön ... bis-nöß **12** *bril*-jönt ... maind ...]

(FIRST EXERCISE: DO YOU UNDERSTAND THESE SENTENCES?)

❶ There were quite a lot of people at the concert. ❷ Can you give me a lift home? ❸ There are often delays on that line. ❹ I'll call him right now if you want. ❺ Would you mind if I sit here?

(SECOND EXERCISE: FILL IN THE CORRECT WORDS!)

❶ Wie weit ist es von hier? – Ungefähr 240 Kilometer (150 Meilen).

. . . . . . . . . . . . from here? – About . . . . . . . and . . . . . . . . . . .

| 8 | Sie sind ziemlich (hübsch) zuverlässig.
| 9 | Warte. Ich habe eine Idee.
| 10 | Brian fährt jede Woche geschäftlich nach York (auf Geschäft).
| 11 | Ich bin sicher, er würde dich mitnehmen (geben dir einen Aufzug).
| 12 | – Genial. Würde es dir etwas ausmachen, ihn für mich zu fragen?
| 13 | – Selbstverständlich nicht. Ich werde ihn jetzt gleich (genau jetzt) anrufen.

(ANMERKUNGEN)

⑥ In der Umgangssprache ersetzt der Brite gerne **quite** durch **pretty**: **It's pretty cold**.

⑦ Mit **Would you mind...?** kann man höflich um etwas bitten: **Would you mind if I borrowed your hat?** „Würde es dir etwas ausmachen, wenn ich mir deinen Hut ausleihe?". **Would you mind paying the restaurant for me?** „Würde es dir etwas ausmachen, das Restaurant für mich zu bezahlen?".

⑧ **I'll** ist die Kurzform von **I will** „ich werde", eine Futurform, die Sie noch genauer kennenlernen werden.

### SOLUTION TO FIRST EXERCISE: DID YOU UNDERSTAND?

❶ Es waren ziemlich viele Leute bei dem Konzert. ❷ Kannst du mich nach Hause mitnehmen? ❸ Es gibt oft Verspätungen auf dieser Strecke. ❹ Ich werde ihn jetzt gleich anrufen, wenn du willst. ❺ Würde es Ihnen etwas ausmachen, wenn ich mich hierhin setze?

❷ Meine Frau fährt jeden Tag [mit dem Auto] zur Arbeit.
My wife . . . . . . . .. . . . . every day.

❸ Würde es dir etwas ausmachen, ihn zu fragen, ob er mich mitnimmt?

. . . . . . . . . . . . . . . . . . him to give me a . . . . ?

❹ Wie lange dauert (nimmt) es, von Manchester nach York zu fahren?

. . . . . . . . . . . . . . . . . . . to go from Manchester to York?

❺ Nimm den Zug. Es ist ein ziemlich langer Weg.

Take the train. . . '. . . . . . a . . . . . . . .

---

### ▶ Sixty-first lesson

## Travelling around Britain ①

| 1 | Travelling around Britain today is very easy and convenient. ② |
| 2 | The railway system is generally fast, modern and efficient. |
| 3 | It used to be nationalised but now it is under private management. ③ |

(PRONUNCIATION)

[trä-wö-ling ö-raond ...**1** ... tu-dei ... i:-si ... kön-wi:-ni-önt **2** ... reil-uei ßiß-töm ... djä-nö-rö-li fa:ßt mO-dö(r)n ... ö-fi-schönt **3** ... ju:sd ... nä-schö-nö-laisd ... an-dö(r) prai-wöt mä-nödj-mönt]

(ANMERKUNGEN)

① **Travelling** ist wieder ein substantiviertes Verb. Ebenso **smoking** „das Rauchen", **parking** „das Parken".

## SOLUTION TO SECOND EXERCISE: THE CORRECT WORDS

❶ How far is it – a hundred – fifty miles ❷ drives to work ❸ Would you mind asking – lift ❹ How long does it take ❺ It's quite – long way.

---

### Lerntipp

*Eine Sprache zu erlernen, bedeutet nicht nur, sich ihre grammatischen Strukturen und den Wortschatz anzueignen, sondern auch die Mentalität der Menschen kennenzulernen, die diese Sprache sprechen. So beleuchten wir in diesem Kurs in kleinen Häppchen auch Geschichte, Kultur und Alltagsleben Großbritanniens, denn all dies hat die heutige Sprache mit geprägt und ist ein wichtiges Element für die Verständigung zwischen den Sprechern.*

---

**Second wave: Activate lesson 11!**

---

## 61. Lektion

### Reisen(d) in (herum) Großbritannien

**1** Reisen in Großbritannien ist heute sehr einfach und angenehm.
**2** Das Eisenbahnsystem ist im Allgemeinen schnell, modern und leistungsfähig.
**3** Es war [früher] verstaatlicht, aber nun ist es unter privater Führung.

### ANMERKUNGEN

② **convenient** „günstig, praktisch, angenehm". **Their house is very convenient for the beach** „Ihr Haus liegt (ist) sehr günstig zum (für den) Strand". **Would Tuesday be convenient for you?** „Wäre Dienstag günstig für Sie?". Aber: **Public Conveniences** sind „öffentliche Toiletten"!

③ **used to** + Infinitiv wird für Gewohnheiten, Ereignisse usw. benutzt, die in der Vergangenheit über einen längeren Zeitraum bestanden haben: **He used to live in New York but today he lives in London** „Er wohnte [früher] in New York, aber heute wohnt er in London". Verwechseln Sie es nicht mit **to use** „benutzen, verwenden".

| 4 | There are **inter**-city trains for **lo**ng-distance j**ou**rneys ④
| 5 | and commuter s**er**vices for p**eo**ple who tr**a**vel to w**o**rk **e**very d**ay**. ⑤
| 6 | But a l**o**t of p**eo**ple pref**er** to go by c**ar**, bus or c**oa**ch.
| 7 | So alth**ou**gh the c**ou**ntry has an extensive n**e**twork of m**o**torways and r**oa**ds, ⑥
| 8 | there are **a**lways huge traffic jams. ⑦
| 9 | In f**a**ct, there are r**ea**lly tw**o** sorts of r**oa**ds in Great Br**i**tain:
| 10 | th**o**se that are b**ei**ng built and th**o**se that are b**ei**ng rep**ai**red. ⑧

( PRONUNCIATION )

[*4* ... *in-tö(r)-ßi-ti treins ... lOng-diß-tönß djÖ:(r)-nis* *5* ... *kö-mju:-tö(r) ßÖ:(r)-wi-ßis ...* *6* ... *pri-fÖ:(r) ...* *7* ... *O:l-fsou ... kan-tri ... ikß-tän-ßiw nät-uÖ:(r)k ... mou-tö(r)-ueis ... rouds* *8* ... *hju:dj trä-fik djäms* *9* ... *ßO:(r)tß ...* *10* ... *bilt ... ri-pä:(r)d*]

### FIRST EXERCISE: DO YOU UNDERSTAND THESE SENTENCES?

❶ He lives in the suburbs and commutes to the city every day. ❷ Even though the trains are efficient, many people prefer the coach. ❸ How was your business trip? – The journey was very long. ❹ I really hate travelling by train. It's so uncomfortable. ❺ Our new flat is very convenient for the shops.

### SECOND EXERCISE: FILL IN THE CORRECT WORDS!

❶ Es gibt Pendlerzüge für Leute, die [mit dem Zug] zur Arbeit fahren (reisen).

There are ........ trains for ............ .............. .

| 4 | Es gibt Intercity-Züge für Langstreckenreisen (lang Entfernung Reisen)
| 5 | und Pendlerzüge (-dienste) für Leute, die (reisen) täglich [mit dem Zug] zur Arbeit fahren.
| 6 | Aber viele Leute ziehen es vor, mit dem Auto, dem Linienbus oder dem Reisebus zu fahren.
| 7 | So [gibt es], obwohl das Land ein ausgedehntes Netz an Autobahnen und Straßen hat,
| 8 | (es gibt) immer riesige Verkehrsstaus.
| 9 | Im Grunde genommen gibt es in Großbritannien zwei Arten von Straßen:
| 10 | solche, die sich gerade im Bau befinden (sind seiend gebaut), und solche, die gerade repariert werden (sind seiend repariert).

(ANMERKUNGEN)

④ **journey** bedeutet allgemein „Reise". **Travelling** meint „das Reisen" als Handlung: **Travelling by coach is comfortable** „Das Reisen im Reisebus ist komfortabel". **trip** bezeichnet eher eine „Kurzreise": **business trip** „Geschäftsreise", **day trip** „Tagesreise".

⑤ **to commute** „zur Arbeit pendeln". **commuter** „Pendler" wird auch als Adjektiv verwendet: **commuter train** „Pendlerzug", **commuter traffic** „Pendlerverkehr"

⑥ **although** (oder **though** oder **even** [*i:-wön*] **though**) „obwohl" ist nicht zu verwechseln mit **also** [**O:***l-ßou*] „auch".

⑦ **jam** heißt „Marmelade": **Do you want some jam on your toast?** „Möchtest du Marmelade auf deinen Toast?". Aber **traffic jam** ist der „Verkehrsstau" (**to jam** „einklemmen, blockieren").

⑧ Das **u** in **built** wird nicht gesprochen: [*bilt*]. **building** [*bil-ding*] ist ein „Gebäude".

(SOLUTION TO FIRST EXERCISE: DID YOU UNDERSTAND?)

❶ Er lebt im Vorort (in den Vororten) und pendelt jeden Tag in die Stadt. ❷ Obwohl die Züge leistungsfähig sind, ziehen viele Leute den Reisebus vor. ❸ Wie war Ihre Geschäftsreise? – Die Reise war sehr lang. ❹ Ich hasse es wirklich, mit dem Zug zu reisen. Es ist so unkomfortabel. ❺ Unsere neue Wohnung liegt (ist) sehr günstig, was die Einkaufsmöglichkeiten betrifft (für die Geschäfte).

② [Das] Reisen in Großbritannien ist sehr einfach, aber [das] Parken ist schwierig.

.......... ...... Britain is very easy, but ....... is difficult.

③ Wäre morgen günstig für Sie?

..... tomorrow .. ............ ... you?

④ [Früher] haben wir geraucht, aber wir haben vor zehn Jahren aufgehört.

We .... .. ..... but we ........ ... .... ... .

⑤ Es gibt zwei Arten von Gebäuden: solche, die sich gerade im Bau befinden, und solche, die gerade repariert werden.

There are two sorts of buildings: ...... .... ... ..... ..... and those .... ... ..... ......... .

---

▶ **Sixty-second lesson**

## Planning a journey

**1** – Thank you for calling **Ea**stern **Rai**l.
**2** Press „1" to sp**ea**k to an adv**i**ser. ①

(PRONUNCIATION)

[*plä-ning* ... **1** ... k**O**:-ling **i**:ß-tö(r)n **rei**l **2** präß ... öd-**wai**-sö(r)]

**two hundred and thirty-eight • 238**

**SOLUTION TO SECOND EXERCISE: THE CORRECT WORDS.**

❶ commuter – people who travel to work ❷ Travelling around – parking ❸ Would – be convenient for ❹ used to smoke – stopped ten years ago ❺ those that are being built – that are being repaired.

_Lerntipp_

*Bestimmt haben Sie sich schon an die Arbeitsweise der „Zweiten Welle" gewöhnt. Hören Sie sich ruhig immer wieder die Tonaufnahmen der ersten Lektionen an. Jetzt, wo Sie mehr verstehen, haben Sie ein noch besseres Ohr für den englischen Tonfall und die typischen Laute.*

**Second wave: Activate lesson 12!**

## 62. Lektion

### Reiseplanung (Planend eine Reise)

1 – Danke, dass Sie (für anrufend) Eastern Rail angerufen haben.
2  Drücken Sie die „1", um mit einem Kundenberater zu sprechen.

(ANMERKUNGEN)

① Der **adviser** (oder **advisor**) „Kundenberater" in Unternehmen, Behörden usw. wird gelegentlich auch **customer consultant** [*kaß-tö-mö(r) kön-ßal-tönt*] genannt (**customer** „Kunde"). Beachten Sie die Aussprache von **to advise** „beraten" und **advice** [*öd-waiß*] „Rat".

*LEKTION 62*

| 3 | Your call is now in a queue ②
| 4 | but we will answer you soon. ③④
| 5 | – Thanks for being patient. What can I do for you?
| 6 | – I'd like some information on trains to York, please.
| 7 | – What station are you leaving from? ⑤
| 8 | – I want to get from Salford to York on Thursday morning.
| 9 | – Bear with me. I'm checking for you. ⑥
| 10 | Sorry about the wait. Right, there's a train that leaves Salford at **8.10**.
| 11 | Change at Manchester Oxford Road station and you'll get to York at **9.45**.
| 12 | – Do you have a low fare, like a cheap day-return or something? ⑦
| 13 | – I'm afraid not. Unless you leave after the rush hour.

(PRONUNCIATION)

[**3** ... kj**u**: ... **4** **a**:n-ß**ö**(r) ... ß**u**:n **5** ... p**ei**-schönt ... **6** ... in-fö-m**ei**-schön ... **7** ... ßt**ei**-schön ... l**i**:-wing ... **9** b**ä**:(r) ... tsch**ä**-king ... **11** tsch**ei**nî ... **O**kß-föd ... **12** l**ou** f**ä**:(r) ... tsch**i**:p dei ri-t**Ö**:(r)n ... **13** ... an-l**ä**ß ...]

(ANMERKUNGEN)

② **queue**: „Warteschlange", z. B. vor einer Kasse, aber auch die „Warteschleife" am Telefon. **to queue** bedeutet „Schlange stehen", was die Briten mit großer Disziplin tun! **queue jumpers** [d*j*am-pö(r)s] sind Personen, die sich in der Schlange vordrängeln.

| 3 | Ihr Anruf befindet sich (ist) nun in einer Warteschleife,
| 4 | aber wir werden ihn bald entgegennehmen (beantworten Sie bald).
| 5 | – Vielen Dank für Ihre Geduld (für seiend geduldig). Was kann ich für Sie tun?
| 6 | – Ich hätte gerne einige Informationen über Züge nach York, bitte.
| 7 | – Von welchem Bahnhof fahren Sie ab?
| 8 | – Ich möchte am Donnerstagmorgen von Salford nach York fahren.
| 9 | – Bleiben Sie in der Leitung (ertragen mit mir). Ich sehe für Sie nach (bin überprüfend für Sie).
| 10 | Tut mir leid, dass Sie warten mussten. Also (richtig), es gibt einen Zug, der um 8 [Uhr] 10 von Salford abfährt.
| 11 | Steigen Sie am Bahnhof Manchester Oxford Road um, und Sie erreichen (werden erreichen) York um 9 [Uhr] 45.
| 12 | – Haben Sie einen vergünstigten Tarif (niedrigen Fahrpreis), wie z. B. eine preiswerte Tagesrückfahrkarte oder so was (etwas)?
| 13 | – Leider nicht. Es sei denn, Sie fahren nach der Hauptverkehrszeit.

(ANMERKUNGEN)

③ we will... „wir werden ..." zum Ausdruck einer zukünftigen Handlung kann in einem informelleren Kontext zu we'll verkürzt werden.

④ Das w in answer wird nicht gesprochen.

⑤ In Fragesätzen mit einer Präposition (hier from) kann diese in der Umgangssprache ans Satzende verschoben werden: To whom were you speaking? – Whom were you speaking to? „Mit wem hast du gesprochen?".

⑥ Die Grundbedeutung von to bear ist „ertragen, erdulden"; es ist damit synonym zu to stand: I can't bear/stand him! He's so rude [ru:d]! „Ich kann ihn nicht ertragen! Er ist so unhöflich!".

⑦ fare ist der Fahrpreis einer Zugfahrkarte oder einer Taxifahrt. The fare is shown [schoun] on the meter [mi:-tö(r)] „Der Fahrpreis wird auf dem Taxameter angezeigt".

| 14 | – In th**a**t case, I w**o**n't take the tr**ai**n. ⑧
| 15 | I think I'll dr**i**ve. B**ye** b**ye**. ⑨

(PRONUNCIATION)

[**14** ... *uount* ... **15** ... b*ai* b*ai*]

### FIRST EXERCISE: DO YOU UNDERSTAND THESE SENTENCES?

❶ When you take a taxi, the fare is shown on the meter. ❷ Which station are you leaving from? ❸ They don't have a cheap day-return – unless you leave after 9.30. ❹ We'll soon be on holiday. – At last! ❺ I can't bear her! She's so rude.

### SECOND EXERCISE: FILL IN THE CORRECT WORDS!

❶ Mit wem hast du gesprochen? – Mit einem Kundenberater.

 . . .  . . . .  you . . . . . . . .  . .  ? – . .  an adviser.

❷ Wir werden York ungefähr um zehn Uhr erreichen.

 . .  . . . . .  . . . .  . .  York at around ten o'clock.

❸ Ich werde nicht den Zug nehmen. Ich werde [mit dem Auto] fahren.

 I  . . . '. . . . .  the train. . '. . . . . . . .

❹ Ich hätte gerne (ich würde mögen) einige Informationen über Fahrpreise, bitte.

 . '. . . . .  some information . .  . . . . . , please.

❺ Bitte stellen Sie sich für Karten hier an.

 . . . . . .  . . . . .  here . . .  . . . . . . . . .

14 – In diesem Fall werde ich nicht den Zug nehmen.
15 Ich denke, ich werde [mit dem Auto] fahren. Auf Wiedersehen.

(ANMERKUNGEN)

⑧ Die Negation im Futur wird mit **will not** (Kurzform **won't**) ausgedrückt: **He will take the train** – **He won't take the train**. Aber Achtung: In einem Satz wie **I'll have to drive because my wife won't take the train** drückt **won't** eine Weigerung aus: „will nicht"!

⑨ Die Abschiedsfloskel **Bye bye** ist durchaus auch in formellen Situationen eine gängige Variante von **Good bye**.

(SOLUTION TO FIRST EXERCISE: DID YOU UNDERSTAND?)

❶ Wenn Sie ein Taxi nehmen, wird der Fahrpreis auf dem Taxameter angezeigt. ❷ Von welchem Bahnhof fahren Sie ab? ❸ Sie haben keine preiswerte Tagesrückfahrkarte – es sei denn, du fährst nach 9 [Uhr] 30. ❹ Wir werden bald im Urlaub sein. – Endlich! ❺ Ich kann sie nicht ertragen! Sie ist so unhöflich.

(SOLUTION TO SECOND EXERCISE: THE CORRECT WORDS.)

❶ Who were – speaking to – To ❷ We will get to ❸ won't take – I'll drive ❹ I'd like – on fares ❺ Please queue – for tickets.

> **Verkehrsmittel**
> Die britische Eisenbahn wurde nach 1990 privatisiert. Die gesamte Eisenbahninfrastruktur wird heute von einer Gesellschaft verwaltet, die für die Unterhaltung und Wartung des Schienensystems ebenso verantwortlich ist wie für die Koordination der Zugbewegungen und die Fahrpläne. Ca. 20 regionale **Train Operating Companies** bieten darüber hinaus Beförderungsservices für Personen und Fracht an. So kann ein Reisender auf ein und derselben Strecke unter verschiedenen Anbietern auswählen, was wiederum gelegentlich zu Komplikationen hinsichtlich der Fahrpläne und Tarife führt.

 **Sixty-third lesson**

### Revision and notes

#### 1. Futur (Zukunft)

Zur Bildung dieser Zeitform wird in allen Personen das Hilfsverb **will** vor den Infinitiv des Hauptverbs gestellt; **will** kann zu **'ll** verkürzt werden:

    I will (I'll) **go...**
    You will (you'll) **go...**
    He/she/it will (he/she/it'll) **go...**
    We will (we'll) **go...**
    You will (you'll) **go...**
    They will (they'll) **go...**

    ... to London tomorrow.

Die Verneinung wird mit **will not** gebildet. In der Umgangssprache wird meistens die Verkürzung **won't** angewandt:

> Was den Transport auf der Straße betrifft, so kam es in den Jahren nach 1980 zur Privatisierung des Linien- und Reisebussystems. Heute verfügt Großbritannien über ein dichtes und überaus effizientes Netz für Langstreckenbusse, das von **National Express** verwaltet wird und das viele Reisende dem Zug vorziehen. Das meistverbreitete Beförderungsmittel bleibt jedoch das Auto. Nach 1960 begann man damit, ein weit verzweigtes Autobahnnetz (**motorways**) anzulegen, was einen Boom des Privatverkehrs auslöste. In Großbritannien gilt eine Sondergebühr für die Nutzung von Tunneln und Brücken sowie eine Maut auf einigen Autobahnabschnitten.

**Second wave: Activate lesson 13!**

## 63. Lektion

**I will not (I won't) go...**
**You will not (you won't) go...**
**He/she/it will not (he/she/it won't) go...**
**We will not (we won't) go...**
**You will not (you won't) go...**
**They will not (they won't) go...**

**... to London tomorrow.**

Sie haben nun drei Varianten kennengelernt, mit denen Sie das Futur ausdrücken können:

1) Verlaufsform des Präsens

> **They're going to the theatre this afternoon.** „Sie werden heute Nachmittag ins Theater gehen."
> **David's having dinner with us tonight.** „David wird heute Abend mit uns zu Abend essen."

2) **going to** + Infinitiv

> **Take a coat: It's going to rain.** „Nimm einen Mantel mit: Es wird regnen."
> **I'm going to live in London.** „Ich werde in London leben."

3) **will**

> **I'm sure he'll get that job.** „Ich bin sicher, er wird diese Stelle bekommen."
> **We will win the prize!** „Wir werden den Preis gewinnen!"

Anders als im Deutschen wird im Englischen auch bei spontanen Entschlüssen das Futur verwendet:

> **The phone's ringing. – I'll go.** „Das Telefon klingelt. – Ich gehe dran."
> **Come on, I'll drive you to the station.** „Na komm, ich fahre dich zum Bahnhof."

## 2. Verlaufsform der Vergangenheit

Diese Zeitform wird mit den Hilfsverben **was** bzw. **were** + dem Partizip Präsens (-**ing**-Form) des Hauptverbs gebildet:

> **I was reading.** „Ich las [gerade]."
> **We were driving.** „Wir fuhren [gerade]."

Die Verneinung erfolgt mit **not**, das zu **-n't** verkürzt werden kann:

> **I wasn't reading.** „Ich las [gerade] nicht."
> **We weren't driving.** „Wir fuhren [gerade] nicht."

Für eine Frage wird die Inversion angewandt:

> **Was I reading?** „Las ich [gerade]?"
> **Were we driving?** „Fuhren wir [gerade]?"

Die Verlaufsform der Vergangenheit wird für Handlungen und Zustände verwendet, die in der Vergangenheit über einen längeren Zeitraum angedauert haben:

**In the 1990s, I was living in London.** „In den Jahren [nach] 1990 lebte ich in London."

In Sätzen mit diesem Tempus kann außerdem ein zweites Ereignis erwähnt werden, das plötzlich eintritt und das in der einfachen Vergangenheit (**simple past**) steht:

**She was watching television when the phone rang.** „Sie sah [gerade] fern, als das Telefon klingelte."

Würde man in beiden Teilsätzen das **simple past** verwenden, würde dies bedeuten, dass die beiden Handlungen zeitlich aufeinanderfolgen. Vergleichen Sie:

**When we arrived, he was making coffee.** „Als wir ankamen, machte er [gerade] Kaffee."
**When we arrived, he made coffee.** „Als wir ankamen, machte er Kaffee."

## 3. used to

Mit **used to** können Sie ebenfalls ausdrücken, dass ein Zustand oder eine Angewohnheit in der Vergangenheit über einen längeren Zeitraum angedauert hat, jedoch zum Zeitpunkt des Sprechens beendet ist. Man könnte **used to** mit dem etwas veralteten „pflegen, etwas zu tun" übersetzen bzw. im Geiste „früher" hinzufügen:

**He often used to visit his aunt.** „Er hat [früher] oft seine Tante besucht."
(Es wäre allerdings auch möglich, zu sagen: **He often visited his aunt.**)

Weitere Beispiele:

**I used to smoke but I stopped ten years ago.** „Früher habe ich geraucht, aber vor zehn Jahren habe ich [damit] aufgehört."
**My parents used to live in New York.** „Meine Eltern lebten früher in New York."

## 4. Höflichkeitsfloskeln mit dem Konditional: would und could

Die Konditionalformen **would** und **could** werden häufig verwendet, um Aufforderungen oder Wünsche höflicher zu formulieren:
a) **would** (Kurzform **'d**) + Infinitiv in allen Personen:

> **I would (I'd) like to speak to Cathy Barnes, please.** „Ich würde gerne mit Cathy Barnes sprechen, bitte."
> **I would (I'd) be happy.** „Es würde mich freuen."
> **I would (I'd) like to see you at ten o'clock.** „Ich würde Sie gerne um zehn Uhr sehen."

Auch hier wird die Frageform mit der Inversion gebildet:

> **Would you help me, please?** „Würdest du mir bitte helfen?"
> **Would you like some more beer?** „Würdest du [gerne] (mögen) noch etwas Bier [trinken]?"

b) **could** + Pronomen wird gerne in höflichen Fragen benutzt:

> **Could I speak to the butcher, please?** „Könnte ich bitte mit dem Metzger sprechen?"
> **Could you go to the post office for me, please?** „Könntest du bitte für mich zur Post gehen?"

## 5. Ausdruck von Wünschen: want/like + Infinitiv

Sie haben noch eine – vielleicht etwas gewöhnungsbedürftige – Konstruktion kennengelernt, mit der Sie jemanden zu einer bestimmten Handlung auffordern: **to want** bzw. **to like** + Personalpronomen in der Objektform (**me**, **him**, **her** ...) + Infinitiv:

> **I'd like you to come for an interview.** „Ich hätte gerne, dass Sie (ich würde mögen Sie zu kommen) zu einem Vorstellungsgespräch kommen."
> **They want me to lend them some money.** „Sie wollen, dass ich (sie wollen mich zu leihen) ihnen etwas Geld leihe."

Achten Sie darauf, niemals **that** hinter **like** oder **want** zu stellen, auch wenn es im Deutschen „dass ..." heißt!

## 6. Reflexivpronomen

In Lektion 58 haben Sie ein sog. Reflexivpronomen (rückbezügliches Fürwort) kennengelernt:

**It was the personnel director himself.** „Es war der Personalchef persönlich (ihm-selbst)."

Die rückbezüglichen Fürwörter werden verwendet, wenn Subjekt und Objekt einer Handlung identisch sind, d. h. wenn die Person, die die Handlung ausführt, diese an sich selbst vornimmt. Beispiele:

**I cut myself.** „Ich habe mich (selbst) geschnitten."
**He shaved himself.** „Er hat sich (selbst) rasiert."

Die Reflexivpronomen lauten:

**Singular**
1. Person     **myself** „mich/mir [selbst]"
2. Person     **yourself** „dich/dir [selbst]"
3. Person     **himself** „ihn/ihm [selbst]"
              **herself** „sie/ihr [selbst]"
              **itself** „es/ihm [selbst]"

**Plural**
1. Person     **ourselves** „uns [selbst]"
2. Person     **yourselves** „euch/Sie [selbst]"
3. Person     **themselves** „sie/ihnen [selbst]"

## 7. Relativpronomen what, which, that

**What** leitet als Konjunktion (Bindewort) einen Nebensatz ein und steht dann stellvertretend für ein Substantiv. So könnte man den Satz

**I liked the things I saw** „Ich mochte die Dinge, die ich sah"
auch folgendermaßen ausdrücken:
**I liked what I saw.** „Ich mochte, was ich sah."
**We told him the things we needed.** „Wir nannten (sagten) ihm die Dinge, die wir brauchten." →
**We told him what we needed.**

Die gleiche Funktion kann aber auch von den Konjunktionen **which** oder **that** ausgeführt werden. Für ihre Verwendung gelten die folgenden Regeln:

a) **which** wird verwendet, wenn sich das Relativpronomen auf ein vorangehendes Wort oder eine vorangehende Wortgruppe bzw. eine komplette Satzaussage bezieht; der Nebensatz wird in diesem Fall durch ein Komma vom Hauptsatz abgetrennt:

> **She wears jeans, which I hate.** „Sie trägt Jeans, was ich hasse."
> **He said his camera was broken, which wasn't correct.** „Er sagte, sein Fotoapparat sei kaputt, was nicht richtig war."

b) **that** wird verwendet nach **all**, **something**, **everything**, **anything** und **only** (wie wir aber schon in Lektion 36 gesehen haben, kann man **that** in einem informellen Kontext auch weglassen):

> **Everything (that) she wears is nice.** „Alles, was sie trägt, ist hübsch."
> **All (that) I want is to find a job.** „Alles, was ich will, ist, eine Stelle zu finden."
> **Take anything (that) you want.** „Nimm alles, was du willst."

## ▶ Sixty-fourth lesson

## A shopping expedition

**1** – I n**ee**d a new j**a**cket for my m**ee**ting on Thursday.

(PRONUNCIATION)
[... sch**O**-ping äkß-pö-d**i**-schön **1** ... dj**ä**-köt ... m**i**:-ting ...]

## 8. Verständnis-/Formulierungsübung

**DO YOU UNDERSTAND THESE SENTENCES?**

❶ Could I speak to Catherine Barnes, please? ❷ I'd like you to come to York for an interview. ❸ But I sent you my CV more than six months ago. ❹ That was when I was working in London. ❺ Tell me how I get to your office. ❻ You could take the train or you could drive. ❼ How long does it take to go from Salford to York by train? ❽ About two hours if there are no delays. ❾ Then I won't take the train. I think I'll drive. ❿ Or I could ask my husband to give me a lift.

**DID YOU UNDERSTAND?**

❶ Könnte ich bitte mit Catherine Barnes sprechen? ❷ Ich hätte gerne, dass Sie zu einem Vorstellungsgespräch nach York kommen. ❸ Aber ich habe Ihnen [schon] vor sechs Monaten meinen Lebenslauf geschickt. ❹ Das war [die Zeit], als ich in London arbeitete. ❺ Sagen Sie mir, wie ich zu Ihrem Büro komme. ❻ Sie könnten den Zug nehmen, oder Sie könnten [mit dem Auto] fahren. ❼ Wie lange dauert es, mit dem Zug von Salford nach York zu fahren? ❽ Etwa zwei Stunden, wenn es keine Verspätungen gibt. ❾ Dann nehme ich nicht den Zug. Ich denke, ich werde [mit dem Auto] fahren. ❿ Oder ich könnte meinen Mann bitten, mich mitzunehmen.

**Second wave: Activate lesson 14!**

---

# 64. Lektion

## Ein Einkaufsbummel (Einkaufsexpedition)

**1** – Ich brauche eine neue Jacke für meine Besprechung (Treffen) am Donnerstag.

**2** Would you come and help me choose something?
**3** – But you know I'm not good at choosing clothes. ①
**4** – Come on. I'll buy you a coffee at Mario's. ②
**5** (*At the shop*)
**6** – Good afternoon madam. How may I help you? ③
**7** – I want a jacket for an interview. Something smart. ④
**8** – I have something that will suit you perfectly. ⑤
**9** You take a size twelve, don't you?
**10** What do you think of this? It's wool and silk.
**11** – It's fabulous. May I try it on please? ⑥
**12** It fits perfectly. Simon, does it suit me? ⑦
**13** – Yes, it does. Please can we go for a coffee now?
**14** – How much does it cost? ⑧
**15** – Forty ninety-nine. ⑨

(PRONUNCIATION)

[**2** ... tschu:s ... **3** ... tschu:-sing kloufs-s **4** ... mä-ri-ous **6** ... mä-däm ... mei ... **7** ... ßma:(r)t **8** ... ßu:t ... pÖ:(r)-fökt-li **9** ... ßais ... **10** ... uu:l ... ßilk **11** ... fä-bju-löß ... trai ... **12** ... fitß ... **14** ... kOßt]

(ANMERKUNGEN)

① Auch der Brite sagt „gut in etwas sein": She's good at geography „Sie ist gut in Geografie". He's very good at his job „Er macht seine Arbeit sehr gut".

② Wenn Sie jemandem etwas kaufen oder schenken, können Sie anstelle von to buy auch to give sagen. Im Sinne von „anbieten" sagt man to offer [O-fö(r)].

③ may kann vor allem in Höflichkeitsfloskeln can ersetzen. Es wird auch verwendet, wenn man nach einer Erlaubnis fragt: May I leave? „Kann ich gehen?".

| 2 | Würdest du mitkommen und mir helfen, etwas auszusuchen?
| 3 | – Aber du weißt [doch], dass ich nicht gut bin im Aussuchen von Kleidung.
| 4 | – Na komm schon. Ich gebe (kaufe) dir einen Kaffee bei Mario aus.
| 5 | *(Im Geschäft)*
| 6 | – Guten Tag (Nachmittag), [gnädige] Frau. Was kann ich für Sie tun?
| 7 | – Ich möchte eine Jacke für ein Vorstellungsgespräch. Etwas Schickes.
| 8 | – Ich habe etwas, das perfekt [zu] Ihnen passen wird.
| 9 | Sie haben (nehmen eine) Größe 12, nicht wahr?
| 10 | Was halten (denken) Sie hiervon? Sie ist [aus] Wolle und Seide.
| 11 | – Sie ist fantastisch. Kann ich sie bitte anprobieren?
| 12 | Sie passt perfekt. Simon, steht sie mir?
| 13 | – Ja (es tut). Bitte, können wir jetzt (für) einen Kaffee [trinken] gehen?
| 14 | – Wie viel kostet sie?
| 15 | – 40,99.

(ANMERKUNGEN)

④ **smart** bedeutet in erster Linie „clever, raffiniert, intelligent": **He's the smartest guy in town** „Er ist der intelligenteste Junge in der Stadt". Hier heißt es jedoch „schick, elegant".

⑤ **suit** „Anzug, Kostüm" kennen Sie bereits aus L. 59. **to suit** bedeutet „zu jdm./etw. passen, sich eignen, recht sein".

⑥ **to try** bedeutet „versuchen, probieren" (L. 27), **to try on** „anprobieren". **Try this coat on for size** „Probieren Sie diesen Mantel an, um zu sehen, ob er passt (für Größe)".

⑦ Auch **to fit** heißt „passen", es bezieht sich aber auf die Größe, während **to suit** „passen" im ästhetischen Sinne gemeint ist. Merken Sie sich auch **fitting room** „Umkleidekabine".

⑧ Anstelle von **How much does it cost?** können Sie auch **How much is this?** sagen. Das Adjektiv lautet **costly** „teuer, kostspielig".

⑨ Hier sind englische Pfund gemeint.

LEKTION 64

### FIRST EXERCISE: DO YOU UNDERSTAND THESE SENTENCES?

❶ Here, try this jacket on for size. ❷ She's one of the smartest girls in the class. ❸ Good afternoon sir. How may I help you? ❹ How much is this? – Forty ninety-nine. ❺ A job in an IT company would suit me perfectly.

### SECOND EXERCISE: FILL IN THE CORRECT WORDS!

❶ Dieser Hut steht dir, aber er passt nicht.

That hat . . . . . . . . but . . . . . . . . '. . . . .

❷ Was wirst du ihm zu (für) seinem Geburtstag schenken (geben)?

. . . . . . . . . . . . . . . . to . . . . him for . . . birthday?

❸ Sie ist gut darin, (im Aussuchen) Kleidung für ihren Mann auszusuchen.

She's . . . . . . . . . . . . . clothes for . . . husband.

❹ Können wir Ihnen einen Kaffee ausgeben (kaufen)?

. . . . . . . . . . . . a coffee?

❺ Würdest du kommen und mir beim (mit dem) Abwasch helfen?

. . . . . . . . . . . . . . . . . . . . . . . with the washing-up?

### SOLUTION TO FIRST EXERCISE: DID YOU UNDERSTAND?

❶ Hier, probieren Sie diese Jacke an, um zu sehen, ob sie passt (für Größe). ❷ Sie ist eines der intelligentesten Mädchen in der Klasse. ❸ Guten Tag (Nachmittag), [mein] Herr. Was kann ich für Sie tun? ❹ Wie viel kostet das hier? – 40,99. ❺ Eine Stelle in einer IT-Firma würde perfekt zu mir passen.

### SOLUTION TO SECOND EXERCISE: THE CORRECT WORDS.

❶ suits you – it doesn't fit ❷ What are you going – give – his ❸ good at choosing – her ❹ May we buy you ❺ Would you come and help me.

_Lerntipp_

Nun, wie klappt es mit der „Zweiten Welle"? Lassen Sie sich durch Fehler nicht entmutigen. Gerade sie zeigen Ihnen ja, was Sie sich nochmals anschauen sollten.

**Second wave: Activate lesson 15!**

## ▶ Sixty-fifth lesson

## A coffee at Mario's

**1** – A table for two in the smoking section, please.
**2** – Certainly. Would you come this way? ①
**3** Are you ready to order or do you need to see a menu? ②
**4** – I'll have a cappuccino and a glass of water. ③
**5** – And I'll have a pot of tea and some scones with cream and jam. ④
**6** It's really sweet of you to come shopping with me on a Saturday. ⑤
**7** – Actually, I want to make sure you don't spend too much money.
**8** – You needn't worry, darling.
**9** Money can't buy everything. ⑥
**10** – I know. That's why they invented the credit card. ⑦

(PRONUNCIATION)

[... ßmou-king ßäk-tschön ... **2** ßÖ:(r)-tön-li ... **3** ... rä-di ... **O:**(r)-dö(r) ... män-ju: **4** ... ka-pu-tschi:-nou ... gla:ß ... uO:-tö(r) **5** ... pOt ... ßkOns ... kri:m ... djäm **6** ... ßui:t ... **8** ... ni:dnt ... **10** ... in-wän-tid ... krä-dit ka:(r)d]

(ANMERKUNGEN)

① Hier ist **would** wieder Teil einer Höflichkeitsfloskel. **Would you come/like to come to lunch next Tuesday?** „Möchtest du gerne nächsten Dienstag zum Mittagessen kommen?".

② **to need** heißt „benötigen, brauchen": **He needs a new suit** „Er braucht einen neuen Anzug". Folgt auf **to need** ein Infinitiv, bedeutet es „müssen", verneint „nicht brauchen": **You needn't pay by credit card** „Du brauchst nicht mit [der] Kreditkarte zu bezahlen".

## 65. Lektion

### Ein Kaffee bei Mario

1 – Ein Tisch für zwei im Raucherbereich, bitte.
2 – Gerne. Folgen Sie mir bitte hier entlang (würden Sie kommen diesen Weg)?
3 Möchten Sie sofort bestellen (sind Sie bereit zu bestellen), oder möchten Sie die Karte sehen (Sie benötigen zu sehen ein Menü)?
4 – Ich nehme (werde nehmen) einen Cappuccino und ein Glas Wasser.
5 – Und ich nehme eine Kanne (von) Tee und etwas Gebäck mit Sahne und Marmelade.
6 Es ist wirklich lieb (süß) von dir, dass du an einem Samstag mit mir zum Einkaufen kommst.
7 – Eigentlich möchte ich sichergehen (machen sicher), dass du nicht zu viel Geld ausgibst.
8 – Du brauchst dir keine Sorgen zu machen, Liebling.
9 [Mit] Geld kann [man] nicht alles kaufen.
10 – Ich weiß. Deshalb hat man (das-ist warum sie erfanden) die Kreditkarte erfunden.

(ANMERKUNGEN)

③ Vergessen Sie nicht, dass das Englische oft das Futur zum Ausdruck der nahen Zukunft verwendet.

④ scones (auch [ßkouns]) ist ein Gebäck, das man mit Sahne und Marmelade zum Tee isst; das Ganze nennt sich dann cream tea. Zwar ist der Brite für seine Teeleidenschaft bekannt, jedoch gibt es auch zahlreiche coffee bars oder coffee shops.

⑤ sweet „süß" (Geschmack), aber auch „nett, lieb": It's really sweet of them to invite us „Es ist wirklich nett von ihnen, uns einzuladen".

⑥ Hier sehen Sie eine Möglichkeit, das unpersönliche „man" auszudrücken.

⑦ Auch they dient zum Ausdruck des unpersönlichen „man". Weitere Varianten lernen Sie noch kennen.

**11** Excuse me, miss. May we have the bill, please? ⑧
**12** – Here you are. Pay at the cash desk by the entrance. ⑨

(PRONUNCIATION)

[*12* ... käsch däßk ... än-trönß]

FIRST EXERCISE: DO YOU UNDERSTAND THESE SENTENCES?

❶ Would you come with me, please? – Certainly. ❷ Can I pay by cheque? – Sorry, cash or credit card only. ❸ Are you ready to order? – I'll have a cream tea, please. ❹ Excuse me. May we have the bill, please? ❺ It's really sweet of you to invite us.

SECOND EXERCISE: FILL IN THE CORRECT WORDS!

❶ Sie brauchen nicht zu kommen, wenn sie nicht wollen.

They . . . . . '. . . . . if they don't . . . . . . .

❷ Man sagt, [mit] Geld kann [man] nicht alles kaufen.

. . . . . . . money can't . . . . . . . . . . . . . .

❸ Deshalb hat man (sie erfanden) die Kreditkarte erfunden.

. . . . , ' . . . . . . . . . . . . . . . . . the credit card.

❹ Bezahlen Sie an der Kasse beim Eingang.

. . . . . the . . . . . . . . . . . . the entrance.

| 11 | Entschuldigen Sie (mich) [Fräulein]. Können wir bitte die Rechnung haben?
| 12 | – Bitte sehr. Bezahlen Sie [bitte] an der Kasse (Bargeld Tisch) beim Eingang.

(ANMERKUNGEN)

⑧ bill ist jede Art von „Rechnung": electricity bill „Stromrechnung", hotel bill „Hotelrechnung".

⑨ Cash or credit card? „[In] bar oder [mit] Kreditkarte?" lautet die Frage nach der Zahlweise, z. B. in einem Geschäft. Möchten Sie mit Scheck zahlen, so sagen Sie I'll pay by cheque [*tschäk*]. Die Kasse im Supermarkt heißt checkout.

### SOLUTION TO FIRST EXERCISE: DID YOU UNDERSTAND?

❶ Würden Sie bitte mit mir kommen? – Gerne. ❷ Kann ich mit Scheck bezahlen? – Tut mir leid, nur [in] bar oder [mit] Kreditkarte. ❸ Möchten Sie bestellen (sind Sie bereit zu bestellen)? – Ich hätte gerne einen Tee mit Gebäck, bitte. ❹ Entschuldigen Sie (mich). Könnten wir bitte die Rechnung haben? ❺ Es ist wirklich nett (süß) von euch, uns einzuladen.

❺ Ich möchte sichergehen, [dass] du nicht zu viel Geld ausgibst.

I want .. .... .... you don't spend ... .... money.

### SOLUTION TO SECOND EXERCISE: THE CORRECT WORDS.

❶ needn't come – want to ❷ They say – buy everything ❸ That's why they invented ❹ Pay at – cash desk by ❺ to make sure – too much.

## Sixty-sixth lesson

## The Beatles

1. The Beatles are probably the most famous rock band of all time. ①
2. Two friends, John Lennon and Paul McCartney, started the group in 1960.
3. In the early days, they used to travel around Liverpool and Hamburg, ②
4. where they would play night after night in clubs to earn a living. ③

PRONUNCIATION

[... bi:-töls **1** ... prO-böb-li ... rOk bänd ... **2** ... dschOn lä-nön ... pO:l mö-ka(r)t-ni ... gru:p ... **3** ... Ö:(r)-li ... li-wö(r)-pu:l ... häm-bÖ(r)g **4** ... klabs ... Ö:(r)n ... li-wing]

> **Anreden**
> Die Anreden **sir** „Herr", **madam** „Frau" und **miss** „Fräulein" haben in Großbritannien einen formelleren Charakter als bei uns. Sie werden vorwiegend im Dienstleistungssektor benutzt; ansonsten vermeidet man sie eher. **Excuse me...** reicht aus, um eine Person anzusprechen. Die Auswahl der geeigneten Anrede hängt von der Gesprächssituation, von Alter und Position des Angesprochenen und von vielen anderen Faktoren ab und bedingt einen Aufenthalt im Land, um damit sicher umzugehen.

**Second wave: Activate lesson 16!**

## 66. Lektion

### Die Beatles

1. Die Beatles sind wahrscheinlich die berühmteste Rockband aller Zeit[en].
2. Zwei Freunde, John Lennon und Paul McCartney, gründeten (starteten) die Gruppe [im Jahre] 1960.
3. Zu Beginn (in den frühen Tagen) tingelten (reisten) sie in der Gegend von Liverpool und Hamburg herum,
4. wo sie Abend für Abend (Nacht nach Nacht) in Clubs spielten, um sich ihren Lebensunterhalt (ein Leben) zu verdienen.

(ANMERKUNGEN)

① **Beatles** hat keine Bedeutung; seine Aussprache ist identisch mit **beetle** „Käfer".

② Das Gegenteil von **early** „früh" lautet **late** „spät", das auch „zu spät" bedeuten kann: **Am I late?** „Komme ich zu spät?".

③ Neben **used to** + Verb ist die Konstruktion mit **would** eine andere Möglichkeit, eine Gewohnheit in der Vergangenheit auszudrücken: **When Ruth** [ru:fß] **was young she would wear jeans every day** „Als Ruth jung war, trug sie jeden Tag Jeans".

| 5 | Then in 1963 they had their first number-one hit: „Please Please Me". ④
| 6 | The Beatles became an immediate success, with millions of fans everywhere.
| 7 | What is interesting is that they could play the guitar and compose songs, ⑤
| 8 | but none of them could read music! ⑥
| 9 | Though they were together for only ten years, they are still influential today. ⑦
| 10 | But in the beginning, not everyone believed in their success. ⑧
| 11 | Lennon's aunt said: „It's **OK** to play the guitar, but you'll never get rich"!

(PRONUNCIATION)

[**6** ... bi-ke**i**m ... i-m**i:**-di-öt ßök-ß**ä**ß ... f**ä**ns ... **7** ... gi-ta:(r) ... köm-p**ou**s ßOngs **8** ... nan ... **9** fs**ou** ... in-flu-än-schöl ...]

FIRST EXERCISE: DO YOU UNDERSTAND THESE SENTENCES?

❶ Where's Ruth? – She left early because she had a meeting. ❷ His latest film was a big hit. ❸ When she was ten, she could play the guitar and the piano. ❹ Do you believe everything she says? ❺ None of our friends live in England.

|5| Dann, 1963, hatten sie ihren ersten (Nummer-eins) Hit: „Please Please Me".

|6| Die Beatles wurden zu einem sofortigen Erfolg, und sie hatten [mit] überall Millionen von Fans.

|7| Was interessant ist, ist [die Tatsache], dass sie Gitarre spielen und Lieder komponieren konnten,

|8| aber keiner von ihnen konnte Noten (Musik) lesen!

|9| Obwohl sie nur zehn Jahre lang zusammen waren, sind sie noch heute einflussreich.

|10| Aber am Anfang glaubte nicht jeder an (in) ihren Erfolg.

|11| Lennons Tante sagte: „Es ist in Ordnung, (die) Gitarre zu spielen, aber man wird niemals reich [dadurch]!"

### ANMERKUNGEN

④ hit „Schlag, Treffer, Stoß" bezeichnet einen großen Erfolg im Musik- oder Filmgeschäft. to hit bedeutet „schlagen, stoßen": She hit her foot on a big stone „Sie stieß sich den Fuß an einem großen Stein".

⑤ could ist nicht nur ein Konditional, sondern auch die Vergangenheit von can.

⑥ In Sätzen mit none „niemand, keiner, -e, -s" müsste laut Regel das Verb im Singular stehen, die Briten benutzen es jedoch meistens im Plural: None of our children play the piano „Keines unserer Kinder spielt Klavier".

⑦ Anstelle von though kann man auch although sagen.

⑧ to believe „glauben", to believe in „glauben an". Ist „glauben" im Sinne von „vermuten" gemeint, so benutzt man to think: Is she coming to the party? – I think so „Kommt sie zu der Party? – Ich vermute ja".

### SOLUTION TO FIRST EXERCISE: DID YOU UNDERSTAND?

❶ Wo ist Ruth? – Sie ist früh gegangen, da sie eine Besprechung hatte. ❷ Sein letzter Film war ein großer Hit. ❸ Als sie zehn war, konnte sie Gitarre und Klavier spielen. ❹ Glauben Sie alles, was sie sagt? ❺ Keiner unserer Freunde lebt in England.

### SECOND EXERCISE: FILL IN THE CORRECT WORDS!

❶ Als wir jung waren, nahm unser Vater uns jeden Samstag mit zum Schwimmen.

When we .... ....., our father ..... .... .. ....... every Saturday.

❷ Wir haben zehn Leute angerufen, aber keiner von ihnen war zu Hause.

We ...... ten people but .... .. .... .... .. ..... .

❸ Am Anfang (in den frühen Tagen) glaubte nicht jeder an (in) ihren Erfolg.

.. ... .... ...... , not everyone ........ .. their success.

❹ Ich sage es dir nicht noch einmal: Hör auf, deinen Bruder zu schlagen!

I won't tell you again: .... ......... .... brother!


▶ **Sixty-seventh lesson**

## What will you do?

**1** – What will you do if they offer you the job at Online? ①

(PRONUNCIATION)
[*1 ... O-fö(r) ...*]

⑤ Sie sind wahrscheinlich die berühmteste Rockband aller Zeit[en].

They're probably the .... ...... rock band .. ... .... .

**SOLUTION TO SECOND EXERCISE: THE CORRECT WORDS.**

❶ were young – would take us swimming ❷ called – none of them were at home ❸ In the early days – believed in ❹ stop hitting your ❺ most famous – of all time.

---

**Die Beatles**
Obwohl die **Beatles**, die auch die **Fab Four** (**the Fabulous Four** „die fabelhaften Vier") genannt wurden, nur ca. 10 Jahre zusammen waren, hat bis heute keine Musikgruppe so viele Platten verkauft wie sie. Ihre Karriere begann Anfang der 60er Jahre im Liverpooler **Cavern Club**. Ihr erstes Plattenalbum hieß **Sergeant Pepper's Lonely Hearts Club Band**. Noch heute begeistern sich Millionen von Menschen für die Lieder der Beatles.

---

**Second wave: Activate lesson 17!**

## 67. Lektion

### Was wirst du tun?

**1** – Was wirst du tun, wenn sie dir die Stelle bei Online anbieten?

(ANMERKUNGEN)

① **to offer** bedeutet „anbieten", aber auch „schenken". Möchten Sie in einem Geschäft etwas in Geschenkpapier einpacken lassen, so sagen Sie: **It's for a present** „Es soll ein Geschenk sein".

| 2 | – Well, if they offer it to me – and it's not certain – |
| 3 | I'll think about it very carefully. ②③ |
| 4 | – Do you realise we'll have to move to York? ④ |
| 5 | – What's wrong with that? Don't you like York? ⑤ |
| 6 | – That's not the problem. It's just that if we move, |
| 7 | then I'll have to find a new job, too, won't I? ⑥ |
| 8 | – Can't you take a sabbatical year? ⑦ |
| 9 | – What a marvellous idea! I'll ask the headmaster tomorrow. ⑧⑨ |
| 10 | – Hold on! After all, it's only an interview! ⑩ |
| 11 | – But if I don't ask for things straight away, I always forget them. ⑪ |

(PRONUNCIATION)

[3 ... kä:(r)-fu-li  4 ... ri-ö-lais ... mu:w ...  7 ... uount ...  8 ka:nt ... ßö-bä-ti-köl ji:(r)  9 ... mar-wö-löß ... häd-maß-tö(r) ...  10 hould ...  11 ... ßtreit ö-uei ...]

(ANMERKUNGEN)

② Hier wird das Futur benutzt, um herauszustellen, dass es sich um die Konsequenz aus dem ersten Satzteil handelt. Man könnte hier auch **then** ergänzen.

③ In **carefully** (Adverb von **careful** „vorsichtig, sorgfältig") steckt das Ihnen aus Lektion 43 bekannte **care** „Pflege, Sorge".

④ Das Futur kann nicht mit **must** gebildet werden, daher muss man **to have to** benutzen: **I'll have to leave tomorrow morning** „Ich werde morgen früh abfahren müssen". **Will you have to sell your house?** „Wirst du dein Haus verkaufen müssen?".

2 – Nun ja, wenn sie sie mir anbieten – und das ist nicht sicher –
3 – [dann] werde ich sehr sorgfältig darüber nachdenken.
4 – Ist dir klar (tust du erkennen), dass wir [dann] nach York ziehen müssen?
5 – Was ist daran falsch (mit dem)? Magst du York nicht?
6 – Das ist nicht das Problem. Es bedeutet lediglich (ist nur), dass, wenn wir umziehen,
7 ich ebenfalls eine neue Stelle suchen (finden) muss, nicht wahr (werde-nicht ich)?
8 – Kannst du nicht ein Sabbatjahr nehmen?
9 – Was für eine wundervolle Idee! Ich werde morgen den Schulleiter fragen.
10 – Warte! Es ist schließlich nur ein Vorstellungsgespräch!
11 – Aber wenn ich nicht sofort (für Dinge) frage, vergesse ich es (sie) immer.

(ANMERKUNGEN)

⑤ Die verneinte Frage wird gebildet mit Hilfsverb + not + Personalpronomen + Verb: She likes climbing. – Doesn't she like climbing? „Sie liebt Klettern. – Liebt sie Klettern nicht?"

⑥ Die question-tags, die in etwa unserem „nicht wahr?" entsprechen, haben wir bereits kurz angesprochen. Mehr darüber erfahren Sie in Lektion 70.

⑦ Die negative Frage mit den „defektiven" Verben can und must wird durch Inversion gebildet: We can go to a restaurant for dinner. – Can't we go to a restaurant for dinner?.

⑧ Ausrufe mit „Was ... !" kennen wir auch im Deutschen, mit oder ohne Adjektiv: What a nice jacket! „Was für eine hübsche Jacke!". What a man! „Was für ein Mann!".

⑨ Anstelle von marvellous kann man auch lovely [*law-li*] oder wonderful sagen.

⑩ to hold (simple past held) heißt „halten", aber to hold on hat eine Sonderbedeutung: „warten". Wird man am Telefon gebeten zu warten, so heißt es: Please hold (on).

⑪ straight away „sofort" ist ein Synonym zu immediatly. straight „gerade, aufrecht"; a straight line „eine gerade Linie".

LEKTION 67

### FIRST EXERCISE: DO YOU UNDERSTAND THESE SENTENCES?

① What a lovely smell! – Yes, I'm making scones. ② They didn't offer him the job. They offered it to Kate. ③ Be careful! The water's very hot! ④ I realise that it's difficult, but we must try. ⑤ Hold on! It's much too early.

### SECOND EXERCISE: FILL IN THE CORRECT WORDS!

① Was wirst du tun, wenn sie dir die Stelle anbieten?

.... .... ... .. if they ..... ... the job?

② Wenn ich ein Sabbatjahr nehme, werden wir umziehen müssen.

If I .... a sabbatical year, ..'.. .... .. move.

③ Mag er Skifahren nicht? – Nein, er hasst es.

.....'. .. ... skiing? – No, he ..... .. .

④ Kannst du nicht (einen) Urlaub nehmen? – Leider nicht.

...'. ... .... a holiday? – I'm ...... ... .

⑤ Wenn ich nicht sofort (für Dinge) frage, vergesse ich es (sie) immer.

If I ...'. ... ... things straight away, I ...... ...... them.

___
*Lerntipp*

Sehen Sie sich doch auch mal den grammatikalischen Anhang in Ruhe an, und versuchen Sie, zu rekapitulieren, was Sie bis jetzt schon gelernt haben. Aber lernen Sie nichts auswendig!

### SOLUTION TO FIRST EXERCISE: DID YOU UNDERSTAND?

❶ Was für ein herrlicher Duft! – Ja, ich backe (bin machend) Scones. ❷ Sie haben ihm die Stelle nicht angeboten. Sie haben sie Kate angeboten. ❸ Sei vorsichtig! Das Wasser ist sehr heiß! ❹ Mir ist klar (ich erkenne), dass es schwierig ist, aber wir müssen [es] versuchen. ❺ Warte! Es ist viel zu früh.

### SOLUTION TO SECOND EXERCISE: THE CORRECT WORDS.

❶ What will you do – offer you ❷ take – we'll have to ❸ Doesn't he like – hates it ❹ Can't you take – afraid not ❺ don't ask for – always forget.

---

**Sabbatical leave – Sabbatjahr**
In Großbritannien können Arbeitnehmer eine Auszeit vom Arbeitsplatz von einem Monat bis zu einem Jahr oder länger nehmen, um zu reisen, persönlichen Interessen nachzugehen oder einfach eine Pause einzulegen. Ein gesetzlicher Anspruch auf ein Sabbatjahr besteht nicht; ob es gewährt wird, liegt im Ermessen des Arbeitgebers. Auch entscheidet dieser darüber, ob das Sabbatjahr bezahlt wird oder nicht. Nach Ende des Sabbatjahrs steht dem Arbeitenden der Arbeitsplatz wieder zur Verfügung.

---

**Second wave: Activate lesson 18!**

## ▶ Sixty-eighth lesson

## Disaster!

1 – Today's my lucky day. Let's buy a lottery ticket.
2 – Wait a minute! Are you sure you really want to? ① ②
3 – I don't understand. What do you mean?
4 – If we won the jackpot, we would need to move house. ③
5 And if we moved house, we would have a big garage. ④
6 – I suppose we would. But what's the problem?
7 – Well, if we had a garage we'd have to buy a car, wouldn't we? ⑤
8 Then I'd have to take driving lessons because I can't drive.

(PRONUNCIATION)

[di-sa:ß-tö(r) **1** ... l**O**-tö-ri ... **2** u**ei**t ... mi-nit ... **4** ... u**O**n ... djäk-p**O**t ... **5** ... gä-ra:j]

## 68. Lektion

**Katastrophe!**

1 – Heute ist mein Glückstag. Lass uns ein Lotterielos kaufen.
2 – Warte (eine Minute)! Bist du sicher, [dass] du das wirklich willst?
3 – Ich verstehe nicht. Was meinst du?
4 – Wenn wir den Jackpot gewinnen würden, müssten wir umziehen (würden benötigen zu bewegen Haus).
5 Und wenn wir umziehen würden, hätten wir eine große Garage.
6 – Ich vermute, dass wir [das] hätten. Aber wo liegt (was ist) das Problem?
7 – Nun, wenn wir eine Garage hätten, müssten wir ein Auto kaufen, nicht wahr?
8 Dann müsste ich Fahrstunden nehmen, weil ich nicht Auto fahren kann.

(ANMERKUNGEN)

① Hier hätte man anstelle von **Wait...!** auch **Hold on...!** sagen können.

② **want to** steht hier für **want to buy a ticket**.

③ Steht der mit **if** eingeleitete Bedingungssatz im **simple past**, steht im nachfolgenden Satzteil der Konditional (der zu **'d** verkürzt werden kann).

④ Die Grundbedeutung von **to move** ist „(sich) bewegen": **I was so tired I couldn't move** „Ich war so müde, dass ich mich nicht bewegen konnte". Es bedeutet aber auch „umziehen"; in dieser Bedeutung kann **house** ergänzt werden.

⑤ Um eine negative Frage im Konditional zu bilden, stellen Sie Hilfsverb + **not** + Pronomen + Verb hintereinander: **Wouldn't we have to meet David at the airport?** „Müssten wir nicht David am Flughafen abholen?".

| 9 | And **if** I took my **te**st, I c**er**tainly w**ou**ldn't p**a**ss, ⑥ |
|---|---|
| 10 | so I'd feel **mi**serable and I'd start dr**i**nking. ⑦ |
| 11 | I'd bec**o**me an alco**ho**lic and I'd l**o**se my j**o**b. |
| 12 | – How **a**wful! **OK**, let's n**o**t buy a l**o**ttery ticket **a**fter **a**ll. |

(PRONUNCIATION)

[**9** ... tuk ... pa:ß **10** ... mis-rö-bl ... **11** ... äl-kO-hO-lik ... lu:s ... **12** ... O:-ful ...]

FIRST EXERCISE: DO YOU UNDERSTAND THESE SENTENCES?

❶ My parents moved ten times in twenty years. ❷ My daughter took her driving test last week. ❸ Did she pass? – No, she failed. ❹ But she won the jackpot. – How wonderful! ❺ Let's not go out. It's already very late.

SECOND EXERCISE: FILL IN THE CORRECT WORDS!

❶ Wenn wir [in] der Lotterie gewinnen würden, würden wir ein neues Haus kaufen.

.. .. ... the lottery, we ..... ... a new house.

❷ Warte (eine Minute)! Bist du sicher, [dass] du [das] wirklich willst?

.... a minute! Are you sure ... really .... .. ?

❸ Wir müssten das Auto waschen, nicht wahr?

..'. .... .. wash the car, .....'. .. ?

❹ Laura ist durch ihre Führerscheinprüfung gefallen und war eine Woche lang unglücklich.

Laura ...... ... driving test and ... .......... ... a week.

**9** Und wenn ich meine Prüfung ablegen würde, würde ich bestimmt durchfallen (würde-nicht bestehen),
**10** dann würde ich (fühlen) unglücklich sein, und ich würde anfangen zu trinken.
**11** Ich würde Alkoholiker werden und (ich würde) meine Arbeit verlieren.
**12** – Wie schrecklich! Gut, lass uns auf keinen Fall ein Lotterielos kaufen.

### ANMERKUNGEN

⑥ **to take** „nehmen", aber **to take an exam** [*ig-säm*]/**a driving test** „eine Prüfung / eine Führerscheinprüfung ablegen". **To pass an exam** „eine Prüfung bestehen", **to fail** [*feil*] (**an exam**) „(bei einer Prüfung) durchfallen".

⑦ **miserable** heißt „elend, armselig", hier aber „unglücklich".

### SOLUTION TO FIRST EXERCISE: DID YOU UNDERSTAND?

❶ Meine Eltern sind in zwanzig Jahren zehnmal umgezogen. ❷ Meine Tochter hat letzte Woche ihre Führerscheinprüfung gemacht. ❸ Hat sie bestanden? – Nein, sie ist durchgefallen. ❹ Aber sie hat den Jackpot gewonnen. – Wie wunderbar! ❺ Lass uns nicht ausgehen. Es ist schon sehr spät.

❺ Müssten wir nicht umziehen? – Nein (wir würden nicht).

. . . . . . ', . . . . . . . . move house? – No, . . . . . . . . ', . .

### SOLUTION TO SECOND EXERCISE: THE CORRECT WORDS.

❶ If we won – would buy ❷ Wait – you – want to ❸ We'd have to – wouldn't we ❹ failed her – was miserable for ❺ Wouldn't we have to – we wouldn't.

**Second wave: Activate lesson 19!**

LEKTION 68

## ▶ Sixty-ninth lesson

## A nation of gamblers? ①

**1** On the whole, the British are very keen on playing games of chance. ②
**2** Every week, millions of people buy a lottery ticket
**3** and millions more bet on the results of football matches. ③
**4** Horse racing is another very popular sport.
**5** For well-known races like the Derby and the Grand National, ④
**6** at least half the country places a bet, either large or small. ⑤
**7** There are betting shops, called bookmakers, on most High Streets ⑥

(PRONUNCIATION)

[... *nei-schön* ... *gäm-blö(r)s* **1** ... *houl* ... *ki:n* ... *geims* ... *tscha:nß* **3** ... *bät* ... *ri-saltß* ... *fut-bO:l* ... **4** *hO:(r)ß rei-ßing* ... **5** ... *da:(r)-bi* ... *gränd* ... **6** ... *ha:f* ... *plei-ßis* ... *ai-fsö(r) la:(r)dʃ* ... **7** ... *bä-ting* ... *buk-mei-kö(r)s* ... *hai ßtri:tß*]

(ANMERKUNGEN)

① **gambler**: Person, die um Geld spielt (**to gamble**). Für das Spielen von Gesellschaftsspielen u. ä. sowie Musikinstrumenten wird **to play** benutzt. **game of chance** „Glücksspiel".

## 69. Lektion

**Eine Nation von Glücksspielern?**

1 Im Großen und Ganzen (auf dem Ganzen) begeistern sich die Briten sehr für (sind sehr begeistert auf) das Spielen von Glücksspielen.
2 Jede Woche kaufen Millionen (von) Menschen ein Lotterielos,
3 und weitere Millionen (mehr) wetten auf die Ergebnisse von Fußballspielen.
4 Pferderennen ist eine weitere sehr beliebte Sportart.
5 Für (gut) bekannte Rennen wie das Derby und das Grand National
6 schließt mindestens das halbe Land Wetten ab (setzt eine Wette), entweder hohe (groß) oder niedrige (klein).
7 In den meisten Haupteinkaufsstraßen (hohe Straßen) gibt es Wettbüros (Wettgeschäfte), die man (genannt) Buchmacher nennt,

(ANMERKUNGEN)

② Die Hauptbedeutung von **keen** ist „scharf, schneidend, stechend", eine andere Bedeutung ist „begeistert, leidenschaftlich": **She's a keen musician** [mju-si-schön] „Sie ist eine begeisterte Musikerin". **She's keen on music** „Sie begeistert sich für Musik".

③ **to bet** oder **to place a bet** „wetten, eine Wette abschließen". Die Vergangenheit ist unregelmäßig und lautet **bet**.

④ **known** „bekannt" ist das sog. Partizip Perfekt von **to know** „kennen, wissen".

⑤ **either... or...** „entweder ... oder ...". **either** kann auch Adjektiv sein: **Do you want to come Sunday or Monday?** – **Either day would suit me** „Möchtest du am Sonntag oder am Montag kommen? – Beide Tag[e] würden mir passen". Merken Sie sich auch **neither... nor...** „weder ... noch ...".

⑥ **High Street** wird auch (klein geschrieben) als Adjektiv benutzt; eine **high-street bank** ist z. B. eine Großbank, die in jeder Stadt eine Filiale hat.

| 8 | where you can b**e**t on **a**lmost **a**nything, from d**o**g racing to sn**oo**ker. ⑦
| 9 | In f**a**ct, you c**ou**ld say that the British are a nation of g**a**mblers.
| 10 | There is a st**o**ry ab**ou**t a m**a**n who l**e**ft the casino with a small f**o**rtune.
| 11 | The pr**o**blem is that he w**e**nt **i**nto it with a very large one! ⑧

(PRONUNCIATION)

[*8* ... d**O**g ... ß*nu:*-kö(r) *10* ... ßt**O**-ri ... kö-ß*i*-nou ... ]

### FIRST EXERCISE: DO YOU UNDERSTAND THESE SENTENCES?

❶ On the whole, his exam results were excellent. ❷ He's very keen on playing the piano. ❸ I bet you can't stop smoking! – How much? ❹ I'd like a coffee please. – Large or small? ❺ Would you prefer Monday or Tuesday? – Either day would suit me.

### SECOND EXERCISE: FILL IN THE CORRECT WORDS!

❶ Man könnte sagen, dass die Briten eine Nation von Glücksspielern sind.

. . . . . . . . . . . that . . . . . . . . . . are a nation of gamblers.

❷ Ist dein Schlafzimmer groß? – Nein, es ist klein und schmal.

Is your bedroom . . . . . ? – No, it's . . . . . and . . . . . . .

❸ Sie leben weder in York noch in Manchester; ich kann mich nicht erinnern, wo sie leben.

They live . . . . . . . in York . . . in Manchester; I . . . .'. . . . . . . . . where they live.

❹ [Die] Leute fahren zum Spielen nach Las Vegas.

. . . . . . . . . Las Vegas . . . . . . . . .

| 8 | wo man auf fast alles wetten kann, von Hunderennen bis Snooker.
|---|---|
| 9 | Eigentlich könnte man sagen, dass die Briten eine Nation von Glücksspielern sind.
| 10 | Es gibt eine Geschichte über einen Mann, der das [Spiel-]kasino mit einem kleinen Vermögen verlassen hat.
| 11 | Das Problem ist, dass er mit einem sehr großen [Vermögen] hineinging!

(ANMERKUNGEN)

⑦ Neben dem Passiv und **they** (L. 65) kann das unpersönliche „man" auch mit **you** ausgedrückt werden: **In summer, you can go swimming and climbing** „Im Sommer kann man schwimmen und klettern gehen".

⑧ **large** „groß, stattlich, ansehnlich". Gegenteil: **small** „klein". Merken Sie sich auch **wide** [uaid] „breit", **thin** „dünn", **narrow** [nä-rou] „schmal".

### SOLUTION TO FIRST EXERCISE: DID YOU UNDERSTAND?

❶ Im Großen und Ganzen waren seine Prüfungsergebnisse hervorragend. ❷ Er ist ganz (sehr) begeistert vom Klavierspielen. ❸ Ich wette, du kannst nicht mit dem Rauchen aufhören! – Wie viel [wettest du]? ❹ Ich hätte gerne einen Kaffee. – Groß oder klein? ❺ Wäre dir Montag oder Dienstag lieber? – Beide Tag[e] würden mir passen.

❺ Es ist die Geschichte über einen Mann, der das [Spiel-]kasino mit einem großen Vermögen verließ.

It's . . . . . . . . . . . . a man who . . . . the casino with a . . . . . fortune.

### SOLUTION TO SECOND EXERCISE: THE CORRECT WORDS.

❶ You could say – the British ❷ large – small – narrow ❸ neither – nor – can't remember ❹ People go to – to gamble ❺ the story about – left – large.

> **Wettleidenschaft**
> Die erste staatliche Lotterie Großbritanniens, die **National Lottery**, wurde 1994 ins Leben gerufen. Sie erfreut sich großer Beliebtheit; mindestens 70 % aller britischen Haushalte spielen wöchentlich mit.
> Aber schon vor 1994 konnten die Briten ihrer Wettleidenschaft frönen, z. B. bei den **football pools**, einer Art Fußball-Toto, bei den großen Pferderennen, dem **Derby** (eingeführt 1780) und dem **Grand National**, einem Hindernisrennen, das seit 1839 besteht, oder aber bei den beliebten **greyhound races** (Windhundrennen). Dank der **bookmakers** können die Briten auf alles und jeden wetten, nicht nur für Sportereignisse, sondern auch für den Ausgang von Wahlen, den Eurovision Song Contest und vieles mehr.

 **Seventieth lesson**

### Revision and notes

### 1. Konditional

Um den Konditional zu bilden, wird das Hilfsverb **would** (oder seine Kurzform) in Verbindung mit dem Infinitiv des Verbs verwendet:

> **I would (I'd) be happy to meet her.** „Ich wäre glücklich, sie zu treffen."
> **She would (She'd) hate to live in a big city.** „Sie würde [es] hassen, in einer großen Stadt zu leben."

Der Konditional wird auch oft in mit **If...** eingeleiteten Bedingungssätzen verwendet, und zwar dann, wenn eine Vermutung geäußert wird, die relativ unsicher ist:

> **If I won in the lottery, I would buy a new car.** „Wenn ich im Lotto gewinnen würde, würde ich mir ein neues Auto kaufen."

**Second wave: Activate lesson 20!**

## 70. Lektion

**If she lived in Germany, she would speak perfectly German.** „Wenn sie in Deutschland leben würde, würde sie perfekt Deutsch sprechen."

In der Umgangssprache wird meistens die Kurzform von **would** benutzt:

**... I'd buy a new car**
**... she'd speak perfectly German**.

Anders verhält es sich, wenn das im **If**-Satz beschriebene Ereignis mit großer Wahrscheinlichkeit eintritt; dann wird **will** anstelle von **would** benutzt:

**If you come to the party, you will see him.** „Wenn du zu der Party kommst, wirst du ihn sehen."
**She will give you a lift if you ask her.** „Sie wird dich mitnehmen, wenn du sie fragst."

Weiterhin wird der Konditional in höflichen Fragen oder Aufforderungen benutzt:

> **Would you come with me, please?** „Würden Sie mir bitte folgen?"
> **Would you come to lunch next Tuesday?** „Möchten Sie nächsten Dienstag zum Mittagessen kommen?"

Beachten Sie, dass **would** noch eine gänzlich andere Bedeutung und Verwendungsweise haben kann, die im Absatz 2 dieser Lektion beschrieben wird.

## 2. would und used to

**Would** und **used to** können beide benutzt werden, um eine Angewohnheit oder eine wiederholt ausgeführte Handlung zu beschreiben, die in der Vergangenheit über einen längeren Zeitraum bestanden hat. In der Regel enthalten solche Sätze einen mit **When...** eingeleiteten Nebensatz, der den Zeitpunkt angibt, an dem die Handlung stattfand:

> **When we were young, our father used to/would take us swimming every Saturday.** „Als wir jung waren, nahm uns unser Vater jeden Samstag mit zum Schwimmen."
> **When the Beatles were in Hamburg, they used to/would play every night.** „Als die Beatles in Hamburg waren, spielten sie jeden Abend."

Besteht die Angewohnheit zum Zeitpunkt des Sprechens nicht mehr oder soll ein Kontrast zur gegenwärtigen Situation herausgestellt werden, muss **used to** verwendet werden:

> **I used to smoke.** „[Früher] rauchte ich." (... aber heute rauche ich nicht mehr.)
> **She used to go swimming every day, but now she doesn't have time.** „Sie ging [früher] täglich schwimmen, aber heute hat sie keine Zeit [mehr dazu]."

## 3. Negative Frage

Für eine negative Frage wird die Verneinung **n't** (Kurzform von **not**) an das Hilfsverb angehängt:

**Doesn't he like coffee?** „Mag er keinen Kaffee?"

Tritt die Verneinung mit der Futurform **will** auf, so kann sich die Bedeutung ändern:

**Why won't (= will not) they help you?** „Warum wollen sie dir nicht helfen?"

Beachten Sie, dass die Form für die 1. Person Singular nur in literarischen Texten **Am I not...?** lautet, in der Umgangssprache sagt man **Aren't I...?** [*a:-rönt ai*].

Bei den defektiven Verben **can** und **must** (siehe Lektion 21) und bei **to be** benutzt man die Inversion:

**Can't you take a holiday?** „Kannst du nicht Urlaub nehmen?"
**Are they not/Aren't they coming for dinner?** „Kommen sie nicht zum Abendessen?"

### 4. Question-tags

**Question-tags** sind Fragezusätze, die keine eigene Bedeutung haben (man kann sie mit unserem „nicht wahr?" wiedergeben), sondern eher eine Bitte um die Bestätigung des Gesagten darstellen. Der **question-tag** greift das Hilfsverb und das Pronomen aus der Satzaussage auf.

a) Die Grundregel besagt, dass der **question-tag** bejaht ist, wenn die Satzaussage verneint ist:

**He can't swim, can he?** „Er kann nicht schwimmen, nicht wahr?"
**She won't take the job, will she?** „Sie wird die Stelle nicht annehmen, nicht wahr?"

... und dass der **question-tag** verneint ist, wenn die Satzaussage bejaht ist:

**He's a doctor, isn't he?** „Er ist Arzt, nicht wahr?"
**You were born in London, weren't you?** „Sie sind in London geboren, nicht wahr?"

Auch hier gilt: Die Form für die 1. Person Singular lautet **aren't**:

> **I'm early, aren't I?** „Ich komme [zu] früh, nicht wahr?"

b) Enthält der Satz kein Hilfsverb, sondern ein Vollverb, wird der **question-tag** mit der entsprechenden Form von **to do** gebildet:

> **They live in Salford, don't they?** „Sie leben in Salford, nicht wahr?"

c) Enthält der Satz nicht, wie in den oben genannten Fällen, ein Pronomen, sondern Wörter wie **no-one**, **nobody** oder **anybody**, die alle negativ sind, ist der **question-tag** affirmativ, und man verwendet das Pronomen **they**:

> **No-one came, did they?** „Niemand ist gekommen, nicht wahr?"

... während **everyone**, **everybody** und **somebody** affirmativ sind und daher einen negativen **question-tag** und das Pronomen **they** verlangen:

> **Everybody arrived safely, didn't they?** „Alle kamen sicher an, nicht wahr?"

### 5. Verben mit zwei Objekten

Im Laufe der Lektionen haben Sie einige Verben kennengelernt, die zwei Objekte, ein Akkusativ- und ein Dativobjekt, haben können: **to offer** „anbieten", **to give** „geben", **to buy** „kaufen", **to send** „schicken", **to tell** „erzählen".
Beispiele:

> **They offered me the job.** „Sie boten mir die Stelle an." (**me** = Dativobjekt - wem?", **the job** = Akkusativobjekt - was?").
> **He gave Sarah a present.** „Er gab Sarah ein Geschenk" (**Sarah** = Dativobjekt - wem?", **a present** = Akkusativobjekt - was?").

Der gleiche Sachverhalt kann auch mit einer anderen Konstruktion ausgedrückt werden, bei der das Wort **to** hinzugefügt wird:

**They offered the job to me.**
**He gave a present to Sarah.**

Handelt es sich bei dem Akkusativobjekt um ein Pronomen (hier: **it**), kann nur die 2. Variante gewählt werden:

**They offered it to me.**
**He gave it to Sarah.**

### 6. Verständnis-/Formulierungsübung

**DO YOU UNDERSTAND THESE SENTENCES?**

❶ Would you help me choose a new jacket for the interview? ❷ I'll buy you a coffee at Mario's if you come. ❸ How may I help you? ❹ Are you ready to order? ❺ We'll have two cappuccinos and two glasses of water. ❻ What will you do if they offer you the job? ❼ I'll buy a car and we can drive to York every day. ❽ But if we bought a car, I would have to take my driving test! ❾ And you know I'm not keen on games of chance! ❿ OK, let's not buy a car. Life'll will be so much easier! ⓫ Excuse me, miss. May we have the bill, please?

**DID YOU UNDERSTAND?**

❶ Würdest du mir helfen, eine neue Jacke für das Vorstellungsgespräch auszusuchen? ❷ Ich gebe dir einen Kaffee bei Mario aus, wenn du kommst. ❸ Was kann ich für Sie tun? ❹ Sind Sie bereit zu bestellen? ❺ Wir hätten gerne (werden haben) zwei Cappuccinos und zwei Gläser (von) Wasser. ❻ Was wirst du tun, wenn Sie dir die Stelle anbieten? ❼ Ich werde ein Auto kaufen, und wir können jeden Tag nach York fahren. ❽ Aber wenn wir ein Auto kaufen (kauften), dann würde ich meine Führerscheinprüfung machen (nehmen) müssen! ❾ Und du weißt, ich bin nicht begeistert von Glücksspielen! ❿ Na gut, dann lass uns kein Auto kaufen. Das Leben wird so viel einfacher sein! ⓫ Entschuldigen Sie (mich, Fräulein). Könnten wir bitte die Rechnung haben?

**Second wave: Activate lesson 21!**

## ▶ Seventy-first lesson

## I feel awful!

**1** – What's the matter? You look awful! ①
**2** – I feel awful. I didn't sleep a wink last night. ②
**3** My head aches, my hands and feet are freezing, ③④
**4** my nose is running and my eyes are red. ⑤
**5** And I've got a sore throat and a temperature of a hundred and two. ⑥
**6** – We'd better call the doctor. Where's the phone book?
**7** Hello? Is this Doctor Patel's surgery? Is the doctor in? ⑦
**8** – No, I'm afraid she's off today. What's the problem? ⑧
**9** – It's my wife. I think she's got the flu. ⑨

(PRONUNCIATION)

[... **O:**-ful **1** ... mä-tö(r) ... **O:**-ful **2** ... ßli:p ... uink ... **3** ... häd eikß ... hänts ... fi:t ... fri:-sing **4** ... nous ... ra-ning ... ais ... räd **5** ... ßO:(r) fßrout ... täm-prö-tschö(r) ... **6** ... dOk-tö(r) ... foun buk **7** ... pö-täls ßÖ:(r)-djö-ri ... **9** ... flu:]

(ANMERKUNGEN)

① **matter** „Angelegenheit" wird häufig in Redewendungen benutzt, so z. B. auch in **There's something the matter with this car** „Etwas stimmt nicht mit diesem Auto".

② Man könnte hier auch sagen **I didn't get a wink of sleep**.

③ **ache** „Schmerzen" ist Substantiv und Verb. Das Substantiv wird meistens mit dem unbestimmten Artikel verwendet: **a toothache** [tu:fß-eik] „Zahnschmerzen". **His whole body was aching** [ei-king] „Sein gesamter Körper schmerzte".

④ Statt **freezing** sagt der Brite auch oft **freezing cold**: **The house is freezing cold** „Das Haus ist eiskalt". Erinnern Sie sich an **freezer** „Tiefkühltruhe"?

## 71. Lektion

**Ich fühle [mich] fürchterlich!**

1 – Was ist los (die Angelegenheit)? Du siehst fürchterlich aus!
2 – Ich fühle mich fürchterlich. Ich habe letzte Nacht kein Auge zugetan (tat-nicht schlafen ein Blinzeln).
3 Mein Kopf tut weh, meine Hände und Füße sind eiskalt (frostig),
4 meine Nase läuft (ist laufend), und meine Augen sind rot.
5 (Und) ich habe Halsschmerzen (einen wehen Hals), und ich habe 38,8°C Fieber (eine Temperatur von ein hundert und zwei).
6 – Wir (wir-würden) rufen besser den Arzt an. Wo ist das Telefonbuch?
7 Hallo? Ist das die Praxis von Dr. Patel? Ist die Ärztin (der Doktor) da?
8 – Nein, leider hat sie heute frei. Was haben Sie für ein Problem?
9 – Es geht um meine Frau. Ich glaube, sie hat die Grippe.

ANMERKUNGEN

⑤ **to run** kann neben seiner Grundbedeutung „laufen" noch andere Bedeutungen haben, z. B.: **Run me a nice hot bath, please** „Lass mir ein schönes heißes Bad einlaufen, bitte".

⑥ Mit 102 sind natürlich Grad Fahrenheit gemeint.

⑦ Das Gegenteil von **to be in** „da sein" lautet **to be out** „nicht da sein, weg sein".

⑧ **to be off** sagt man, wenn man einen Ort verlässt: **I'm off!** „Ich gehe jetzt/Ich bin weg!". Es kann auch „Urlaub/frei haben" bedeuten: **Steve's off on Tuesdays** „Steve hat dienstags frei". **day off** bedeutet „Urlaubstag, freier Tag".

⑨ **flu** (auch in der Schreibweise **'flu**) ist die Verkürzung von **influenza** „Grippe".

| 10 | – I can give you an appointment with Doctor O'Connell at eleven.
|----|---
| 11 | – That would be fine. The name's Barnes: **B-A-R-N-E-S**. ⑩
| 12 | – Very good, Mr Barnes. See you later.

(PRONUNCIATION)

[*10* ... ö-p**o**int-mönt ... ou-k**O**-nöl ... *11* ... b**i**:-**ei**-a(r)-**ä**n-**i**:-äß]

### FIRST EXERCISE: DO YOU UNDERSTAND THESE SENTENCES?

❶ The name's Anne Rabsen: A-N-N-E R-A-B-S-E-N.
❷ What's the matter with you foot? ❸ He has a headache and a bad toothache. ❹ We didn't sleep a wink last night.
❺ Is Simon in? – No, I'm afraid he's out at the moment.

### SECOND EXERCISE: FILL IN THE CORRECT WORDS!

❶ Du machst besser, was er sagt. Es ist wichtig.

...'. .... .. .... he says. It's important.

❷ Leider hat er heute frei. Was ist los?

I'm ...... ..'. ... today. ....'. the ...... ?

❸ Du siehst fürchterlich aus. – Ich fühle mich fürchterlich.

You .... ...... . – I .... ...... .

❹ Etwas stimmt nicht (da-ist etwas die Sache) mit diesem Fotoapparat.

There's .......... this camera.

❺ Du bist eiskalt. Ich werde dir ein schönes heißes Bad einlaufen lassen.

...'.. ........ . I'll ... ... a nice hot ..... .

two hundred and eighty-six • 286

**10** – Ich kann Ihnen einen Termin bei (mit) Dr. O'Connell um elf geben.
**11** – Das wäre schön. Der Name ist Barnes: B-A-R-N-E-S.
**12** – Sehr gut, Herr Barnes. Bis (sehen Sie) später.

(ANMERKUNGEN)

⑩ In Lektion 77 erfahren Sie, wie Sie auf Englisch buchstabieren.

### SOLUTION TO FIRST EXERCISE: DID YOU UNDERSTAND?

❶ Der Name ist Anne Rabsen: A-N-N-E R-A-B-S-E-N. ❷ Was ist mit deinem Fuß los? ❸ Er hat Kopfschmerzen (einen Kopfschmerz) und schlimme Zahnschmerzen (einen schlimmen Zahnschmerz). ❹ Wir haben letzte Nacht kein Auge zugetan. ❺ Ist Simon da? – Nein, leider (er-ist raus) ist er im Moment nicht hier.

### SOLUTION TO SECOND EXERCISE: THE CORRECT WORDS.

❶ You'd better do what ❷ afraid he's off – What's – matter ❸ look awful – feel awful ❹ something the matter with ❺ You're freezing – run you – bath.

LEKTION 71

> **Gesundheit!!!**
> Das Krankenversicherungssystem Großbritanniens, der **National Health Service** (**NHS**), wird zu 80% vom Staat finanziert, der Rest durch Beiträge, die von den Gehältern der Versicherten abgezogen werden. Alle Leistungen in der Gesundheitsvorsorge sind kostenlos, einige Leistungen wie z. B. zahnärztliche Untersuchungen, Rezepte usw. müssen anteilig vom Versicherten getragen werden. Jede Person ist einem ortsansässigen Allgemeinmediziner zugewiesen. Dieser **General Practitioner**

▶ **Seventy-second lesson**

## Do what the doctor says

**1** – You're back early. What did the **GP** say? ①
**2** – He said I should stay in bed for three days. ②
**3** He told me to take some medicine and drink plenty of water. ③
**4** – Right. Shall I bring you some soup in bed? ④⑤
**5** – But I've got my interview on Thursday and I really have to go. ⑥

(PRONUNCIATION)

[**1** ... dji:-pi: ... **2** ... schud ßtei ... **3** ... mäd-ßin ... plän-ti ... **4** ... schäl ... ßu:p ...]

(ANMERKUNGEN)

① **GP** kennen Sie aus der landeskundlichen Anmerkung in Lektion 71. Der Brite verwendet anstelle des vollständigen Titels gerne das Akronym.

② Das Modalverb **should** + Infinitiv drückt eine Empfehlung oder einen Ratschlag aus: **You should stop smoking** „Du solltest [mit dem] Rauchen aufhören". Die Verneinung **should not** kann zu **shouldn't** verkürzt werden.

(**GP** [*dji: pi:*]) arbeitet zusammen mit anderen GPs in einer Partnerschaft, die sich **group practice** oder **surgery** nennt. Ist der zugewiesene Arzt nicht verfügbar, kann der Patient sich an einen der anderen Ärzte wenden. In den Großstädten sind oft Ärzte unterschiedlicher Disziplinen in sog. **health centres** zusammengeschlossen. Neben dem NHS existieren noch diverse Privatkrankenversicherungen, die jedoch relativ teuer sind.

**Second wave: Activate lesson 22!**

## 72. Lektion

**Tu, was der Arzt sagt**

1 – Du bist früh zurück. Was hat der Arzt (Allgemeinmediziner) gesagt?
2 – Er sagte, ich soll (sollte) drei Tage lang im Bett bleiben.
3 Er sagte mir, ich solle (zu nehmen) Medikamente nehmen und viel (genug von) Wasser trinken.
4 – Gut. Soll ich dir etwas Suppe ans (in) Bett bringen?
5 – Aber ich habe am Donnerstag mein Vorstellungsgespräch, und ich muss wirklich [dort] hingehen.

(ANMERKUNGEN)

③ **plenty of** (**plenty** „genug") kann **much** bzw. **many** ersetzen: **I've only got ten. – That'll be plenty** „Ich habe nur zehn. – Das wird genug sein".

④ **Shall** in einer Frage drückt einen Vorschlag oder ein Angebot aus: **Shall I bring you another coffee?** „Soll ich dir noch einen (einen anderen) Kaffee bringen?"

⑤ **to bring** und **to take** kann „bringen" heißen. **To take** wird jedoch verwendet, wenn man sich vom Ort des Geschehens entfernt: **Please take my aunt to the station** „Bitte bring meine Tante zum Bahnhof".

⑥ **must** und **to have to** heißen beide „müssen", allerdings wird **must** verwendet, wenn die Verpflichtung vom Sprecher selbst ausgeht, und **to have to**, wenn die Verpflichtung von außen kommt.

| 6 | – Nonsense. You must do what the doctor says.
|---|---
| 7 | If not, you may get worse. ⑦⑧
| 8 | You may even have to go to hospital.
| 9 | I don't think you should go to York. You're too ill.
| 10 | – Don't worry about me. I'll be OK.
| 11 | I'll just take my prescription to the chemist's.
| 12 | – You shouldn't go out. I'll take it.

(PRONUNCIATION)

[*6* nOn-ßönß ... *7* ... uÖ:(r)ß *8* ... hOß-pi-töl *11* ... prö-ßkrip-tschön ... kä-mißtß *12* ... schu-dnt ...]

___ Lerntipp ___
*Sie besitzen nun schon eine Menge Grundkenntnisse; daher beschäftigen sich die Lektionen jetzt zunehmend mit den „Feinheiten" der englischen Sprache und mit umgangssprachlichen Besonderheiten. Auch Ihr Wortschatz ist enorm angewachsen; legen Sie sich ein zweisprachiges Wörterbuch zu, und blättern Sie ruhig hin und wieder etwas darin – lernen Sie aber nichts auswendig! Nutzen Sie Gelegenheiten, bei denen Sie Englisch hören oder lesen können. Selbst wenn Sie nicht jedes Wort verstehen, so schulen Sie dennoch Ihr Gehör für den typischen Klang der Sprache!*

(FIRST EXERCISE: DO YOU UNDERSTAND THESE SENTENCES?)

❶ We really should leave. It's late. ❷ What time will she get back? ❸ We've got plenty of time before the plane leaves. ❹ Don't worry about me. I'll be OK. ❺ I'll bring you some soup and then take your prescription to the chemist's.

(SECOND EXERCISE: FILL IN THE CORRECT WORDS!)

❶ Sie muss zu ihrem Vorstellungsgespräch gehen.

. . . . . . . . . . . to her interview.

❷ Ich muss gehen. Ich bin sehr müde.

I . . . . . . . . . . . I'm very . . . . . . .

| 6 | – Unsinn. Du musst tun, was der Arzt sagt.
| 7 | Wenn nicht, könnte es (du) schlimmer werden.
| 8 | Es könnte sogar sein, dass du (du könntest sogar haben zu gehen) ins Krankenhaus musst.
| 9 | Ich finde nicht, dass du nach York fahren solltest. Du bist zu krank.
|10 | – Mach dir um (über) mich keine Sorgen. Es wird mir gut gehen.
|11 | Ich bringe (nehme) nur [schnell] mein Rezept zum Apotheker.
|12 | – Du solltest nicht hinausgehen. Ich werde es mitnehmen.

(ANMERKUNGEN)

⑦ Sie kennen **may** in Höflichkeitsfloskeln. Es kann aber auch zum Ausdruck der Wahrscheinlichkeit („es könnte sein, dass") benutzt werden: **We may have rain tomorrow** „Es könnte sein, dass es morgen regnet".

⑧ **worse** „schlechter, schlimmer" ist die unregelmäßige Komparativform von **bad** „schlecht, schlimm".

(SOLUTION TO FIRST EXERCISE: DID YOU UNDERSTAND?)

❶ Wir sollten wirklich gehen. Es ist spät. ❷ Um welche Zeit wird sie zurückkommen? ❸ Wir haben viel Zeit, bevor das Flugzeug abfliegt (verlässt). ❹ Mach dir um mich keine Sorgen. Es wird mir gut gehen. ❺ Ich werde dir etwas Suppe bringen und dann dein Rezept zum Apotheker bringen.

❸ Du solltest nicht nach York fahren. Du bist zu krank.

You ........ ' . .. to York. You're ... .... .

❹ Sie kommen möglicherweise später zurück, aber wir sind nicht sicher.

They ... .. .... ..... , but we're not sure.

❺ Soll ich dir noch ein Bier bringen? – Nein danke.

..... . ..... ... ....... beer? – No thanks.

## ▶ Seventy-third lesson

## A worried mother

| 1 | – Who was that on the phone?
| 2 | – It was Brenda. She's worried about her daughter, Sue.
| 3 | Apparently, Sue wants to go backpacking around Europe. ①
| 4 | She and her boyfriend are planning to hitchhike to Greece ②③

(PRONUNCIATION)

[*2 ... brän-dö ... ßu: 3 ö-pä-rönt-li ... bäk-pä-king ... ju-röp 4 ... boi-fränd ... hitsch-haik ... gri:ß*]

(ANMERKUNGEN)

① Aus **backpack** „Rucksack" kann man ein Verb machen: **to backpack** „mit dem Rucksack reisen". Ein **backpacker** ist ein „Rucksacktourist".

**SOLUTION TO SECOND EXERCISE: THE CORRECT WORDS**

❶ She has to go ❷ must leave – tired ❸ shouldn't go – too ill
❹ may be back later ❺ Shall I bring you another.

---

**Apotheken**
Ein **chemist** ist ein „Chemiker", aber in der Umgangssprache auch der Ausdruck für „Apotheker". Wie bei uns findet man in britischen Apotheken auch Kosmetik- und Körperpflegeprodukte. Seit den 70er Jahren besteht in Großbritannien die Tendenz, das Wort **pharmacy** [*fa:(r)-mö-ß*] zu verwenden (der NHS gibt z. B. eine Liste der **nearest pharmacies** „nächstgelegenen Apotheken" heraus).

---

**Second wave: Activate lesson 23!**

---

## 73. Lektion

**Eine besorgte Mutter**

1 – Wer war das [gerade] am Telefon?
2 – Das war Brenda. Sie ist besorgt über ihre Tochter, Sue.
3    Anscheinend will Sue mit dem Rucksack durch (rund) Europa reisen.
4    Sie und ihr Freund planen, per Anhalter nach Griechenland zu fahren

(ANMERKUNGEN)

② In der Vergangenheitsform und dem Partizip von **to plan** „planen, vorhaben" wird das **n** verdoppelt: **She planned to visit us tomorrow** „Sie plante, uns morgen zu besuchen". **The house was well planned** „Das Haus war gut geplant".

③ Anstelle von **to hitchhike** „per Anhalter fahren" (**to hitch** „(ein Tier) anspannen" + **to hike** „wandern") sagt man auch **to hitch** oder **to hitch a lift**.

| 5 | and then to **tou**r the Greek **i**slands by **fe**rry. |
| 6 | **Br**enda's **rea**lly **a**nxious about the wh**o**le thing. |
| 7 | She won't be **a**ble to get in **tou**ch with Sue for at **lea**st a m**o**nth. ④⑤ |
| 8 | And she won't be **a**ble to help if Sue runs out of money. ⑥⑦ |
| 9 | – Can't Brenda just tell her n**o**t to g**o**? |
| 10 | – No, bec**au**se Sue's **o**ver eight**ee**n. ⑧ |
| 11 | She's **le**gally an **a**dult. |
| 12 | – Kids! There's only **o**ne way to **e**ducate them pr**o**perly... |
| 13 | – Y**e**s, but n**o**body kn**o**ws what it **is**! ⑨ |

(PRONUNCIATION)

[5 ... tu:(r) ... ai-lönds ... fä-ri 6 ... änk-schöß ... 7 ... ei-bl ... tatsch ... 11 ... li-gö-li ... ä-dalt 12 ... ä-dju-keit ... prO-pö(r)-li]

### FIRST EXERCISE: DO YOU UNDERSTAND THESE SENTENCES?

❶ We're planning to hitch to Greece. ❷ She tried to get in touch with his family. ❸ You must be over eighteen to see that film. ❹ Nobody knows where they are. ❺ They're really anxious about the whole thing.

| 5 | und dann per Fähre eine Rundreise über die griechischen Inseln zu machen.
| 6 | Brenda ist wirklich besorgt über die ganze Sache.
| 7 | Sie wird mindestens einen Monat lang keinen Kontakt zu Sue aufnehmen können (bekommen in Berührung).
| 8 | Und sie wird nicht helfen können, wenn Sue das Geld ausgeht.
| 9 | – Kann Brenda ihr nicht einfach sagen, dass sie nicht fahren soll?
| 10 | – Nein, denn Sue ist älter als (über) 18.
| 11 | Rechtlich [gesehen] ist sie eine Erwachsene.
| 12 | – Kinder! Es gibt nur einen Weg, sie richtig zu erziehen ...
| 13 | – Ja, aber niemand weiß, welcher Weg (was) es ist!

(ANMERKUNGEN)

④ Da can keine Futurform hat, benutzt man to be able to „können, in der Lage sein": You'll be able to take a holiday „Du wirst Urlaub nehmen können".

⑤ to touch „berühren", touch „Berührung; Kontakt". She's still in touch with her ex-husband „Sie hat immer noch Kontakt mit ihrem Exmann".

⑥ won't ist die Kurzform von will not „wird nicht"

⑦ Hier noch ein Beispiel zu to run out of „zu Ende gehen, ausgehen": My car ran out of petrol yesterday „Mein Auto hatte gestern kein Benzin mehr".

⑧ over „über" wird in vielen Wendungen wie im Deutschen benutzt: You have to be over eighteen to drink alcohol „Du musst älter als (über) 18 sein, um Alkohol trinken [zu dürfen]".

⑨ nobody „niemand" ist ein Synonym zu no-one.

**SOLUTION TO FIRST EXERCISE: DID YOU UNDERSTAND?**

❶ Wir planen, per Anhalter nach Griechenland zu fahren. ❷ Sie versuchte, Kontakt zu seiner Familie aufzunehmen. ❸ Du musst älter als (über) 18 sein, um (anzusehen) diesen Film ansehen zu dürfen. ❹ Niemand weiß, wo sie sind. ❺ Sie sind wirklich besorgt über die ganze Sache.

LEKTION 73

### SECOND EXERCISE: FILL IN THE CORRECT WORDS!

① Mir ist gestern Abend der Zucker ausgegangen, und ich musste mir welchen ausleihen.

I ... ... .. sugar last night and I ... .. borrow ... .

② Wir werden Ihnen nicht helfen können, wenn Sie ein Problem haben.

We ...'. .. ... .. help you if you have a problem.

③ Das neue Bürogebäude ist sehr gut geplant.

The new office ........ is very .... ....... .

④ Ich habe immer noch Kontakt zu meiner Exfrau.

I'm ..... .. ..... .... my ex-wife.

---

▶ **Seventy-fourth lesson**

## Planning a holiday

**1** – I'm really looking forward to this trip. ①
**2** – Me too. Which island shall we visit first? ② ③

(PRONUNCIATION)

[**1** ... f**O**:(r)-wöd ...]

(ANMERKUNGEN)

① **To look forward to** „sich auf etwas freuen". **I'm looking forward to meeting my friends** „Ich freue mich darauf, meine Freunde zu treffen". Verwechseln Sie es nicht mit **forwards** „nach vorne, weiter" und **forward** „vorderer, -e, -es".

❺ Es gibt nur einen Weg, Kinder richtig zu erziehen.

. . . . . ' . . . . . . . . . . . to educate kids
. . . . . . . . .

**SOLUTION TO SECOND EXERCISE: THE CORRECT WORDS.**
❶ ran out of – had to – some ❷ won't be able to ❸ building – well planned ❹ still in touch with ❺ There's only one way – properly.

___ *Lerntipp* ___
*Die Assimil-Kurse sind so flexibel gestaltet, dass Sie sich ohne Weiteres mit ein bisschen Fantasie ein paar eigene Übungen „basteln" können: Wie wäre es, wenn Sie in der aktiven Phase nicht nur die Lektionstexte, sondern auch die Sätze der Verständnisübung auf Englisch formulieren würden?*

**Second wave: Activate lesson 24!**

## 74. Lektion

### Urlaubsplanung (Planend einen Urlaub)

**1** – Ich freue mich wirklich auf diese Reise.
**2** – Ich auch. Welche Insel sollen wir zuerst besuchen?

(ANMERKUNGEN)

② **Which** wird verwendet, wenn die Auswahl zwischen den Alternativen eher begrenzt ist. Ist die Auswahl groß, benutzt man **what**: **What would you like to drink?** „Was möchten Sie gerne trinken?".

③ **shall** (L. 72) wird in Verbindung mit den Fragepronomen **what**, **where**, **how** usw. für Fragen und Vorschläge verwendet.

| 3 | – When we get to Piraeus, we'll take a ferry to the Cyclades. ④
| 4 | Most islands are very easy to reach. ⑤
| 5 | Some are fairly crowded, and a few are really touristy. ⑥
| 6 | – It'll be so cool: we can get a suntan during the day
| 7 | and then go clubbing all night! ⑦
| 8 | – You mustn't forget to take plenty of sunscreen.
| 9 | – By the way, do you speak Greek?
| 10 | – A couple of words, but nearly everyone speaks English, ⑧⑨
| 11 | and many of the restaurants serve English food, too…
| 12 | – If we can survive that, we can survive anything!

(PRONUNCIATION)

[*3* ... pi-*rei*-öß ... *ßi*-klö-dies *4* ... *ri:*tsch *5* ... *fä:(r)*-li *krao*-did ... *tu:*-riß-ti *6* ... *ku:*l ... *ßan*-tän ... *7* ... *kla*-bing ... *8* ... *maßnt* ... *ßan*-ßkri:n *9* ... *gri:*k *10* ... *kapl* ... *11* ... *ßÖ:(r)*w ... *12* ... *ßö-waiw* ...]

3 – Wenn wir nach Piräus kommen, nehmen wir eine Fähre zu den Kykladen.
4 [Die] meisten Inseln sind sehr leicht zu erreichen.
5 Einige sind ziemlich überfüllt, und ein paar sind echte Touristennester (wirklich touristisch).
6 – Es wird so super (kühl) sein: Tagsüber bräunen wir [in der Sonne] (wir können bekommen eine Sonnenbräune),
7 und dann gehen wir die ganze Nacht aus [in Clubs]!
8 – Du darfst nicht vergessen, viel Sonnencreme mitzunehmen.
9 – [Ach] übrigens, sprichst du Griechisch?
10 – Ein paar (Paar von) Wörter, aber fast jeder spricht Englisch,
11 und viele der Restaurants servieren auch englisches Essen ...
12 – Wenn wir das überleben (können), können wir alles überleben!

(ANMERKUNGEN)

④ Bei einem Bedingungssatz, der sich auf die Zukunft bezieht, steht das Verb nach den Konjunktionen when, as soon as usw. immer im Präsens: I'll call you as soon as I get home „Ich rufe dich an, sobald ich nach Hause komme".

⑤ Most wird nicht nur zur Bildung des Superlativs verwendet, es bedeutet auch „die meisten": I like most wines, but not that one „Ich mag die meisten Weine, aber nicht diesen hier".

⑥ In crowded steckt crowd „Menge, Masse". Man hört gelegentlich auch crowded with people.

⑦ club wird hier zu einem Verb gemacht. In London, nobody goes clubbing before eleven o'clock „In London geht niemand vor elf Uhr in die Clubs". Den Begriff clubbing gab es schon im 17. Jh.; er bezeichnete den Besuch des ausschließlich männlichen Publikums in exklusiven Privatclubs.

⑧ A couple of meint immer eine geringe, nicht näher definierte Anzahl und kann synonym für a few verwendet werden: I'll be there in a couple of minutes „Ich werde in wenigen Minuten da sein". Manchester is a couple of hundred miles from London „Manchester ist einige hundert Meilen von London entfernt".

⑨ Verwechseln Sie nicht nearly „fast" und near „nah, in der Nähe".

## FIRST EXERCISE: DO YOU UNDERSTAND THESE SENTENCES?

❶ The ferries are always crowded in summer. ❷ Some people like his music, but I hate it. ❸ We'll call you as soon as we get home. ❹ Where shall we eat? – I don't care. ❺ It'll be really cool. We can go clubbing all night.

## SECOND EXERCISE: FILL IN THE CORRECT WORDS!

❶ Ich mag die meisten Weine, aber nicht diesen hier (einen). – Welchen (einen)?

I like .... wines, but not .... .... – ..... ... ?

❷ Wenn wir das Hotel erreichen, schicken wir dir eine Postkarte.

When .. ...... the hotel, ..'.. .... ... a postcard.

❸ Wir freuen uns darauf, Sie nächste Woche zu sehen.

..'.. ......... ....... to ...... ... next week.

---

▶  **Seventy-fifth lesson**

## It's a deal ①

**1** – How are you doing today? You look a bit better. ②

(PRONUNCIATION)
[... di:l]

### SOLUTION TO FIRST EXERCISE: DID YOU UNDERSTAND?

❶ Die Fähren sind im Sommer immer überfüllt. ❷ Einige Leute mögen seine Musik, aber ich hasse sie. ❸ Wir werden dich anrufen, sobald wir nach Hause kommen. ❹ Wo sollen wir essen? – Das ist mir egal. ❺ Es wird wirklich super sein. Wir können die ganze Nacht ausgehen.

❹ Einige Inseln sind ziemlich überfüllt, und ein paar sind echte Touristenzentren.

. . . . islands are . . . . . . . . . . . . . and . . . . are really touristy.

❺ Du darfst nicht vergessen, viel Sonnencreme mitzunehmen.

You . . . . . '. . . . . . . to take . . . . . . . . sunscreen.

### SOLUTION TO SECOND EXERCISE: THE CORRECT WORDS.

❶ most – that one – Which one ❷ we reach – we'll send you ❸ We're looking forward – seeing you ❹ Some – fairly crowded – a few ❺ mustn't forget – plenty of.

**Second wave: Activate lesson 25!**

---

## 75. Lektion

### Abgemacht (es-ist ein Geschäft)

**1** – Wie geht es dir heute? Du siehst ein bisschen besser aus.

(ANMERKUNGEN)

① **It's a deal** „Abgemacht, Einverstanden" enthält **deal** „Geschäft, Handel". Ein **dealer** ist ein „Händler".

② **How are you doing?** kann wie **How are you?** verwendet werden, um sich nach dem Befinden einer Person zu erkundigen.

| 2 | – Much better. I'm dying to get out of the house. ③ ④ |
|---|---|
| 3 | And tomorrow's the big day! |
| 4 | – Yes I know, but are you sure this is wise? ⑤ |
| 5 | You're still a little under the weather. ⑥ |
| 6 | – Nonsense. I'm as fit as a fiddle. ⑦ |
| 7 | Yesterday I was able to eat a meal and a dessert. |
| 8 | And I was able to get out of bed and watch TV. |
| 9 | – All right, you win. We'll go to York tomorrow. ⑧ |
| 10 | But on one condition: you must let me drive. |
| 11 | – It's a deal. But are you sure you won't get lost? |

(PRONUNCIATION)

[**2** ... *dai-ing* ... **4** ... *uais* **6** *nOn-ßönß* ... *fid-l* **7** ... *mi:l* ... *di-sÖ:(r)t* **8** ... *ti:-wi:* **9** *O:l rait* ... **10** ... *kön-di-schön* ... **11** ... *lOßt*]

(ANMERKUNGEN)

③ I'm dying to... ist hier nicht wörtlich zu nehmen. Es drückt aus, dass der Sprecher große Lust auf etwas hat bzw. etwas kaum erwarten kann. We're dying to try that new night club „Wir können es kaum erwarten, diesen neuen Nachtclub auszuprobieren".

④ to get out (of) ist ein Synonym von to leave, es ist jedoch kategorischer: I must get out of here „Ich muss hier raus". Get out! „Raus hier!".

⑤ wise bedeutet „vernünftig", aber auch „klug, weise": My grandmother was a very wise woman „Meine Großmutter war eine sehr kluge Frau". Das Substantiv lautet wisdom [*uis-döm*] „Weisheit"; der „Weisheitszahn" ist der wisdom tooth [*tu:fß*].

**FIRST EXERCISE: DO YOU UNDERSTAND THESE SENTENCES?**

❶ All right. It's a deal. ❷ She's as fit as a fiddle: she plays tennis every day. ❸ I think they made a very wise decision. ❹ We're dying to try that new Greek restaurant. ❺ How's she doing? – She's much better.

**2** – Viel besser. Ich kann es kaum erwarten (bin sterbend), aus dem Haus zu kommen.
**3** Und morgen ist [mein] (der) großer Tag!
**4** – Ja, ich weiß, aber bist du sicher, dass das vernünftig ist?
**5** Du bist noch immer nicht ganz auf dem Posten (ein bisschen unter dem Wetter).
**6** – Unsinn. Ich bin topfit (fit wie eine Fidel).
**7** Gestern konnte ich eine Mahlzeit essen, und einen Nachtisch.
**8** Und ich konnte aufstehen und fernsehen.
**9** – In Ordnung, du hast gewonnen (du gewinnst). Wir fahren morgen nach York.
**10** Aber [nur] unter (auf) einer Bedingung: Du musst mich fahren lassen.
**11** – Abgemacht. Aber bist du sicher, dass du dich nicht verfährst (du wirst-nicht werden verloren)?

(ANMERKUNGEN)

⑥ Die Wendung **to be** bzw. **to feel under the weather** stammt noch aus der Zeit, in der man dachte, alle Krankheiten seien wetterbedingt.

⑦ Anstelle von **fit as a fiddle** können Sie auch **fit as a flea** [*fli:*] sagen, wörtlich „fit wie ein Floh". **fiddle** ist ein Folkloreinstrument, im Gegensatz zur **violin** [*wai-ö-lin*] „Geige" für die klassische Musik.

⑧ **All right** „in Ordnung, ganz gut" ist nicht nur ein Adjektiv, sondern leitet auch oft ein Zugeständnis ein (dann auch **alright**): **I want to go to the cinema. – Alright, but take the bus home** „Ich möchte ins Kino gehen. – In Ordnung, aber nimm für den Heimweg den Bus".

### SOLUTION TO FIRST EXERCISE: DID YOU UNDERSTAND?

❶ In Ordnung. Abgemacht (es-ist ein Geschäft). ❷ Sie ist topfit: Sie spielt jeden Tag Tennis. ❸ Ich denke, sie haben eine sehr kluge Entscheidung getroffen. ❹ Wir können es kaum erwarten (sind sterbend), dieses neue griechische Restaurant auszuprobieren. ❺ Wie geht es ihr? – Es geht ihr viel besser.

### SECOND EXERCISE: FILL IN THE CORRECT WORDS!

❶ Wir konnten keinen Kontakt zu ihm aufnehmen.

We . . . . . '. . . . . to . . . . . . . . .
with him.

❷ Ich fühle mich noch immer nicht so ganz auf dem Posten (ein bisschen unter dem Wetter).

I'm still feeling a . . . . . . . . . . .
. . . . . . . .

❸ Wie ist das Essen? – Es ist in Ordnung, aber es könnte heißer sein.

. . . '. the food? – It's . . . . . . . . , but it
. . . . . . . hotter.

❹ Bist du sicher, dass du dich nicht verfährst/verläufst? – [Ganz] sicher.

Are you sure . . . . . . '. . . . . . . . ? –
Certain.

---

▶ **Seventy-sixth lesson**

## Lost

**1** – We're l**o**st. I th**ou**ght we were in Mus**e**um Street.
**2** D**a**mn! I sh**ou**ld have turned l**e**ft at the st**a**tion. ① ②

(PRONUNCIATION)

[*1* ... fß**O**:t ... *2* däm ... t**Ö**:(r)nd ...]

⑤ Ich muss raus aus dem Haus. – In Ordnung, aber [nur] unter (auf) einer Bedingung.

I .... ... ... .. the house. – All right, but .. ... .......... .

SOLUTION TO SECOND EXERCISE: THE CORRECT WORDS.

❶ weren't able – get in touch ❷ bit under the weather ❸ How's – all right – could be ❹ you won't get lost ❺ must get out of – on one condition.

**Second wave: Activate lesson 26!**

## 76. Lektion

### Verfahren (verloren)

1 – Wir haben uns verfahren (sind verloren). Ich dachte, wir wären in der Museumsstraße.
2 Mist! Ich hätte (sollte haben gedreht links) am Bahnhof links fahren sollen.

ANMERKUNGEN

① **Damn!** (wörtl. „Fluch") entspricht unserem „Verdammt!, Verflucht!, Mist!" und kann auch eine Aussage verstärken: **I don't care/give a damn** „Das ist mir vollkommen egal".
② **should have** (**turned**) „hätte (fahren) sollen" wird in der Umgangssprache oft zu **should've** verkürzt.

| 3 | – Let's ask that man **o**ver there. Excuse me! |
| 4 | Can you tell us the **wa**y to Blake Street? ③ |
| 5 | – You're **no**where near it, I'm afraid. ④ |
| 6 | You'll h**a**ve to drive thr**ou**gh the city ⑤ |
| 7 | and cr**o**ss **o**ver the river on Lendal Bridge. |
| 8 | Go **o**n until you c**o**me to the traffic lights at Museum Street. ⑥⑦ |
| 9 | Then you'll h**a**ve to park because it's a pedestrian area. |
| 10 | There's a c**a**r park **u**nder the multiplex cinema on the c**o**rner. ⑧ |
| 11 | – Is it f**a**r from th**e**re to Blake Street? |
| 12 | – Just go **i**nto the precinct and it's the second street on your right. ⑨ |
| 13 | – Th**a**nks very much for your help. |

(PRONUNCIATION)

[*4* ... bleik ... *5* ... nou-uä:(r) ... *6* ... ßru: ... *7* ... län-döl ... *9* ... pö-däß-tri-ön ä-ri-ö *10* ... mal-ti-pläkß ßi-nö-mö ... *12* ... pri-ßinkt ...]

(ANMERKUNGEN)

③ way „Weg" kann auch in Wendungen wie I lost my way „Ich habe mich verirrt/verlaufen/verfahren" verwendet werden.

**3** – Lass uns den (diesen) Mann da drüben fragen. Entschuldigen Sie [bitte]!
**4** Können Sie uns den Weg zur Blake-Straße sagen?
**5** – Sie sind weit (nirgendwo nahe) davon entfernt, fürchte ich.
**6** Sie müssen durch die Stadt fahren
**7** und den Fluss über (auf) die Lendal-Brücke überqueren.
**8** Fahren Sie weiter, bis Sie zur Ampel (zu den Verkehr Lichter) an der Museumsstraße kommen.
**9** Dann müssen Sie parken, weil es eine Fußgängerzone ist.
**10** Es gibt ein Parkhaus unter dem Multiplex-Kino an der Ecke.
**11** – Ist es von dort weit zur Blake-Straße?
**12** – Gehen Sie einfach in die Fußgängerzone (Bereich) hinein, und es ist die zweite Straße rechts (auf Ihrer rechts).
**13** – Vielen Dank für Ihre Hilfe.

---

(ANMERKUNGEN)

④ **nowhere near** drückt aus, dass man weit von einem bestimmten Ort oder von einem Zustand entfernt ist: **She's nowhere near ready** „Sie ist weit davon entfernt, fertig zu sein / Sie ist noch lange nicht fertig".

⑤ **through** „durch" wird oft mit einem Verb der Bewegung benutzt: **She's walking through the park** „Sie spaziert durch den Park".

⑥ **To go on** „weiterfahren, -gehen; fortsetzen". **He went on talking for ten minutes** „Er sprach zehn Minuten lang weiter".

⑦ **traffic lights** „Ampel" steht immer im Plural.

⑧ **under** „unter" wird nicht nur örtlich verwendet, sondern auch in Wendungen wie **Children under eleven are not admitted** „Kinder unter elf [Jahren] sind nicht zugelassen". **Under** ist auch Bestandteil von Begriffen wie **underclothes** „Unterwäsche", **underwater** „Unterwasser-" usw.

⑨ **precinct** allein bezeichnet einen abgetrennten Bereich. **Pedestrian precinct** ist die „Fußgängerzone", **shopping precinct** das „Einkaufsviertel", **hospital precinct** das „Krankenhausgelände".

LEKTION 76

### FIRST EXERCISE: DO YOU UNDERSTAND THESE SENTENCES?

❶ Can you tell me the way to the station, please? ❷ Children under eighteen are not admitted. ❸ I'll have to park because it's a pedestrian precinct. ❹ Let's ask that woman over there. Excuse me! ❺ Damn! We're lost! I thought it was the second street on our left.

### SECOND EXERCISE: FILL IN THE CORRECT WORDS!

❶ Fahren Sie durch die Stadt, überqueren Sie (über) den Fluss, und parken Sie unter der Brücke.

Drive . . . . . . . the city, cross . . . . the river and park . . . . . the bridge.

❷ Wir hätten an der Ampel rechts fahren (drehen) sollen.

We . . . . . . . . . . . . . . . . . . . . . at the . . . . . . . . . . . . . .

❸ Sie gingen weiter bis zum Ende der Straße und hielten in der Nähe des Museums.

They . . . . . . . . . the end of the road and stopped . . . . the museum.

---

▶ **Seventy-seventh lesson**

**Revision and notes**

#### 1. must und to have to

Das Modalverb **must** existiert nur im Präsens. Will man es im Imperfekt oder im Futur anwenden, muss es durch den sog. „falschen Infinitiv" **to have to** ersetzt werden, denn **to have to** lässt sich konjugieren. Im Präsens werden **must** und **to have to** weitgehend gleichwertig benutzt, allerdings gibt es eine kleine Nuance: Bei **must** geht die Verpflichtung von der sprechenden

> **SOLUTION TO FIRST EXERCISE: DID YOU UNDERSTAND?**

① Können Sie mir den Weg zum Bahnhof sagen, bitte? ② Kinder unter 18 [Jahren] sind nicht zugelassen. ③ Ich muss parken, da es eine Fußgängerzone ist. ④ Lass uns die Frau dort drüben fragen. Entschuldigen Sie [bitte]! ⑤ Verdammt! Wir haben uns verfahren (sind verloren)! Ich dachte, es wäre die zweite Straße links (auf unserer links).

④ Er ist weit davon entfernt, fertig zu sein. – Aber wir sind schon spät [dran]!

He's ........ .... ready. – But we're ....... .... !

⑤ Ist es weit von dort bis zum Supermarkt?

.. .. ... .... ..... .. the supermarket?

> **SOLUTION TO SECOND EXERCISE: THE CORRECT WORDS.**

① through – over – under ② should have turned right – traffic lights ③ went on to – near ④ nowhere near – already late ⑤ Is it far from there to.

**Second wave: Activate lesson 27!**

# 77. Lektion

Person aus, bei **to have to** ist sie eher durch einen äußeren Umstand bedingt.

Vergleichen Sie hierzu diese Beispiele mit **must** ...

> **We must leave; we're late.** „Wir müssen gehen; wir sind spät [dran]".
> **You must turn off the lights before you leave the house.** „Ihr müsst die Lichter ausmachen, bevor ihr das Haus verlasst".

**Drivers must stop at the traffic lights.** „Die Fahrer müssen an der Ampel anhalten".

... mit den folgenden Beispielen mit **to have to**:

**The children have to work very hard at school.** „Die Kinder müssen in der Schule hart arbeiten."
**She has to stop smoking.** „Sie muss mit dem Rauchen aufhören."

Die Grenze zwischen diesen beiden Nuancen ist oft schwimmend. Trotzdem sollten Sie die beiden Verwendungsweisen kennen, z. B. für Situationen, in denen Sie einen Befehl oder eine Aufforderung an eine Person erteilen. Nehmen wir das Beispiel des Schildes **Drivers must stop...**, so könnte man sich den Fall vorstellen, in dem eine andere Person Sie mit dem Auto fährt und Sie die Aufforderung auf dem Schild an diese Person weitergeben, indem Sie sagen: **You have to stop...** (denn nicht Sie, sondern die Verkehrsregel erlegt dem Fahrer diese Verpflichtung auf).

In der Verneinung gibt es einen klaren Unterschied zwischen **must not** und **do not have to**; **must not** drückt ein eindeutiges Verbot aus:

**You must not give him any money.** „Du darfst ihm kein Geld geben."

**Do not have to** drückt hingegen aus, dass es zu einer bestimmten Handlung keine Verpflichtung gibt:

**You don't have to give him any money.** „Du brauchst ihm kein Geld zu geben."

## 2. could und was able to

**To be able to** ist der sog. „falsche Infinitiv" von **can** „können". Beide Formen können im Präsens gleichwertig benutzt werden, und sie haben – im Gegensatz zu **must** – auch eine Imperfektform, **could** und **was able to**, jedoch hier mit einer wichtigen Bedeutungsnuance:

Mit **could** beschreibt man eine Fähigkeit, die eine Person in der Vergangenheit über einen längeren Zeitraum hinweg oder wiederholt besessen hat:

> **Mozart could play the violin when he was five.** „Mozart konnte Geige spielen, als er fünf Jahre alt war."
> **When I was younger, I could swim for hours.** „Als ich jünger war, konnte ich stundenlang schwimmen."

Mit **was able to** umschreibt man dagegen eine spezielle Handlung, die in der Vergangenheit einmalig ausgeführt wurde:

> **Although she was ill, she was able to get out of bed yesterday.** „Obwohl sie krank war, konnte sie gestern aus dem Bett aufstehen."
> **I was lost, but I was finally able to find the station.** „Ich hatte mich verlaufen, aber schließlich konnte ich den Bahnhof finden."

Es mag Ihnen im Moment mühsam erscheinen, sich diese unterschiedlichen Verwendungsweisen zu merken, aber es ist besser, Sie machen sich jetzt in dieser Phase damit vertraut, anstatt sie zu einem späteren Zeitpunkt anhand eines Grammatikbuches zu lernen.

### 3. to get

Das Verb **to get** ist eines der zahlreichen „phrasal verbs" des Englischen, d.h. mehrgliedrige Verben, die mit einer Vielzahl von Suffixen und Präpositionen auftreten können, wobei sich jeweils die Bedeutung des Verbs ändern kann. Schauen wir uns an, in welchen Zusammenhängen **to get** vorkommen kann:

a) Grundbedeutung („holen, erhalten, bekommen") + Akkusativobjekt (mit einem äquivalenten Verb in Klammern):

> **I'll get (buy) some butter and some yoghurt from the supermarket.** „Ich werde im Supermarkt etwas Butter und Joghurt holen."
> **We got (received) a letter from my sister this morning.** „Wir haben heute Morgen einen Brief von meiner Schwester erhalten."

b) Zustandsänderung („werden") + Adjektiv

> **When you get old, you forget things.** „Wenn du alt wirst, wirst du vergesslich (du vergisst Dinge).
> **I'm getting very hungry.** „Ich werde sehr hungrig."
> **It's getting dark.** „Es wird dunkel."

c) Bewegung + Präposition

> **He got up from the table.** „Er stand vom Tisch auf."
> **She got into the car.** „Sie stieg ins Auto ein."
> **We got off the bus.** „Wir stiegen aus dem Bus aus."
> **They got to the meeting.** „Sie kamen bei der Besprechung an."

In bestimmten Fällen drückt die Kombination von **to get** als Verb der Bewegung + Präposition die Idee der Dringlichkeit aus oder verdeutlicht, dass etwas nur unter Schwierigkeiten möglich ist:

> **I must get out of the house.** „Ich muss [unbedingt] raus aus dem Haus."
> **She got through the town in two hours.** „Sie schaffte es in zwei Stunden durch die Stadt."

d) Ausführen/Veranlassen einer Handlung + Partizip Perfekt

> **They got married last month.** „Sie haben letzten Monat geheiratet."
> **I must get dressed.** „Ich muss mich anziehen."
> **He got lost in York.** „Er hat sich in York verirrt/verfahren."

### 4. Verständnis-/Formulierungsübung

**DO YOU UNDERSTAND THESE SENTENCES?**

❶ I'm feeling awful. I'd better call the doctor. ❷ Shall I bring you some soup in bed? ❸ I really have to go to my interview. ❹ I may lose the job. ❺ But you won't be able to work if you're ill, will you? ❻ You really should do what the GP says. ❼ OK, but on one condition. You let me go to York.

⑧ Not if you're feeling under the weather. ⑨ Nonsense. I'm as fit as a fiddle. ⑩ (*Later:*) Damn! We're lost. I should have turned left at the station. ⑪ It's easy. Drive through the city and cross over the river. ⑫ Then park the car under the supermarket and walk into the pedestrian precinct. ⑬ I think we should take the bus!

### DID YOU UNDERSTAND?

❶ Ich fühle [mich] schrecklich. Ich sollte besser den Arzt anrufen. ❷ Soll ich dir etwas Suppe ans (in) Bett bringen? ❸ Ich muss unbedingt (wirklich) zu meinem Vorstellungsgespräch gehen. ❹ Ich könnte den Job verlieren. ❺ Aber du wirst nicht arbeiten können, wenn du krank bist, oder? ❻ Du solltest wirklich tun, was der Arzt (Allgemeinmediziner) sagt. ❼ In Ordnung, aber [nur] unter einer Bedingung. Du lässt mich nach York fahren. ❽ Nicht, wenn du nicht auf dem Posten bist. ❾ Unsinn. Ich bin topfit. ❿ (*Später:*) Mist! Wir haben uns verfahren. Ich hätte am Bahnhof links fahren müssen. ⑪ Es ist einfach. Fahren Sie durch die Stadt, und überqueren Sie den Fluss. ⑫ Parken Sie dann den Wagen am (unter dem) Supermarkt, und gehen Sie in die Fußgängerzone hinein. ⑬ Ich denke, wir sollten den Bus nehmen!

___Lerntipp___

*Lesen Sie sich diese Lektion noch einige Male durch, und benutzen Sie sie auch in der nächsten Zeit noch zum Nachschlagen, wenn Unsicherheiten auftreten.*

**Second wave: Activate lesson 28!**

LEKTION 77

## ▶ Seventy-eighth lesson

## He's still in a meeting

1 – Hello. I have an appointment with Mr Gupta.
2 – Good morning and welcome to Online. Your name, please?
3 – Cathy Barnes. Mr Gupta's expecting me at nine fifteen.
4 – Let me see. That's right. Mr Gupta's still in a meeting. ①
5 It hasn't finished yet, but he won't be long. ②③
6 Have a seat over there, please.
7 Can I get you a coffee or something?
8 A cup of tea, perhaps? ④
9 – No, I'm fine. Thanks all the same. ⑤

THE FILM WILL BE OVER IN TWENTY MINUTES.

(PRONUNCIATION)
[*1* ... ö-**p**oint-mönt ... *6* ... ßi:t ... *9*... ßeim]

## 78. Lektion

**Er ist noch in einer Besprechung (Treffen)**

1 – Guten Tag (Hallo). Ich habe einen Termin bei Herrn Gupta.
2 – Guten Morgen und willkommen bei (zu) Online. Ihr Name bitte?
3 – Cathy Barnes. Herr Gupta erwartet mich um 9 [Uhr] 15.
4 – Wollen wir mal sehen (lassen mich sehen). Das ist richtig. Herr Gupta ist noch in einer Besprechung.
5   Sie ist noch nicht zu Ende (hat-nicht beendet noch), aber es wird nicht mehr lange dauern (er wird-nicht sein lang).
6   Nehmen Sie dort drüben Platz, bitte.
7   Kann ich Ihnen einen Kaffee oder etwas anderes bringen (holen)?
8   Eine Tasse Tee vielleicht?
9 – Nein, es geht schon. Trotzdem danke.

(ANMERKUNGEN)

① still „(immer) noch, nach wie vor" wird bei Handlungen verwendet, die noch andauern: He still works in a museum „Er arbeitet immer noch in einem Museum".

② yet „noch" wird immer in Verbindung mit einer Verneinung benutzt und bedeutet dann „noch nicht": He hasn't arrived yet „Er ist noch nicht angekommen".

③ long „lange" kann zum Ausdruck einer Zeitdauer verwendet werden: I won't be long „Es wird bei mir nicht lange dauern; Ich werde nicht lange brauchen". How long does it take? „Wie lange wird es dauern?".

④ perhaps „vielleicht, möglicherweise" ist ein etwas formelleres Synonym für maybe.

⑤ all the same „trotzdem" wird oft in Verbindung mit thanks oder thank you benutzt.

**10** (*Forty minutes later.*)
**11** Excuse me, but do you think Mr Gupta will be much longer?
**12** – I've no idea. You can never tell with a management meeting.
**13** It might be over in ten minutes or it might last hours. ⑥⑦
**14** You know, there are so many managers in this company
**15** that soon there'll be no-one left to do the work! ⑧

(PRONUNCIATION)
[*11* ... *lOng-gö(r) 12 ... mä-nödj-mönt* ...]

FIRST EXERCISE: DO YOU UNDERSTAND THESE SENTENCES?

❶ She might get the job, but I doubt it. ❷ Have a seat over there, please. ❸ The film will be over in twenty minutes. ❹ He won't be very long. ❺ There'll be no-one left to do the work.

SECOND EXERCISE: FILL IN THE CORRECT WORDS!

❶ Vielleicht kann ich Ihnen helfen? – Nein. Trotzdem danke.

. . . . . . . . can help you? – No. . . . . . . .
. . . . . . . . . . . . .

❷ Du solltest besser etwas Butter kaufen; es ist keine [mehr] übrig.

. . . '. . . . . . . . buy some butter; . . . . . '.
. . . . . . . . . .

|10| (*40 Minuten später.*)
|11| – Entschuldigen Sie, aber denken Sie, dass es bei Herrn Gupta noch (viel) länger dauern wird?
|12| – Ich habe keine Ahnung. Bei einer Management-Besprechung kann man das nie sagen.
|13| Sie kann in 10 Minuten zu Ende sein, oder sie kann Stunden dauern.
|14| Wissen Sie, es gibt so viele Manager in diesem Unternehmen,
|15| dass bald keiner mehr übrig sein wird, der die Arbeit erledigt!

(ANMERKUNGEN)

⑥ **might** drückt wie **may** eine Wahrscheinlichkeit aus, jedoch ist diese bei **might** geringer als bei **may**: **She might go to Manchester next week, but I doubt** [*daot*] **it** „Es könnte sein, dass sie nächste Woche nach Manchester fährt, aber ich bezweifle es". **might** ist auch das Imperfekt von **may**.

⑦ **over** kann auch „vorbei; zu Ende" bedeuten: **It's over between Steve and Karen** „Es ist vorbei zwischen Steve und Karen". **The film's over at ten** „Der Film ist um 10 zu Ende".

⑧ **left** (Imperfekt von **to leave**) bedeutet in Verbindung mit **to be** „übrig sein, übrigbleiben": **You'd better buy some bread; there's none left** „Du kaufst besser etwas Brot; es ist keins mehr übrig".

(SOLUTION TO FIRST EXERCISE: DID YOU UNDERSTAND?)

❶ Es könnte sein, dass sie die Stelle bekommt, aber ich bezweifle es. ❷ Nehmen Sie dort drüben Platz, bitte. ❸ Der Film wird in 20 Minuten zu Ende sein. ❹ Er wird nicht sehr lange brauchen. ❺ Es wird keiner übrig bleiben, der die Arbeit erledigt.

❸ Wie lange dauert es, um von London nach York zu fahren?

... ... .... it .... to ... from London to York?

LEKTION 78

④ Wird es bei ihnen noch [viel] länger dauern? – Das kann man nie sagen.

Will they .. .... ...... ? – You can ..... .... .

⑤ Er ist immer noch in einer Besprechung. – Ist sie noch nicht zu Ende?

He's ..... in a meeting. – ....'. it finished ... ?

## ▶ Seventy-ninth lesson

## The interview

**1** – Do come in and sit down. Sorry about the wait. ①②
**2** Where exactly are you working at the moment, Mrs Barnes?
**3** – Well actually, I'm between jobs just now.
**4** But I've worked in the computer industry for years. ③
**5** – Have you had any experience in design or marketing? ④

(PRONUNCIATION)

[*2* ... ig-säkt-li ... *3* ... bi-tui:n ... *4* ... in-döß-tri: ... *5* ... ikß-pi:-ri-önß ... di-sain ... ma(r)-kö-ting]

(ANMERKUNGEN)

① Anstatt nur come in zu sagen, verwendet der Personalchef das verstärkend wirkende Do..., das in diesem Fall keine Eigenbedeutung hat.

② Statt des formellen I'm sorry kann man auch einfach nur Sorry... sagen: „Tut mir leid, ...; Entschuldigen Sie ...".

**SOLUTION TO SECOND EXERCISE: THE CORRECT WORDS.**

❶ Perhaps I – Thanks all the same ❷ You'd better – there's none left ❸ How long does – take – get ❹ be much longer – never tell ❺ still – Hasn't – yet.

**Second wave: Activate lesson 29!**

# 79. Lektion

## Das Vorstellungsgespräch

1 – Kommen Sie doch herein, und setzen Sie sich. Tut mir leid, dass Sie warten mussten (über die Wartezeit).
2 Wo genau arbeiten Sie im Moment, Frau Barnes?
3 – Nun ja, eigentlich befinde ich mich jetzt gerade zwischen [zwei] Stellen.
4 Aber ich habe jahrelang in der Computerbranche (Industrie) gearbeitet.
5 – Haben Sie (gehabt) irgendwelche Erfahrung[en] in Design oder Marketing [gesammelt]?

(ANMERKUNGEN)

③ **I've worked** ist ein **present perfect**, gebildet mit der konjugierten Form von **to have** + Partizip Perfekt. Es wird für Handlungen bzw. Ereignisse verwendet, die in der Vergangenheit begonnen haben und zum Zeitpunkt des Sprechens noch andauern oder erst vor sehr kurzer Zeit beendet wurden. Die Zeitangabe ist dabei eher vage („jahrelang") oder unwichtig.

④ Die Frageform des **present perfect** wird durch Inversion gebildet: **You have worked** – **Have you worked?**.

| **6** | – Yes, I have. I worked in publishing for ten years. ⑤ |
| **7** | – Very interesting. And what did you do before that? |
| **8** | – I was a student at Bath University. I studied law. ⑥ |
| **9** | But when I graduated I couldn't find a job as a lawyer, ⑦⑧ |
| **10** | so I took a training course in computer science. |
| **11** | – Have you always been interested in software development? |
| **12** | – Yes, and I've always wanted to work for a Web company. ⑨⑩ |

(PRONUNCIATION)

[**6** ... pab-li-sching ... **8** ... ßtju:-dönt ... ba:ß ... ßta-di:d lO: **9** ... grä-dju-ei-tid ... lO:-jö(r) **10** ... trei-ning kO:(r)ß ... ßai-önß **12** ... uäb ...]

(FIRST EXERCISE: DO YOU UNDERSTAND THESE SENTENCES?)

❶ Do come in. Sorry about the wait. ❷ She graduated in French but she became a lawyer. ❸ They broke the law by robbing a bank. ❹ Actually, he's between jobs just now. ❺ We took a training course in computer science.

**6** – Ja. Ich habe zehn Jahre lang im Verlagswesen gearbeitet.
**7** – Sehr interessant. Und was haben Sie davor gemacht?
**8** – Ich war Studentin an der Universität von Bath. Ich habe Jura studiert.
**9** Aber als ich meinen Abschluss gemacht habe, konnte ich keine Stelle als Juristin finden,
**10** also habe ich (genommen) einen Lehrgang in Informatik (Computer Wissenschaft) gemacht.
**11** – Waren Sie immer an (in) Softwareentwicklung interessiert?
**12** – Ja, und ich wollte [schon] immer für ein Internet-Unternehmen arbeiten.

(ANMERKUNGEN)

⑤ Hier wird nicht das **present perfect**, sondern das **simple past** verwendet, da nicht von einem vagen Zeitpunkt in der Vergangenheit gesprochen wird, sondern von einer speziellen Zeitdauer („zehn Jahre").

⑥ **law** „Gesetz; Recht; Jura (als Studienfach)". **to brake the law** „das Gesetz brechen". **He got into trouble with the law** „Er kam mit dem Gesetz in Konflikt".

⑦ **to graduate** „Studium abschließen, akademischen Titel/Diplom erwerben". Wird das jeweilige Studienfach genannt, benutzt man **in**: **She graduated in history** „Sie hat ihr Diplom in Geschichte gemacht".

⑧ **lawyer** ist der „Jurist" und der „Rechtsanwalt".

⑨ Das **present perfect** wird häufig in Verbindung mit **already**, **before**, **always** usw. benutzt: **I've always wanted to fly a plane** „Ich wollte schon immer ein Flugzeug fliegen".

⑩ **Web** „Netz" ist die Kurzform von **World Wide Web** („weltweites Netz"), ein Synonym für das „Internet".

**SOLUTION TO FIRST EXERCISE: DID YOU UNDERSTAND?**

❶ Kommen Sie doch herein. Tut mir leid, dass Sie warten mussten. ❷ Sie hat ihren Abschluss in Französisch gemacht, aber sie ist Juristin geworden. ❸ Sie brachen das Gesetz, indem Sie eine Bank ausraubten. ❹ Eigentlich befindet er sich momentan (gerade jetzt) zwischen [zwei] Stellen. ❺ Wir haben einen Lehrgang in Informatik gemacht.

### SECOND EXERCISE: FILL IN THE CORRECT WORDS!

① Als sie ihren Abschluss gemacht hat, konnte sie keine Stelle finden.

When she ........ , she ......'. .... a job.

② Ich habe jahrelang in der Automobilbranche (Auto Industrie) gearbeitet.

I .... ...... in the car industry ... ..... .

③ Sind Sie immer an Software interessiert gewesen?

.... you ...... .... .......... in software?

---

## ▶ Eightieth lesson

## Higher education

| 1 | When secondary school pupils finish their sixth form ① ② |
| 2 | they generally go to a university or a college of higher education, |

(PRONUNCIATION)

[*hai*-ö(r) *ä*-dju-k*ei*-schön **1** ... ßä-kön-dä-ri ... pj*u*:-pöls ... **2** ... k*O*-lödj ...]

❹ Wo arbeitest du im Moment?

   Where  . . .   . . .   . . . . . . . .   . .   . . .
   . . . . . . ?

❺ Sie hat immer für eine Internet-Firma arbeiten wollen.

   . . . ,'.   . . . . . .   . . . . . .   . .   . . . .   for a
   Web company.

**SOLUTION TO SECOND EXERCISE: THE CORRECT WORDS.**

❶ graduated – couldn't find ❷ have worked – for years ❸ Have – always been interested ❹ are you working at the moment ❺ She's always wanted to work.

**Second wave: Activate lesson 30!**

## 80. Lektion

### Hochschulausbildung (höhere Ausbildung)

1  Wenn Schüler der weiterführenden (sekundären) Schule die letzte (sechste) Klasse beenden,
2  gehen Sie normalerweise auf eine Universität oder eine Hochschule (Fachschule der höheren Ausbildung),

**ANMERKUNGEN**

① Wechselt ein **pupil** „Schüler/-in" auf die Universität, dann heißt er **student** „Student/-in". Im neueren Sprachgebrauch werden aber auch immer öfter Schüler als **student** bezeichnet.

② Das erste Schuljahr auf der höheren Schule heißt **first form**, das letzte **sixth form**. Nur in diesem Kontext heißt „Klasse" **form**, ansonsten spricht man von **class**.

LEKTION 80

| 3 | where they study for a degree or a vocational qualification. ③ |
| 4 | A typical degree course lasts three years, but some can take longer. ④ |
| 5 | Many British universities are based on campuses, |
| 6 | where all the buildings – lecture theatres, halls of residence, shops – |
| 7 | are located on a single site, often on the outskirts of a city. ⑤ |
| 8 | Undergraduates can choose either to live on campus |
| 9 | or to find a bedsit or a flat to share with other students. ⑥ |
| 10 | A university course – undergraduate or postgraduate – is hard work, ⑦ |
| 11 | but nearly all universities offer a very active sporting and social life. |

WHAT IS THEIR ANNUAL INCOME?

(PRONUNCIATION)

[*3* ... *di-gri:* ... *wou-kei-schö-nöl kuO-li-fi-kei-schön* *4* ... *ti-pi-köl* ... *kO(r)ß* ... *5* ... *beisd* ... *käm-pö-ßis* *6* ... *läk-tschö(r) ßßi-ö-tö(r)s hO:ls* ... *rä-si-dönß* ... *7* ... *lö-kei-tid* ... *ßait* ... *aot-ßkÖ:(r)tß* ... *8 an-dö(r)-grä-dju-ötß* ... *9* ... *bäd-ßit* ... *schä:(r)* ... *10* ... *poußt-grä-dju-öt* ... *11* ... *äk-tif* ... *ßou-schöl* ...]

| 3 | wo sie für einen Hochschulabschluss (Grad) oder eine berufliche Qualifikation studieren.
| 4 | Ein typischer Studiengang für einen Hochschulabschluss (Grad Kurs) dauert drei Jahre, aber einige können [auch] länger dauern (nehmen).
| 5 | Viele britische Universitäten befinden sich (sind gegründet) auf Campus[geländen],
| 6 | auf dem (wo) alle Gebäude – Vorlesungssäle (Theater), Wohngebäude, Geschäfte –
| 7 | sich auf demselben Gelände (auf einem einzigen Ort) befinden, oft am Stadtrand (einer Stadt).
| 8 | [Die] Studenten können (wählen entweder zu leben) entweder auf (dem) Campus wohnen
| 9 | oder sich ein Zimmer mieten (finden) oder sich eine Wohnung mit anderen Studenten teilen.
| 10 | Ein Universitätsstudiengang – entweder als Student oder als Graduierter – ist harte Arbeit,
| 11 | aber fast alle Universitäten bieten sehr viele sportliche und soziale Aktivitäten an (bieten ein sehr aktives sportliches und soziales Leben).

(ANMERKUNGEN)

③ **to study** heißt „studieren", **to study for** bedeutet „ein Examen vorbereiten". Alternativ kann man auch **to read** verwenden: **He read law in Bath** „Er hat Jura in Bath studiert".

④ **last** ist ein Adjektiv („letzter, -e, -es"), das Verb **to last** bedeutet „dauern": **The film lasted three hours**. In Verbindung mit einem Akkusativobjekt bedeutet es „reichen": **That money should last her a year** „Dieses Geld sollte (ihr) [für] ein Jahr reichen".

⑤ **outskirts** „Stadtrand, Außenbezirke" wird immer im Plural und mit der Präposition **on** verwendet.

⑥ Der Begriff **bedsit** (oder **bedsitter**) ist eine Kurzform aus **bedroom** „Schlafzimmer" und **sitting room** „Wohnzimmer" und bezeichnet ein Zimmer in einer Studenten-WG.

⑦ **undergraduate** ist ein Student vor dem 1. akademischen Grad, **postgraduate** ein Student im Aufbaustudium oder ein Doktorand.

| 12 | Higher education can significantly increase your income, ⑧
| 13 | which you then spend to send your children to university! ⑨

(PRONUNCIATION)

[*12* ... ßig-ni-fi-könt-li in-kri:s ...]

### FIRST EXERCISE: DO YOU UNDERSTAND THESE SENTENCES?

❶ That money should last them a week. ❷ His house is on the outskirts of the town. ❸ What is their annual income? ❹ David's is in the fourth form at secondary school. ❺ She's sharing a flat with two other students.

### SECOND EXERCISE: FILL IN THE CORRECT WORDS!

❶ Man kann entweder auf (dem) Campus wohnen oder sich ein Zimmer in der Stadt mieten (finden).

. . . can . . . . . . live on campus . . find a . . . . . . in the city.

❷ Ein typischer Studiengang für einen Hochschulabschluss dauert drei Jahre, aber einige können [auch] länger dauern (nehmen).

A . . . . . . . degree course . . . . . three years, but . . . . . . . . . . longer.

❸ Die Schüler (von) dieser Schule gehen normalerweise auf eine Hochschule.

. . . . . . from this school . . . . . . . . . go on to a college of . . . . . . . .

|12| [Eine] Hochschulausbildung kann das (Ihr) Einkommen erheblich steigern,

|13| das Sie dann [dafür] ausgeben können, Ihre Kinder zur Universität zu schicken!

(ANMERKUNGEN)

⑧ income „Einkommen"; annual [*än-ju-öl*] income „Jahreseinkommen", income tax [*täkß*] „Einkommensteuer".

⑨ Das Relativpronomen which, hier durch ein Komma vom ersten Satzteil abgetrennt, leitet eine Aussage ein, die für das Satzverständnis essenziell ist; which kann in diesem Fall nicht weggelassen werden. Mehr dazu in Lektion 84.

### SOLUTION TO FIRST EXERCISE: DID YOU UNDERSTAND?

❶ Dieses Geld sollte (ihnen) [für] eine Woche reichen. ❷ Sein Haus befindet sich am Stadtrand (der Stadt). ❸ Wie hoch (was) ist ihr Jahreseinkommen? ❹ David ist in der 4. Klasse der weiterführenden Schule. ❺ Sie teilt sich eine Wohnung mit zwei anderen Studenten.

❹ Fast alle Universitäten bieten sehr viele sportliche und soziale Aktivitäten an (bieten ein sehr aktives sportliches und soziales Leben).

. . . . . . . . . . . . . . . . . . . . . . . . a very active sporting and social life.

❺ Sie studiert (für einen Abschluss in) Jura.

. . . ' . . . . . . . . . . . . a degree in . . . .

### SOLUTION TO SECOND EXERCISE: THE CORRECT WORDS.

❶ You – either – or – bedsit ❷ typical – lasts – some can take ❸ Pupils – generally – higher education ❹ Nearly all universities offer ❺ She's studying for – law.

> **Hochschulen in Großbritannien**
> Studierende haben die Wahl zwischen mehr als 700 Hochschulen in England, Schottland, Wales und Nordirland, darunter auch mehr als 50 **Colleges** und **Higher Education Institutes** (**HEI**). Die ältesten Universitäten stammen aus dem 12.–15. Jh. Zu ihnen gehören die Traditionshochschulen Oxford und Cambridge sowie St. Andrews, Glasgow und Aberdeen. Eine Sonderstellung unter den Universitäten haben die **Open University**, die für das umfangreiche Programm an Fernstudiengängen weit über das Vereinigte Königreich hinaus bekannt ist, sowie die **University of Buckingham**, seit 1983 die einzige anerkannte Privatuni-

## ▶ Eighty-first lesson

## The interview (continued)

**1** – T**e**ll me, Mrs B**a**rnes, have you **e**ver w**o**rked in this **fi**eld? ①
**2** – N**o**, I've n**e**ver **a**ctually w**o**rked in an **I**nternet env**i**ronment. ②
**3** – But h**a**ven't you **u**sed a des**i**gn w**o**rkstation bef**o**re? ③④

(PRONUNCIATION)

[**1** ... *fi:ld* **2** ... *ön-wai-rön-mönt* **3** ... *di-sain uÖ:(r)k-ßtei-schön* ...]

(ANMERKUNGEN)

① ever „jemals" in Verbindung mit dem present perfect bezieht sich auf die Vergangenheit bis zum gegenwärtigen Zeitpunkt. Anstelle von Have you ever seen a Harry Potter film? könnte man auch Have you seen a Harry Potter film? sagen, ever wirkt jedoch verstärkend.

versität des Landes. Das Studienjahr ist in Großbritannien traditionell in Trimester (**terms**) à 10-12 Wochen gegliedert, jedoch haben inzwischen einige Universitäten auch den Semesterbetrieb eingeführt. Vorlesungsfreie Zeiten gibt es aber auch in diesem Fall nur über Weihnachten, Ostern und im Sommer. Das Studienjahr beginnt meistens Ende September. An der privaten University of Buckingham folgt der Studienverlauf dem Kalenderjahr, der Einstieg ist häufig an zwei bis drei Zeitpunkten im Jahr möglich.

**Second wave: Activate lesson 31!**

## 81. Lektion

### Das Vorstellungsgespräch (Fortsetzung)

1 – Sagen Sie mir, Frau Barnes, haben Sie jemals in diesem Bereich gearbeitet?
2 – Nein, ich habe eigentlich nie in einer Internet-Umgebung gearbeitet.
3 – Aber haben Sie zuvor nicht schon einmal Entwürfe (Design) am Computer gemacht (benutzt eine Design Arbeitsstation)?

(ANMERKUNGEN)

② **never** mit dem **present perfect** ist das verneinende Pendant zu **ever**.

③ Die verneinte Frage mit dem **present perfect** wird mit dem Hilfsverb + **not** + Pronomen gebildet: **Haven't you called your sister?** „Hast du deine Schwester nicht angerufen?".

④ Verwechseln Sie **used to**, mit dem eine Angewohnheit in der Vergangenheit beschrieben wird, nicht mit dem Verb **to use** „benutzen, verwenden". Eine dritte Variante, **to be used to**, bedeutet „gewöhnt sein an".

**329** • three hundred and twenty-nine

**4** – Well, I've had experience with **a**ll s**o**rts of com-p**u**ters, ⑤
**5**    but I've n**o**t had the opport**u**nity to try s**o**mething so c**o**mplex.
**6** – That's n**o**t r**e**ally a pr**o**blem, of course. We can **a**lways tr**ai**n you. ⑥
**7** – Th**a**t would be l**o**vely. I enj**oy** l**ear**ning new sk**i**lls. ⑦⑧
**8** – N**ow**, do y**ou** have any qu**e**stions you'd like to ask m**e**?
**9** – Yes, I d**o**. W**ou**ld I h**a**ve to w**o**rk at w**ee**kends?
**10** – N**o**, you w**ou**ldn't. At l**ea**st, n**o**t **e**very w**ee**kend.
**11** – And c**ou**ld I w**o**rk from h**o**me from t**i**me to t**i**me?
**12** – I d**o**n't see why n**o**t.
**13**    I'll t**a**lk to my b**o**ss and let you kn**ow**.

(PRONUNCIATION)

[**4** ... ikß-p**i**:-ri-önß ... ß**O**:(r)tß ... **5** ... O-pö(r)-tj**u**-ni-ti ... k**O**m-pläkß **6** ... trein ... **7** ... law-li ... in-dj**oi** ... ßkils **13** ... b**O**ß ...]

|4| – Nun ja, ich habe (gehabt) Erfahrungen mit allen Arten von Computern [gesammelt],

|5| aber ich hatte nicht die Gelegenheit, etwas so Komplexes auszuprobieren.

|6| – Das ist selbstverständlich nicht wirklich ein Problem. Wir können Sie immer schulen.

|7| – Das wäre toll. Es gefällt mir, neue Fertigkeiten zu erlernen.

|8| – Nun, haben Sie irgendwelche Fragen, die Sie mir gerne stellen würden?

|9| – Ja. Müsste ich am Wochenende arbeiten?

|10| – Nein, das müssten Sie nicht. Zumindest nicht jedes Wochenende.

|11| – Und könnte ich von Zeit zu Zeit von zu Hause aus arbeiten?

|12| – Ich sehe [keinen Grund] (nicht), warum [das] nicht [gehen sollte].

|13| Ich spreche mit meinem Chef und sage Ihnen [dann] Bescheid (lasse Sie wissen).

---

(ANMERKUNGEN)

⑤ sort „Art, Sorte, Typ". Man kann z. B. sagen He's not my sort „Er ist nicht mein Typ".

⑥ to train bedeutet „ausbilden, erziehen, dressieren, schulen": He trains young musicians „Er bildet junge Musiker aus". „Eine Ausbildung machen" bedeutet to train as: She trained as a teacher „Sie hat eine Ausbildung zum Lehrer gemacht".

⑦ lovely hat eine Fülle von Bedeutungen, von „wunderschön, herrlich" bis hin zu „großartig, toll, super".

⑧ Auch to enjoy kann vielseitig eingesetzt werden; es bedeutet „gefallen, sich an etwas erfreuen, etw. schätzen, etw. genießen, sich amüsieren" u. v. m. Es ist stärker als to like und steht wie dieses entweder mit einem Akkusativobjekt (Chris really enjoys the theatre) oder mit einem Gerundium (She enjoys learning languages).

### FIRST EXERCISE: DO YOU UNDERSTAND THESE SENTENCES?

❶ What a lovely house! – Thank you very much. ❷ Could I work from home? – I don't see why not. ❸ She's used to using a computer: she trained as an engineer. ❹ That's not a problem. We can always help you. ❺ He'll talk to his boss and let us know.

### SECOND EXERCISE: FILL IN THE CORRECT WORDS!

❶ Haben Sie vorher einen Computer (Arbeitsstation) benutzt?

. . . .   . . .   . . . .   a workstation   . . . . . . ?

❷ Sie haben Erfahrungen mit allen Arten von Computern gesammelt.

. . . . ' . .   . . .   experience with   . . .   . . . . . .
. .   computers.

❸ Ich habe nie die Gelegenheit gehabt zu reisen.

. ' . .   . . . . . .   . . .   the   . . . . . . . . . . . .   . .
travel.

---

▶ **Eighty-second lesson**

## At last!

1 – Here you are at last! How did the interview go?
2 – It went very well, I think. He was very pleasant.
3    He reminded me a lot of your friend Jake. ①

(PRONUNCIATION)

[*2* ... plä-sönt *3* ... ri-main-did ... dj*e*ik]

### SOLUTION TO FIRST EXERCISE: DID YOU UNDERSTAND?

① Was für ein wunderschönes Haus! – Danke sehr. ② Könnte ich von zu Hause aus arbeiten? – Ich sehe keinen Grund, warum das nicht gehen sollte. ③ Sie ist daran gewöhnt, einen Computer zu benutzen: Sie hat eine Ausbildung zum Ingenieur gemacht. ④ Das ist kein Problem. Wir können Ihnen immer helfen. ⑤ Er wird mit seinem Chef sprechen und sagt uns [dann] Bescheid.

④ Hast du deine Mutter nicht angerufen? Es wird langsam spät.

. . . . . '. . . . . . . . . . your mother? It's . . . . . . . late.

⑤ Mario gefällt es wirklich, Sprachen zu lernen.

Mario really . . . . . . . . . . . . . . languages.

### SOLUTION TO SECOND EXERCISE: THE CORRECT WORDS.

① Have you used – before ② They've had – all sorts of ③ I've never had – opportunity to ④ Haven't you called – getting ⑤ enjoys learning.

**Second wave: Activate lesson 32!**

---

## 82. Lektion

### Endlich!

1 – Da bist du [ja] endlich! Wie ist das Vorstellungsgespräch gelaufen?
2 – Es lief sehr gut, denke ich. Er war sehr angenehm.
3 Er erinnerte mich sehr (viel) an deinen Freund Jake.

(ANMERKUNGEN)

① **to remind someone of something** „jdn. an etw. erinnern" benötigt immer ein Objekt. Es kann mit einem Infinitiv benutzt werden (**Remind me to buy some coffee** „Erinnere mich daran, Kaffee zu kaufen") als auch mit **of** + Objekt (**She reminds me of my sister** „Sie erinnert mich an meine Schwester").

LEKTION 82

| 4 | – What sort of questions did he ask you?
| 5 | – The usual stuff: my education, my experience, my hobbies. ②
| 6 | He asked me loads of things, but I can't remember everything. ③④
| 7 | – But did he actually offer you the job?
| 8 | – Not exactly. He said he would let me know next week. ⑤
| 9 | – And how much is the starting salary?
| 10 | – I didn't ask: it completely slipped my mind. ⑥
| 11 | – How could you forget such an important question?
| 12 | – It's against my principles to talk about money. ⑦

(PRONUNCIATION)

[*5* ... ßtaf ... h**O**-bi:s *6* ... l**ou**ds ... ri-mäm-bö(r) ... *9* ... ßta(r)-ting ßä-lö-ri *10* ... köm-pli:t-li ßlipt ... maind *12* ... ö-geinßt ... prin-ßi-pöls]

(ANMERKUNGEN)

② **stuff** ist ein Ausdruck aus der Umgangssprache und bezeichnet „Zeug, Sachen". **Put your stuff in the bathroom** „Leg deine Sachen ins Badezimmer".

③ **loads of** ist ein Synonym zu **lots of** „Unmengen von, viele".

---

**FIRST EXERCISE: DO YOU UNDERSTAND THESE SENTENCES?**

❶ How did your trip go? – It went very well. ❷ We bought loads of stuff in the market. ❸ Here they are at last. ❹ She wanted to ask him but it slipped her mind. ❺ Work is against my principles.

| 4 | – Was für (welche Art von) Fragen hat er dir gestellt?
| 5 | – Das Übliche (gewöhnliche Zeug): [über] meine Ausbildung, meine [Berufs-]erfahrung, meine Hobbies.
| 6 | Er hat mich Unmengen (Lasten) von Dingen gefragt, aber ich kann mich nicht an alles erinnern.
| 7 | – Aber hat er dir nun den Job angeboten?
| 8 | – Nicht wirklich (genau). Er sagte, er würde mir nächste Woche Bescheid sagen.
| 9 | – Und wie hoch ist das Anfangsgehalt?
| 10 | – Ich habe nicht gefragt: Ich habe überhaupt nicht daran gedacht (es vollkommen rutschte mein Gedächtnis).
| 11 | – Wie konntest du eine so wichtige Frage vergessen?
| 12 | – Es ist gegen meine Prinzipien, über Geld zu reden.

**ANMERKUNGEN**

④ **to remember** „sich erinnern an" wird ohne Präposition benutzt: **I remember his address but not his telephone number** „Ich erinnere mich [an] seine Adresse, aber nicht [an] seine Telefonnummer". Vergleichen Sie oben mit **to remind**!

⑤ Hier sehen Sie ein Beispiel für eine indirekte Rede. Das einleitende Verb steht hier im Imperfekt, das Verb der indirekten Rede im Konditional, hier **would**. In der Wiederholungslektion sehen wir uns die indirekte Rede und die Zeitenfolge genauer an.

⑥ **to slip** „(aus)rutschen". **She slipped on the wet floor** „Sie rutschte auf dem nassen Boden aus". **It slipped my mind/memory** „Das habe ich vergessen, das ist mir entfallen".

⑦ **against** hat zwei Aussprachevarianten: [ö-*geinßt*] wie hier und [ö-*gänßt*].

**SOLUTION TO FIRST EXERCISE: DID YOU UNDERSTAND?**

❶ Wie ist deine Reise gelaufen? – (Sie lief) sehr gut. ❷ Wir haben Unmengen von Zeug auf dem Markt gekauft. ❸ Hier sind sie endlich. ❹ Sie wollte ihn fragen, aber sie hat nicht daran gedacht. ❺ Arbeit[en] ist gegen meine Prinzipien.

**SECOND EXERCISE: FILL IN THE CORRECT WORDS!**

❶ Sie sagten, sie würden uns nächste Woche Bescheid geben.

. . . . . . . . they . . . . . . . . . . . . . .
next week.

❷ Wie konntest du eine so wichtige Frage vergessen?

. . . . . . you . . . . . . . . . . . . important question?

❸ Erinnere mich daran, (etwas) Tee zu kaufen, wenn ich einkaufen gehe.

. . . . . . . . to buy some tea . . . . I . .
shopping.

❹ Sie erinnerte sich [an] sein Gesicht, aber nicht [an] seinen Namen.

She . . . . . . . . . . . . . face . . . . . . . . .
name.

❺ Jake erinnert mich an jemanden, aber ich kann mich nicht erinnern, [an] wen (wer).

Jake . . . . . . . . . . . . someone but I can't

. . . . . . . . . . . . .

---

▶ **Eighty-third lesson**

## Bad weather

**1** – Do you mind if I turn on the radio while you
drive? ① ②

(PRONUNCIATION)

[**1** ... uail ...]

(ANMERKUNGEN)

① Erinnern Sie sich an das Gegenteil (Antonym) von to turn on? Es lautet to turn off „ausschalten".

### SOLUTION TO SECOND EXERCISE: THE CORRECT WORDS.

① They said – would let us know ② How could – forget such an ③ Remind me – when – go ④ remembered his – but not his ⑤ reminds me of – remember who.

___Lerntipp___

*In Lektion 84 wollen wir uns das **present perfect** und einige andere Dinge, die in den letzten Lektionen vorgekommen sind, noch einmal ansehen. Lesen Sie diese Lektion noch ein paarmal durch, und gehen Sie erst dann zur nächsten Lektion über, wenn Sie alles, was hier erklärt wurde, verstanden haben. Blättern Sie bei Zweifeln oder Schwierigkeiten noch mal ein paar Lektionen zurück.*

**Second wave: Activate lesson 33!**

## 83. Lektion

### Schlechtes Wetter

1 – Macht es dir etwas aus, wenn ich das Radio einschalte, während du fährst?

ANMERKUNGEN

② **while** „während": **I learnt German while I was living in Berlin** „Ich habe Deutsch gelernt, während ich in Berlin lebte". Auf **while** kann auch ein Gerundium folgen: **while smoking** „während des Rauchens", **while eating** „während des Essens".

| 2 | – Go ahead. Let's listen to the weather forecast. ③ ④ |
| --- | --- |
| 3 | – „Good evening, here is the news. First, the headlines. ⑤ |
| 4 | The government has announced plans to hire hundreds of police officers. ⑥ |
| 5 | Snow has brought chaos to roads in the north-west. |
| 6 | And steel workers have asked their employers for a ten percent pay rise. ⑦ |
| 7 | Speaking at a dinner at the Guildhall in London last night, |
| 8 | the prime minister said that fighting crime was his top priority. |
| 9 | The heavy snow that fell last night has blocked roads in Yorkshire. ⑧ |

(PRONUNCIATION)

[**2** ... f**O**(r)-ka:ßt **3** ... h**ä**d-l**ai**ns **4** ... ö-n**ao**nßd ... h**ai**-ö(r) ... pö-l**i**:ß O-fi-ß**ö**(r)s **5** ßn**ou** ... k**ei**-öß ... **6** ... ß**ti**:l ... im-pl**oi**-ö(r)s ... pö(r)-ß**ä**nt p**ei** r**ai**s **7** ... g**i**ld-hO:l ... **8** ... f**ai**-ting kr**ai**m ... pr**ai**-O-ri-ti **9** ... h**ä**-wi ... bl**O**kt ...]

(ANMERKUNGEN)

③ **ahead** „voraus" ist auch enthalten in **straight ahead** „geradeaus". Mit **Go ahead!** fordern Sie eine Person auf, eine bestimmte, vorher erwähnte Handlung auszuführen.

**2** – Nur zu (geh voraus). Lass uns den Wetterbericht anhören.

**3** – „Guten Abend, Sie hören (hier ist) die Nachrichten. Zunächst die Schlagzeilen.

**4** Die Regierung hat Pläne bekanntgegeben, [die vorsehen,] mehrere Hundert (Hunderte von) Polizeibeamte einzustellen.

**5** Schnee[fall] hat (gebracht) zu chaotischen Verhältnissen (Chaos) auf [den] Straßen im Nordwesten geführt.

**6** Und [die] Stahlarbeiter haben von den (ihren) Arbeitgebern eine zehnprozentige Lohnerhöhung gefordert.

**7** (Sprechend) bei einem Dinner (Abendessen) gestern Abend in der Londoner Guildhall (in London)

**8** sagte der Premierminister, dass die Verbrechensbekämpfung (bekämpfend Verbrechen) seine oberste Priorität sei.

**9** Die schweren Schneefälle (der schwere Schnee der fiel) gestern Abend haben [die] Straßen in Yorkshire blockiert.

(ANMERKUNGEN)

④ to forecast „voraussagen", forecast „Voraussage". Anstelle von weather forecast „Wettervorhersage" hört man im Fernsehen oder Radio auch oft the weather: Here's the news and the weather.

⑤ Die headlines „Schlagzeilen" in den britischen Zeitungen sind manchmal schwer zu verstehen, weil sie oft in einer Art „Telegrammstil" verfasst sind. Wir kommen später darauf zurück.

⑥ Merken Sie sich neben to hire „einstellen, engagieren" auch to fire „feuern", salopp für „entlassen, kündigen". Es gibt den Spruch: The last to be hired, the first to be fired, sinngemäß: „Wer als letzter eingestellt wurde, wird als erster entlassen".

⑦ employer „Arbeitgeber"; employee [äm-ploa-ji:] „Arbeitnehmer", employed „beschäftigt"; unemployed „arbeitslos".

⑧ Die Meldungen sind im present perfect und im simple past verfasst: Ersteres für Ereignisse, die zu einem nicht näher definierten Zeitpunkt in der Vergangenheit stattfanden und Einfluss auf die Gegenwart haben (government has announced, ...), und Letzteres für Ereignisse, die sich zu einem bestimmten Zeitpunkt zugetragen haben und abgeschlossen sind (prime minister said, snow fell, ...).

**10** Police have advised motorists to take extra care on the road
**11** and not to take their cars unless it is absolutely necessary."
**12** – Slow down! Look: what's that flashing light ahead? ⑨

(PRONUNCIATION)

[**10** ... öd-waisd mou-tö-rißtß ... äkß-trö ... **11** ... äb-ßö-lu:t-li nä-ßö-ßä-ri **12** ßlou ... flä-sching ...]

### FIRST EXERCISE: DO YOU UNDERSTAND THESE SENTENCES?

❶ Do you mind if I smoke? – Go ahead. ❷ It's time for the news. Turn on the radio. ❸ Slow down. You're walking too fast. ❹ They plan to hire hundreds of steel workers. ❺ Go straight ahead for two miles, then turn left.

### SECOND EXERCISE: FILL IN THE CORRECT WORDS!

❶ Du darfst dich während des Fahrens niemals unterhalten.

You must . . . . . . . . . . . . . . . . . . .

❷ Die schweren Schneefälle (der schwere Schnee der fiel) gestern Abend blockierten viele Straßen.

. . . heavy snow that . . . . last night . . . . . . . . . . many roads.

❸ Regen[fälle] haben (gebracht) zu chaotischen Verhältnissen (Chaos) auf [den] Straßen von Yorkshire geführt.

. . . . . . . . . . . . . . . chaos to roads . . Yorkshire.

❹ Der Premierminister gab seine Pläne gestern in einer Rede bekannt.

The prime minister . . . . . . . . . . . . . . . . . . . in a speech . . . . . . . . . .

| 10 | [Die] Polizei riet [den] Autofahrern, auf den Straßen besonders achtzugeben (nehmen zusätzliche Sorge auf der Straße)
| 11 | und ihr Auto stehen zu lassen (und nicht zu nehmen ihre Autos), wenn sie es nicht unbedingt benötigen."
| 12 | – Fahr langsamer (langsamer-werden hinunter)! Sieh [mal]: Was ist das für ein blinkendes Licht da vorne?

(ANMERKUNGEN)

⑨ Bei **to slow** „verlangsamen" ergänzt man meistens **down**. **slow-down** bedeutet „Verlangsamung".

### SOLUTION TO FIRST EXERCISE: DID YOU UNDERSTAND?

❶ Macht es Ihnen etwas aus, wenn ich rauche? – Nur zu. ❷ Es ist Zeit für die Nachrichten. Mach das Radio an. ❸ Geh langsamer. Du läufst zu schnell. ❹ Sie planen, mehrere Hundert (Hunderte von) Stahlarbeiter einzustellen. ❺ Laufen Sie 3,2 km (zwei Meilen) geradeaus, und biegen Sie dann links ab.

❺ Nimm nicht deinen Wagen, es sei denn, es ist unbedingt notwendig.

. . . '. . . your car . . . . . . . .'. absolutely necessary.

### SOLUTION TO SECOND EXERCISE: THE CORRECT WORDS.

❶ never talk while driving ❷ The – fell – has blocked ❸ Rain has brought – in ❹ announced his plans – yesterday ❺ Don't take – unless it's.

---

**Gilden**
Wie in Deutschland so gab es auch in Großbritannien im Mittelalter in fast allen größeren Orten Gilden (**guild**), Zusammenschlüsse von Handwerkern, Gewerbetreibenden und anderen Berufsgruppen, die sich dann in der **guildhall** trafen. Die **Guildhall** in London wurde 1411 gebaut. Heute dienen die meisten **guildhalls** als Rathäuser oder kommunale Veranstaltungszentren.

---

**Second wave: Activate lesson 34!**

## ▶ Eighty-fourth lesson

### Revision and notes

#### 1. Present perfect

Das **present perfect** ist eine Zeitform der Vergangenheit, die einen starken Bezug zur Gegenwart hat, im Gegensatz zum **simple past** (einfache Vergangenheit; Imperfekt), das ein in der Vergangenheit und zu einem bestimmten Zeitpunkt abgeschlossenes Ereignis beschreibt, das keine Auswirkungen mehr auf die Gegenwart hat. Die Tatsache, dass wir im Deutschen beide Zeitformen mit der zusammengesetzten Vergangenheit übersetzen, macht es für einen Anfänger nicht gerade leicht, Funktion und Verwendungsweise dieser beiden Zeitformen zu verstehen und beide korrekt zu verwenden. Wir wollen daher hier beide Zeiten noch einmal systematisch erklären.

Das **present perfect** wird mit der konjugierten Form von **to have** + dem Partizip Perfekt des Hauptverbs gebildet:

| **Indikativ** | **Negation** | |
|---|---|---|
| I have seen | I haven't seen | |
| You have seen | You haven't seen | |
| He/She/It has seen | He/She/It hasn't seen | ... the new film. |
| We have seen | We haven't seen | |
| You have seen | You haven't seen | |
| They have seen | They haven't seen | |

| **Frageform** | **Negative Frageform** | |
|---|---|---|
| Have I seen | Haven't I seen | |
| Have you seen | Haven't you seen | |
| Has he/she/it seen | Hasn't he/she/it seen | ... the new film? |
| Have we seen | Haven't we seen | |
| Have you seen | Haven't you seen | |
| Have they seen | Haven't they seen | |

Zwei Grundregeln besagen, dass nicht das **present perfect**, sondern das **simple past** verwendet wird, wenn

## 84. Lektion

a) der Satz eine exakte Zeitangabe beinhaltet:

**Snow fell in the north last night.** „Im Norden ist letzte Nacht Schnee gefallen."
Aber: **Snow has fallen in the north.** „Im Norden ist Schnee gefallen."

b) kein klarer Bezug zwischen Vergangenheit und Gegenwart besteht, sondern die Handlung in der Vergangenheit abgeschlossen wurde:

**Dickens wrote around twenty books.** „Dickens schrieb ungefähr 20 Bücher."
**She studied law at Bath University.** „Sie studierte Jura an der Universität von Bath."

Die unterschiedliche Verwendung des **present perfect** und des **simple past** wird auch bei Nachrichten deutlich. In Kurzmeldungen, in denen eher allgemein über ein Ereignis berichtet und kein bestimmter Zeitpunkt genannt wird, wird das **present perfect** benutzt:

**The government has announced...**
**Steel workers have asked their employers...**

Werden jedoch mehr Informationen, vor allem hinsichtlich des Zeitpunktes, gegeben, verwendet man das **simple past**:

**The government announced yesterday...**
**Steel workers asked their employers last Tuesday...**

Man trifft das **present perfect** häufig in Verbindung mit Zeitbestimmungen wie **ever** „jemals", **already** „schon" oder **never** „niemals" an:

**Have you ever read „1984" by George Orwell?** „Haben Sie jemals „1984" von George Orwell gelesen?"
**I've already learnt this lesson.** „Ich habe diese Lektion schon gelernt."

## 2. Bestimmter Artikel the

Schon in Lektion 35 haben wir erläutert, wann der bestimmte Artikel **the** „der, die, das" verwendet wird und wann nicht. Wir wollen hier noch einmal ein wenig wiederholen, aber auch ergänzen, denn die Verwendung des Artikels erfolgt im Deutschen nicht in allen Fällen analog:

Man verwendet den bestimmten Artikel **the**:
a) wenn man von einer klar definierten Kategorie spricht (Sachen, Tiere usw.):

> **The freezer is a wonderful invention.** „Die Tiefkühltruhe ist eine wunderbare Erfindung."
> **The dog is man's best friend.** „Der Hund ist der beste Freund des Menschen."

b) wenn man von Dingen spricht, die nur einmal existieren:

> **The sky is blue and the sun is hot.** „Der Himmel ist blau, und die Sonne ist heiß."

c) wenn von Musikinstrumenten die Rede ist:

> **She plays the piano, the guitar and the trumpet.** „Sie spielt Klavier, Gitarre und Trompete."

Man verwendet den bestimmten Artikel **the** nicht:
a) vor Ländernamen, es sei denn, diese stehen im Plural:

> **Holland** „Holland", aber **the Netherlands** „die Niederlande".

b) vor Sportarten:

> **He plays tennis, golf and football.** „Er spielt Tennis, Golf und Fußball."

c) vor Titeln:

> **Queen Elizabeth** „Königin Elisabeth", **President Roosevelt** „Präsident Roosevelt".

### 3. might

Wie **may** ist **might** ein Modalverb, das eine Möglichkeit oder Wahrscheinlichkeit, aber auch eine Vermutung ausdrückt. Eine direkte Übersetzung ist schwierig; es wird im Deutschen meistens mit Wendungen wie „es könnte sein, dass ...", „es wäre möglich, dass ...", „möglicherweise/vielleicht ..." usw. wiedergegeben:

> **It might be possible.** „Es könnte möglich sein".
> **He might have been right.** „Möglicherweise hat er recht gehabt."
> **How old might she be?** „Wie alt mag sie [wohl] sein?"

**Might** wird mit **not** verneint:

> **They might not come.** „Sie kommen möglicherweise nicht."

Die Wahrscheinlichkeit, dass das Ereignis eintritt, ist bei **might** geringer als bei **may**:

> **He may get the job.** „Es kann sein, dass er die Stelle bekommt."
> **He might get the job, but I doubt it.** „Es könnte sein, dass er die Stelle bekommt, aber ich bezweifle es."

Verwendet man jedoch eine Konstruktion mit einem Bedingungssatz, so muss **might** benutzt werden:

> **If you called her, she might give you the job.** „Wenn du sie anrufst, könnte es sein, dass sie dir die Stelle gibt."
> **They might help us if we asked them.** „Es könnte sein, dass sie uns helfen, wenn wir sie fragen."

**Might** kann anstelle von **could** verwendet werden, um z. B. einen Vorschlag zu formulieren:

> **You could/might bring some beer to the party.** „Du könntest Bier zu der Party mitbringen."

## 4. still und yet

Die Zeitadverbien **still** und **yet** bedeuten beide „noch, nach wie vor", werden aber unterschiedlich verwendet:

**Still** wird immer in affirmativen Konstruktionen und bei Handlungen benutzt, die schon länger andauern. Es steht immer vor dem Verb (sofern dieses nicht **to be** ist):

> **He's still in a meeting.** „Er ist noch in einer Besprechung."
> **She still loves her ex-husband.** „Sie liebt ihren Ex-Ehemann immer noch."
> **He is still living in Wales.** „Er lebt immer noch in Wales."

**Yet** taucht immer in Verbindung mit einer Verneinung auf, und die Betonung liegt hier auf der Tatsache, dass die Handlung oder das Ereignis „bis jetzt", also zum Zeitpunkt des Sprechens, noch anhält. **Yet** steht normalerweise am Satzende:

> **He hasn't arrived yet.** „Er ist bis jetzt noch nicht angekommen".
> **The meeting hasn't finished yet.** „Die Besprechung ist noch nicht zu Ende."

## 5. Relativpronomen

Wir wollen uns noch einmal die Relativpronomen **who**, **that**, **which** usw. etwas genauer ansehen.

**Who** wird für Lebewesen benutzt:

> **The man who phoned is my lawyer.** „Der Mann, der angerufen hat, ist mein Rechtsanwalt."

**Which** wird für Sachen, also für unbelebte Dinge, benutzt:

> **The car is the machine which changed the twentieth century.** „Das Auto ist die Maschine, die das 20. Jahrhundert verändert hat."

In beiden Fällen können **who** und **which** durch **that** ersetzt werden, ohne dass sich der Sinn des Satzes ändert:

**The man that phoned...**
**The car is the machine that changed...**

In diesen Fällen kann das Relativpronomen nicht weggelassen werden, da der durch das Relativpronomen eingeleitete Satzteil das Satzsubjekt näher definiert und so eine wichtige Information für das Verständnis des Satzes darstellt.

Anders verhält es sich, wenn das Relativpronomen als Akkusativobjekt fungiert; in diesem Fall kann es wegfallen:

**The man whom/that I saw yesterday is my lawyer** oder
**The man I saw yesterday is my lawyer.** „Der Mann, *den* ich gestern gesehen habe, ist mein Rechtsanwalt."

Vor allem in der Schriftsprache gibt es Fälle, in denen das Relativpronomen Satzergänzungen einleitet, die das Satzsubjekt nicht näher definieren und weggelassen werden können, ohne dass das Satzverständnis darunter leidet. Diese Relativsätze werden durch Kommas vom Nomen abgetrennt. Auch hier gilt: Das Pronomen lautet **who** für Personen und **which** für Sachen:

**My husband, who is very romantic, brings me flowers every Sunday.** „Mein Mann, der sehr romantisch ist, bringt mir jeden Sonntag Blumen mit."

**She introduced me to her brother, whom I hadn't seen before.** „Sie stellte mich ihrem Bruder vor, den ich zuvor nicht gesehen hatte."

**His new house, which is absolutely marvellous, has no running water.** „Sein neues Haus, das absolut fantastisch ist, hat kein fließendes Wasser."

Weiterhin kann mit **which** ein Relativsatz eingeleitet werden, der sich auf eine komplette Aussage bezieht; hier ist das Komma zwingend:

**We had to sleep in our wet clothes, which was most uncomfortable.** „Wir mussten in unserer nassen Kleidung schlafen, was höchst unbequem war."

## 6. Verständnis-/Formulierungsübung

**DO YOU UNDERSTAND THESE SENTENCES?**

❶ Do you think Mr Gupta will be much longer? ❷ He's in a meeting. It might last hours. ❸ Do come in and sit down, Mrs Barnes. Sorry about the wait. ❹ Have you ever worked in Website design or marketing? ❺ No, but I've worked in the computer industry for years. ❻ I've never actually used a workstation before. ❼ But I really enjoy learning new skills. ❽ How much is the salary for this job? ❾ It's against my principles to talk about money. ❿ I don't talk about it unless it's absolutely necessary.

---

▶ **Eighty-fifth lesson**

## An accident

**1** – Good **e**vening, **o**fficer. Wh**a**t's going **o**n? ①②
**2** – I'm afr**ai**d there's been a s**e**rious **a**ccident, sir.
**3** You'll h**a**ve to w**ai**t for h**a**lf an h**ou**r while we cl**ea**r the r**oa**d.
**4** – **O**h n**o**. I've g**o**t to reach **Y**ork bef**o**re ten o'cl**o**ck. ③
**5** Wh**a**t's m**o**re, I've been dr**i**ving for tw**o** h**ou**rs and I'm t**i**red. ④

**PRONUNCIATION**

[... *äk-ßi-dönt* **1** ... *O-fi-ßör* ... **2** ... *ßi-ri-öß* ... **3** ... *kli-ö(r)* **4** ... *ri:tsch* ... **5** ... *tai-ö(r)d*]

**ANMERKUNGEN**

① In Lektion 40 haben wir bereits kurz über die Rangbezeichnungen bei der britischen Polizei gesprochen.

**DID YOU UNDERSTAND?**

❶ Denken Sie, dass es bei Herrn Gupta noch (viel) länger dauern wird? ❷ Er ist in einer Besprechung. Sie könnte Stunden dauern. ❸ Kommen Sie doch hinein, und setzen Sie sich, Frau Barnes. Tut mir leid, dass Sie warten mussten. ❹ Haben Sie jemals Internet-Seiten entworfen (gearbeitet im Internet-Standort Design) oder im Marketing gearbeitet? ❺ Nein, aber ich habe jahrelang in der Computer-Branche gearbeitet. ❻ Ich habe eigentlich niemals zuvor einen Computer (Arbeitsstation) benutzt. ❼ Aber es gefällt mir wirklich, neue Fertigkeiten zu erlernen. ❽ Wie hoch ist das Gehalt bei dieser Stelle? ❾ Es widerspricht meinen Prinzipien (ist gegen meine Prinzipien), über Geld zu reden. ❿ Ich spreche nicht darüber, es sei denn, es ist absolut notwendig.

**Second wave: Activate lesson 35!**

## 85. Lektion

### Ein Unfall

1 – Guten Abend (Polizeibeamter). Was ist los?
2 – Leider gab es (da-ist gewesen) einen schweren (ernsten) Unfall, mein Herr.
3   Sie werden eine halbe Stunde warten müssen, während wir die Straße räumen.
4 – Oh nein. Ich muss (erreichen York) vor zehn Uhr in York sein.
5   Außerdem (was-ist mehr) fahre ich [schon] seit zwei Stunden, und ich bin müde.

(ANMERKUNGEN)

② **to go on** bedeutet nicht nur „weitergehen, -fahren; fortsetzen" (L. 76), sondern auch „passieren, los sein": **There's a lot going on in the West End** „Im Westend ist viel los".

③ **got to** + Verb bedeutet „müssen" und betont die Dringlichkeit: **I've got to call my office** „Ich muss [unbedingt] im Büro anrufen".

④ **I've been driving** ist die Verlaufsform des **present perfect** (die im Deutschen mit der Gegenwart übersetzt wird!). **How long have you been working here?** „Wie lange arbeitest du [schon] hier?".

| 6 | – In that case, sir, you'd better do a **U**-turn ⑤
| 7 | and go back about forty miles to the motorway entrance. ⑥
| 8 | – But that'll take me more than an hour.
| 9 | – I apologise for the inconvenience, but we've been working since six.
| 10 | The road's still blocked and we've got to finish before it gets dark.
| 11 | – It sounds like it was a dreadful crash.
| 12 | – I'm afraid so. It involved at least twenty cars and vans. ⑦
| 13 | I wish that people would have more common sense. ⑧

(PRONUNCIATION)

[**6** ... ju:-tÖ:(r)n **7** ... än-trönß **9** ... ö-pO-lö-djais ... in-kön-wi:-ni-önß ... **11** ... dräd-ful kräsch **12** ... in-wOlwd ... wäns **13** ... kO-mön ßänß]

(FIRST EXERCISE: DO YOU UNDERSTAND THESE SENTENCES?)

❶ There's a lot going on in London at the moment. ❷ We've got to finish the job before this evening. ❸ My parents phoned to wish me a happy birthday. ❹ It'll take two hours. I apologize for the inconvenience. ❺ Was it a bad accident? – I'm afraid so.

**6** – In diesem Fall (Herr) sollten Sie lieber umkehren (besser machen eine U-Drehung)

**7** und ungefähr 64 km (40 Meilen) zurück bis zur Autobahnauffahrt fahren.

**8** – Aber das wird mich (nehmen) mehr als eine Stunde kosten.

**9** – Es tut mir leid wegen (ich entschuldige für) der Unannehmlichkeit[en], aber wir arbeiten [schon] seit sechs [Uhr].

**10** Die Straße ist immer noch blockiert, und wir müssen fertig sein (beenden), bevor es dunkel wird.

**11** – Das klingt so, als sei es ein schrecklicher Unfall gewesen.

**12** – Leider ja (ich fürchte so). Es sind mindestens 20 Autos und Lieferwagen darin verwickelt.

**13** Ich wünsche (wünsche), die Leute hätten mehr gesunden Menschenverstand (allgemeinen Sinn).

(ANMERKUNGEN)

⑤ Bei **U-turn** versinnbildlicht das **U** die Kehrtwende. Das verwendete Verb ist **to do** oder **to make**. **U-turn** wird auch figurativ verwendet: **The government did a U-turn on health policy** „Die Regierung hat in der Gesundheitspolitik eine Kehrtwende gemacht".

⑥ **entrance** „Eingang, Einfahrt, Auffahrt, Zufahrt". Das Gegenteil lautet **exit** „Ausgang, Ausfahrt, Abfahrt".

⑦ **to involve** „verwickeln, beteiligen, hineinziehen". **They were involved in a serious crime** „Sie waren in ein schwerwiegendes Verbrechen verwickelt".

⑧ **to wish** „wünschen": **She came to wish him a happy birthday** „Sie kam, um ihm zum Geburtstag zu gratulieren". Mit **to wish** kann auch ein eigener Wunsch zum Ausdruck gebracht werden: **I wish I was a famous film star** „Ich wünschte, ich wäre ein berühmter Filmstar".

**SOLUTION TO FIRST EXERCISE: DID YOU UNDERSTAND?**

❶ In London ist im Moment viel los. ❷ Wir müssen die Arbeit bis heute Abend beenden. ❸ Meine Eltern riefen an, um mir zum Geburtstag zu gratulieren (wünschen mir einen glücklichen Geburtstag). ❹ Es wird zwei Stunden dauern. Es tut mir leid wegen (ich entschuldige für) der Unannehmlichkeiten. ❺ War es ein schlimmer Unfall? – Ich fürchte ja.

## SECOND EXERCISE: FILL IN THE CORRECT WORDS!

① Ich fahre seit drei Stunden, und ich bin sehr müde.

.'.. .... ....... ... three hours and .'. very ...... .

② Ich wünschte (wünsche), die Leute hätten mehr gesunden Menschenverstand.

I .... ...... ..... .... more common sense.

③ Leider hat es einen Unfall gegeben. – Oh nein!

.'. ...... .....'. .... an accident. – Oh no!

④ Wie lange hat sie bei Online gearbeitet? – Drei Monate lang.

... ... ... she .... ....... at Online? – ... three months.


▶ **Eighty-sixth lesson**

## A tourist trap

**1** – Let's look up Pixos in this guide book and see what it says. ①

**2** – Oh. I thought it would be exotic, but look at these photos.

(PRONUNCIATION)

[*1* ... pik-ßOß ... g**ai**d buk ... *2* ... fßO:t ... ig-sO-tik ... f**ou**-tous]

⑤ Wir mussten warten, während sie die Straße räumten.

We ... .. wait ..... .... ........ the road.

**SOLUTION TO SECOND EXERCISE: THE CORRECT WORDS.**

❶ I've been driving for – I'm – tired ❷ wish people would have ❸ I'm afraid there's been ❹ How long has – been working – For ❺ had to – while they cleared.

___ *Lerntipp* ___

*Sie können den Lernerfolg noch steigern, wenn Sie mit der Sprache und den Texten spielen. Lesen Sie laut, als würden Sie die Texte auf der Bühne vortragen, bilden Sie eigene Sätze, und hören Sie immer wieder die Tonaufnahmen an. Wenn Ihnen etwas unklar ist, versuchen Sie, es anhand des grammatikalischen Anhangs zu klären.*

**Second wave: Activate lesson 36!**

## 86. Lektion

### Eine Touristenfalle

1 – Lass uns (nachschlagen) in diesem Reiseführer (Führer Buch) Pixos suchen und sehen, was darüber gesagt wird (was es sagt).

2 – Oh. Ich dachte, es sei exotisch, aber guck dir diese Fotos an.

(ANMERKUNGEN)

① **to look up** „nachschlagen", aber auch „nach oben schauen": **If you look up you can see the stars** „Wenn Sie nach oben schauen, können Sie die Sterne sehen". Merken Sie sich auch: **to look somebody up** „bei jdm. vorbeischauen".

| 3 | Burger bars, video rental stores, takeaways: ②
| 4 | it's the same as England.
| 5 | – Never mind. The night life's brilliant and so's the seafood! ③
| 6 | They say in the book that hotels are a bit overpriced, ④
| 7 | but I'm sure we can find a cheap room in the main town.
| 8 | – The least expensive ones will be over the discotheque! ⑤⑥
| 9 | But it's only a twenty-minute walk to a little fishing village. ⑦
| 10 | There are sandy beaches, several places to eat – and less noise!

(PRONUNCIATION)

[3 bö:(r)-gö(r) ... wi-di-ou rän-töl ßtO:(r)s teik-ö-ueis 5 ... bril-jönt ... ßi:-fu:d 6 ... ou-wö(r)-praißd 7 ... tschi:p ... mein taon 8 ... ikß-pän-ßif uans ... diß-kou-täk 9 ... uO:k ... fi-sching wi-lödj 10 ... ßän-di bi:t-schis ... ßäw-röl ... läß nois]

(ANMERKUNGEN)

② **to take away** „(Essen) mitnehmen". Daraus ist das Substantiv **take-away** entstanden: ein Restaurant oder eine Imbissstube, das/die Essen zum Mitnehmen verkauft. Mit **takeaway** ist aber auch das Essen selbst gemeint.

3 Hamburger-Schnellrestaurants (Burger Bars), Videotheken (Video Verleih Geschäfte), Restaurants mit Straßenverkauf (nehmen-weg):
4 Es ist das gleiche wie [in] England.
5 – Das ist egal. Das Nachtleben ist großartig, und die Meeresfrüchte auch (und so-ist die Meeresnahrung)!
6 Im Reiseführer schreiben sie (sie sagen in dem Buch), dass die Hotels ein bisschen übertreuert sind,
7 aber ich bin sicher, wir können in der Hauptstadt ein preiswertes Zimmer finden.
8 – Die billigsten sind (werden sein) über der Diskothek!
9 Aber man läuft nur 20 Minuten (es-ist nur ein zwanzig-Minute Spaziergang) bis zu einem kleinen Fischerdorf.
10 Dort gibt es Sandstrände, mehrere Restaurants (Stellen zu essen) – und weniger Lärm!

(ANMERKUNGEN)

③ **Never mind** „Das ist egal; das ist nicht wichtig": **I failed my driving test. – Never mind. You can take it again** „Ich bin durch die Fahrprüfung gefallen. – Egal. Du kannst sie wiederholen".

④ Ebenso wie **under** kann auch **over** als Vorsilbe für verschiedene Zusammensetzungen dienen: **underpriced** „unter Preis" – **overpriced** „übertreuert", **undercooked** „nicht gar gekocht" – **overcooked** „zu lange gekocht".

⑤ **least** dient hier zur Bildung des Superlativs mit einem mehrsilbigen Adjektiv. Der Komparativ wird mit **less** gebildet: **Pixos is less expensive than Naxos** „Pixos ist billiger als Naxos".

⑥ Sie wissen bereits, dass mit **one** die Wiederholung eines bereits erwähnten Substantivs vermieden werden kann. Dies geht auch im Plural (**ones**): **Do you like my new boots? – I prefer the old ones** „Magst du meine neuen Stiefel? – Ich ziehe die alten vor". **Which ones do you like best?** „Welche magst du am liebsten?".

⑦ Sie können aus einer Zahl ein Adjektiv bilden: **a walk that takes twenty minutes – a twenty-minute walk**. Achtung: **minute** hat kein Plural-**s**! Ebenso: **It's a three-day journey** „Es ist eine dreitägige Reise".

LEKTION 86

| 11 | There's sure to be tons of interesting things to do. ⑧ |
|---|---|
| 12 | And there's even a Web café so you can check your email. ⑨ |
| 13 | – Yeah, but I bet the place'll be packed with other tourists. |
| 14 | Why don't we look for a spot where there are fewer people? |
| 15 | – OK, but you realise there'll be less to do. ⑩ |

**PRONUNCIATION**

[*11* ... t**O**ns ... *12* ... u**ä**b k**ä**-fei ... tsch**ä**k ... **i**-meil *13* ... p**ä**kd ... *14* .. ßp**O**t ... fj**u**:-ö(r) ... *15* ... l**ä**ß ...]

**FIRST EXERCISE: DO YOU UNDERSTAND THESE SENTENCES?**

❶ The hotels are overpriced. – Never mind. We'll find something cheaper in town. ❷ There are tons of interesting things to do. ❸ Look at these photos. Which ones do you like best? ❹ Let's get a takeaway and rent a video. ❺ It's a three-hour journey by boat and then a twenty-minute walk.

**SECOND EXERCISE: FILL IN THE CORRECT WORDS!**

❶ Das billigste Zimmer ist über einer Diskothek. – Das ist egal.

. . . . . . . . . . . . . . . . . . . . room is . . . . a discotheque. – . . . . . . . . . . .

❷ Dort werden weniger Touristen und weniger Lärm sein. – Ich hoffe es (so)!

. . . . . '. . . . . . . . . . tourists and . . . . noise. – I hope so!

**11** Bestimmt gibt es (da-ist sicher zu sein) unheimlich viele (Tonnen) interessante Dinge, die man unternehmen (tun) kann.
**12** Und es gibt sogar ein Internet-Café, so dass du deine E-Mails überprüfen kannst.
**13** – Ja, aber ich wette, der Ort wird überfüllt sein mit anderen Touristen.
**14** Warum suchen wir nicht einen Ort (Stelle), an dem (wo) weniger Leute sind?
**15** – In Ordnung, aber sei dir darüber bewusst (du erkennst), dass es weniger zu unternehmen gibt.

(ANMERKUNGEN)

⑧ **ton** „Tonne" (exakt 1.016,06 kg). **Tons of** (immer Plural!) wird in der Umgangssprache für „unheimlich viele, tonnenweise" benutzt: **There's tons of tourist attractions there** „Es gibt dort unheimlich viele Touristenattraktionen". Ein Synonym lautet **loads of** „eine Menge".

⑨ In **email** steht das **e** für **electronic** „elektronisch"; **mail** bedeutet „Post", kann aber auch Verb sein: **I'll mail** (oder **post** [*poußt*]) **you the contract tomorrow** „Ich werde dir morgen den Vertrag schicken".

⑩ **fewer** „weniger" ist der Komparativ für zählbare Substantive, **less** der für unzählbare. Mehr darüber in Lektion 91.

SOLUTION TO FIRST EXERCISE: DID YOU UNDERSTAND?

❶ Die Hotels sind überteuert. – Egal. Wir werden in der Stadt etwas Billigeres finden. ❷ Es gibt unheimlich viele interessante Dinge zu unternehmen. ❸ Sieh dir diese Fotos an. Welche magst du am liebsten? ❹ Lass uns was zu essen holen und ein Video ausleihen. ❺ Man fährt drei Stunden mit dem Boot und läuft dann 20 Minuten (es-ist eine drei-Stunde Reise per Boot und ein zwanzig-Minute Spaziergang).

❸ Es ist viel billiger im Winter als im Sommer.

. . ' . . . . . . . . . . . . in winter . . . . in summer.

❹ Ich dachte, Griechenland sei exotisch, aber es ist das Gleiche wie [in] England.

. . . . . . . . Greece . . . . . . . exotic but it's . . . . . . . . . England.

❺ Ich habe ihre Nummer im Telefonbuch nachgeschlagen und sie angerufen.

I . . . . . . . . . . . . . . . . . . in the . . . . . . . . . and called her.

## ▶ Eighty-seventh lesson

## A letter from a friend

| 1 | – Dear Cathy, ①
| 2 | I'm **t**erribly **s**orry for n**o**t **w**riting to you s**oo**ner,
| 3 | but I've been **r**eally **b**usy **e**ver since I m**o**ved. ②
| 4 | **A**s you can im**a**gine, it took a **l**ittle while to **s**ettle **i**n. ③
| 5 | **L**ife is **c**ertainly much sl**o**wer and less h**e**ctic **u**p **h**ere.

(PRONUNCIATION)

[**2** ... tä-rö-bli ... ßu:-nö(r) **3** ... mu:wd **4** ... i-mä-djin ... ßätl ... **5** ... ßl**ou**-ö(r) ... häk-tik ...]

(ANMERKUNGEN)

① **Dear** ist eine sehr gängige Anredeform, vor allem in Briefen.

> **SOLUTION TO SECOND EXERCISE: THE CORRECT WORDS.**

❶ The least expensive – over – Never mind ❷ There'll be fewer – less ❸ It's much cheaper – than ❹ I thought – would be – the same as ❺ looked up her number – phone book.

> *Lerntipp*
>
> *Im Laufe des Kurses stoßen Sie immer wieder auf die sog. „phrasal verbs", also die Verben, die mit unterschiedlichen Präpositionen einhergehen und entsprechend variierende Bedeutung haben. Wie wäre es, wenn Sie diese Verben im Buch mit einem Textmarker anstreichen und sie sich von Zeit zu Zeit einmal ansehen?*

**Second wave: Activate lesson 37!**

---

## 87. Lektion

### Ein Brief von einer Freundin

1 – Liebe Cathy,
2 es tut mir furchtbar leid, dass ich Dir nicht früher geschrieben habe (für nicht schreibend zu Dir früher),
3 aber ich bin unheimlich (wirklich) beschäftigt, (jemals) seit ich umgezogen bin.
4 Wie Du Dir vorstellen kannst, habe ich eine Weile gebraucht (es nahm eine kleine Weile), um mich einzuleben.
5 [Das] Leben ist sicherlich viel langsamer und weniger hektisch hier oben.

(ANMERKUNGEN)

② Hier hätte man auch **since I moved** sagen können; **ever** wirkt verstärkend; es betont die abgelaufene Zeitdauer. **I've known him ever since I was a child** „Ich kenne ihn, seit ich ein Kind war".

③ **while** ist nicht nur eine Konjunktion („während"), sondern auch ein Nomen: **I haven't seen her for a while** „Ich habe sie (für) eine Weile nicht gesehen". Handelt es sich um eine kurze Zeitdauer, kann **little** hinzugefügt werden.

| 6 | But **o**ne thing's s**u**re: I d**o**n't miss L**o**ndon at **a**ll. ④ |
|---|---|
| 7 | I've r**e**nted a c**o**ttage near the t**o**wn of Windemere |
| 8 | with a f**a**bulous v**ie**w of the l**a**ke and the h**i**lls beh**i**nd. ⑤ |
| 9 | Wh**y** don't y**o**u come **u**p for a w**ee**kend? |
| 10 | I can p**u**t you **u**p in the sp**a**re r**oo**m and you're w**e**lcome to **u**se my c**a**r. ⑥⑦ |
| 11 | It's l**o**vely and p**ea**ceful: I d**o** hope you'll c**o**me. ⑧ |
| 12 | Give my l**o**ve to Simon. I w**o**nder if he rem**e**mbers me? ⑨ |
| 13 | **A**nyway, I h**o**pe you're b**o**th w**e**ll and h**a**ppy. ⑩ |
| 14 | L**o**ts of l**o**ve. Your fr**ie**nd, Br**e**nda. |

(PRONUNCIATION)

[**7** ... rän-tid ... kO-tödj ... uin-dö-mi:(r) **8** ... fä-bjö-löß wju: ... bihaind **10** ... ßpä:(r) ru:m ... **11** ... pi:ß-ful ... **12** ... uan-dö(r) ... **13** ... boufß ...]

(ANMERKUNGEN)

④ to miss hat zwei Bedeutungen: „vermissen" (She misses him „Sie vermisst ihn / Er fehlt ihr") und „verpassen" (I missed my plane „Ich habe mein Flugzeug verpasst").

| 6 | Aber eins (eine Sache) ist sicher: Ich vermisse London ganz und gar nicht.
| 7 | Ich habe ein Häuschen in der Nähe (der Stadt) von Windemere gemietet,
| 8 | mit einem sagenhaften Blick auf den See und die Berge dahinter.
| 9 | Warum kommt Ihr nicht für ein Wochenende hinauf?
| 10 | Ich kann Euch im Gästezimmer unterbringen, und Ihr könnt gerne (seid willkommen) mein Auto benutzen.
| 11 | Es ist wunderschön und friedlich: Ich hoffe [sehr] (tue hoffen), dass Ihr kommt.
| 12 | Grüß Simon von mir (gib meine Liebe zu Simon). Ich frage mich, ob er sich an mich erinnert?
| 13 | Wie dem auch sei, ich hoffe, Ihr seid beide wohlauf und glücklich.
| 14 | Viele liebe Grüße. Deine Freundin Brenda.

(ANMERKUNGEN)

⑤ Das Gegenteil von **behind** „hinter" lautet **in front of** „vor": **I'll meet you in front of the cinema** „Ich treffe dich vor dem Kino".

⑥ **to put up** in Verbindung mit Personen bedeutet „unterbringen, beherbergen", in Verbindung mit Sachen „hoch/nach oben legen": **Please put this hat up on the wardrobe** „Leg diesen Hut bitte auf den Kleiderschrank".

⑦ **welcome** ist ein Willkommensgruß, drückt aber auch eine Aufforderung aus: **You're welcome to borrow my jacket** „Du kannst dir gerne meine Jacke ausleihen". **You're welcome** ist außerdem die gängige Floskel für „Gern geschehen; Nichts zu danken".

⑧ Hier sehen Sie wieder das verstärkende **do**.

⑨ Achtung falscher Freund! **to wonder** bedeutet hier „sich fragen", nicht etwa „sich wundern", wie man vermuten könnte.

⑩ Einige Beispiele mit **both** „beide": **We both agree with you** „Wir stimmen dir beide zu". **Both these credit cards are mine** „Diese beiden Kreditkarten sind meine".

### FIRST EXERCISE: DO YOU UNDERSTAND THESE SENTENCES?

❶ Thanks very much for the lift. – You're welcome. ❷ I've already told you twice. Both these books are mine. ❸ We haven't seen them for a while. ❹ The cinema is behind the Chinese takeaway, near the video rental store. ❺ One thing is sure: life's less hectic here than in London.

### SECOND EXERCISE: FILL IN THE CORRECT WORDS!

❶ Vermisst du mich? – Nein, aber ich vermisse meinen Mann.

   Do ... ... .. ? – No, but . .... .. ........

❷ Wir können euch nicht unterbringen, aber es gibt ganz in der Nähe ein Bed & Breakfast (ganz nah).

   We ...'. ... ... .. , but there's a bed and breakfast ..... .... .

❸ Wir kennen sie, seit sie ein Kind war.

   ..'.. ..... her .... ..... she ... a child.

---

▶ **Eighty-eighth lesson**

## Getting away ①

**1** – I've had a charming letter from my old mate Brenda. ②

(PRONUNCIATION)
[**1** ... tschar-ming ... meit ...]

### SOLUTION TO FIRST EXERCISE: DID YOU UNDERSTAND?

❶ Vielen Dank, dass du mich mitgenommen hast. – Nichts zu danken (du-bist willkommen). ❷ Ich habe [es] dir schon zweimal gesagt. Diese beiden Bücher sind meine. ❸ Wir haben sie eine Weile nicht gesehen. ❹ Das Kino ist hinter dem chinesischen Imbiss, in der Nähe der Videothek. ❺ Eins ist sicher: Das Leben hier ist weniger hektisch als in London.

❹ Meine Tasche steht vor Ihnen. Bitte stellen Sie sie auf den Kleiderschrank.

My bag's .. ...... .. you. Please ... .. .. .. the wardrobe.

❺ Es tut mir furchtbar leid, dass ich Ihnen nicht früher geschrieben habe, aber ich war sehr beschäftigt.

I'm terribly sorry ... ... ....... to you ......, but .'.. .... very busy.

### SOLUTION TO SECOND EXERCISE: THE CORRECT WORDS.

❶ you miss me – I miss my husband ❷ can't put you up – quite near ❸ We've known – ever since – was ❹ in front of – put it up on ❺ for not writing – sooner – I've been.

**Second wave: Activate lesson 38!**

---

## 88. Lektion

### [Mal] rauskommen

**1** – Ich habe einen bezaubernden Brief von meiner alten Freundin (Kameradin) Brenda bekommen.

(ANMERKUNGEN)

① **to get away** hat zahlreiche Bedeutungen: „entkommen, entwischen"; „aufbrechen, losrennen", aber auch „wegnehmen, entfernen".

② **mate** „Kumpel, Kamerad" wurde ursprünglich nur in Bezug auf Männer benutzt, heute ist es aber auch für Frauen ein gängiger Begriff. Es taucht z. B. auch in **classmate** „Klassenkamerad/in" auf.

| 2 | You know, the artist who used to live in Notting Hill.
|---|---
| 3 | She left London a year ago and moved to the Lake District.
| 4 | She found a part-time job in the local library ③
| 5 | and she's been trying to paint in her spare time. ④
| 6 | She's invited us to go and stay with her for a few days.
| 7 | Poor thing, she's on her own and I think she's bored. ⑤⑥
| 8 | Do you fancy a visit to one of England's top beauty spots? ⑦
| 9 | – I'd love to go but I haven't got any free time until Easter.
| 10 | – Alright then, let's take a long weekend and spend Easter with her.
| 11 | – I suppose we could, provided that we're back by Tuesday morning. ⑧
| 12 | And as long as we can go by coach. ⑨
| 13 | I don't fancy driving.

(PRONUNCIATION)

[*2 ... nO-ting hil 3 ... leik diß-trikt 4 ... pa:(r)t taim ... lou-köl lai-brö-ri 5 ... ßpä:(r) ... 7 ... oun ... bO:(r)d 8 ... fän-ßi ... bju-ti ... 9 ... i:ß-tö(r) 11 ... prö-wai-did ...*]

(ANMERKUNGEN)

③ library „Bibliothek", librarian [*lai-brä-ri-ön*] „Bibliothekar", bookshop „Buchhandlung", book seller/bookseller „Buchhändler".

④ Einige Komposita mit spare „übrig, Reserve-": spare room „Gästezimmer", spare tyre [*tai-ö(r)*] „Reserverad", spare part „Ersatzteil".

⑤ on his/her own „allein" bzw. „ohne Hilfe": She finished the puzzle on her own „Sie hat das Puzzle allein zu Ende gemacht". Das Verb to own bedeutet „besitzen": He owns a huge house in the Lake District „Er besitzt ein riesiges Haus im Lake District".

**2** Du weißt, die Künstlerin, die in Notting Hill lebte.
**3** Sie hat London vor einem Jahr verlassen und ist in den Lake District gezogen.
**4** Sie hat eine Teilzeitstelle in der örtlichen Bibliothek gefunden,
**5** und sie hat versucht, in ihrer Freizeit (übrigen Zeit) zu malen.
**6** Sie hat uns eingeladen (zu gehen und bleiben mit ihr), für einige Tage zu ihr zu kommen.
**7** Armes Ding, sie ist allein (auf ihrer selbst), und ich glaube, sie langweilt sich (ist gelangweilt).
**8** Hast du Lust auf einen Besuch an einem der schönsten Orte Englands (Englands Spitze Schönheit Stelle)?
**9** – Ich würde (lieben) gerne hinfahren, aber ich habe bis Ostern keine (freie) Zeit.
**10** – Na gut (dann), lass uns ein langes Wochenende nehmen und Ostern mit ihr verbringen.
**11** – Ich nehme an, das könnten wir [machen], vorausgesetzt, dass wir am Dienstagmorgen zurück sind.
**12** Und sofern (so lange wie) wir mit dem Reisebus fahren können.
**13** Ich habe keine Lust, [mit dem Auto] zu fahren.

(ANMERKUNGEN)

⑥ **to bore** „langweilen", **to be bored** „sich langweilen", **boring** „langweilig" wird ähnlich verwendet wie **to tire** [*tai-ö(r)*] „ermüden", **to be tired** „müde sein", **tiring** „ermüdend".

⑦ Die Zusammensetzungen mit **fancy** sind überaus zahlreich: **to take a fancy to** bedeutet „Lust haben auf"; **just as the fancy takes me** „nach Lust und Laune"; **fancy that!** „stell dir das mal vor!" sind nur einige davon.

⑧ Anstelle von **provided that** kann man auch **provided** sagen: **You can go to Pixos provided you take plenty of sunscreen** „Du kannst nach Pixos fahren, vorausgesetzt, du nimmst viel Sonnencreme mit".

⑨ **as long as** „sofern", aber auch „so lange wie": **We can stay as long as we like** „Wir können so lange bleiben wie wir möchten".

**14** – **No** pr**o**blem. She s**ai**d she would **le**nd us her c**ar**.
**15** It'll do us the w**or**ld of g**oo**d to g**e**t aw**ay** for a bit. ⑩

(PRONUNCIATION)
[*15* ... wÖ:(r)ld ...]

### FIRST EXERCISE: DO YOU UNDERSTAND THESE SENTENCES?

❶ It'll do you the world of good to get away. ❷ He's got a part-time job in a bookshop. ❸ Do you fancy a visit to the Lake District? ❹ Take a spare suit with you in case it rains. ❺ You can stay as long as you like.

### SECOND EXERCISE: FILL IN THE CORRECT WORDS!

❶ Wir werden mir dir kommen, vorausgesetzt, wir können früh [wieder] gehen.

We'll come with you . . . . . . . . .  . . . . .
. . . . . . . . . . .

❷ Sie konnten erst um 10 Uhr aus der Besprechung raus.

They . . . . . . '. . . . . . . . . . . the meeting . . . . . . ten o'clock.

❸ Ich bin müde und gelangweilt. – Das liegt daran (das-ist weil), dass du ermüdend und langweilig bist!

I'm . . . . . and . . . . . . – That's because you're . . . . . . and . . . . . . !

❹ Menschen in aller Welt haben von meinem Dorf gehört.

People . . . . . . the . . . . . . . . . . . . . . . my village.

❺ Ich werde mit dir gehen, sofern (so lange wie) wir den Reisebus nehmen können. Ich habe keine Lust, [mit dem Auto] zu fahren.

I'll go with you . . . . . . . . . . . . take the coach. I . . . '. . . . . . . . . . .

|14| – Kein Problem. Sie sagte, sie würde uns ihr Auto ausleihen.
|15| Das wird uns unheimlich gut tun (die Welt von gut), [mal] (für) ein bisschen rauszukommen.

(ANMERKUNGEN)

⑩ world „Welt"; all over the world „in der ganzen Welt". the world oder a world kann verstärkend eingesetzt werden: A holiday will do us the/a world of good „Ein Urlaub wird uns unheimlich gut tun".

(SOLUTION TO FIRST EXERCISE: DID YOU UNDERSTAND?)

❶ Es wird dir unheimlich gut tun, [mal] rauszukommen. ❷ Er hat eine Teilzeitstelle in einer Buchhandlung. ❸ Hast du Lust auf einen Besuch im (zu dem) Lake District? ❹ Nimm einen Ersatzanzug/ein Ersatzkostüm mit, für den (im) Fall, dass es regnet. ❺ Sie können bleiben, so lange Sie möchten.

(SOLUTION TO SECOND EXERCISE: THE CORRECT WORDS.)

❶ provided we can leave early ❷ couldn't get away from – before ❸ tired – bored – tiring – boring ❹ all over – world have heard of ❺ as long as we can – don't fancy driving.

> **Lake District**
> Der **Lake District**, auch **the Lakes** genannt, ist eine der malerischsten Gegenden Großbritanniens. Er befindet sich im Nordwesten Englands in der Grafschaft Cumbria. In diesem Nationalpark gibt es ca. 15 Seen sowie kleine Dörfer mit strohgedeckten Häusern. Er ist ein Touristenzentrum, das jedes Jahr an die 20 Mio. Besucher anzieht, und ein Paradies für Wanderer. Schon immer haben sich zahlreiche Künstler und Schriftsteller dort niedergelassen. Zu Beginn des 19. Jahrhunderts bildete sich ein literarischer Zirkel, dem Dichter wie Woodsworth, Coleridge und Southey angehörten, und der unter dem Namen **the Lake Poets** bekannt wurde.

## ▶ Eighty-ninth lesson

### A bite to eat

**1** – I've just realised that I don't have a passport. ①
**2** – No sweat. It's really easy to renew it on line. ②
**3** – But I've never had a passport before
**4**   because I've never been abroad. ③

(PRONUNCIATION)

[... *b*ait ... **1** ... ri-ö-laisd ... pa:ß-pO(r)t **2** ... ßuät ... ri-nju: ... **4** ... ö-brO:d]

(ANMERKUNGEN)

① **to have** + **just** signalisiert, dass die beschriebene Handlung erst vor Kurzem stattgefunden hat: **She's just graduated** „Sie hat vor Kurzem (gerade) ihr Diplom gemacht".

*Lerntipp*

Wenn wir ein neues Grammatikthema einführen, so erklären wir es nicht sofort in all seinen Details. Die Methode besteht darin, Ihnen zuerst die Basiselemente zu vermitteln und dann im Laufe der Lektionen immer wieder darauf zurückzukommen, ergänzende Informationen zu geben und Ihre Kenntnisse auszubauen und zu festigen.

**Notting Hill**
Notting Hill ist ein belebtes Viertel im Westen Londons, das sich in den letzten Jahren zum Künstlerviertel und Szene-Treffpunkt entwickelt hat. Das Viertel ist besonders bekannt für seinen Markt in der **Portobello Road**, auf dem es alles von Antiquitäten bis Obst und Gemüse gibt. Notting Hill ist auch für seinen jährlich im August stattfindenden **Carnival** bekannt. Die mehrtägige Open-Air-Veranstaltung zieht bis zu 2 Mio. Teilnehmer und Schaulustige an und ist damit eine der größten in Europa.

**Second wave: Activate lesson 39!**

## 89. Lektion

### Eine Kleinigkeit zu essen

**1** – Ich habe gerade bemerkt, dass ich keinen Pass habe.
**2** – Kein Problem (Schweiß). Es ist ganz einfach, ihn im Internet (auf Leitung) zu verlängern (erneuern).
**3** – Aber ich habe nie zuvor einen Pass gehabt,
**4** da ich nie im Ausland gewesen bin.

(ANMERKUNGEN)

② **No sweat** ist eine sehr umgangssprachliche Wendung, die Sie möglichst vermeiden sollten. Benutzen Sie lieber **No problem**.

③ Achtung bei der Konstruktion **have been** + Ortsbestimmung: **He has been to York** „Er ist in York gewesen" bedeutet, dass er dort war und wieder zurückgekehrt ist. Ist die Person nach York gefahren und ist sie noch dort, würde man sagen: **He has gone to York** „Er ist nach York gefahren".

| 5 | – Then you'd better **hurry up** and apply for one. ④ |
| 6 | You know that there are always delays at this time of year. |
| 7 | Let's call the inquiry line and see what you need. ⑤ |
| 8 | – Don't bother. I'll pick up an application form from a post office. ⑥ |
| 9 | – You're going to need your birth certificate. |
| 10 | Bring the original: a photocopy won't do. |
| 11 | Let's hurry. We don't want to waste any time. ⑦ |
| 12 | – Can't we get a bite to eat first? I'm peckish. ⑧ ⑨ |
| 13 | – But you've only just finished breakfast! |
| 14 | – I know, but I hate eating on an empty stomach. |

(PRONUNCIATION)

[**5** ... *ha*-ri *ap* ... ö-*plai* ... **6** ... di-*leis* ... **7** ... in-*kuai*-ri ... **8** ... ba-*fsö(r)* ... ä-pli-*kei*-schön f**O**:(r)m ... **9** ... b**Ö**:(r)ß ßö-ti-fi-köt **10** ... **O**-ri-dji-nöl ... fou-tou-k**O**-pi ... **11** ... u*eißt* ... **12** ... *pä*-kisch **14** ... *ämp*-ti ßt**O**-mök]

(ANMERKUNGEN)

④ **to hurry** „sich beeilen": **We can catch the six o'clock ferry to Malta if we hurry** „Wir können die 6-Uhr-Fähre nach Malta kriegen, wenn wir uns beeilen". Die Aufforderung „Beeil dich!" lautet **Hurry up!**, „in Eile sein" heißt **to be in a hurry**.

|5| – Dann beeilst du dich besser und beantragst einen.
|6| Du weißt, dass es um diese Jahreszeit immer Verzögerungen gibt.
|7| Lass uns die Auskunftsnummer (Auskunft Leitung) anrufen und hören (sehen), was du brauchst.
|8| – Mach dir keine Mühe (tu-nicht beschäftigen). Ich nehme in (von) einem Postamt ein Antragsformular mit.
|9| – Du wirst deine Geburtsurkunde brauchen.
|10| Bring das Original mit: Eine Fotokopie reicht nicht (wird-nicht tun).
|11| Beeilen wir uns. Wir wollen [doch] keine Zeit verlieren (verschwenden).
|12| – Können wir nicht zuerst eine Kleinigkeit essen? Ich habe [ein bisschen] Hunger [bin hungrig].
|13| – Aber du hast [doch] gerade erst gefrühstückt (beendet Frühstück)!
|14| – Ich weiß, aber ich hasse es, auf (einen) leeren Magen zu essen.

(ANMERKUNGEN)

⑤ **inquiry** (auch **enquiry**) „Auskunft, Anfrage"; das Verb lautet **to inquire**: **I'd like to inquire about flights to London** „Ich würde mich gerne über Flüge nach London erkundigen". Wichtig auch: **directory inquiries** „Telefonauskunft".

⑥ **to bother** hat sehr viele Bedeutungen, von „lästig sein, stören" über „Sorgen machen, beschäftigen" bis hin zu „Mühe machen". Beispiele: **Don't bother to stand up!** „Machen Sie sich nicht die Mühe aufzustehen". **I'll drive you home. It's no bother** „Ich fahre dich nach Hause. Es macht mir nichts aus".

⑦ **waste** ist auch ein Substantiv: „Müll". Der Papierkorb ist in Großbritannien ein **waste paper basket** [*ba:ß-köt*].

⑧ **bite** „Biss, Bissen" kommt von **to bite** „beißen". **Let's have a bite to eat before we leave for the cinema** „Lass uns eine Kleinigkeit essen, bevor wir ins Kino gehen".

⑨ **I'm peckish** sagt man, wenn man ein bisschen Hunger hat, im Gegensatz zu **I'm starving** „Ich bin am Verhungern".

### FIRST EXERCISE: DO YOU UNDERSTAND THESE SENTENCES?

❶ I'm peckish. Let's get a bite to eat. ❷ I wasted three hours looking for the car keys. ❸ We'll drive you home. – Don't bother. ❹ I'd like to inquire about flights to Malta. ❺ Hurry up! We'll be late for the theatre.

### SECOND EXERCISE: FILL IN THE CORRECT WORDS!

❶ Sie bringen besser das Original mit. Eine Fotokopie reicht nicht (wird-nicht tun).

 . . . '. . . . . . . bring the original. A photocopy . . . '. . . .

❷ Sie hat gerade gemerkt, dass sie keinen Pass hat.

 She . . . . . . . . . . . . . . . that she . . . . . . . . . a passport.

❸ Ich bin noch nie vorher in Schottland gewesen. Ist es wirklich schön?

 . '. . . . . . . . . . . . . . Scotland . . . . . . . Is it really beautiful?

---

▶ **Ninetieth lesson**

## An old friend

**1** – I've ph**o**ned Br**e**nda and she's l**oo**king f**o**rward to our v**i**sit.

**2** – I c**a**n't rem**e**mber wh**e**ther I've m**e**t her bef**o**re. ①

(PRONUNCIATION)

[*2 ... uä-fsö(r) ...*]

## SOLUTION TO FIRST EXERCISE: DID YOU UNDERSTAND?

❶ Ich habe Hunger. Lass uns (holen) eine Kleinigkeit essen. ❷ Ich habe drei Stunden [damit] verschwendet, nach den Autoschlüsseln zu suchen. ❸ Wir fahren Sie nach Hause. – Machen Sie sich keine Mühe. ❹ Ich würde mich gerne über Flüge nach Malta erkundigen. ❺ Beeil dich! Wir werden zu spät zum Theater kommen.

❹ Wo ist Mario? – Er ist nach York gefahren.

Where is Mario? – . . '. . . . . . . . York.

❺ Ich bin am Verhungern. – Aber du hast [doch] gerade erst gefrühstückt!

I'm starving. – But . . . '. . . . . . . . . . . . . . . . breakfast!

## SOLUTION TO SECOND EXERCISE: THE CORRECT WORDS

❶ You'd better – won't do ❷ has just realised – has not got ❸ I've never been to – before ❹ He's gone to ❺ you've only just finished.

**Second wave: Activate lesson 40!**

# 90. Lektion

## Eine alte Freundin

**1** – Ich habe Brenda angerufen, und sie freut sich auf unseren Besuch.
**2** – Ich kann mich nicht erinnern, ob ich sie (zuvor) [schon einmal] getroffen habe.

(ANMERKUNGEN)

① In der 1. Person Singular kann man als Konjunktion **whether** (gleiche Aussprache wie **weather** „Wetter"!) oder **if** verwenden, ohne dass der Sinn sich ändert: **I don't know whether/if I've met her before** „Ich weiß nicht, ob ich sie schon einmal getroffen habe".

LEKTION 90

**373** • three hundred and seventy-three

**3** – Of course you have. We've known each other for years. ②

**4** We used to be really close and we'd tell each other everything. ③

**5** – Is she the woman whose husband died last winter? ④

**6** – No, you're thinking of Zadie. Brenda's divorced.

**7** – She's not the one whose sons are in the Army, is she?

**8** – Honestly, you're terrible. You've got a memory like a sieve.

**9** – Who's the girl that you went to university with? ⑤

**10** – So you do remember her after all!

**11** – Of course I do. Whereabouts does she live? ⑥

**12** – A place called Bowness, about three miles from Windemere.

(PRONUNCIATION)

[*3 ... noun i:tsch a-fsö(r) ... 4 ... klouß ... 5 ... huu:s ... 6 ... sei-di ... di-wO:(r)ßd 7 ... ßans ... a:(r)-mi ... 8 O-nößt-li ... ßiw 11 ... uä:-röbaotß ... 12 ... bou-näß ...*]

| 3 | – Natürlich (du hast). Wir kennen uns (einander) seit Jahren.
| 4 | Wir standen uns wirklich sehr nah, und wir haben uns alles erzählt.
| 5 | – Ist sie die Frau, deren Mann letzten Winter gestorben ist?
| 6 | – Nein, du denkst an Zadie. Brenda ist geschieden.
| 7 | – Sie ist nicht diejenige, deren Söhne in der Armee sind, oder?
| 8 | – Ehrlich, du bist schrecklich. Du hast ein Gedächtnis wie ein Sieb.
| 9 | – Wer ist das Mädchen, mit der du auf die (zu) Universität gegangen bist?
| 10 | – Also erinnerst du dich also doch an sie!
| 11 | – Selbstverständlich (ich tue). Wo wohnt sie also?
| 12 | – [In] einem Ort (Platz) namens Bowness, ungefähr fünf Kilometer (drei Meilen) von Windemere [entfernt].

(ANMERKUNGEN)

② Handelt es sich nur um zwei Personen, könnte man auch **one another** sagen. **each other** ist jedoch, egal ob für zwei oder mehrere Personen, in der Umgangssprache geläufiger.

③ **We used to be...** und **we'd** (**we would**) **tell...** sind beides Ausdrucksweisen für in der Vergangenheit bestehende Angewohnheiten.

④ Wir kennen **whose** als Pronomen und Possessivadjektiv; hier ist es Relativpronomen und wird benutzt, wenn der „Besitzer" eine Person ist: **What's the name of the man whose brother is a vegetarian** [wä-djö-tä-ri-ön]? „Wie heißt der Mann, dessen Bruder Vegetarier ist?"

⑤ Beachten Sie in diesem Satz das Relativpronomen **that** und die ans Satzende gestellte Präposition **with**.

⑥ **Whereabouts** „wo, wohin, woher" ist eine stärkere Form von **where**. Es ist auch ein Nomen (Singular oder Plural): **Her present whereabout/s is/are unknown** „Ihr gegenwärtiger Aufenthaltsort ist unbekannt".

LEKTION 90

| 13 | It's a holiday resort about halfway along the lake. ⑦ |
|---|---|
| 14 | It's a little touristy but that doesn't matter. We'll enjoy ourselves. ⑧ |

**PRONUNCIATION**

[*13* ... ri-sO:(r)t ... ha:f-uei ... *14* ... tu-riß-ti ... mä-tö(r) ...]

### FIRST EXERCISE: DO YOU UNDERSTAND THESE SENTENCES?

❶ He's terrible! He's got a memory like a sieve. ❷ They used to be very close when they were children. ❸ Her cottage is halfway up the hill. ❹ The village is very touristy. – That doesn't matter. ❺ I'm really looking forward to your visit.

### SECOND EXERCISE: FILL IN THE CORRECT WORDS!

❶ Sie kennen sich (einander) seit mindestens 20 Jahren.

. . . . ,' . . . . . . . . . . . . . . . . . . . . at least twenty years.

❷ Ist sie die Frau, deren Schwester in Amerika lebt?

. . . . . the woman . . . . . sister . . . . . in America?

❸ Ich erinnere mich nicht, ob ich sie zuvor [schon einmal] getroffen habe. – Natürlich hast du [sie getroffen].

I don't remember . . . . . . . . ,' . . . . . . . . . . . . . – Of course . . . . .

❹ Wer ist der Typ, mit dem du auf die (zu) Universität gegangen bist?

. . . .'. the guy . . . . . . university . . . . ?

❺ Als wir jung waren, haben wir uns alles erzählt.

When we were young, we . . . . . . . . . . . . . . . everything.

| 13 | Es ist ein Ferienort auf halbem Weg entlang des Sees.
| 14 | Es ist ein bisschen touristisch, aber das macht nichts. Wir werden es genießen.

(ANMERKUNGEN)

⑦ **halfway** kann wörtlich oder im übertragenen Sinn verwendet werden: **halfway between A and B** „auf halbem Weg zwischen A und B". **halfway between a car and a van** „ein Zwischending zwischen Auto und Lieferwagen". Die Präposition ist immer sehr wichtig: **halfway up the hill** „auf halbem Weg den Berg hinauf", **halfway through the novel** „auf der Hälfte des Romans".

⑧ **We'll enjoy ourselves** kann hier unterschiedlich übersetzt werden: „Es wird uns gefallen, wir werden uns amüsieren, wir werden viel Spaß haben".

### SOLUTION TO FIRST EXERCISE: DID YOU UNDERSTAND?

❶ Er ist schrecklich. Er hat ein Gedächtnis wie ein Sieb. ❷ Sie standen sich sehr nah, als sie Kinder waren. ❸ Ihr Häuschen ist auf halbem Weg den Berg hinauf. ❹ Das Dorf ist sehr touristisch. – Das macht nichts. ❺ Ich freue mich wirklich auf Ihren Besuch.

### SOLUTION TO SECOND EXERCISE: THE CORRECT WORDS

❶ They've known each other for ❷ Is she – whose – lives ❸ whether I've met her before – you have ❹ Who's – you went to – with ❺ used to tell each other.

---

**Die Britische Armee**
**British Army** bezeichnet die Landstreitkräfte des Vereinigten Königreichs. Sie wurde am 26. Januar 1661 gegründet. Oberbefehlshaber der British Army ist der britische Monarch. Die British Army besteht aus zwei Komponenten: zum einen die **Regular Army**, die sich aus Vollzeit-Berufssoldaten zusammensetzt, zum anderen die Territorial Army, die sich aus Freiwilligen rekrutiert. Die beiden anderen Teilstreitkräfte sind die **Royal Air Force** und die **Royal Navy**.

---

**Second wave: Activate lesson 41!**

## ▶ Ninety-first lesson

### Revision and notes

#### 1. Briefe

In Lektion 87 haben Sie miterlebt, wie Brenda einen Brief an Cathy geschrieben hat. Ähnlich wie bei uns gelten für Briefe in Großbritannien einige formelle Standards, die wir Ihnen hier kurz vorstellen möchten:

a) Förmliche Schreiben (Geschäftsbriefe usw.)

Name und Anschrift des Absenders stehen immer oben rechts, darunter das Datum. Sie können für das Datum entweder Kardinalzahlen (**8**, **22**, usw.) oder Ordinalzahlen mit dem Zusatz -th benutzen, z. B. **sixteenth** = **16th**; **twenty-fourth** = **24th**, ... Beachten Sie, dass die Ordinalzahlen von **1**, **2** und **3** folgendermaßen gebildet werden: **first** = **1st**; **second** = **2nd**, **third** = **3rd**.

Bei den geschriebenen Datumsangaben setzt sich immer mehr der Trend durch, auf den Zusatz **-st**, **-th** usw. zu verzichten und nur die Zahl und den Monat zu schreiben: **26 October**, **6 June**, ...

Es existiert auch z. B. die Schreibweise **26/10/2005**, aber man sollte beachten, dass die Amerikaner hier die Zahl für den Tag und den Monat vertauschen: **10/26/2005**!

Die Anschrift des Empfängers wird unter das Datum, aber auf die linke Seite geschrieben.

Sprechen Sie den Empfänger, sofern Sie seinen Namen kennen, mit **Dear Mr** (oder **Mrs** oder **Ms**) **X** an, andernfalls verwenden Sie **Dear Sir** oder **Dear Madam** (niemals **Dear Mr/Mister!**)

Vermeiden Sie Kurzformen wie **there's**, **we'll** usw.

Die Schlussformel lautet **Yours sincerely**, wenn Sie den Brief mit **Dear Mr/Mrs/Ms X** begonnen haben, und **Yours faithfully**,

## 91. Lektion

wenn Sie mit **Dear Sir/Madam** begonnen haben. Wenn Sie sich diese Unterscheidung schlecht merken können, so können Sie auch in beiden Fällen **Yours truly** verwenden.

Beispiel:

>
> Cathy Barnes
> 4 Saint Bernard Avenue
> Salford
> Manchester ME1 8YG
>
> 8 October 2004
>
> Mr Rajiv Gupta
> Online Ltd
> 12, New Street
> York
> YO1 6TF
>
> Dear Mr Gupta,
> I am writing to inform you that I will be visiting York on Thursday 12 November and I will be available to come for an interview.
> I look forward to hearing from you.
>
> Yours sincerely,
> Cathy Barnes (Mrs)

b) Privatbriefe

Name und Anschrift des Absenders stehen immer oben rechts, darunter das Datum.

Die Anrede lautet immer **Dear**, man kann aber auch mit **Hi** oder einer anderen Grußformel beginnen.

Kurzformen können verwendet werden.

Man beendet den Brief mit **Your friend** oder **Love** oder **With Love** oder **Lots of love** usw. Schlussformeln mit **love** deuten keineswegs auf eine Liebesbeziehung hin; sie sind gleichbedeutend mit „viele Grüße" o. ä. Anders verhält es sich dagegen, wenn Sie **I love you** schreiben; dies ist durchaus wörtlich zu nehmen! Beispiel:

---

                                            Cathy Barnes
                                  4 Saint Bernard Avenue
                                                      Salford
                                         Manchester ME1 8YG

                                                    8 October 2004

Dear Brenda,
Thanks for your letter. It was so great to hear from you.
We'll try to come and see you at Easter if that's OK with you.
My email address is cbarnes@uknet.co.uk

Lots of love
Cathy

---

## 2. Vergleiche mit less und least

Sie haben bereits die Komparativ- und Superlativbildung mit **more** (**than**) und **the most** kennengelernt, mit dem eine Steigerung oder Zunahme ausgedrückt werden kann. Sie können den Komparativ und Superlativ natürlich auch in die „andere Richtung" bilden, um eine Verringerung oder Abnahme auszudrücken, und zwar mit **less** (**than**) bzw. **the least**. Dies verdeutlichen wir am besten anhand einiger Beispiele:

Komparativ: Um „weniger" auszudrücken, verwenden Sie **less**, wenn es sich um unzählbare Dinge handelt und **fewer**, wenn es um zählbare Dinge geht:

> **She eats less than her sister.** „Sie isst weniger als ihre Schwester."
> **Please make less noise.** „Bitte mach weniger Lärm."
> **I like discotheques less as I get older.** „Ich mag Diskotheken [immer] weniger, je (wie) älter ich werde."

**There are fewer cars at the weekend.** „Am Wochenende gibt es weniger Autos."
**Fewer people are travelling by train these days.** „Heutzutage reisen weniger Leute mit dem Zug."

Superlativ:

**Pixos is the least touristy island in the Cyklades.** „Pixos ist die am wenigsten touristische Insel der Kykladen".
**Naxos is the island I like least.** „Naxos ist die Insel, die ich am wenigsten mag."

### 3. Mehrgliedrige Verben („phrasal verbs")

Sie haben schon ausgiebig Bekanntschaft mit Verben gemacht, denen eine Präposition oder eine Adverbialpartikel beigefügt ist. Diese Verben sind überaus zahlreich; besonders Verben wie **to put**, **to get**, **to come** bilden unzählige Zusammensetzungen, die Sie allerdings nicht auswendig lernen, sondern immer in einem Kontext assimilieren sollten. Einige wollen wir hier noch einmal wiederholen:

**to look up** „nachschlagen, nachsehen":

**I looked up his number in the phone book.** „Ich habe seine Nummer im Telefonbuch nachgeschlagen."

**to put up** „nach oben legen, hochlegen; beherbergen, unterbringen":

**She'll put us up in the spare room.** „Sie wird uns im Gästezimmer unterbringen".

**to turn on/off** „ein-/ausschalten":

**Turn off the lights and turn on the radio.** „Mach das Licht aus, und schalte das Radio ein."

**to pick up** „mitnehmen":

**I'll pick up an application form at the post office.** „Ich werde auf der Post ein Antragsformular mitnehmen."

**to be off** „weg-/abfahren":

**We're off on holiday on Tuesday.** „Wir fahren am Dienstag in die Ferien ab."

**to hold on** „warten, am Telefon bleiben":

**Please hold on while I try and find him.** „Bitte bleiben Sie dran, während ich versuche ihn zu finden."

Achtung! Verfügt der Satz über ein Objekt, kann sich der Satzbau ändern. Handelt es sich bei dem Objekt um ein Nomen, kann man dieses – ohne dass sich der Sinn ändert – ans Ende der Aussage stellen oder aber zwischen das Verb und die Präposition:

**I'll pick up the application form** (Verb + Präposition + Nomen)
**I'll pick the application form up** (Verb + Nomen + Präposition)

Ist das Objekt jedoch ein Pronomen, so <u>muss</u> dieses immer zwischen dem Verb und der Präposition stehen:

**I'll pick you up** (Verb + Pronomen + Präposition) „Ich werde dich mitnehmen".

## 4. Verstärkendes do

Sie haben einige Situationen kennengelernt, in denen das Wörtchen **do** zur Verstärkung bzw. Betonung eingesetzt wurde:

**Do come in.** „Kommen Sie doch hinein."
**Do sit down.** „Setzen Sie sich doch."
**Ah, so you do remember!** „Aha, du erinnerst dich also doch!"

Ebenso kann **do** dazu dienen, einen Kontrast herauszustellen:

**I don't like coffee very much, but I do like tea.** „Ich mag Kaffee nicht sehr, aber ich mag Tee."
**He promised he would phone. – But he did phone.** „Er hat versprochen anzurufen. – Aber er hat doch angerufen."

## 5. Verständnis-/Formulierungsübung

**DO YOU UNDERSTAND THESE SENTENCES?**

❶ I wish you would drive less quickly. We're not in a hurry. ❷ We've got to get to York. I've been driving for more than two hours. ❸ And it's a four-hour journey at least. ❹ Can't we get a bite to eat first? I'm peckish. ❺ But you've only just finished dinner! Let's not waste any time. ❻ I've never been to York before and I don't want to get lost. ❼ I hope Brenda's in: we haven't spoken to each other for weeks. ❽ Brenda? Is she the woman whose husband is a vegetarian? ❾ You're terrible. You've got a memory like a sieve. ❿ Let's stop here. I don't fancy driving for another two hours.

**DID YOU UNDERSTAND?**

❶ Ich wünschte (wünsche), du würdest langsamer (weniger schnell) fahren. Wir haben es nicht eilig. ❷ Wir müssen nach York gelangen. Ich fahre seit mehr als zwei Stunden. ❸ Und es ist mindestens eine vierstündige Fahrt. ❹ Können wir nicht zuerst eine Kleinigkeit essen? Ich habe Hunger. ❺ Aber du hast gerade erst zu Abend gegessen! Lass uns keine Zeit verschwenden. ❻ Ich bin noch nie in York gewesen, und ich möchte mich nicht verfahren. ❼ Ich hoffe, dass Brenda da ist: Wir haben seit Wochen nicht miteinander gesprochen. ❽ Brenda? Ist das (sie) die Frau, deren Mann (ein) Vegetarier ist? ❾ Du bist schrecklich. Du hast ein Gedächtnis wie ein Sieb. ❿ Lass uns hier anhalten. Ich habe keine Lust, weitere (andere) zwei Stunden zu fahren.

---

*Lerntipp*

*Nur noch knapp 20 Lektionen, und Sie sind am Ende des Kurses angekommen (wenn Sie sich noch in der passiven Phase befinden, müssen Sie die aktive Phase noch bis zur letzten Lektion des Kurses fortsetzen!). Sie können wirklich stolz auf sich sein! Das Wichtigste der englischen Grammatik haben Sie sich im Wesentlichen schon erarbeitet. Und wie viel Sie passiv beherrschen, sollte Ihnen jedes Mal bewusst werden, wenn Sie eine Übung zur „Zweiten Welle" durcharbeiten.*

---

**Second wave: Activate lesson 42!**

▶ **Ninety-second lesson**

## Selfish

1 – My life's so dull and uneventful nowadays. ① ②
2  I get up at seven o'clock every single morning. ③
3  I clean my teeth, shave and take a shower. ④
4  I have a bowl of cereal and a cup of tea for breakfast.
5  When I get home from work, I have dinner and go to bed.
6  I do all the cooking, the washing and the sewing myself. ⑤
7  A few years ago, I met a beautiful girl in an art gallery.
8  We fell in love with each other immediately.

THEY FELL IN LOVE WITH EACH OTHER IMMEDIATELY.

(PRONUNCIATION)

[ßäl-fisch **1** ... dal ... an-i-wänt-ful n**ao**-ö-deis **2** ... ßing-gl ... **3** ... kli:n ... ti:ß scheiw ... schao-ö(r) **4** ... boul ... **6** ... ku-king ... uO-sching ... ßou-ing ... **7** ... a:(r)t gä-lö-ri **8** ... i-mi:-di-öt-li]

## 92. Lektion

### Egoistisch

1 – Mein Leben ist im Moment so langweilig und ereignislos (heutzutage).
2 Ich stehe jeden (einzelnen) Morgen um sieben Uhr auf.
3 Ich putze [mir] die (reinige meine) Zähne, rasiere [mich] und dusche (nehme eine Dusche).
4 Zum Frühstück esse (habe) ich eine Schüssel (von) Frühstücksflocken und [trinke] eine Tasse (von) Tee.
5 Wenn ich von der Arbeit nach Hause komme, esse ich zu Abend (habe Abendessen) und gehe ins Bett.
6 (All) das Kochen, Waschen und Nähen mache ich selbst.
7 Vor einigen Jahren traf ich in einer Kunstgalerie ein schönes Mädchen.
8 Wir verliebten uns (fielen in Liebe) sofort ineinander.

---

(ANMERKUNGEN)

① In **uneventful** steckt **event** „Ereignis". (Beachten Sie, dass die Endung -**ful** nur ein **l** hat, während **full** „voll" zwei **l** hat.) Ähnliche Konstruktionen können mit -**able** gebildet werden. Beispiel: **unthinkable** [*an-fßing-köbl*] „undenkbar".

② **nowadays** „im Moment, gegenwärtig" ist die idiomatische Variante von **now** „jetzt, nun".

③ **single** „einzelner, -e, -es" kann zur Verstärkung eingesetzt werden: **I think of him every single day** „Ich denke jeden (einzelnen) Tag an ihn".

④ Anstelle von **I clean my teeth** kann man auch **I brush my teeth** sagen. Die „Zahnbürste" heißt **toothbrush** [*tu:fß-brasch*]. **clean** ist auch ein Adjektiv: „sauber".

⑤ Achtung bei der Aussprache von **sewing** (**to sew** [*ßou*] „nähen")! Sie lautet nicht so, wie man es nach der Schreibung vielleicht erwarten würde.

| 9 | We got married and lived together very happily.
|---|---
| 10 | We shared the same interests and got on well together. ⑥
| 11 | – What happened to her? Where is she now? ⑦
| 12 | – She left me. She said I was too selfish.
| 13 | But in fact, she was the selfish one. ⑧
| 14 | She was more interested in herself than in me. ⑨

**PRONUNCIATION**

[9 ... mä-ri:d ... 10 ... schä:rd ... 11 ... hä-pönd ...]


**FIRST EXERCISE: DO YOU UNDERSTAND THESE SENTENCES?**

❶ They fell in love with each other immediately. ❷ You're the selfish one! You're not interested in me. ❸ Every single word you say is true. ❹ I get on very well with her father. ❺ She plays the piano very well. – Yes, she studied music at university.

**SECOND EXERCISE: FILL IN THE CORRECT WORDS!**

❶ Mein Leben ist ereignislos, aber zu heiraten (werden verheiratet) ist undenkbar.

My life is .......... but .......
....... is ............ .

❷ Er stand auf, putzte [sich] die Zähne, rasierte [sich] und duschte.

He ... .., ....../....... ...
......, ....... and .... a shower.

❸ Hör auf zu reden, und mach mit deiner Arbeit weiter.

.... ....... and ... .. .... your work.

| 9 | Wir heirateten (wurden verheiratet) und lebten sehr glücklich zusammen.
| 10 | Wir hatten (teilten) dieselben Interessen und kamen gut miteinander aus.
| 11 | – Was ist mir ihr geschehen? Wo ist sie jetzt?
| 12 | – Sie verließ mich. Sie sagte, ich sei (war) zu egoistisch.
| 13 | Aber eigentlich war sie die egoistische (eine).
| 14 | Sie war mehr interessiert an (in) sich selbst (ihr-selbst) als an (in) mir.

(ANMERKUNGEN)

⑥ **to get on** hat zahlreiche Bedeutungen: „ein-/aufsteigen", „vorankommen, weitermachen", „auskommen mit, sich verstehen mit".

⑦ **to happen** „geschehen, passieren". **It happened five years ago** „Es geschah vor fünf Jahren". **There's a lot happening in London at the moment** „In London passiert derzeit eine Menge". **What happened to Laura?** „Was ist mit Laura geschehen?"

⑧ Hier steht **one** als Ersatz für ein Nomen (**person**).

⑨ **herself** „sie selbst, ihr selbst". Im Plural enden die Formen auf -**selves**. Mehr darüber in Lektion 98.

___ *Lerntipp* ___

*Sie sind mittlerweile so weit fortgeschritten, dass wir Schritt für Schritt auf die wörtliche Übersetzung in den Lektionstexten verzichten können, oder? Bei besonders schwierigen Konstruktionen lassen wir Sie selbstverständlich nicht im Stich. Assimilieren Sie weiterhin kurze Sätze und idiomatische Wendungen im Ganzen.*

**SOLUTION TO FIRST EXERCISE: DID YOU UNDERSTAND?**

❶ Sie haben sich sofort ineinander verliebt. ❷ Du bist der egoistische! Du bist nicht an mir interessiert. ❸ Jedes (einzelne) Wort, das du sagst, ist wahr. ❹ Ich verstehe mich sehr gut mit ihrem Vater. ❺ Sie spielt sehr gut Klavier. – Ja, sie hat auf der Universität Musik studiert.

④ Es passiert im Moment nicht viel in der Kunstwelt.

There isn't . ... .......... in the art world ........ .

⑤ Macht ihr all das Kochen und Waschen selbst?

Do you .. ... ... ....... and
....... .......... ?

## ▶ Ninety-third lesson

## Temptation ①

**1** – What are you doing today? Let's go to the health club together. ②
**2** – I haven't made any plans yet, but I've got a lot to do.
**3** I've got to do the housework and the ironing. ③④
**4** Then I have to make the beds and do the shopping.
**5** And I really should make Sam's dinner before he gets back.

(PRONUNCIATION)
[täm-tei-schön **3** ... **ai**-ö-ning **5** ... ßäms ...]

(ANMERKUNGEN)
① **Temptation** bedeutet „Verlockung, Versuchung, Verführung".
② Ein **health club** ist ein Club mit umfassendem Fitness- und Gesundheitsangebot, darunter Whirlpools, Massagen, Solarien u. v. m.

**SOLUTION TO SECOND EXERCISE: THE CORRECT WORDS**

❶ uneventful – getting married – unthinkable ❷ got up – brushed / cleaned his teeth – shaved – took ❸ Stop talking – get on with ❹ a lot happening – nowadays ❺ do all the cooking – washing yourselves.

**Second wave: Activate lesson 43!**

## 93. Lektion

### Verlockung

| 1 | – Was machst du heute? Lass uns zusammen in den Wellness-Club (Gesundheit Club) gehen.
| 2 | – Ich habe noch keine Pläne gemacht, aber ich habe eine Menge zu tun.
| 3 | Ich muss die Hausarbeit erledigen und bügeln (tun ... das Bügeln).
| 4 | Dann muss ich die Betten machen und einkaufen gehen (tun das Einkaufen).
| 5 | Und ich sollte wirklich Sams Abendessen vorbereiten (machen), bevor er zurückkommt.

**ANMERKUNGEN**

③ „Machen" kann mit **to do** und **to make** wiedergegeben werden. **to do** wird eher für Handlungen und Abstraktes benutzt, während **to make** das Herstellen oder Anfertigen einer Sache meint: **I'll do the housework and then I'll make a cake** „Ich erledige (mache) die Hausarbeit, und dann backe (mache) ich einen Kuchen".

④ **iron** „Stahl", **the iron** „Bügeleisen"; **to iron** „bügeln". Achtung: Das **r** wird nicht gesprochen!

| 6 | At least I don't need to do any exercise to lose weight! ⑤ |
| 7 | – May I make a suggestion? |
| 8 | Why not make a salad and leave it in the fridge? |
| 9 | Then you can do your hair, get changed and come with me. |
| 10 | – You know I'm no good at making decisions. What about Sam? |
| 11 | – He can make do with ham salad and a beer for dinner, can't he? ⑥ |
| 12 | – Alright, but I'd better make a quick phone call first. |
| 13 | – Oh Betty, you're making a lot of fuss about nothing. ⑦ |

(PRONUNCIATION)

[6 ... *lu:s ueit* 7 ... *ßö-djäßt-schön* 8 ... *ßä-löd ... fridj* 9 ... *tscheinjd* ... 10 ... *di-ßi-jöns* ... 11 ... *häm* ... 13 ... *bä-ti ... faß* ...]

(FIRST EXERCISE: DO YOU UNDERSTAND THESE SENTENCES?)

❶ I must iron a shirt before I go out. ❷ They're making a lot of fuss about nothing. ❸ I prefer margarine to butter: I'm watching my weight. ❹ I'll make a quick phone call before we go out. ❺ Why not make a salad and leave it in the fridge for Sam?

**three hundred and ninety • 390**

**6** Wenigstens muss ich keinen Sport treiben (machen irgendwelche Übung), um abzunehmen (verlieren Gewicht)!

**7** – Darf ich einen Vorschlag machen?

**8** Warum machst du nicht (nicht machen) einen Salat und stellst ihn (lassen ihn) in den Kühlschrank?

**9** Dann kannst du dich frisieren (tun dein Haar), dich umziehen (werden umgezogen) und mit mir kommen.

**10** – Du weißt, ich kann nicht gut Entscheidungen treffen (ich-bin kein gut beim machend Entscheidungen). Was ist mit Sam?

**11** – Er kann sich mit Salat mit Schinken und einem Bier zum Abendessen zufriedengeben, oder?

**12** – In Ordnung, aber ich rufe ihn besser zuerst schnell an (ich-würde besser machen einen schnellen Telefon Anruf zuerst).

**13** – Oh Betty, du machst eine Menge Wirbel um (über) nichts.

(ANMERKUNGEN)

⑤ **weight** „Gewicht" (aber auch „Hantel") kommt von **to weigh** [*uei*] „wiegen". Wenn Sie sagen wollen, dass Sie auf Ihre Linie bzw. auf Ihr Gewicht achten, so sagen Sie: **I'm watching my weight** (**to watch** „beobachten").

⑥ **to make do with** bedeutet „sich zufriedengeben mit, vorliebnehmen mit, sich begnügen mit": **There's no butter so you'll have to make do with margarine** [*ma:(r)-djö-ri:n*] „Es gibt keine Butter, daher wirst du dich mit Margarine zufriedengeben müssen".

⑦ **fuss** „Wirbel, Aufhebens, Theater". **Without any fuss** „ohne großes Theater".

**SOLUTION TO FIRST EXERCISE: DID YOU UNDERSTAND?**

❶ Ich muss ein Hemd bügeln, bevor ich ausgehe. ❷ Sie machen eine Menge Wirbel um nichts. ❸ Ich esse lieber Margarine als Butter (ziehe-vor Margarine zu Butter): Ich achte auf (beobachte) mein Gewicht. ❹ Ich rufe schnell jemanden an (mache einen schnellen Telefon Anruf), bevor wir ausgehen. ❺ Warum machst du nicht (nicht machen) einen Salat und stellst ihn (lassen ihn) für Sam in den Kühlschrank?

LEKTION 93

## SECOND EXERCISE: FILL IN THE CORRECT WORDS!

① Ich muss die Hausarbeit erledigen, die Betten machen und einkaufen gehen.

I've got to .. ... ........., .... ...
.... and .. ... ......... .

② Wir haben noch keine Pläne gemacht, aber wir haben eine Menge zu tun.

We haven't .... ... ...... ..., but we've got a ... .. ... .

③ Sie bügelte (tat das Bügeln), zog sich an (wurde angezogen) und ging hinaus.

She ... ... ........., ... ........ and went out.

---

▶ **Ninety-fourth lesson**

# A dinner party

**1** – It's Friday! We can stay home and watch a movie on telly. ①

**2** – Don't you remember? Karen and her new boyfriend are coming to dinner. ②

**3** – Couldn't you give them a ring and tell them we're busy? ③

(PRONUNCIATION)

[*1* ... *mu:-wi* ... *tä-li 2* ... *kä-rön* ... *boi-fränd* ... *3* ... *bi-si*]

(ANMERKUNGEN)

① Sie haben schon diverse Ausdrücke für „Fernsehen" angetroffen (L. 45). Man hört auch oft **the box**, etwa vergleichbar mit „Glotze, Flimmerkiste", oder auch **the tube** [*tju:b*] (was ebenfalls die Bezeichnung für die Londoner Metro ist!).

❹ Ich sollte wirklich (machen) das Abendessen der Kinder vorbereiten, bevor sie zurückkommen.

I really . . . . . . . . . . the . . . . . . . . '. dinner before they . . . . . . . .

❺ Es ist keine Butter da. Du wirst mit Margarine vorliebnehmen müssen.

There's no butter. . . . ' . . . . . . . . . . . . . . . . . . margarine.

> SOLUTION TO SECOND EXERCISE: THE CORRECT WORDS.

❶ do the housework – make the beds – do the shopping ❷ made any plans yet – lot to do ❸ did the ironing – got dressed ❹ should make – children's – get back ❺ You'll have to make do with.

**Second wave: Activate lesson 44!**

## 94. Lektion

**Ein Abendessen (Abendessen Party)**

1 – Es ist Freitag! Wir können zu Hause bleiben und einen Film im Fernsehen angucken.
2 – Erinnerst du dich nicht? Karen und ihr neuer Freund kommen zum Abendessen.
3 – Könntest du sie nicht anrufen (geben Ihnen ein Klingeln) und ihnen sagen, wir seien (sind) beschäftigt?

(ANMERKUNGEN)

② **boyfriend** bezeichnet den „Freund" in einer Liebesbeziehung; die „Freundin" heißt **girlfriend.**

③ **ring** heißt „Ring", aber auch „Klingeln, Läuten". Anstelle von **to give s.o. a ring** hört man auch **to give s.o. a bell**. Es gibt auch **to ring**: **On Christmas eve** [i:w] **all the bells are ringing** „An Heiligabend läuten alle Glocken".

| 4 | – **Out** of the qu**e**stion. **C**ome and h**e**lp me p**ee**l the pot**a**toes. ④ |
|---|---|
| 5 | – What are we **ea**ting? I f**ee**l like a steak or some r**oa**st p**o**rk. ⑤ |
| 6 | – We're having n**u**t roast with p**ea**s and c**a**rrots. Karen's a veget**a**rian. ⑥ |
| 7 | – **O**h n**o**, I'd forg**o**tten. I could d**o** with a drink. ⑦⑧ |
| 8 | – Not y**e**t! I w**a**nt you to l**ay** the table first. ⑨ |
| 9 | – Do you kn**o**w who Karen's b**oy**friend is? |
| 10 | – They've kn**o**wn each **o**ther for **a**ges. They were at sch**oo**l tog**e**ther. ⑩ |
| 11 | I can't w**ai**t to m**ee**t him. Apparently he's g**o**rgeous. ⑪ |

(PRONUNCIATION)

[*4* ... kuäß-tschön ... pi:l ... pou-**tei**-tous *5* ... rou**ß**t p**O**:(r)k *6* ... nat rou**ß**t ... **pi:**s ... kä-röt**ß** ... wä-djö-**tä**-ri-ön *8* ... **lei** ... *10* ... **ei**-djis ... *11* ... ö-**pä**-rönt-li ... g**O**:(r)-djöß]

(ANMERKUNGEN)

④ Nomen, die im Singular auf -o enden (**potato**, **tomato** [tö-**ma**:-tou] „Tomate", **hero** [**hi**:-rou] „Held"), haben die Pluralendung -**oes**; in der Aussprache kommt das -e- nicht vor.

**4** – Kommt gar nicht in Frage (raus von der Frage). Komm und hilf mir, die Kartoffeln zu schälen.

**5** – Was werden wir essen (sind wir essend)? Ich habe Lust auf (fühle wie) ein Steak oder einen Schweinebraten (gebraten Schwein).

**6** – Wir werden (haben) Nussauflauf (Braten) mit Erbsen und Karotten essen. Karen ist Vegetarierin.

**7** – Oh nein, das hatte ich vergessen. Ich könnte (tun mit) einen Drink [gebrauchen].

**8** – Noch nicht! Ich möchte, dass du zuerst den Tisch deckst.

**9** – Weißt du, wer Karens Freund ist?

**10** – Sie kennen sich seit Jahren. Sie waren zusammen in der Schule.

**11** Ich kann es nicht erwarten, ihn kennenzulernen. Anscheinend ist er umwerfend (hinreißend).

(ANMERKUNGEN)

⑤ **to feel like** „sich fühlen wie" (**I feel like a fool** „Ich fühle [mich] wie ein Dummkopf"), aber auch „Lust haben auf". Danach folgt ein Nomen oder ein Gerundium: **I feel like staying in bed** „Ich habe Lust, im Bett zu bleiben".

⑥ **nut roast** ist ein Ofengericht aus Nüssen, Zwiebeln, Brotstücken und verschiedenem Gemüse.

⑦ **I'd (I had) forgotten** ist das **past perfect**, die „Vorvergangenheit", gebildet mit der Vergangenheitsform von **to have** + Partizip Perfekt.

⑧ Auch mit **to do with** können Sie ausdrücken, dass Sie Lust auf etwas haben, etwas gut gebrauchen könnten bzw. etwas Ihnen gut tun würde: **We could do with a holiday** „Wir könnten (einen) Urlaub gebrauchen".

⑨ **first** „zuerst, zunächst" steht immer am Satzende: **What shall I do first?** „Was soll ich zuerst machen?".

⑩ Wenn zwei Personen sich schon sehr lange kennen, kann man sagen **... for ages** oder **... for donkey's** [*dang-ki:s*] **years**, wörtlich „für Esels Jahre".

⑪ **gorgeous** kann „prächtig, hinreißend, sagenhaft" heißen und ein Attribut für Personen wie auch für Sachen sein.

LEKTION 94

| 12 | – Hang on, he must be the guy with a sister who's a jazz singer. ⑫
| 13 | Karen's dad has talked about him a lot.
| 14 | – Probably. Now hurry up. They'll be here any minute.

(PRONUNCIATION)

[*12* ... *dj*äs *ß*ing-ö(r) *13* ... *d*äd ... *14* pr**O**-böb-li ...]


### FIRST EXERCISE: DO YOU UNDERSTAND THESE SENTENCES?

❶ You can have a drink but lay the table first. ❷ I've known Karen for donkey's years. ❸ What's on the box tonight? – There's a great movie. ❹ I'll give you a bell this evening. ❺ Hurry up. They'll be here any minute.

### SECOND EXERCISE: FILL IN THE CORRECT WORDS!

❶ Ich habe Lust (fühle wie gehend für), einen Spaziergang zu machen. Was ist mit dir?

I .... ... ..... .. a ..... . How about you?

❷ Weißt du, wer sein Vater ist?

Do you know ... ... ..... .. ?

❸ Sie sind sehr müde. Sie könnten (einen) Urlaub gebrauchen.

They are very tired. They ..... .. .... a ....... .

❹ Sie hat nicht bemerkt, was geschehen war.

She ....'. ....... what ... ......... .

❺ Er ist der Typ mit einem Bruder, der Bibliothekar ist.

He's the guy .... a ........ ...'. a librarian.

| 12 | – Warte mal, er muss der Typ mit der Schwester sein, die Jazz-Sängerin ist. |
|---|---|
| 13 | Karens Vater hat viel über ihn gesprochen. |
| 14 | – Wahrscheinlich. Jetzt beeil dich. Sie kommen jeden Moment (jede Minute). |

(ANMERKUNGEN)

⑫ Hier hätte man auch sagen können: ... **the guy whose sister is a jazz singer**, aber die Konstruktion mit **with** ist umgangssprachlicher.

### SOLUTION TO FIRST EXERCISE: DID YOU UNDERSTAND?

❶ Du kannst einen Drink haben, aber deck zuerst den Tisch. ❷ Ich kenne Karen seit einer Ewigkeit (für Esels Jahre). ❸ Was ist heute Abend in der Glotze? – Es gibt einen großartigen Film. ❹ Ich rufe dich heute Abend an. ❺ Beeil dich. Sie werden jeden Moment hier sein.

### SOLUTION TO SECOND EXERCISE: THE CORRECT WORDS.

❶ feel like going for – walk ❷ who his father is ❸ could do with – holiday ❹ didn't realise – had happened ❺ with – brother who's.

---

**Sprachliche Einflüsse**

Wir haben bereits erwähnt, dass zahlreiche sprachliche Einflüsse, vor allem aus den USA, das britische Englisch geprägt haben. Ein Beispiel hierfür ist das Wort **movie**, das von **moving pictures** (wörtlich „bewegliche Bilder") kommt und vor allem von der jungen Generation benutzt wird, wenn von einem Film die Rede ist. Selbstverständlich ist auch das Wort **film** nach wie vor gebräuchlich. Auch benutzen die Briten heute immer häufiger **to talk with** anstelle von **to talk to**. Das alles soll Sie nicht verwirren und auch nicht weiter beschäftigen. Wir stützen uns in diesem Kurs auf das britische Englisch und weisen nur stellenweise auf die Unterschiede zum Amerikanischen hin.

**Second wave: Activate lesson 45!**

## ▶ Ninety-fifth lesson

## A dinner party (continued)

1 – Hello. Sorry we're late.
2   We couldn't find anywhere to park.
3 – Come in. Let me take your coats.
4 – This is Barry. Barry, this is Christine and this is Nigel.
5 – Pleased to meet you. We've heard so much about you.
6 – Uh oh. None of it's true, I swear. ①
7   We've brought you some flowers and a bottle of wine.
8 – How kind of you. You really shouldn't have bothered.
9 – What about a drink before dinner? Gin and tonic? Sherry? ②
10 – A soft drink for me please, Nigel. I'm driving. ③
11   (*After the meal.*)
12 – Those vegetables were absolutely delicious, Christine. ④

(PRONUNCIATION)

[4 ... bä-ri ... kriß-ti:n ... nai-djöl  5 ... hÖ:(r)d ... ßuä:(r)
7 ... brO:t ... flao-ö(r)s ... bOtl ... uain  8 ... kaind ... ba-fsö(r)d
9 ... djin ... tO-nik schä-ri  10 ... ßOft ... 11 ... mi:l  12 ... wädj-tö-bls ... dö-li-schöß ...]

(ANMERKUNGEN)

① Je nach Kontext kann none „keiner, -e, -s" bedeuten oder aber, wie in diesem Satz, eine Aussage verneinen. **How much sugar did you use in the cake? – None** „Wie viel Zucker hast du in den Kuchen getan? – [Gar] keinen".

## 95. Lektion

### Ein Abendessen (Fortsetzung)

1 – Hallo. Tut uns leid, dass wir uns verspätet haben (wir sind spät).
2   Wir konnten keinen Parkplatz finden (finden irgendwo zu parken).
3 – Kommt herein. Gebt mir (lass mich nehmen) eure Mäntel.
4 – Das ist Barry. Barry, das ist Christine, und das ist Nigel.
5 – Freut mich (erfreut), dich kennenzulernen. Wir haben so viel von dir (über dich) gehört.
6 – Oh. Nichts davon ist wahr, ich schwöre [es].
7   Wir haben euch (einige) Blumen und eine Flasche Wein mitgebracht.
8 – Wie lieb von euch. Das wäre wirklich nicht nötig gewesen (ihr wirklich solltet-nicht haben beschäftigt).
9 – Möchtet ihr (was über) einen Drink vor dem Abendessen? Gin (und) Tonic? Sherry?
10 – Für mich bitte etwas antialkoholisches (weiches Getränk), Nigel. Ich muss fahren (bin fahrend).
11  (*Nach dem [Abend]essen.*)
12 – Dieses Gemüse war (diese Gemüse waren) absolut köstlich, Christine.

---

(ANMERKUNGEN)

② **What about...?** leitet hier einen Vorschlag ein. Die Grundbedeutung von **about** ist aber „über": **What's the article about?** „Wovon handelt der Artikel (was-ist der Artikel über)?".

③ **soft** kann „weich, zart, sanft, mild, zärtlich" bedeuten. **Softy** ist die Bezeichnung für einen „Weichling, Waschlappen" oder eine „Heulsuse".

④ Wie bei **comfortable** [*kamf-tö-bl*] werden auch bei **vegetables** nicht alle Vokale gesprochen [*wädj-tö-bls*].

**13** – Yes, they would have been wonderful with roast pork. ⑤

**14** – But we thought you didn't eat meat! ⑥

**15** – Oh, I gave up being a vegetarian when I met Barry. ⑦

**16** – Anyone for coffee? Or a glass of brandy? ⑧

(PRONUNCIATION)

[*14* ... mi:t *15* ... geiw ... *16* ... brän-di]

### FIRST EXERCISE: DO YOU UNDERSTAND THESE SENTENCES?

❶ Sorry I'm late. I couldn't find anywhere to park. ❷ You must be Nigel. I've heard so much about you. ❸ How much wine have you drunk? – None. ❹ What's the article about? – Vegetarians. ❺ She gave up her job when she had a baby.

### SECOND EXERCISE: FILL IN THE CORRECT WORDS!

❶ Ich dachte, du isst kein (tatest-nicht essen) Fleisch. – [Doch,] jetzt esse ich [Fleisch].

I . . . . . . . you . . . . '. . . . meat. – I . . now.

❷ Es wäre perfekt gewesen mit Kartoffeln.

. . . . . . . . . . . . . . . perfect with . . . . . . . . .

❸ Wie süß von dir. Das wäre wirklich nicht nötig gewesen.

. . . sweet . . you. You really . . . . . . . '. . . . . . . . . . . . .

❹ Wie wär's mit einem Drink vor dem Abendessen? – Etwas Alkoholfreies (weiches Getränk) für mich.

. . . . . . . . a . . . . . . . . . . . . . . . . . . . ? – A . . . . . . . . . for me.

13 – Ja, sie wären wunderbar gewesen mit Schweinebraten.
14 – Aber wir dachten, du isst kein (tatest-nicht essen) Fleisch!
15 – Oh, ich habe aufgehört, Vegetarierin zu sein, als ich Barry kennenlernte.
16 – Möchte jemand [einen] Kaffee? Oder ein Glas Brandy?

(ANMERKUNGEN)

⑤ Hier treffen Sie zum ersten Mal den Konditional Perfekt (Möglichkeitsform in der Vergangenheit), der mit would have + Partizip Perfekt gebildet wird.

⑥ Beachten Sie hier die Zeitenfolge (die nicht mit dem Deutschen identisch ist!). Ein anderes Beispiel: I thought (Imperfekt) she went (Imperfekt) to university „Ich dachte, sie geht (ging) zur Universität".

⑦ Auf to give up „aufhören mit, aufgeben" kann ein Nomen (He gave up his job when he moved to London) oder ein Gerundium folgen (I gave up smoking two years ago).

⑧ Anyone for...? ist eine weitere Möglichkeit, einen Vorschlag oder ein Angebot zu formulieren: Anyone for tennis? „Möchte jemand Tennis spielen?".

### SOLUTION TO FIRST EXERCISE: DID YOU UNDERSTAND?

❶ Tut mir leid, dass ich mich verspätet habe. Ich konnte nirgendwo einen Parkplatz finden. ❷ Du musst Nigel sein. Ich habe so viel von dir (über dich) gehört. ❸ Wie viel Wein hast du getrunken? – [Gar] keinen. ❹ Wovon handelt der Artikel? – [Von] Vegetariern. ❺ Sie gab ihre Arbeit auf, als sie ein Baby bekam (hatte).

❺ Keine dieser Geschichten ist wahr, ich schwöre [es].

. . . . . . those stories . . true, I . . . . . . .

### SOLUTION TO SECOND EXERCISE: THE CORRECT WORDS

❶ thought – didn't eat – do ❷ It would have been – potatoes ❸ How – of – shouldn't have bothered ❹ What about – drink before dinner – soft drink ❺ None of – is – swear.

## Ninety-sixth lesson

## The wrong number

1 – We're thinking of visiting the Lakes shortly ① ②
2 so we need some advice about places to stay and things to do.
3 Could you tell me if there are any decent B&Bs in Bowness? ③

PRONUNCIATION
[*1* ... sch**O**:(r)t-li *2* ... öd-**wai**ß ... *3* ... di:-ß**ö**nt b**i**:-ön-b**i**:s ...]

ANMERKUNGEN

① Wie Sie wissen, werden die „Verben der unfreiwilligen Wahrnehmung", zu denen auch to think "denken" gehört, nicht in der Verlaufsform benutzt. to think of "planen, vorhaben" fällt jedoch nicht in diese Verbkategorie und kann daher in der Verlaufsform benutzt werden.

four hundred and two • 402

---

**Prost!**
Britische Getränkekarten bieten den Gästen neben **soft drinks** auch zahlreiche alkoholische Getränke, **alcoholic beverages** [äl-kö-h**O**-lik b**ä**-wö-rö-djis]. Mit **Would you like an aperitif?** wird man nach seinem Aperitifwunsch gefragt. Die beliebtesten Aperitifs, d. h. Getränke, die vor dem Essen getrunken werden und die den Appetit anregen sollen, sind **gin and tonic**, manchmal abgekürzt zu **G and T** [dji: än ti:], und **sherry**, den man entweder **sweet** oder **cream** „süß", **medium** „halbtrocken" oder **dry** „trocken" genießt. Nach einem guten Essen genehmigt man sich gerne einen **brandy**, womit jede Art von „Verdauungsschnaps" gemeint sein kann. (Bei den Amerikanern heißen die hochprozentigen alkoholischen Getränke **hard liquor** [li-kö(r)]).

---

**Second wave: Activate lesson 46!**

## 96. Lektion

### Die falsche Nummer

1 – Wir haben vor (sind denkend an), in Kürze [das Gebiet der] Lakes zu besuchen (kurz),

2 daher benötigen wir einige Ratschläge zu Unterkünften (über Plätze zu bleiben) und Aktivitäten (Dinge zu tun).

3 Könnten Sie mir sagen, ob es irgendwelche ordentlichen (annehmbaren) Frühstückspensionen (Bett und Frühstück) in Bowness gibt?

(ANMERKUNGEN)

② **shortly** „in Kürze, gleich" ist ein Synonym von **soon**. **Shortly** kann auch „kurz angebunden, in barschem Ton" heißen.

③ **decent** „annehmbar, schicklich, anständig". **That's very decent of you** „Das ist sehr liebenswürdig von Ihnen".

LEKTION 96

**403** • **four hundred and three**

| 4 | – There's a nice one on Cottage Street, with superb lake views. ④ |
|---|---|
| 5 | – Have you any idea how much they charge? ⑤ |
| 6 | – No. You'll have to get in touch with the owners directly. |
| 7 | – Do you happen to know the phone number? ⑥ |
| 8 | – No, but I've got the address. Will that do? ⑦ |
| 9 | – Have you any idea whether they're open at Easter? |
| 10 | – It's the high season, so they're bound to be open. ⑧ |
| 11 | – What about things to do? Have you any suggestions? |
| 12 | – There are masses of visitor attractions. You'll be spoilt for choice. ⑨ |
| 13 | – You wouldn't happen to have a list, would you? |
| 14 | – Actually, madam, this is a dry cleaners, not the tourist office. |

(PRONUNCIATION)

[4 ... ßu-p**Ö**:(r)b .. w**ju**:s  5 ... tsch**a**:(r)dj  6 ... **ou**-nö(r)s di-r**ä**kt-li
7 ... h**ä**-pön ... 10 ... hai **ßi**:-sön ... b**ao**nd ... 11 ... ßö-dj**ä**ßt-schöns
12 ... m**ä**-ßis ... wi-sö-t**ö**(r) ö-tr**ä**k-tschöns ... ßp**oi**lt fö tsch**oi**ß
14 ... drai kl**i**:-nö(r)s ... **tu**:-rißt **O**-fiß]

(ANMERKUNGEN)

④ one steht hier stellvertretend für a B&B, um eine Wiederholung zu vermeiden.

| 4 | – Es gibt eine hübsche in der (auf) Hüttenstraße, mit einem fantastischen Blick auf den See (See Ausblicken).
| 5 | – Haben Sie eine Ahnung (irgendeine Idee), wie viel es kostet (wie viel sie berechnen)?
| 6 | – Nein. Sie müssen mit den Besitzern persönlich Kontakt aufnehmen (direkt).
| 7 | – Kennen Sie zufällig die Telefonnummer?
| 8 | – Nein, aber ich habe die Adresse. Reicht das aus (wird das tun)?
| 9 | – Wissen Sie, ob sie (sind) an Ostern geöffnet haben?
| 10 | – Da ist (die) Hochsaison, also haben sie bestimmt geöffnet (sie-sind gebunden zu sein offen).
| 11 | – Was kann man unternehmen (was über Dinge zu tun)? Haben Sie irgendwelche Vorschläge?
| 12 | – Es gibt Unmengen von Besucherattraktionen. Sie haben die Qual der Wahl (Sie-werden sein verwöhnt für Auswahl).
| 13 | – Sie haben nicht zufällig eine Liste, oder?
| 14 | – Nun, gnädige Frau, hier ist die Reinigung (trocken Reiniger), nicht das Fremdenverkehrsbüro (Touristen Büro).

(ANMERKUNGEN)

⑤ **to charge** „berechnen, nehmen" wird sowohl bei Produkten als auch bei Dienstleistungen verwendet: **How much does the electrician** [*i-läk-tri-schön*] **charge?** „Wie viel nimmt der Elektriker?".

⑥ **Do you happen to** wird für indirekte Fragen mit dem Zusatz „zufällig" verwendet: **Do you happen to know where he lives?** „Wissen Sie zufällig, wo er wohnt?".

⑦ **to do** kann auch die Bedeutung „reichen" haben (vgl. auch Lektion 89: **That won't do** „Das reicht nicht").

⑧ **to be bound to** (**bound** = Partizip Perfekt von **to bind** „fesseln, binden; verpflichten") drückt aus, dass ein Ereignis oder eine Handlung mit Sicherheit eintreten wird: **It's Saturday, so it's bound to rain** „Es ist Samstag, also wird es ganz bestimmt regnen".

⑨ Die Grundbedeutungen von **to spoil** sind „verderben, ruinieren; verwöhnen; (Kind) verziehen": **The news spoilt our evening** „Die Nachricht hat uns den Abend verdorben". **There are eight cinemas in my town. – You're spoilt for choice** „Es gibt acht Kinos in meiner Stadt. – Da hast du die Qual der Wahl".

LEKTION 96

### FIRST EXERCISE: DO YOU UNDERSTAND THESE SENTENCES?

❶ I'm thinking of staying in a B&B. ❷ Have you any idea how much the electrician charges? ❸ We were spoilt for choice. ❹ I'm sorry, you've got the wrong number. ❺ Can you wait? My husband will be here shortly.

### SECOND EXERCISE: FILL IN THE CORRECT WORDS!

❶ Könnten Sie mir sagen, ob es [hier] ein ordentliches Hotel gibt? – Es gibt eins in Bowness.

..... ... ..... .. if there is a decent hotel? – There's ... in Bowness.

❷ Kennen Sie zufällig die Adresse? –Tut mir leid, [nein].

.. ... ...... .. .... the address? – Sorry, I ...'. .

❸ Haben Sie eine Ahnung, ob sie (sind) an Ostern geöffnet haben?

.... ... ... .... ....... they're open at Easter?

---

▶ **Ninety-seventh lesson**

## Tactless

**1** – Sir, I st**o**pped you bec**au**se you were br**ea**king the sp**ee**d l**i**mit. ①

**2** – I'm s**o**rry, **o**fficer. I d**i**dn't r**ea**lise I was sp**ee**ding.

(PRONUNCIATION)
[täkt-löß **1** ... br**ei**-king ... ßp**i:**d l**i**-mit **2** ... ßp**i:**-ding]

### SOLUTION TO FIRST EXERCISE: DID YOU UNDERSTAND?

① Ich habe vor, in einem Bed & Breakfast zu übernachten. ② Hast du (irgend)eine Ahnung, wie viel der Elektriker berechnet? ③ Wir hatten die Qual der Wahl. ④ Es tut mir leid, Sie haben die falsche Nummer. ⑤ Können Sie warten? Mein Mann wird gleich hier sein.

④ Es ist Winter, daher haben (sind) sie sicherlich geschlossen.

It's winter so they're . . . . . .. .. . . . . . . . .

⑤ Du hättest nicht zufällig einen Füller? – Ich habe einen Bleistift. Reicht das aus?

You . . . . . . .'. . . . . . .. .. . . . a pen? – I have a pencil. . . . . . . . . .. ?

### SOLUTION TO SECOND EXERCISE: THE CORRECT WORDS.

① Could you tell me – one ② Do you happen to know – don't ③ Have you any idea whether ④ bound to be closed ⑤ wouldn't happen to have – Will that do.

**Second wave: Activate lesson 47!**

---

## 97. Lektion

### Taktlos

**1** – [Mein] Herr, ich habe Sie angehalten, weil Sie die Geschwindigkeitsbegrenzung überschritten haben (Sie waren brechend die Geschwindigkeit Grenze).

**2** – Es tut mir leid, [Herr] Wachtmeister. Ich habe nicht bemerkt, dass ich zu schnell gefahren bin (war rasend).

(ANMERKUNGEN)

① **I stopped you because you were speeding** oder **I stopped you for speeding** sind zwei alternative Ausdrucksweisen für diesen Satz.

| 3 | – Of course you were. You always drive too fast. |
| 4 | – What's more, sir, you're not wearing your seat belt. ② |
| 5 | – Oh dear. I must have forgotten to put it on. ③ |
| 6 | – Rubbish. You know you never ever wear a belt. ④ |
| 7 | – Do you also realise that your left brake light isn't working? |
| 8 | – Good heavens. I had no idea it was out of order. ⑤ |
| 9 | – Oh come on! You've known for weeks. |
| 10 | You're just too lazy to fix it. ⑥ |
| 11 | – And your driver's licence is out of date. |
| 12 | – You stupid idiot! I told you to get a new one. |
| 13 | – Excuse me ma'am, but do you always talk to your husband like this? |
| 14 | – Oh no, officer. Only when he's drunk. ⑦ |

(PRONUNCIATION)

[4 ... uä:-ring ... ßi:t bält  5 ... fö-gO-tn ... 6 ra-bisch ... 7 ... breik lait ... 8 ... hä-wöns ... 10 ... lei-si ... fikß ... 11 ... drai-wö(r)s lai-ßönß ... 12 ... ßtju-pid i-di-öt ... 13 ... mä-äm ... 14 ... drank]

HE STOPPED ME FOR SPEEDING AND FOR NOT WEARING A SEAT BELT.

(ANMERKUNGEN)

② Komposita werden einfach mit Hilfe zweier Einzelnomen gebildet: **speed limit**, **seat belt**. Weitere lernen Sie in dieser Lektion kennen. Sie können Sie mit einem Textmarker anstreichen.

**3** – Natürlich bist du [zu schnell gefahren]. Du fährst immer zu schnell.

**4** – Außerdem [Herr] haben Sie Ihren Sicherheitsgurt nicht angelegt (Sie-sind nicht tragend Ihren Sitz Gürtel).

**5** – Oh je. Ich muss vergessen haben, ihn anzulegen.

**6** – Unsinn. Du weißt, dass du dich niemals (niemals jemals) anschnallst.

**7** – Wissen (bemerken) Sie auch, dass Ihr linkes Bremslicht nicht funktioniert (ist-nicht arbeitend)?

**8** – [Du] lieber (guter) Himmel. Ich hatte keine Ahnung, dass es defekt (aus der Ordnung) ist.

**9** – Jetzt hör aber auf! Du weißt es seit Wochen.

**10**  Du bist nur zu faul, es zu reparieren.

**11** – Und Ihre Fahrerlaubnis ist abgelaufen (aus von Datum).

**12** – Du dummer Idiot! Ich habe dir gesagt, du sollst dir eine neue (eine) beschaffen.

**13** – Entschuldigen Sie (mich meine-Dame), aber sprechen Sie immer so mit Ihrem Mann (wie dies)?

**14** – Oh nein, [Herr] Wachtmeister. Nur, wenn er betrunken ist.

(ANMERKUNGEN)

③ Hier hätte man auch **I forgot to put on my belt** oder **I forgot to put my belt on** sagen können. Lautet das Pronomen hingegen **it**, muss es heißen **... to put it on**.

④ **never ever** wirkt stärker als nur **never**. Beide Wörter werden auf der ersten Silbe und gleich stark betont.

⑤ **heaven** „Himmel", aber beim Ausruf **Good Heavens!** wird ein Plural-**s** angehängt. Eine Variante ist **Heavens above!** (wörtlich „Himmel darüber!"). Merken Sie sich auch **Thank heavens!** „Gott sei Dank!".

⑥ **to fix** kann „reparieren" bedeuten (**It's broken but I can fix it** „Es ist kaputt, aber ich kann es reparieren") oder „festlegen, vereinbaren" (**Have you fixed a date yet?** „Habt ihr schon ein Datum vereinbart?").

⑦ **drunk** „getrunken" ist das Partizip Perfekt von **to drink** „trinken" und auch das Adjektiv „betrunken".

LEKTION 97

### FIRST EXERCISE: DO YOU UNDERSTAND THESE SENTENCES?

❶ He stopped me for speeding and for not wearing a seat belt. ❷ You never ever buy me presents. ❸ I've found your passport. – Thank heavens! I thought I'd lost it. ❹ Have you fixed the car? – Not yet. ❺ I had no idea it was broken. – Oh come on!

### SECOND EXERCISE: FILL IN THE CORRECT WORDS!

❶ Er zog seine Schuhe an und ging hinaus in den Garten.

He . . . .. . . . . . . . and . . . . . . .
. . . . the garden.

❷ Wo ist deine Armbanduhr? – Ich muss vergessen haben, sie anzuziehen.

Where's you watch? – I . . . . . . . .
. . . . . . . . . to put it on.

❸ Weiß (bemerkt) er, [dass] sein Bremslicht nicht funktioniert?

. . . . .. . . . . . . . . . . brake light . . .'.
. . . . . . . ?

▶ **Ninety-eighth lesson**

**Revision and notes**

#### 1. Reflexivpronomen und reziproke Pronomen

Bereits in Lektion 63 haben wir kurz über die Reflexivpronomen (**myself**, **himself**, ...) gesprochen. Wir wollen sie hier noch einmal vertiefen.

Man verwendet sie, wenn Subjekt und Objekt eines Verbs identisch sind bzw. wenn die durch das Verb ausgedrückte Handlung sich auf die ausführende Person selbst richtet:

## SOLUTION TO FIRST EXERCISE: DID YOU UNDERSTAND?

❶ Er hielt mich an, weil ich zu schnell gefahren bin (für Rasen) und (für nicht tragend einen) den Sicherheitsgurt nicht angelegt hatte. ❷ Du kaufst mir niemals Geschenke. ❸ Ich habe deinen Pass gefunden. – Gott sei Dank! Ich dachte, ich hätte ihn verloren. ❹ Hast du den Wagen repariert? – Noch nicht. ❺ Ich hatte keine Ahnung, dass es kaputt war. – Jetzt hör aber auf!

❹ Du hast zu viel getrunken. – Ja, aber ich bin nicht betrunken.

. . . ' . . . . . . . . . . . . . . . . – Yes, but I'm not . . . . . .

❺ Meine Fahrerlaubnis ist abgelaufen. – Habe ich dir nicht gesagt, du sollst dir eine neue beschaffen?

My license is . . . . . . . . . . . – . . . ' . . . . . . . . to . . . a new . . . ?

## SOLUTION TO SECOND EXERCISE: THE CORRECT WORDS.

❶ put on his shoes – went out into ❷ must have forgotten ❸ Does he realise his – isn't working ❹ You've drunk too much – drunk ❺ out of date – Didn't I tell you – get – one.

**Second wave: Activate lesson 48!**

# 98. Lektion

**I bought myself a new coat.** „Ich habe mir einen neuen Mantel gekauft."
**He talks to himself all the time.** „Er spricht die ganze Zeit mit sich selbst."

Hinsichtlich des Reflexivpronomens gibt es einen Unterschied zwischen der Form der 2. Person Singular und der 2. Person Plural:

**Did you enjoy yourself?** „Hast du dich gut amüsiert?"
**Did you enjoy yourselves?** „Habt ihr euch gut amüsiert?"

Vorsicht ist geboten, wenn statt eines Reflexivpronomens ein sog. reziprokes (die Gegenseitigkeit ausdrückendes) Pronomen angewandt wird; in diesem Fall ändert sich die Satzbedeutung:

> **They hurt themselves.** (reflexiv) „Sie verletzten sich" (= jeder verletzte sich selbst)
> Aber: **They hurt each other.** (reziprok) „Sie verletzten sich gegenseitig" (= jeder verletzte den anderen).

Ein weiteres Beispiel:

> **We looked at ourselves in the mirror.** (reflexiv) „Wir betrachteten uns im Spiegel."
> Aber: **We looked at one another.** (reziprok) „Wir betrachteten uns gegenseitig."

Schließlich können die Reflexivpronomen auch zur Unterstreichung eines bestimmten Elements einer Aussage verwendet werden:

> **Karen herself answered the phone.** „Karen selbst antwortete am Telefon."
> **The Beatles themselves played in this pub.** „Die Beatles selbst spielten in dieser Kneipe."

## 2. to make und to do

Beide Verben werden mit „machen" übersetzt, aber ihre Anwendung ist unterschiedlich. **To do** wird für Handlungen benutzt, **to make** dagegen, wenn von der Herstellung oder Anfertigung einer Sache die Rede ist. Im ersten Fall würde die generelle Frage „Was machst du [denn so im Moment]?" auf Englisch **What are you doing?** lauten. Wenn Sie jedoch in die Küche kommen und jemanden mit Mehl, Eiern und Milch hantieren sehen, würden Sie fragen: **What are you making?**. Zusammenfassend hierzu noch einige Beispiele:
Man verwendet **to do** in Verbindung mit:

> **the housework** „die Hausarbeit"
> **the ironing** „das Bügeln"
> **the exercise** „die Übung"
> **one's hair** „die Haare".

Man verwendet **to make** in Verbindung mit:

> **breakfast, dinner...** „Frühstück, Abendessen ..."
> **a fire** „ein Feuer"
> **a plan** „ein Plan"
> **a decision** „eine Entscheidung".

Auf die folgenden Wörter lässt sich die oben genannte Regel jedoch nicht anwenden:

> **to do**:
> **business** „Geschäfte"
> **a favour** „einen Gefallen"
> **good** „Gutes".

**to make**:

> **the bed** „das Bett"
> **a fuss** „Theater, Wirbel"
> **a phone call** „einen Anruf"
> **progress** „Fortschritt".

### 3. Adverbien

Die Stellung der Adverbien im Satz ist nicht immer identisch mit dem Deutschen; wir wollen daher hier anhand einiger Beispiele etwas Klarheit in dieses Thema bringen:

a) Adverbien der Art und Weise

Sie enden im Allgemeinen auf **-ly** und stehen <u>hinter</u> dem Verb oder dem Akkusativobjekt:

> **She ran quickly.** „Sie lief schnell."
> **He speaks German fluently.** „Er spricht fließend Deutsch."

Besteht das Objekt aus mehreren Elementen, so steht das Adverb <u>vor</u> dem Verb:

> **He carefully prepared the papers he needed for the meeting.** „Er bereitete sorgfältig die Unterlagen vor, die er für die Besprechung brauchte."

Auch die beiden Adverbien **well** und **very much** werden nicht in allen Fällen wie im Deutschen platziert:

> **She speaks Chinese very well.** „Sie spricht sehr gut Chinesisch."
> **We like the Isle of Wight very much.** „Wir mögen die Isle of Wight sehr."

Besteht das Objekt aus mehreren Elementen, so muss **very much** vor dem Objekt stehen:

> **We very much like the idea of visiting the Lake District.** „Wir mögen die Idee, den Lake District zu besuchen, sehr."

b) Adverbien des Ortes

Adverbien wie **here**, **there**, **everywhere**, **near** stehen wie die Adverbien der Art und Weise (a) hinter dem Verb (oder hinter dem Objekt, sofern vorhanden):

> **I bought it there.** „Ich habe es dort gekauft."
> **We looked for you everywhere.** „Wir haben dich überall gesucht."

c) Adverbien der Häufigkeit

Adverbien wie **often**, **always**, **never** usw. sind etwas schwieriger zu positionieren. Sehen wir uns die einzelnen Fälle an:
● In den einfachen Zeitformen:
Lautet das Verb **to be**, stehen die Adverbien immer <u>hinter</u> dem Verb:

> **He's always the first to arrive.** „Er ist immer der erste, der ankommt."
> **She's never on time.** „Sie kommt nie pünktlich."

Bei den anderen Verben stehen sie immer <u>vor</u> dem Verb:

> **They often visit their aunt.** „Sie besuchen oft ihre Tante."
> **We sometimes borrow their car.** „Wir leihen uns manchmal ihr Auto aus."

● In den zusammengesetzten Zeitformen (Verlaufsform, present perfect usw.) oder wenn sich das Verb aus zwei oder mehr Elementen zusammensetzt, steht das Adverb hinter dem ersten Hilfsverb:

**Have you ever worked in a big company?** „Hast du jemals in einer großen Firma gearbeitet?"
**I'll never understand why she married him.** „Ich werde niemals verstehen, warum sie ihn geheiratet hat."

### 4. Zusammengesetzte Nomen (Komposita)

Im Englischen können zwei, drei oder auch mehr Nomen ohne Präpositionen oder andere Bindewörter hintereinander gestellt werden und so ein zusammengesetztes Nomen bilden. Dies findet man oft bei Zeitungsschlagzeilen, die für Nicht-Briten schwer zu verstehen sind. Am besten entschlüsselt man solche Schlagzeilen rückwärts. Eine Schlagzeile, die **HI-TECH FIRM SHARE PRICE CRASH** lautet, bedeutet wahrscheinlich, dass es zu einem Sturz (**crash**) bei den Preisen (**price**) von Anteilen (**share**) einer Firma (**firm**) im Hochtechnologiesektor (**hi-tech**) gekommen ist.

Wenden wir uns aber einigen einfacheren Komposita zu, mit denen Sie Bekanntschaft gemacht haben: **speed limit**, **seat belt**, **brake light**, ... Während wir im Deutschen diese Nomen zusammenschreiben und sie manchmal durch ein „Fugen-s" verbinden, stehen die beiden Elemente im Englischen getrennt. Weitere Beispiele sind **tea cup** „Teetasse", **tourist attraction** „Touristenattraktion", **milk chocolate** „Milchschokolade", **smoking section** „Raucherzone". Unzählige andere Komposita haben Sie schon im Laufe dieses Kurses assimiliert, ohne dass es Ihnen bewusst geworden ist.

Wie oben schon erwähnt, bildet das Englische sogar Zusammensetzungen aus mehr als zwei Bestandteilen wie **camping goods shop** „Fachgeschäft für Campingartikel", **airline ticket office** „Verkaufsstelle für Flugtickets". Wichtig zu wissen ist, dass die Wörter, die vor dem „Haupt"-Wort stehen, den Charakter eines Adjektivs haben und unveränderlich sind. So wird z. B. bei **airline ticket office** kein -s an **ticket** angehängt, obwohl dort selbstverständlich nicht nur ein Ticket, sondern viele Tickets verkauft werden.

## 5. Verständnis-/Formulierungsübung

**DO YOU UNDERSTAND THESE SENTENCES?**

① My life is so dull and uneventful nowadays. ② I get up, clean my teeth, shower and make the bed. ③ For dinner, I make do with a sandwich and a beer. ④ I used to be married but I haven't seen my wife for ages. ⑤ I was invited to a dinner party at Sam's house the other night. ⑥ But I gave him a ring and told him I was busy. ⑦ It would have been wonderful but Sam's wife's a vegetarian. ⑧ You wouldn't happen to know whether there's a decent pub near here? ⑨ Sorry, I gave up drinking when I met my wife. ⑩ But there's the Red Lion. It's bound to be open. ⑪ If you drive, don't forget to put your seat belt on. ⑫ You're making a lot of fuss about nothing. ⑬ I never ever forget to put it on. Goodbye.

## ▶ Ninety-ninth lesson

## Crash!

1 – I **t**old you that you sh**ou**ldn't drive so **f**ast!
2    You've **j**ust run **i**nto that bl**ue** ca**r**. ①
3 – But it was h**i**s fault, not m**i**ne. He d**i**dn't br**a**ke in time. ②

(PRONUNCIATION)

[kräsch 3 ... fO:lt ... breik ...]

### DID YOU UNDERSTAND?

❶ Mein Leben ist im Moment so langweilig und ereignislos. ❷ Ich stehe auf, putze mir die Zähne, dusche und mache das Bett. ❸ Zum Abendessen begnüge ich mich mit einem Sandwich und einem Bier. ❹ Früher war ich verheiratet, aber ich habe meine Frau seit Jahren nicht gesehen. ❺ Ich war neulich abends (die andere Nacht) bei Sam (Sams Haus) zu einem Abendessen eingeladen. ❻ Aber ich habe ihn angerufen und ihm gesagt, ich sei beschäftigt. ❼ Es wäre wunderbar gewesen, aber Sams Frau ist Vegetarierin. ❽ Sie wissen nicht zufällig, ob es hier in der Nähe eine ordentliche Kneipe gibt? ❾ Tut mir leid, ich habe mit dem Trinken aufgehört, als ich meine Frau kennenlernte. ❿ Aber es gibt den Roten Löwen. Er hat bestimmt geöffnet. ⓫ Wenn Sie [mit dem Auto] fahren, vergessen Sie nicht, Ihren Sicherheitsgurt anzulegen. ⓬ Sie machen viel Wirbel um nichts. ⓭ Ich vergesse niemals, ihn anzulegen. Auf Wiedersehen.

**Second wave: Activate lesson 49!**

## 99. Lektion

### Unfall!

1 – Ich habe dir gesagt, dass du nicht so schnell fahren sollst!
2   Du bist gerade in dieses blaue Auto (hinein) gefahren.
3 – Aber es war seine Schuld, nicht meine. Er hat nicht rechtzeitig gebremst (in Zeit).

(ANMERKUNGEN)

① Neben dieser Bedeutung kann *to run into* selbstverständlich auch wörtlich übersetzt werden: *The phone rang so I ran into the house* „Das Telefon klingelte, also rannte ich ins Haus". Es heißt außerdem „jemanden zufällig treffen".

② Achtung: *in time* heißt „rechtzeitig", aber *on time* heißt „pünktlich": *He's never on time* „Er kommt nie pünktlich".

**417** • **four hundred and seventeen**

| 4 | – Look what you've done to my door! |
|---|---|
| 5 | – It was your fault. You should've stopped at the roundabout. |
| 6 | – You must be kidding. You ought to have given way. ③ ④ |
| 7 | – You shouldn't have been doing fifty in a built-up area. ⑤ |
| 8 | – Anyway, it could have been worse, I suppose. ⑥ |
| 9 | Nobody was hurt and the damage isn't serious, is it? |
| 10 | Here, have a sip of whisky from this flask. ⑦ |
| 11 | – Thanks very much. I could do with a drink. |
| 12 | No harm in that, is there? ⑧ |
| 13 | What about you? Aren't you having any? |
| 14 | – Not yet. I'll wait till the police have talked to you! |

(PRONUNCIATION)

[**5** ... raond-ö-baot **6** ... O:t ... **7** ... bilt-ap ä-ri-ö **8** ... uÖ:(r)ß ... **9** ... hÖ:(r)t ... dä-mödj ... **10** ... ßip ... fla:ßk **12** ... ha:(r)m ...]

(ANMERKUNGEN)

③ **kidding** kommt von **to kid** „Witze machen, scherzen". **kid** als Nomen hat die Grundbedeutung „Kitz", wird aber oft für „Kind" benutzt.

**four hundred and eighteen • 418**

**4** – Sehen Sie, was Sie mit (zu) meiner Tür gemacht haben!

**5** – Es war Ihre Schuld. Sie hätten am Kreisverkehr anhalten sollen.

**6** – Sie machen wohl Witze (müssen sein scherzend). Sie hätten die Vorfahrt beachten müssen (haben gegeben Weg).

**7** – Sie hätten in einem Wohngebiet (aufgebauten Gebiet) nicht 80 km/h (50) fahren sollen.

**8** – Wie dem auch sei, es hätte schlimmer sein können, nehme ich an.

**9** Niemand wurde verletzt, und der Schaden ist nicht gravierend (ernst), nicht wahr?

**10** Hier, nehmen Sie ein Schlückchen Whisky aus diesem Flachmann.

**11** – Danke sehr. Ich kann (könnte) einen Drink gebrauchen.

**12** Das kann nicht schaden (kein Schaden in dem), oder?

**13** Was ist mit Ihnen? Nehmen Sie nicht einen Schluck?

**14** – Noch nicht. Ich warte, bis die Polizei mit Ihnen gesprochen hat!

(ANMERKUNGEN)

④ **ought to** (das keinen Infinitiv und keine Beugungsformen hat) ist ein Synonym von **should** (kann aber im Unterschied zu diesem nicht verneint werden). **ought to** ist nicht ganz so „autoritär" wie **should**, und **should** wird häufiger gebraucht.

⑤ Die Briten „fahren" nicht mit einer bestimmten Geschwindigkeit; sie verwenden das Verb **to do**.

⑥ **Anyway** „auf jeden Fall, jedenfalls, wie dem auch sei" haben wir schon verschiedentlich angetroffen; seine Übersetzung hängt immer ein bisschen vom Kontext ab.

⑦ Wie so oft im Englischen kann man auch aus dem Nomen **sip** „Schlückchen" ein Verb machen: **She sipped her tea** „Sie schlürfte ihren Tee".

⑧ Die Briten lieben es, Sätze in der Umgangssprache zu verkürzen. Der komplette Satz müsste lauten **There's no harm in that, is there?**. Ebenso: **No hurry, is there?** „[Das hat] keine Eile, oder?".

### FIRST EXERCISE: DO YOU UNDERSTAND THESE SENTENCES?

❶ I ran into Sheila in the supermarket. – How is she? ❷ It's getting dark. I ought to go. – No hurry, is there? ❸ She told them not to buy that house, but they did it anyway. ❹ Let me give you some advice. ❺ The damage wasn't serious so don't worry.

### SECOND EXERCISE: FILL IN THE CORRECT WORDS!

❶ Ist er pünktlich? – Nein, aber das ist nicht seine Schuld. Ich habe ihn nicht rechtzeitig angerufen.

Is he .. ....? – No, but it's ... ... ..... . I didn't call him .. .....

❷ Sie hätten bremsen sollen. – Und Sie hätten nicht so schnell fahren sollen.

You ...... ... ....... . – And you ......'. ... ... ....... so fast.

❸ Niemand wurde verletzt, es hätte also schlimmer sein können.

...... ... hurt, so .. ..... .... .... worse.

❹ Es fing an zu regnen, aber sie rannte nicht ins Haus.

It ....... ......., but she ....'. ... .... the house.

❺ Wir hätten die Vorfahrt beachten sollen, nehme ich an.

We ..... .. .... ..... way, I suppose.

### SOLUTION TO FIRST EXERCISE: DID YOU UNDERSTAND?

❶ Ich habe zufällig Sheila im Supermarkt getroffen. – Wie geht es ihr? ❷ Es wird dunkel. Ich sollte gehen. – Das hat keine Eile, oder? ❸ Sie sagte ihnen, sie sollten dieses Haus nicht kaufen, aber sie taten es trotzdem. ❹ Lassen Sie mich Ihnen einen (etwas) Rat geben. ❺ Der Schaden war nicht gravierend, daher brauchst du dir keine Sorgen zu machen.

### SOLUTION TO SECOND EXERCISE: THE CORRECT WORDS.

❶ on time – not his fault – in time ❷ should have braked – shouldn't have been driving ❸ Nobody was – it could have been ❹ started raining – didn't run into ❺ ought to have given.

---

**Drive carefully!**
Wenn Sie in Großbritannien mit dem Auto unterwegs sind, so vergessen Sie nicht, dass man dort auf der linken Straßenseite fährt! Man überholt rechts, und im Kreisverkehr gewährt man den Autos, die von rechts kommen, Vorfahrt. Ansonsten ist die Vorfahrt durch die uns bekannten Bodenmarkierungen und Schilder geregelt. Fußgänger haben an Überwegen absolute Priorität, und jeder Autofahrer muss anhalten, wenn ein Fußgänger darauf wartet, die Straße zu überqueren. Innerhalb geschlossener Ortschaften liegt das Tempolimit bei **30 mph** (**miles per hour**; ca. 48 km/h), außerhalb geschlossener Ortschaften bei **60 mph** (ca. 96 km/h) und auf Autobahnen bei **70 mph** (ca. 112 km/h).

---

**Second wave: Activate lesson 50!**

## ▶ One hundredth lesson

## London

1. London is one of the most exciting cities in the world.
2. It was founded by the Romans some two thousand years ago. ①②
3. The first bridge across the River Thames was built around fifty AD, ③④
4. and Londinium, as it was called, became a major port.
5. London's development really began in the eleventh century ⑤
6. when it was chosen by William the Conqueror as his capital. ⑥
7. London grew to be one of Europe's greatest cities and trading centres.

WHEN A MAN IS TIRED OF LONDON, HE IS TIRED OF LIFE.

(PRONUNCIATION)

[*1* ... ik-ßai-ting ... *2* ... faon-did ... rou-möns ... *3* ... täms ... ei-di:
*4* ... lOn-di-ni-öm ... mei-djö(r) pO:(r)t *6* ... uil-jöm ... kOng-kö-rö(r)
... kä-pi-töl *7* ... gru: ... ju-röpß ... trei-ding ...]

## 100. Lektion

### London

1. London ist eine der aufregendsten Städte (in) der Welt.
2. Es wurde vor etwa 2.000 Jahren von den Römern gegründet.
3. Die erste Brücke über die (Fluss) Themse wurde um ca. 50 n. Chr. erbaut,
4. und Londinium, wie es genannt wurde, wurde zu einem bedeutenden Hafen.
5. Londons eigentliche Entwicklung (Entwicklung wirklich) begann im 11. Jahrhundert,
6. als es von William dem Eroberer als (seine) Hauptstadt ausgewählt wurde.
7. London entwickelte sich (wuchs zu sein) zu einer der größten Städte und [einem der bedeutendsten] Handelszentren Europas.

### ANMERKUNGEN

① **was founded** ist eine Passivform (Aktiv **to found** „gründon"). Es wird mit der entsprechenden Form von **to be** + dem Partizip Perfekt des Verbs gebildet. Es hat nichts zu tun mit **to find** „finden", dessen Imperfekt und Partizip Perfekt **found** lautet!

② **some** vor einer Mengenangabe bedeutet „etwa, ungefähr, circa"; es wird allerdings in der Umgangssprache durch **around** oder **about** ersetzt.

③ **was built** ist wieder eine Passivform des Verbs **to build** „bauen, errichten".

④ **AD** kommt vom lateinischen **Anno Domini** und bezeichnet die Zeit nach der Geburt Jesu Christi, während die Zeit vor seiner Geburt **BC** [*bi:-ßi:*] (**Before Christ**) genannt wird.

⑤ Der Genitiv wird für Personen, aber auch für Sachen verwendet, denen eine Art „Persönlichkeit" zugestanden wird, hier London.

⑥ Auch **was chosen** ist eine Passivform. Versuchen Sie, im Text weitere Passivkonstruktionen zu finden.

| 8 | But then disaster struck: in 1665, thousands of people were killed by the plague,
| --- | --- |
| 9 | and the following year hundreds of buildings were destroyed by a terrible fire.
| 10 | A leading architect, Sir Christopher Wren, was asked to redesign the ruined city.
| 11 | Many of the buildings you see today were put up in the nineteenth century ⑦
| 12 | to reflect London's status as the capital of the British Empire.
| 13 | London is also one of the world's most fascinating cities.
| 14 | As a famous writer once said:
| 15 | „When a man is tired of London, he is tired of life". ⑧

(PRONUNCIATION)

[**8** ... di-sa:ß-tö(r) ßtrak ... pleig **9** ... diß-troid ... fai-ö(r) **10** ... li:-ding **a:**(r)-ki-täkt ... ßÖ:(r) kriß-tö-fö rän ... ri-di-sain ... ru-ind ... **12** ... ri-fläkt ... ßtei-töß ... äm-pai-ö(r) **13** ... fä-ßi-nei-ting ... **14** ... rai-tö(r) ...]

(FIRST EXERCISE: DO YOU UNDERSTAND THESE SENTENCES?)

❶ Wren was a leading architect who designed some five hundred churches. ❷ The new buildings were put up very quickly. ❸ The Romans came to Britain in 55 BC and London was founded in 40 AD. ❹ I lost a blue sweater last week and I still haven't found it. ❺ London is one of the world's most fascinating cities.

(SECOND EXERCISE: FILL IN THE CORRECT WORDS!)

❶ Wann wurde die Stadt gegründet? – Vor ungefähr 2.000 Jahren.

When . . . . . . . . . . . . . . . . . . . ? – . . . . two thousand years . . . . .

| 8 | Aber dann geschah die Katastrophe (Katastrophe schlug-zu): [Im Jahre] 1665 starben Tausende von Menschen (wurden getötet) durch die Pest,
| 9 | und im darauffolgenden Jahr wurden Hunderte von Gebäuden durch ein schreckliches Feuer zerstört.
| 10 | Ein führender Architekt, Sir Christopher Wren, wurde beauftragt, die zerstörte Stadt neu zu entwerfen.
| 11 | Viele der Gebäude, die man heute sieht, wurden im 19. Jahrhundert errichtet,
| 12 | um Londons Stellung als Hauptstadt des Britischen [Welt]reichs widerzuspiegeln.
| 13 | London ist auch eine der faszinierendsten Städte der Welt.
| 14 | Wie ein berühmter Schriftsteller einmal sagte:
| 15 | „Ist ein Mann Londons müde (müde von London), [so] ist er des Lebens müde."

### ANMERKUNGEN

⑦ **to put up** ist ein sehr vielseitiges Verb. „(auf)bauen, aufstellen, errichten, anbringen, heben" ... **My father put up the tent** [*tänt*] **in our garden** „Mein Vater schlug das Zelt in unserem Garten auf".

⑧ Dieser Ausspruch stammt von dem Schriftsteller und Lexikograf Samuel Johnson.

### SOLUTION TO FIRST EXERCISE: DID YOU UNDERSTAND?

❶ Wren war ein führender Architekt, der etwa 500 Kirchen entwarf. ❷ Die neuen Gebäude wurden sehr schnell errichtet. ❸ Die Römer kamen im Jahr 55 v.Chr. nach Großbritannien, und im Jahr 40 n.Chr. wurde London gegründet. ❹ Ich habe letzte Woche einen blauen Pullover verloren, und ich habe ihn noch nicht [wieder]gefunden. ❺ London ist eine der faszinierendsten Städte der Welt.

❷ Ein berühmter Schriftsteller hat einmal gesagt: „Rom wurde nicht an einem Tag erbaut."

A famous writer . . . . . . . . : „Rome . . . .'
. . . . . . in a day".

❸ Tausende von Menschen wurden durch die Pest getötet, und die Stadt wurde durch [ein] Feuer zerstört.

......... of people .... ...... by the plague and the city ... ......... by fire.

❹ Die Kinder stellten [gerade] das Zelt auf, als es anfing zu regnen.

The children .... ....... .. the tent when .. ....... ....... .

❺ Die Stellung von London wird durch die Gebäude widergespiegelt, die im 19. Jahrhundert errichtet wurden.

The status of London .. .......... .. the buildings ... .. in the .......... century.

---

## ▶ One hundred and first lesson

### Art

1  If you are visiting London, you might want to go to an art gallery. ①
2  There are dozens to choose from, with all kinds of paintings ②

(PRONUNCIATION)
[*1* ... gä-lö-ri *2* ... da-söns ... tschu:s ...]

### SOLUTION TO SECOND EXERCISE: THE CORRECT WORDS.

❶ was the city founded – Some – ago ❷ once said – wasn't built ❸ Thousands – were killed – was destroyed ❹ were putting up – it started raining ❺ is reflected by – put up – nineteenth.

---

**London**

In dieser Lektion haben wir einen Kurzabriss der Geschichte Londons gegeben. Die beiden Ereignisse, die hier erwähnt werden, sind zum einen **the Great Plague** („die große Pest") in den Jahren 1664/1665, die etwa 70.000 Menschenleben forderte, und zum anderen **the Great Fire** im Jahr 1666, dem Tausende von Häusern und ca. 90 Kirchen (aber nur acht Menschen!) zum Opfer fielen. König Charles I. beauftragte **Sir Christopher Wren** (1632-1723), den bedeutendsten Baumeister des klassizistischen Barocks, mit dem Wiederaufbau der Stadt. Seine beiden berühmtesten Bauwerke sind die St.-Pauls-Kathedrale in London und der königliche Palast von Hampton Court.

---

**Second wave: Activate lesson 51!**

## 101. Lektion

### Kunst

1. Wenn Sie London besuchen, [so] möchten Sie vielleicht in eine Kunstgalerie gehen.
2. Es gibt Dutzende, aus (von) denen Sie auswählen können, mit allen Arten von Gemälden,

(ANMERKUNGEN)

① **art gallery** wird sowohl für eine private Kunstsammlung als auch für ein Kunstmuseum verwendet. Zwei der bedeutendsten Londoner Kunstmuseen sind die **Tate Gallery** und die **National Gallery**.

② **to choose from** „auswählen aus". **You can choose from a wide variety of flavours** „Sie können aus einer Vielzahl von Geschmacksrichtungen auswählen".

| 3 | ranging from mediaeval masterpieces to very abstract art. |
|---|---|
| 4 | – Just look at this painting. Isn't it breathtaking? ③ |
| 5 | – But darling, it's just a blank canvas. ④ |
| 6 | – I wonder what the artist was trying to say to us. ⑤ |
| 7 | He could have been expressing his feelings about space and time. ⑥ |
| 8 | Or he might have been commenting on loneliness and despair. |
| 9 | You know, it may even be a Hockney. I'm not sure. |
| 10 | – I know what it is. It's a picture of a cow in a field. |
| 11 | – Well in that case, smart-aleck, where's the grass? ⑦ |
| 12 | – Easy. The cow has eaten it all. There's nothing left. ⑧ |
| 13 | – Aha! So where's the cow? |
| 14 | – Why would it stay in the field if there's no grass? |

(PRONUNCIATION)

[*3 rein-djing … mä-di-i:-wöl maß-tö(r)-pi:-ßis … äb-ßträkt … 4 … bräfß-tei-king 5 … kän-wöß 7 … ikß-prä-ßing … ßpeiß … 8 … kO-män-ting … loun-li-nöß … diß-pä:(r) 9 … hOk-ni … 10 … pik-tschö(r) … kao … fi:ld 11 … ßma:(r)t-ä-läk … gra:ß*]

(ANMERKUNGEN)

③ Weitere Beispiele mit **breath** „Atem": **He should brush his teeth, he has a bad breath** „Er sollte seine Zähne putzen; er hat einen schlechten Atem". **I'm out of breath** „Ich bin außer Atem".

④ **blank** bedeutet „leer, kahl, frei" und als Nomen „Lücke, Leerstelle".

|3| (sich-erstreckend) von mittelalterlichen Meisterwerken [bis hin] zu sehr abstrakter Kunst.
|4| – Sieh dir (nur) [mal] dieses Gemälde an. Ist es nicht atemberaubend (Atem-nehmend)?
|5| – Aber Schatz, es ist nur eine weiße (leere) Leinwand.
|6| – Ich frage mich, was der Künstler uns [damit] zu sagen versucht hat.
|7| Er könnte [damit] seine Gefühle über [den] Raum und [die] Zeit ausgedrückt haben.
|8| Oder er könnte [s]eine Deutung von (auf) Einsamkeit und Verzweiflung abgegeben haben.
|9| Weißt du, es könnte sogar ein Hockney sein. Ich bin nicht sicher.
|10| – Ich weiß, was es ist. Es ist ein Bild von einer Kuh auf einer Weide (in einem Feld).
|11| – Nun, in diesem Fall, Herr Neunmalklug (klug-Aleck), wo ist das Gras?
|12| [Na ganz] einfach. Die Kuh hat es aufgegessen (ge-gessen es alles). Es ist nichts übrig geblieben.
|13| – Aha! (So) wo ist also die Kuh?
|14| – Warum sollte sie auf der Weide bleiben, wenn es kein Gras mehr gibt?

(ANMERKUNGEN)

⑤ **to wonder** kennen Sie bereits aus Lektion 87. **I wonder where the exhibition** [äk-ßi-bi-schön] **is** „Ich frage mich, wo die Ausstellung ist".

⑥ **could** + **has/have** + Partizip Perfekt drückt eine Möglichkeit aus, die nicht Realität geworden ist (**He could have been a famous painter but his parents wanted him to become a lawyer** „Er hätte ein berühmter Maler werden können, aber seine Eltern wollten, dass er Jurist wird") oder eine Vermutung (**The driver could have been drunk** „Der Fahrer könnte betrunken gewesen sein"). In diesem Fall kann man auch **might** oder **may** verwenden.

⑦ Der Ausdruck **smart-aleck** „Neunmalklug, Besserwisser" geht vermutlich zurück auf Aleck Hoag, einen redegewandten Hochstapler des 19. Jahrhunderts. Ein Synonym ist **a know-all**.

⑧ Anstelle von **There's nothing left** können Sie auch **There isn't anything left** sagen.

## FIRST EXERCISE: DO YOU UNDERSTAND THESE SENTENCES?

❶ There are dozens of art galleries to choose from in London. ❷ He's eaten all the cake. There isn't anything left. ❸ The view from our hotel room is breathtaking. ❹ I wonder where they are. – They're never on time. ❺ She might want to visit a museum, you never know.

## SECOND EXERCISE: FILL IN THE CORRECT WORDS!

❶ Ich frage mich, was er uns [damit] zu sagen versucht hat. – Ich habe keine Ahnung.

I . . . . . . . . . . . . . . . . . . . . . . . . . . to us. – I have no idea.

❷ Sieh dir nur dieses Gemälde an. Es ist fantastisch. Es könnte sogar ein Hockney sein.

. . . . . . . . . . . this . . . . . . . . . It's fantastic. . . . . . . . . . . . . a Hockney.

❸ Könnte es sein, dass er seine Gefühle über [die] Einsamkeit ausgedrückt hat?

. . . . . . . . . . . . . . . . . . . . . . . . . . . . his feelings . . . . . loneliness?

❹ Ich hätte ein berühmter Sänger werden (sein) können, aber ich musste (gehen und) in einer Fabrik arbeiten.

I . . . . . . . . . . . . a famous singer but I . . . . . . . and work in a factory.

❺ Es gibt alle Arten von Büchern zur Auswahl (zu wählen von).

There are . . . . . . . . . . books . . . . . . . . . . . . .

### SOLUTION TO FIRST EXERCISE: DID YOU UNDERSTAND?

❶ Es gibt in London Dutzende von Kunstgalerien, aus denen man auswählen kann. ❷ Er hat den ganzen Kuchen aufgegessen. Es ist nichts übrig geblieben. ❸ Die Aussicht aus unserem Hotelzimmer ist atemberaubend. ❹ Ich frage mich, wo sie sind. – Sie kommen (sind) niemals pünktlich. ❺ Es könnte sein, dass sie ein Museum besuchen will, man weiß nie.

### SOLUTION TO SECOND EXERCISE: THE CORRECT WORDS

❶ wonder what he was trying to say ❷ Just look at – painting – It might even be ❸ Could he have been expressing – about ❹ could have been – had to go ❺ all kinds of – to choose from.

---
**David Hockney**
David Hockney wurde 1937 in Bradford geboren und ist einer der bedeutendsten zeitgenössischen Künstler. Er zählt zu den Pionieren der Pop Art. Neben Gemälden schuf der Künstler eine große Anzahl an Zeichnungen, Radierungen und Bühnenbildern. Porträt, Stillleben und Landschaft sind die traditionellen Hauptthemen, mit denen er sich auseinandersetzt.

---

**Second wave: Activate lesson 51!**

## ▶ One hundred and second lesson

## Travel stories

1 – Kevin, you've been to Pixos before. Tell us about it. ①
2 – Well, to tell the truth, it was a bit of a disaster.
3 When I eventually arrived in Piraeus, the last ferry had left ②
4 so I decided to find a cheap hotel to spend the night. ③
5 I asked a young guy, but he was as lost as I was. ④
6 In fact, he told me that he'd been looking for three hours. ⑤
7 Then we suddenly realised that we'd met before in Athens.
8 We decided to team up and look for something together. ⑥

(PRONUNCIATION)

[1 kä-win ... 2 ... tru:fß ... 3 ... i-wän-tschö-li ... 7 ... ßa-dön-li ... ä-fßöns 8 ... ti:m ...]

(ANMERKUNGEN)

① Beachten Sie die Präposition **to** in der Konstruktion **you've been to** „du warst in ... / bist in ... gewesen".

## 102. Lektion

### Reisegeschichten

1 – Kevin, du warst [schon] in Pixos (vorher). Erzähl uns [etwas] darüber.
2 – Nun, um die Wahrheit zu sagen: Es war eher eine Katastrophe (ein bisschen von einem Desaster).
3 Als ich schließlich in Piräus ankam, war die letzte Fähre weg (hatte verlassen),
4 also entschloss ich mich, (zu finden) ein billiges Hotel zu suchen, um [dort] die Nacht zu verbringen.
5 Ich fragte einen jungen Typen, aber er war genauso verloren wie ich (war).
6 Tatsächlich erzählte er mir, dass er (war gewesen suchend) seit drei Stunden suchte.
7 Dann merkten wir plötzlich, dass wir uns zuvor schon in Athen begegnet waren.
8 Wir beschlossen, uns zusammenzutun und gemeinsam etwas zu suchen.

(ANMERKUNGEN)

② Achtung falscher Freund: **eventually** bedeutet „schließlich, endlich". „Eventuell" wird meistens mit **perhaps** oder **possibly** ausgedrückt: **We could possibly come next Saturday** „Wir könnten eventuell nächsten Samstag kommen".

③ **to spend** heißt „(Geld) ausgeben", aber auch „(Zeit) verbringen": **I spent four weeks in Windemere** „Ich habe vier Wochen in Windemere verbracht".

④ **he was as lost as I was** oder **He was as lost as me**. Dies kann in allen Zeiten angewandt werden: **He's as hungry as me** / **He's as hungry as I am** „Er ist genau so hungrig wie ich (bin)".

⑤ Das **past perfect**, die Vorvergangenheit, hat auch eine Verlaufsform. **When I arrived, she had been waiting for hours** „Als ich ankam, hatte sie [schon] stundenlang gewartet".

⑥ **team** „Mannschaft, Gruppe" ist Ihnen bestimmt nicht ganz unbekannt. Hier sehen Sie, daß es auch als Verb (+ Präposition) verwendet werden kann.

**9** But we were tired and hungry and we needed something to eat. ⑦
**10** After we'd finished dinner, we felt a little better,
**11** so we ordered another bottle of wine. And then another, and yet another.
**12** Once we'd finished the fourth bottle
**13** we weren't tired any more, so we wandered back to the ferry port. ⑧
**14** And guess what? The first boat of the day had already left!

**PRONUNCIATION**
[**11** ... **O:**(r)-dö(r)d ... **13** ... u**O**n-dö(r)d ... **14** ... g**ä**ß ...]

### FIRST EXERCISE: DO YOU UNDERSTAND THESE SENTENCES?

❶ I wandered through the empty streets and I wondered where I was. ❷ Do you want something to eat? – No thanks, I've already eaten. ❸ Once we'd finished the second bottle, we went to bed. ❹ Look at him! He is as tall as I am. ❺ To tell the truth, we spent the night in a cheap hotel.

### SECOND EXERCISE: FILL IN THE CORRECT WORDS!

❶ Als wir schließlich ankamen, war die Fähre schon abgefahren.

When we .......... ......., the ferry
... ........ .....

❷ Sie bemerkten plötzlich, dass sie sich zuvor [schon] getroffen hatten.

They suddenly ........ that they ...
... ........ .

| 9 | Aber wir waren müde und hungrig, und wir brauchten etwas zu essen.
|---|---|
| 10 | Nachdem wir mit dem Abendessen fertig waren, fühlten wir uns ein bisschen besser,
| 11 | daher bestellten wir eine weitere Flasche Wein. Und dann noch eine (eine-andere), und noch eine.
| 12 | Als (sobald) wir die vierte Flasche ausgetrunken (beendet) hatten,
| 13 | waren wir nicht mehr müde, und so bummelten wir zurück zum Fährhafen.
| 14 | Und wisst ihr was (und raten was)? Das erste Boot des Tages war schon abgefahren!

(ANMERKUNGEN)

⑦ Achten Sie auf die Stellung von **something**. Sagt man z. B. **Do yo want something to eat?**, bietet man etwas Essbares an. Sagt man aber **Do you want to eat something?**, so fragt man indirekt, ob die andere Person Hunger hat.

⑧ Verwechseln Sie nicht **to wonder** [*uan-dö(r)*] „sich fragen" und **to wander** [*uOn-dö(r)*] „bummeln, schlendern".

### SOLUTION TO FIRST EXERCISE: DID YOU UNDERSTAND?

❶ Ich bummelte durch die leeren Straßen, und ich fragte mich, wo ich war. ❷ Möchtest du etwas zu essen? – Nein danke, ich habe schon gegessen. ❸ Nachdem wir die zweite Flasche ausgetrunken hatten, gingen wir ins Bett. ❹ Sieh ihn an! Er ist so groß wie ich (bin). ❺ Um die Wahrheit zu sagen: Wir verbrachten die Nacht in einem billigen Hotel.

❸ Sind Sie [schon einmal] in Griechenland gewesen (zuvor)? – Wir haben letztes Jahr eine Woche dort verbracht.

.... ... .... .. Greece ...... ? –
We ..... a week ..... last year.

LEKTION 102

④ Nachdem wir (hatten beendet) mit dem Abendessen fertig waren, fühlten wir uns ein wenig besser.

..... .. ... ....... dinner, we .... a bit ....... .

⑤ Hatte er lange gewartet? – Er hatte drei Stunden lang gewartet!

... .. ... ....... long? – ..'. .... ........ ... three hours!

---

▶ **One hundred and third lesson**

## A quick promotion

**1** – Just think, I start my new job in two weeks' time! ①
**2** – Let me tell you a story I heard from a friend of mine. ②
**3** Some people are born lucky. Listen to this.
**4** A teenager joined a big company as a junior clerk ③
**5** just after leaving school, about a year and a half ago. ④

(PRONUNCIATION)

[... *kuik prö-mou-schön* **2** ... *hÖ:(r)d* ... **4** ... *ti:n-ei-djö(r) djoind* ... *dju:-njö(r) kla:(r)k*]

(ANMERKUNGEN)

① In einem familiären Kontext werden Aufforderungen häufig mit **Just...** begonnen: **Just taste this!** „Probier mal das!".
② Hier wird **of mine** zur Beschreibung einer Zugehörigkeit bzw. eines Besitzverhältnisses verwendet. Ebenso: **David is a cousin of mine** „David ist ein Cousin von mir". Wird anstelle des Pronomens ein Eigenname benutzt, muss dieser das Genitiv-s tragen: **David is a cousin of Maggies's** „David ist ein Cousin von Maggie".

## SOLUTION TO SECOND EXERCISE: THE CORRECT WORDS

❶ eventually arrived – had already left ❷ realised – had met before ❸ Have you been to – before – spent – there ❹ After we had finished – felt – better ❺ Had he been waiting – He'd been waiting for.


Second wave: Activate lesson 53!

## 103. Lektion

### Eine schnelle Beförderung

1 – Denk [doch] nur, in zwei Wochen (Zeit) fange ich meine neue Stelle an!
2 – Ich werde dir (lass mich erzählen dir) eine Geschichte erzählen, die ich von einem Freund (ein Freund von meinen) gehört habe.
3 Einige Menschen haben das Glück schon gepachtet, wenn sie geboren werden (werden geboren Glückhabend). Hör dir das an (hör zu diesem).
4 Ein Teenager trat als einfacher (jüngerer) Angestellter in eine große Firma ein,
5 gleich nachdem er die Schule verlassen hat, ungefähr vor anderthalb Jahren.

(ANMERKUNGEN)

③ Ein **teenager** ist ein Jugendlicher zwischen 13 und 19 Jahren (**thirteen**, ... **nineteen**). Man sagt auch, die Person ist **in his/her teens**. **teenage** ist auch ein Adjektiv: **teenage fashion** [*fä-schön*] „Teenager-Mode".

④ In Konstruktionen mit **quarter** „Viertel", **half** „halb" oder **three quarters** „drei Viertel" muss immer der unbestimmte Artikel verwendet werden: **He arrived an hour and a half ago** „Er ist vor anderthalb Stunden angekommen".

| 6 | Last week, the chairman called him into his office.
| --- | --- |
| 7 | He told the kid he'd been watching his progress with interest ⑤
| 8 | and that there was a senior post to be filled.
| 9 | He said he had decided to take a gamble.
| 10 | He then offered the job of managing director to this eighteen-year-old! ⑥
| 11 | The young lad was amazed. He didn't know what to say.
| 12 | Once he'd recovered from the shock, he made a great effort. ⑦
| 13 | He looked the chairman straight in the eye, opened his mouth ⑧⑨
| 14 | and said: „Thank you, dad". ⑩

(PRONUNCIATION)

[**6** ... tschä:(r)-mön ... **7** ... pr**ou**-gräß ... **8** ... ß**i:**-njö(r) p**ou**ßt ... **9** ... gämbl **10** ... mä-nö-dji̱ng ... **11** ... läd ... ö-me**i**sd ... **12** ... ri-ka-wö(r)d ... schOk ... ä-fö(r)t]

(ANMERKUNGEN)

⑤ progress wird immer in der Singularform verwendet: You've made great progress „Du hast große Fortschritte gemacht".

⑥ Hier sehen Sie, dass ein Adjektiv auch als Substantiv verwendet werden kann: an eighteen-year-old. Auch der Plural ist möglich: two eighteen-year-olds.

### FIRST EXERCISE: DO YOU UNDERSTAND THESE SENTENCES?

❶ He called me into his office and asked my advice. ❷ I've decided to take a gamble and make him managing director. ❸ I'm amazed! I don't know what to say! ❹ I'll do the washing-up once I've finished this lesson. ❺ Just listen to this! They've given the job to a twenty-year-old.

| 6 | Letzte Woche rief der Firmenleiter ihn in sein Büro.
|---|---
| 7 | Er erzählte dem Jungen, er habe seine Fortschritte mit Interesse beobachtet,
| 8 | und dass eine Führungsposition (ältere Stelle) zu besetzen (zu füllen) sei.
| 9 | Er sagte, er habe (hatte) beschlossen, ein Risiko einzugehen (zu nehmen ein Glücksspiel).
| 10 | Dann bat er diesem 18jährigen die Stelle des geschäftsführenden Direktors an!
| 11 | Der (junge) Junge war verblüfft. Er wusste nicht, was er sagen sollte (was zu sagen).
| 12 | Nachdem er sich von dem Schock erholt hatte, unternahm (machte) er eine große Anstrengung.
| 13 | Er sah dem Präsidenten direkt in die Auge[n], öffnete den Mund
| 14 | und sagte: „Danke, Papa".

### ANMERKUNGEN

⑦ **Once**, in der Grundbedeutung „einmal", ist hier eine zeitliche Konjunktion: „nachdem, sobald".

⑧ Sie haben schon **to look in**, **to look for** und einige andere „phrasal verbs" mit **to look** kennengelernt. In der Wendung **to look someone in the eye** (oder **in the face**) werden Verb und Präposition durch ein Objekt getrennt.

⑨ Viele Wendungen mit **eye** existieren ähnlich im Deutschen, z. B. **as far as the eye can see** „soweit das Auge reicht", **to keep an eye on something** „ein Auge auf etwas haben", **I couldn't take my eyes off her** „Ich konnte meine Augen/meinen Blick nicht von ihr abwenden".

⑩ Andere familiäre Kosenamen sind **mum** oder **mummy** „Mutti, Mama" und **auntie** „Tante".

### SOLUTION TO FIRST EXERCISE: DID YOU UNDERSTAND?

❶ Er rief mich in sein Büro und bat [um] (meinen) Rat. ❷ Ich habe beschlossen, ein Risiko einzugehen und ihn [zum] geschäftsführenden Direktor zu machen. ❸ Ich bin verblüfft! Ich weiß nicht, was ich sagen soll! ❹ Ich werde den Abwasch machen, nachdem/sobald ich diese Lektion beendet habe. ❺ Hör dir das an! Sie haben einem 20-Jährigen die Stelle gegeben.

### SECOND EXERCISE: FILL IN THE CORRECT WORDS!

❶ Sie sagte mir, sie habe meine Fortschritte mit Interesse beobachtet.

She .... me ...'. .... ........ .. ........ with interest.

❷ Sie war so schön, dass er seine Augen/seinen Blick nicht von ihr abwenden konnte.

She was so beautiful that he ......'. .... ... .... .. ... .

❸ Wann hat er die Schule verlassen? – Vor ungefähr anderthalb Jahren.

When ... .. ..... school? – About . .... .. . ..... ... .

❹ Sarah ist eine Freundin von mir. – Sie ist auch eine Cousine von Brenda.

Sarah's . ...... .. .... . – She's also . ...... .. .....',. ..

---

▶ **One hundred and fourth lesson**

## Renting a car

**1** – Let's rent a car while we're in the Lake District.
①

**2** – Brenda said that she'd lend us hers.

(PRONUNCIATION)
[*2* ... hÖ:(r)s]

**five** Nachdem sie mit dem Mittagessen fertig waren, bezahlten sie die Rechnung und gingen.

. . . . . . . . ,' . . . . . . . lunch, they . . . .
. . . . . and . . . . .

*(I'M AMAZED! I DON'T KNOW WHAT TO SAY.)*

**SOLUTION TO SECOND EXERCISE: THE CORRECT WORDS.**

**❶** told – she'd been watching my progress **❷** couldn't take his eyes off her **❸** did he leave – a year and a half ago **❹** a friend of mine – a cousin of Brenda's **❺** Once they'd finished – paid the bill – left.

**Second wave: Activate lesson 54!**

## 104. Lektion

### Autoverleih

**1** – Lass uns ein Auto ausleihen, während wir im Lake District sind.
**2** – Brenda sagte, sie würde uns ihres ausleihen.

(ANMERKUNGEN)

① **to rent** „(ver)mieten, (ver)pachten; ausleihen" kommt ursprünglich aus dem Amerikanischen. **Rent** „Miete, Pacht", **rental** ist die „Miete", die „Vermietung" und auch die „Mietsache".

| 3 | – Yeah, I know, but I'd much prefer to be independent. ②③
| 4 | Hello, Bert's Rentals? I'd like to hire a car for the Easter weekend. ④
| 5 | – Certainly sir. What category are you interested in? ⑤
| 6 | – The least expensive. And I'd rather have an automatic.
| 7 | – I'm sorry but we only have manuals in Category A. ⑥
| 8 | However, we have a special promotional offer for public holidays. ⑦
| 9 | It includes three days' rental, insurance and unlimited mileage. ⑧
| 10 | And no additional charges for extras like roof racks or child seats.
| 11 | – What documents do I need to show?
| 12 | – A full, valid UK driver's licence, which must be clean. ⑨
| 13 | – What about payment? Do you take cheques?

(PRONUNCIATION)

[*3* ... pri-f**Ö**:(r) ... in-di-p**ä**n-dönt *4* ... b**Ö**:(r)tß r**ä**n-töls ... h**ai**-ö(r) ... *5* ... k**ä**-tö-gö-ri ... *6* ... **O**:-tö-m**ä**-tik *7* ... m**ä**-nju-öls ... *8* ... prö-m**ou**-schö-nöl ... *9* ... in-kl**u**ds ... in-sch**u**:-rönß ... an-li-mö-tid m**ai**-lödĵ *10* ... ö-d**i**-schö-nöl tsch**a**:(r)-dĵis ... **ä**kß-tras ... r**u**:f räkß ... *11* ... d**O**-kju-möntß ... *12* ... w**ä**-lid **ju**:-kei ... *13* ... p**ei**-mönt ... tsch**ä**kß]

(ANMERKUNGEN)

② Hier könnte man auch sagen: **I'd much rather be independent** oder **I'd really prefer to be independent**, aber die Wendung mit **much** ist eleganter.

③ **independent** bedeutet „unabhängig, selbstständig". **The Independent** ist eine bedeutende britische Tageszeitung.

**four hundred and forty-two • 442**

3 – Ja, ich weiß, aber ich möchte doch lieber (ich-würde viel vorziehen) unabhängig sein.

4 Hallo, Berts Autovermietung? Ich würde gerne für das Osterwochenende ein Auto ausleihen.

5 – Gerne, mein Herr. Welche Kategorie interessiert Sie?

6 – Die preiswerteste. Und ich (ziemlich) hätte [gerne] einen Automatik[wagen].

7 – Tut mir leid, aber wir haben nur Schaltwagen (handbetrieben) in Kategorie A.

8 Wir haben jedoch ein spezielles Werbeangebot für Feiertage.

9 Es umfasst eine dreitägige Mietdauer (drei Tage Vermietung), Versicherung und unbegrenzte Kilometerzahl (Meilenanzahl).

10 Und [das alles ohne] Aufpreis (keine zusätzlichen Preise) für Extras wie Dachgepäckträger oder Kindersitze.

11 – Welche Dokumente muss ich vorweisen?

12 – Eine (volle) britische Fahrerlaubnis der Klasse B, gültig und ohne Strafvermerke (die muss sein sauber).

13 – Wie erfolgt die Bezahlung? Nehmen Sie Schecks?

(ANMERKUNGEN)

④ **to hire** bedeutet „ausleihen", aber auch „(eine Arbeitskraft) einstellen": **The company hired three clerks** „Die Firma hat drei Angestellte eingestellt". Die Londoner Taxis haben auf dem Dach ein Leuchtschild mit der Aufschrift **For Hire**; ist es eingeschaltet, ist das Taxi frei.

⑤ Hier sehen Sie wieder, dass Präpositionen gerne an das Satzende gestellt werden: **What type of film are you interested in?** „An welcher Art Film sind Sie interessiert?".

⑥ **manual** als Nomen bedeutet „Handbuch": **computer manual** „Computerhandbuch".

⑦ Zu **public holiday** und **bank holiday** siehe landeskundliche Anmerkung in Lektion 38.

⑧ **three days' rental**: Genitivkonstruktionen dieser Art haben Sie schon kennengelernt. Ebenso: **Have you read today's paper?** „Hast du die Zeitung von heute gelesen?".

⑨ **UK** ist die Abkürzung für **United Kingdom** und wird auch gerne als Adjektiv benutzt: **a UK company** „eine britische Firma".

LEKTION 104

**14** – **No** we d**o**n't. But we acc**e**pt **a**ll m**a**jor cr**e**dit cards.

(PRONUNCIATION)

[*14* ... ök-ßäpt ... krä-dit ...]

### FIRST EXERCISE: DO YOU UNDERSTAND THESE SENTENCES?

❶ Can we hire skiing equipment in Scotland? – Of course you can. ❷ Are there any additional charges for extras? ❸ Do you take cheques? – Yes we do. And we also accept major credit cards. ❹ What category do you want? – The least expensive. ❺ We rented a car while we were on holiday.

### SECOND EXERCISE: FILL IN THE CORRECT WORDS!

❶ Dies ist die Art von Kunst, an der ich wirklich interessiert bin.

This is the type of art . . '. really . . . . . . . . . . . . .

❷ Wir möchten wirklich gerne (würden viel vorziehen) unabhängig sein.

. . '. . . . . . . . . . . to be independent.

❸ Brenda sagte, sie würde uns ihr Auto leihen.

Brenda . . . . . . . . . . . . . . . . . her car.

❹ Hätten Sie lieber einen Schalt[wagen] oder einen Automatik[wagen]? – Das ist mir egal.

. . . . . . . . . . . . . have a manual or an automatic? – I don't . . . . .

❺ Hast du die Zeitung von heute gelesen? – Nein, noch nicht.

. . . . . . . . . . . . . . . . '. paper? – No, . . . . . . .

14 – Nein. Aber wir akzeptieren alle gängigen (bedeutenden) Kreditkarten.

### SOLUTION TO FIRST EXERCISE: DID YOU UNDERSTAND?

❶ Können wir in Schottland Skiausrüstung ausleihen? – Selbstverständlich. ❷ Gibt es einen Aufpreis (zusätzliche Preise) für Extras? ❸ Nehmen Sie Schecks? – Ja. Und wir akzeptieren auch [die] gängigen Kreditkarten. ❹ Welche Kategorie möchten Sie? – Die preiswerteste. ❺ Wir haben ein Auto ausgeliehen, während wir im Urlaub waren.

### SOLUTION TO SECOND EXERCISE: THE CORRECT WORDS

❶ I'm – interested in ❷ We'd much prefer ❸ said she would lend us ❹ Would you rather – mind ❺ Have you read today's – not yet.

---

**Autofahren in Großbritannien**

Auf Großbritanniens Straßen sehen Sie gelegentlich Autos, auf deren Heckscheibe ein rotes **L** für **Learner** aufgeklebt ist. Hierzu muss man wissen, dass der Besuch der Fahrschule in Großbritannien nicht obligatorisch ist, sondern man kann – ausgestattet mit einem vorläufigen Führerschein (**provisional licence**) – in Begleitung einer Person, die einen gültigen Führerschein (**full licence**) besitzt, praktische Fahrstunden nehmen, bis man die Fahrprüfung ablegt. Was die Verletzung von Verkehrsregeln (**highway code**) angeht, so haben auch die Briten ein Strafpunktesystem (**penalty points**). Sind im Führerschein keine Strafpunkte eingetragen, so spricht man von einer **clean licence**.

---

**Second wave: Activate lesson 55!**

# One hundred and fifth lesson

## Revision and notes

### 1. Passiv

Das Passiv (man sagt auch „Leideform") wird mit der jeweiligen Zeitform von **to be** + dem Partizip Perfekt des Hauptverbs gebildet. Die Person, die die Handlung ausführt, wird mit **by** „von" eingeführt. Beispiele:

Aktiv: **The Romans built the bridge.** „Die Römer bauten die Brücke."
Passiv: **The bridge was built by the Romans.** „Die Brücke wurde von den Römern gebaut."

Aktiv: **My son painted the picture.** „Mein Sohn malte das Bild."
Passiv: **The picture was painted by my son.** „Das Bild wurde von meinem Sohn gemalt."

Die Verneinung und die Frageform werden regelmäßig gebildet:

**The bridge was not built by the Romans.**
**The picture was not painted by my son.**
**Was the bridge built by the Romans?**
**Was the picture painted by my son?**

Das Passiv wird oft dort verwendet, wo wir im Deutschen den Satz mit „man" formulieren würden:

**I've been asked to play next week.** „Man hat mich gebeten, nächste Woche zu spielen."
**Her watch has been stolen.** „Man hat ihre Uhr gestohlen."

Oft wird es auch in einem förmlichen Kontext angewandt, hier z. B. in einem Geschäft.

**Are you being served?** „Werden Sie [schon] bedient?"

## 105. Lektion

Und selbstverständlich sieht man es oft auf Schildern:

**German spoken** (= **German is spoken**) „Hier wird Deutsch gesprochen."
**Smoking prohibited** (= **Smoking is prohibited**) „Rauchen verboten".
**Keys cut while you wait** (= **Keys are cut ...**)
„Schnellanfertigung von Schlüsseln" (... während Sie warten).

### 2. Past Perfect (Vorvergangenheit)

Diese Zeitform, die auch Plusquamperfekt genannt wird, ist sozusagen die Vergangenheit des **present perfect**. Vergleichen Sie:

**Present perfect:**

**Damn! The ferry has just left!** „Verdammt! Die Fähre ist gerade abgefahren."

**Past perfect:**

**When I arrived, the ferry had just left.** „Als ich ankam, war die Fähre gerade abgefahren."

Das **past perfect** wird wie die Vorvergangenheit im Deutschen verwendet. Oft wird im gleichen Satz ein weiteres Ereignis bzw. eine weitere Handlung (meistens im Imperfekt) erwähnt, vor dem bzw. der das beschriebene Ereignis oder die beschriebene Handlung stattgefunden hat:

**We took the laptop back to the shop where we had bought it.** „Wir brachten das Laptop zurück in den Laden, in dem wir es [zuvor] gekauft hatten."
**I gave her the present I had bought on Tuesday.** „Ich gab ihr das Geschenk, das ich am Dienstag gekauft hatte."

Das **past perfect** kann wie das **present perfect** auch in der Verlaufsform und dann meistens in Verbindung mit **for** oder **since** auftreten:

> **We had known them for donkey's years.** „Wir hatten sie seit vielen Jahren gekannt."

Die Verneinung und die Frageform werden regelmäßig gebildet:

> **When I got back from the shops, he still hadn't moved.** „Als ich vom Einkaufen zurückkam, hatte er sich immer noch nicht bewegt."
> **Had you worked in a big company when you joined Online?** „Hattest du in einem großen Unternehmen gearbeitet, als du bei Online anfingst?"

### 3. Konditional Perfekt

Diese Zeitform drückt aus, dass eine Möglichkeit in der Vergangenheit bestanden hat, diese jedoch nicht verwirklicht wurde. Sie wird für alle Verben (außer Modalverben) mit **would** + **have** + dem Partizip Perfekt des Hauptverbs gebildet. Es folgen zwei Beispiele, eines mit einem regelmäßigen und eines mit einem unregelmäßigen Verb:

> **We would have invited her.** „Wir hätten sie eingeladen."
> **I would have bought that painting.** „Ich hätte dieses Gemälde gekauft."

Die Negation und die Frageform stellen keine größeren Schwierigkeiten dar:

> **We wouldn't have invited her.** „Wir hätten sie nicht eingeladen."
> **I wouldn't have bought that painting.** „Ich hätte dieses Gemälde nicht gekauft."
> **Would you have invited her?** „Hättest du sie eingeladen?"
> **Would you have bought that painting?** „Hättest du dieses Gemälde gekauft?"

Schließt sich an die Aussage ein mit **if** eingeleiteter Nebensatz an, so muss dieser im **past perfect** stehen:

**I would have bought that painting if I had been rich.** „Ich hätte dieses Gemälde gekauft, wenn ich reich gewesen wäre."
**We would have come if you had invited us.** „Wir wären gekommen, wenn ihr uns eingeladen hättet."

Der Konditional Perfekt wird ebenfalls verwendet, wenn eine Vermutung über das Eintreten eines Ereignisses angestellt wird:

**We wouldn't have had an accident if you had stopped at the roundabout.** „Wir hätten keinen Unfall gehabt, wenn du am Kreisverkehr angehalten hättest."

### 4. Ausdrücken von Vermutungen in Gegenwart und Vergangenheit

Sie wissen bereits, dass **may** eine Möglichkeit ausdrückt, ebenso wie **might**, bei dem jedoch die Wahrscheinlichkeit etwas geringer ist. Wir wollen Ihnen nun erklären, wie Sie **may** und **might**, aber auch **could**, einsetzen können, um eine Vermutung auszudrücken, die im Deutschen meistens durch Wendungen wie „Es könnte sein, dass ...", „... möglicherweise ..." usw. wiedergegeben werden.

Im Präsens:

**The artist could be trying to express his loneliness.** „Es könnte sein, dass der Künstler versucht, seine Einsamkeit auszudrücken." / „Möglicherweise versucht der Künstler, ...".
Hier könnte **could** auch durch **may** ersetzt werden: **The artist may be trying to express...**

Ist die Wahrscheinlichkeit sehr gering, benutzt man **might**:

**It might be a Hockney.** „Es könnte ein [Gemälde von] Hockney sein."

Ist man ganz und gar nicht sicher, kann man noch **even** „sogar" hinzufügen:

> **It might even be a Picasso.** „Es könnte sogar ein Picasso sein."

Im Perfekt:
Auch hier gibt es verschiedene Konstruktionen mit entsprechend unterschiedlichen Bedeutungsabstufungen:

> **The artist could have been trying...**
> **The artist may have been trying...**
> **The artist might have been trying...**
> **The artist might even have been trying...**
>
> **... to express his loneliness.**

Im einem Satz wie **If you hadn't started that company, we might have been rich** „Wenn du diese Firma nicht gegründet (gestartet) hättest, wären wir möglicherweise reich geworden (gewesen)" könnte die Form **might have** als Konditional Perfekt betrachtet werden, da es sich um eine ungesicherte Vermutung handelt.

Auch wenn Ihnen diese Sätze mit ihren **have had**, **might have been** usw. kompliziert erscheinen: Seien Sie nicht beunruhigt, und verlieren Sie nicht die Geduld. Wichtig ist, dass Sie die Grundkonstruktionen kennen. Auf dieser Basis lernen Sie bald, mit ein bisschen Praxis, Ihre eigenen Aussagen zu formulieren. Und denken Sie nicht, dass die Briten in diesen Dingen nicht auch ab und zu Fehler machen!

## 5. Singular- und Pluralnomen

Wir haben schon darüber gesprochen, dass es im Englischen Nomen gibt, die immer in der Singularform auftreten, obwohl Sie Pluralbedeutung haben bzw. mehrere Elemente umfassen und im Deutschen meistens mit einem Pluralwort wiedergeben werden (beachten Sie auch, dass das Verb mit diesen Wörtern immer im Singular steht!):

> **I need some <u>information</u>.** „Ich brauche einige Informationen."
> **My <u>luggage</u> is still in New York.** „Mein Gepäck ist immer noch in New York."

**Have you made any progress?** „Haben Sie irgendwelche Fortschritte gemacht?"
**Let me give you some advice.** „Ich gebe dir einen Rat."
**Don't put fruit on the furniture.** „Leg kein Obst auf die Möbel."
**You hair is too long!** „Deine Haare sind zu lang!"

Alle unterstrichenen Wörter sind im Englischen Sammelbegriffe. Man kann nicht **a luggage**, **a progress** oder **a fruit** sagen. Man muss, wenn man eines dieser Wörter im Singular benennen will, **a piece of** benutzen: **a piece of fruit**, **a piece of information**, ...

Auf der anderen Seite gibt es Wörter, die im Plural auftreten (weil sie aus mehreren „Teilen" bestehen), aber im Deutschen mit einem Singularwort wiedergegeben werden: **trousers** „Hose", **shorts** „Short", **glasses** „Brille" ... Das Verb steht im Plural:

**My trousers are dirty.** „Meine Hose ist schmutzig."

Dieses Phänomen finden wir besonders häufig bei Spielen (**darts** „Darts", **billiards** „Billard", **dominoes** „Domino") und bei einigen Lehrfächern (**mathematics** „Mathematik", **economics** „Wirtschaftswissenschaft").

Zu guter Letzt gibt es noch eine Reihe von Einrichtungen wie die „Polizei", die „Regierung" usw., die im Englischen (und im Deutschen) eine Singularform haben, aber mit einem Verb im Plural verbunden sind:

**I'll wait until the police have talked to you!** „Ich werde warten, bis die Polizei mit Ihnen gesprochen hat!"
**The government are promising new measures to fight crime.** „Die Regierung verspricht neue Maßnahmen zur Verbrechensbekämpfung."

## 6. Antworten mit „... auch"/„... auch nicht"

Wir wollen noch einmal kurz wiederholen, wie Sie Antworten mit „... auch" bzw. „... auch nicht" formulieren. Sie werden mit **so** + Hilfsverb + Pronomen bzw. mit **neither** + Hilfsverb + Pronomen gebildet. Zu beachten ist, dass die Zeitform des Hilfsverbs immer der Zeitform entsprechen muss, die in dem Satz steht, auf den Bezug genommen wird. Beispiele:

**We were tired. – So were we.** „Wir waren müde. – Wir auch."
**I won't go to work tomorrow. – Neither will I.** „Ich werde morgen nicht zur Arbeit gehen. – Ich auch nicht."
**We can't sleep on the floor. – Neither can they.** „Wir können nicht auf dem Boden schlafen. – Sie auch nicht."
**You looked tired last night. – So did you.** „Du sahst gestern Abend müde aus. – Du auch."
**I couldn't help him. – Neither could she.** „Ich konnte ihm nicht helfen. – Sie auch nicht".

## 7. Verständnis-/Formulierungsübung

**DO YOU UNDERSTAND THESE SENTENCES?**

❶ Let's go to the National Gallery while we're in London next week. ❷ That's not the kind of art I'm interested in. It's too old. ❸ Too old? It was founded in 1824. That's not old. ❹ I've been there before and I didn't like it. I much prefer the Tate. ❺ You should have gone last week; there was a fabulous exhibition. ❻ There was one painting I wanted to see, but I couldn't find it anywhere. ❼ I asked a young guy, but he was as lost as I was. ❽ In fact, he told me that he'd been

---

▶  **One hundred and sixth lesson**

## It's so good to see you again!

**1** – Brenda! It's so good to see you again. You look fabulous!
**2** – So do you. You're as pretty as ever. Hi Simon. ①

---

PRONUNCIATION
[**1** ... fä-bjö-löß]

looking for it for two hours. ⑨ I was amazed. I didn't know what to say. ⑩ I wonder where it was. ⑪ Actually, it might have been in another exhibition. ⑫ Anyway, the National is one of the world's most fascinating galleries.

### DID YOU UNDERSTAND?

① Lass uns in die Nationalgalerie gehen, wenn (während) wir nächste Woche in London sind. ② Das ist nicht die Art von Kunst, die mich interessiert. Sie ist zu alt. ③ Zu alt? Sie wurde 1824 gegründet. Das ist nicht alt. ④ Ich war zuvor [schon einmal] dort, und es gefiel mir nicht (ich tat-nicht mögen sie). Ich mag (ich viel bevorzuge) die Tate[-Galerie] lieber. ⑤ Du hättest letzte Woche [hin]gehen sollen; da gab es eine fantastische Ausstellung. ⑥ Da war ein Gemälde, das ich sehen wollte, aber ich konnte es nirgendwo finden. ⑦ Ich fragte einen Jungen, aber er war genau so verloren wie ich (war). ⑧ Tatsächlich erzählte er mir, dass er es zwei Stunden lang gesucht hatte. ⑨ Ich war erstaunt. Ich wusste nicht, was ich sagen sollte. ⑩ Ich frage mich, wo es war. ⑪ Es könnte doch auch in einer anderen Ausstellung gewesen sein. ⑫ Auf jeden Fall ist die National[galerie] eine der faszinierendsten Galerien der Welt.

**Second wave: Activate lesson 56!**

---

## 106. Lektion

### Es ist so toll, dich wiederzusehen!

**1** – Brenda! Es ist so toll, dich wiederzusehen. Du siehst fantastisch aus!

**2** – Du auch. Du bist so hübsch wie eh und je (jemals). Hallo Simon.

### ANMERKUNGEN

① Bei dieser Form der Antwort mit **so** + Hilfsverb + Pronomen muss das Hilfsverb die Zeitform des vorherigen Satzes aufgreifen: **I'm tired. – So am I. – She went to Leeds university. – So did we.**

| 3 | Make yourselves at home. You're sleeping upstairs in my room. ②③ |
|---|---|
| 4 | There are clean sheets and towels on the bed. ④ |
| 5 | I'll take the spare room. I'm used to sleeping on the couch. ⑤ |
| 6 | Right, you wash and change while I pop out to the shops. ⑥ |
| 7 | Then we'll have lunch and you can give me all your news. ⑦ |
| 8 | (*One hour later.*) |
| 9 | It's such a fine day. Let's eat outside and make the most of the sunshine. ⑧ |
| 10 | We'll put the table and chairs under the tree at the bottom of the garden. ⑨ |
| 11 | Simon, will you fetch the knives and forks? And some plates, too. |
| 12 | – Which ones shall I bring? |

(PRONUNCIATION)

[**3** ... ap-ßtä:(r)s ... **4** ... schi:tß ... tao-öls ... **5** ... kaotsch **9** ... moußt ... **10** ... tschä:(r)s ... b**O**-töm ... **11** ... naiws ...]

(ANMERKUNGEN)

② **at home** wird auch idiomatisch angewendet: **She feels at home in England** „Sie fühlt sich in England zu Hause". **He feels totally at home in/with Russian** „Er fühlt sich im Russischen ganz zu Hause".

③ Das Gegenteil von **upstairs** „oben; nach oben; im Obergeschoss" ist **downstairs** „unten; nach unten; im Untergeschoss". **stair** [ßtä:(r)] bedeutet „Treppenstufe".

④ Sprechen Sie **sheet** „Bettlaken", aber auch „Blatt Papier", immer mit langem [*i*], denn es könnte sonst mit **shit** „Scheiße" verwechselt werden ...

|3| Fühlt euch wie (macht euch-selbst) zu Hause. Ihr schlaft oben in meinem Zimmer.

|4| Auf dem Bett liegen saubere Bettwäsche und Handtücher.

|5| Ich nehme das Gästezimmer. Ich bin daran gewöhnt, auf der Couch zu schlafen.

|6| Gut, ihr macht euch frisch (wascht) und zieht euch um, während ich schnell etwas einkaufen gehe.

|7| Dann essen wir zu Mittag, und ihr könnt mir (geben) all eure Neuigkeiten erzählen.

|8| (*Eine Stunde später.*)

|9| Es ist so ein schöner Tag. Lasst uns im Freien (draußen) essen und die Sonne ausnützen (machen das meiste von dem Sonnenschein).

|10| Wir werden den Tisch und die Stühle unter den Baum hinten im Garten stellen.

|11| Simon, würdest du die Messer und Gabeln holen? Und auch einige Teller.

|12| – Welche soll ich mitbringen?

(ANMERKUNGEN)

⑤ Verwechseln Sie **to be used to** + Partizip Präsens oder Nomen „gewöhnt sein an" nicht mit **used to** + Infinitiv, das eine Gewohnheit in der Vergangenheit ausdrückt.

⑥ **to pop** (Grundbedeutung „knallen, platzen, aufspringen") steckt z. B. auch in **popcorn** (unter Hitzeeinwirkung aufgeplatzte Maiskörner). Mit **to pop** ist immer eine schnelle Bewegung gemeint. **pop music** hingegen ist die Abkürzung von **popular music**.

⑦ Sie haben gelernt, dass **can** im Futur zu **to be able to** wird. Dennoch ist seine Verwendung in einem Satz wie diesem zulässig, wenn man weniger die Fähigkeit als vielmehr die Möglichkeit betonen will.

⑧ **to make the most of** „etwas ausnutzen, von etwas profitieren": **They made the most of their short visit** „Sie haben ihren kurzen Besuch ausgenutzt".

⑨ Die Übersetzung von **bottom** „unteres Ende, Boden, Grund" hängt immer ein wenig vom Kontext ab: **at the bottom of the street** „am Ende der Straße"; **start at the bottom** „ganz unten anfangen", ...

| 13 | – The **o**nes on the middle sh**e**lf in the c**u**pboard. The str**i**ped ones.
| 14 | There's c**o**ld lamb and p**a**sta salad. Help yours**e**lves.
| 15 | There's n**o** wine, but you can have some l**a**ger inst**ea**d. ⑩
| 16 | – I'm not **u**sed to drinking at l**u**nchtime.
| 17 | – N**ei**ther am **I**, but this is a sp**e**cial occ**a**sion. Ch**ee**rs! ⑪

(PRONUNCIATION)

[*13* ... schälf ... ka-bö:(r)t *14* ... läm ... paß-tö ßä-löd *15* ... in-ßtäd *17* ni:-fsö(r) ... ö-**kei**-jön]

FIRST EXERCISE: DO YOU UNDERSTAND THESE SENTENCES?

❶ Make yourself at home while I pop out to the shops. ❷ We're only here for a few days, so we'll make the most of it. ❸ Dave couldn't fetch me at the airport so Sally came instead. ❹ Bring the plates from the kitchen, please. – Which ones? ❺ My upstairs neighbours are having a party tonight.

|13| – Die aus dem mittleren Schrankfach (auf dem mittleren Regalbrett im Schrank). Die gestreiften.

|14| Es gibt kaltes Lammfleisch und Nudelsalat. Bedient euch (helft euch-selbst).

|15| Es gibt keinen Wein, aber ihr könnt stattdessen ein „Lager" haben.

|16| – Ich bin es nicht gewöhnt, zum Mittagessen [Alkohol] zu trinken.

|17| – Ich auch nicht, aber dies ist ein besonderer Anlass (spezielle Gelegenheit). Prost!

(ANMERKUNGEN)

⑩ **instead** „stattdessen" steht immer am Satzanfang oder -ende. Verwechseln Sie es nicht mit **instead of** „anstelle von, anstatt": **Let's go to the movies instead of going to work** „Lass uns ins Kino anstatt zur Arbeit gehen". **Simon came instead of Laura** „Simon kam anstelle von Laura".

⑪ **Neither** (man hört übrigens ebenso oft [*nai-fsö(r)*]) + Hilfsverb + Pronomen: „... auch nicht": **I'm not tired. – Neither am I** „Ich bin nicht müde. – Ich auch nicht". **We didn't like the food. – Neither did we** „Wir mochten das Essen nicht. – Wir auch nicht."

___ *Lerntipp* ___

*In den letzten fünf Lektionen des Kurses werden wir noch einmal vieles von dem aufgreifen, was Sie bisher kennengelernt haben. Sie werden sehen, dass Sie viele „alte Bekannte" wiedertreffen werden. Nach wie vor heißt die Devise: Nicht auswendig lernen, sondern intuitiv assimilieren. In dieser letzten Phase sollen Sie auch versuchen, so weit wie möglich ohne „Krücken" auszukommen. Das heißt: Lautschrift und Klammern in der Übersetzung wird es nur noch in sehr begrenztem Umfang geben.*

**SOLUTION TO FIRST EXERCISE: DID YOU UNDERSTAND?**

❶ Fühl dich wie zu Hause, während ich schnell etwas einkaufen gehe. ❷ Wir sind nur ein paar Tage hier, daher werden wir es ausnutzen. ❸ Dave konnte mich nicht vom Flughafen abholen, also kam Sally stattdessen. ❹ Bring die Teller aus der Küche mit, bitte. – Welche? ❺ Die Nachbarn im Stockwerk über mir feiern heute eine Party.

## SECOND EXERCISE: FILL IN THE CORRECT WORDS!

❶ Ich bin daran gewöhnt, in London zu leben. – Wirklich? Ich habe früher dort gewohnt, aber ich habe es gehasst.

I'm .... .. ...... in London. – Really? I .... .. .... there, but I ..... it.

❷ Wir werden nächste Woche nach Nottingham fahren, und du kannst die Burg besichtigen.

..'.. .. .. Nottingham next week and ... ... ..... the castle.

❸ Nutz das heiße Wetter aus; es wird nicht [lange] anhalten.

.... ... .... .. the hot weather; it ...,' ..... .

❹ Leg die Messer und die Gabeln auf den Tisch hinten in der Küche.

... the knives and forks .. ... table .. ... ...... of the kitchen.

---

▶ **One hundred and seventh lesson**

## Gossip ①

**1** – Stella called me from Nottingham the day before yesterday. ②

(PRONUNCIATION)

[g**O**-ßip **1** ßt**ä**-lö ... n**O**-ting-häm ...]

(ANMERKUNGEN)

① **Gossip** „Schwatz, Klatsch", aber auch „Klatschweib"; **to gossip** „schwatzen, klatschen". Merken Sie sich auch **gossip columnist** [ka-löm-nißt] „Klatschkolumnist".

⑤ Bedient euch mit dem (zu) Salat. – Kann ich stattdessen Nudeln haben?

.... .......... to salad. – Can I have some pasta ....... ?

**SOLUTION TO SECOND EXERCISE: THE CORRECT WORDS.**

① used to living – used to live – hated ② We'll go to – you can visit ③ Make the most of – won't last ④ Put – on the – at the bottom ⑤ Help yourselves – instead.

**Cheers!**
**Cheers!**, das „Prost!" oder „Zum Wohl!" heißt, haben Sie schon in Lektion 17 kennengelernt. **Cheer** ist auch der „Beifallsruf", und das Verb **to cheer** heißt „jubeln". Seit einigen Jahren hat man in Europa eine Tradition aus den USA übernommen: die **Cheerleader**, junge Mädchen, die bei Sportveranstaltungen, z. B. bei Fußballspielen, das Publikum in Stimmung bringen, aber auch die einheimische Mannschaft anfeuern (**to cheer on**). Weiterhin wird **Cheers!** noch im Sinne von „Danke!" und im Sinne von „Tschüss!" verwendet: **Right I'm off. Cheers!**

**Second wave: Activate lesson 57!**

## 107. Lektion

### Klatsch

[1] – Stella rief mich vorgestern aus Nottingham an (der Tag vor gestern).

(ANMERKUNGEN)

② **the day before yesterday** „vorgestern" und **the day after tomorrow** „übermorgen" ist immer eine feste Wendung; **the day** darf nicht fehlen!

**2** I hadn't h**ear**d from her for **a**ges. N**o**t since she left university.

**3** She s**ai**d that she'd been w**o**rking as an acc**ou**ntant in Australia ③④

**4** but that she'd m**o**ved b**a**ck to N**o**ttinghamshire and b**ough**t a h**ou**se.

**5** I t**o**ld her I was s**ee**ing you this w**ee**kend and she s**e**nt you her l**o**ve. ⑤

**6** – I w**o**nder what bec**a**me of her sister, **A**nna. She was s**o** cl**e**ver. ⑥

**7** – I **a**sked her what **A**nna was **u**p to, but she w**ou**ldn't tell me. ⑦

**8** The l**a**st I kn**e**w, she was w**o**rking as an est**a**te **a**gent in N**o**ttingham. ⑧

**9** I **u**sed to run **i**nto her from time to time in the „Trip to Jerusalem". ⑨

**10** – I d**o**n't rem**e**mber wh**e**ther I t**o**ld you in my letter, but I've g**o**t a j**o**b.

---

(PRONUNCIATION)

[*3* ... ö-k**a**on-tönt ... Oß-tr**ei**-li-ö *4* ... n**O**-ting-häm-schö(r) ... *6* ... klä-wö(r) *8* ... ö-ßt**eit ei**-djönt ... *9* ... djö-r**u**:-ßö-löm]

(ANMERKUNGEN)

③ Machen Sie sich noch einmal den Unterschied zwischen to say und to tell klar: to say „sagen" leitet eine direkte oder indirekte Aussage ein; auf to tell folgt immer ein Pronomen als Objekt, und es hat die Bedeutung „erzählen".

④ have/has in der direkten Rede wird zu had in der indirekten Rede, und will wird zu would: He said: „I have moved back to London". – He said that he had moved back to London.

⑤ Zu den Floskeln mit love, von denen Sie schon einige in Lektion 91 angetroffen haben, gehört auch to send (oder give) one's love to someone „jdn. grüßen, jdm. Grüße senden". Give my love to Dave „Grüß Dave von mir".

**2** Ich hatte seit Jahren nicht[s] von ihr gehört. Nicht[s,] seit sie von der Universität abgegangen ist.

**3** Sie sagte, dass sie als Buchhalterin in Australien gearbeitet hatte,

**4** dass sie aber nach Nottinghamshire zurückgezogen sei und ein Haus gekauft habe.

**5** Ich erzählte ihr, dass ich dich dieses Wochenende treffe, und sie lässt dich grüßen (sie sendet dir ihre Liebe).

**6** – Ich frage mich, was aus ihrer Schwester Anna geworden ist. Sie war so intelligent.

**7** – Ich fragte sie, was Anna so macht, aber sie wollte es mir nicht sagen.

**8** Das letzte, was ich weiß (wusste), [ist, dass] sie als Immobilienmaklerin in Nottingham arbeitete.

**9** Ich habe sie [früher] von Zeit zu Zeit im „Reise nach Jerusalem" getroffen.

**10** – Ich erinnere mich nicht, ob ich es dir in meinem Brief erzählt habe, aber ich habe eine Stelle.

---

(ANMERKUNGEN)

⑥ **clever** und **intelligent** bedeuten beide „klug, intelligent", aber **clever** heißt darüber hinaus noch „aufgeweckt, gerissen, geistreich, erfinderisch". Ein **clever Dick** ist ein „Schlaumeier".

⑦ Die Wendung **won't** (im Präsens/Futur)/**wouldn't** (im Perfekt) + Verb drückt eine Weigerung aus: **Our child won't sleep with the light turned off** „Unser Kind will nicht schlafen, wenn das Licht ausgeschaltet ist".

⑧ **estate** „Gut, Besitz; Gebiet". **industrial estate** ist ein „Industriegebiet", **trading estate** ein „Gewerbegebiet" und **housing estate** eine „Wohnsiedlung".

⑨ **to run into** haben Sie schon in verschiedenen Bedeutungen angetroffen, und Sie wissen, dass seine Übersetzung immer vom Kontext abhängt. Hier bedeutet es „jemanden zufällig treffen".

| 11 | A proper job, in an office. I start next week. Why are you laughing? ⑩
| 12 | – I'm not laughing at you. I'm just very happy for you. ⑪
| 13 | – Are you two going to sit there gossiping all day? It's nearly dark!
| 14 | – I like that! You can never win with men, can you? ⑫
| 15 | If you talk about other people, they call you a gossip.
| 16 | And if you talk about yourself, they say you're self-centred!

(PRONUNCIATION)

[*11* ... pr**O**-pö(r) ... la:-fing *13* ... g**O**-ßö-ping ... ni:(r)-li ... *16* ... ß**ä**lf-ßän-tö(r)d]

Gossip

FIRST EXERCISE: DO YOU UNDERSTAND THESE SENTENCES?

❶ I'm having lunch with Daisy tomorrow. – Give her my love. ❷ His old car won't start in cold weather. ❸ Don't laugh at him. He's doing his best. ❹ I ran into them at the club last night. ❺ What's he up to nowadays? – The last I knew, he was working as a librarian.

|11| Eine richtige Stelle, in einem Büro. Ich fange nächste Woche an. Warum lachst du?

|12| – Ich lache nicht über dich. Ich freue mich nur sehr für dich.

|13| – Werdet ihr beiden den ganzen Tag hier sitzen und klatschen? Es ist fast dunkel!

|14| – Das hab ich gern! Den Männern kann man es nie recht machen (du kannst niemals gewinnen mit Männern), oder?

|15| Wenn du über andere Leute redest, nennen sie dich ein Klatschweib.

|16| Und wenn du über dich selbst redest, dann sagen sie, du seist egozentrisch!

**ANMERKUNGEN**

⑩ **proper** hat neben „echt, richtig, zutreffend, angemessen" noch zahlreiche andere Bedeutungen, die sich alle nach dem Kontext richten.

⑪ Analog zum Deutschen besteht ein großer Unterschied zwischen **to laugh** „lachen" und **to laugh at** „über jdn. lachen, jdn. auslachen". **Don't laugh at me. I'm doing my best** „Lach nicht über mich. Ich tue mein Bestes".

⑫ **I like that!** ist hier natürlich ironisch gemeint. Sie können z. B. auch sagen **I like your cheek!** [tschi:k]!, wenn Sie ausdrücken wollen: „Du hast vielleicht Nerven!".

**SOLUTION TO FIRST EXERCISE: DID YOU UNDERSTAND?**

❶ Ich esse morgen mit Daisy zu Mittag. – Grüße sie von mir. ❷ Sein altes Auto springt bei Kälte (in kaltem Wetter) nicht an. ❸ Lach ihn nicht aus. Er tut sein Bestes. ❹ Ich traf sie gestern abend zufällig im Club. ❺ Was macht er so im Moment? – Das letzte, was mir bekannt war, [ist, dass] er als Bibliothekar arbeitete.

## SECOND EXERCISE: FILL IN THE CORRECT WORDS!

① Ich werde ihn übermorgen treffen. – Ich habe sie vorgestern getroffen.

I'm seeing him ... ... .....
......... . – I saw her ... ... .....
......... .

② Sie sagte, sie sei nach York zurückgezogen. – Aber sie erzählte mir, sie lebe in Bath!

She .... .. ....ying ......... .. York. – But she .... .. ... she ...... in Bath!

③ Ich erinnere mich nicht, ob ich es dir in meinem Brief erzählt habe, aber ich habe eine richtige Stelle.

I don't ......... ......... I .... ... in my letter, but I've ... . ...... job.

④ Wir hatten seit Jahren nichts von ihnen gehört. Nicht[s,] seit sie von der Universität abgingen.

We ....'. ..... ... ... for ages. ... ..... they left university.

▶ **One hundred and eighth lesson**

# News from abroad

**1** – Dear M**u**m and D**a**d,
**2** Well, B**a**rry and I f**i**nally arr**i**ved in P**i**xos and we're r**ea**lly enj**oy**ing ours**e**lves.

(PRONUNCIATION)

[... ö-br**O**:d]

⑤ Werdet ihr den ganzen Tag da sitzen und klatschen? Es ist fast sechs Uhr!

Are you ..... .. ... .....
......... all day? It's ...... six o'clock!

**SOLUTION TO SECOND EXERCISE: THE CORRECT WORDS.**

❶ the day after tomorrow – the day before yesterday ❷ said she had moved back to – told me she was living ❸ remember whether – told you – got a proper ❹ hadn't heard from them – Not since ❺ going to sit there gossiping – nearly.

---

**Nottingham**
Die Namen vieler Grafschaften Großbritanniens enden auf -**shire** ([-*schö(r)*]), ein alter angelsächsischer Ausdruck für „Gebiet". Einige sind abgeleitet von der **county town**, der Hauptstadt der Grafschaft (**Yorkshire**, **Leistestershire**, **Nottinghamshire**, ...). **Nottingham** wurde vor allem durch die Figur des Robin Hood berühmt, der mit seiner Bande in den Wäldern von **Sherwood** lebte und ein Widersacher des Sheriffs von Nottingham war. In Nottingham findet man auch den ältesten Pub Großbritanniens, **Ye Olde Trip to Jerusalem**, der aus dem Jahr 1189 stammt. **Ye** ist die alte Form von **the**, **olde** die von **old**. Die Briten haben eine große Vorliebe für nostalgisch klingende Namen ...

---

**Second wave: Activate lesson 58!**

## 108. Lektion

### Neuigkeiten aus dem Ausland

1 – Liebe Mama und [lieber] Papa,
2 Nun, Barry und ich sind schließlich in Pixos angekommen, und es gefällt uns wirklich gut.

| 3 | But things got **o**ff to a bl**oo**dy **a**wful start ①② |
| 4 | and I th**ou**ght the h**o**liday would be a dis**a**ster. |
| 5 | First of **a**ll, the j**ou**rney was an **a**bsolute nightmare! ③ |
| 6 | We took the **n**ight boat but I **h**ardly sl**e**pt a **w**ink all **n**ight. ④ |
| 7 | The t**o**p d**e**ck was jam-p**a**cked, and there w**a**sn't an **i**nch of space to lie d**o**wn. ⑤ |
| 8 | P**eo**ple were t**a**lking at the t**o**ps of their v**oi**ces. ⑥ |
| 9 | S**o**meone had a **CD** pl**ay**er and a c**ou**ple of g**uy**s were pl**ay**ing guit**a**rs. |
| 10 | **A**ctually, the **a**tmosphere was v**e**ry fri**e**ndly and **e**verybody was sp**ea**king **E**nglish. |
| 11 | Ev**e**ntually the n**oi**se di**e**d d**o**wn, but I c**ou**ldn't g**e**t to sl**ee**p. ⑦ |

(PRONUNCIATION)

[3 ... bla-di o:-ful ... 5 ... nait-mä:(r) 8 ... woi-ßis 9 ... ßi:-di: plei-ö(r) ... kapl ... 10 ... ät-möß-fi:(r) ... fränd-li ... 11 i-wän-tschö-li ... nois ...]

THERE WERE TERRIBLE TRAFFIC JAMS IN THE CITY CENTRE.

(ANMERKUNGEN)

① Sie kennen **to get off** „aussteigen". **to get off to a** + Adjektiv + **start** benutzt man, um zu beschreiben, wie etwas begonnen hat. Hier merken Sie wieder, wie wichtig es ist, sich ein Verb immer mit den entsprechenden Präpositionen einzuprägen.

3 Aber die Sache hat verdammt schrecklich angefangen (Dinge bekamen los zu einem verdammt schrecklichen Start),

4 und ich dachte, der Urlaub würde (sein) eine Katastrophe werden.

5 Zunächst einmal war die Reise ein absoluter Albtraum!

6 Wir nahmen die Nachtfähre (Nachtboot), aber ich habe die ganze Nacht kaum ein Auge zugemacht.

7 Das Oberdeck war proppenvoll, und es gab keinen Zentimeter (Zoll) Platz, um sich hinzulegen.

8 Die Leute unterhielten sich unerträglich laut (waren redend zu den Spitzen von ihren Stimmen).

9 Jemand hatte einen CD-Spieler, und einige Jungen spielten Gitarre.

10 Im Grunde genommen war die Atmosphäre sehr freundlich, und jeder sprach englisch.

11 Endlich wurde es leiser (der Krach starb herunter), aber ich konnte nicht einschlafen.

(ANMERKUNGEN)

② **bloody** ist ein Jargonausdruck, den Sie als Nicht-Brite und vor allem als Anfänger in einem Gespräch vermeiden sollten.

③ In **nightmare** steckt das aus dem Altdeutschen stammende **mare**, das einen bösen Geist bezeichnet, der dem alten Glauben zufolge durch die Nacht zieht und sich auf die Schlafenden legt und bei diesen Angstgefühle auslöst.

④ **hardly** kommt nicht von **hard** „hart, heftig". Es bedeutet „kaum" und wird immer benutzt, wenn von einem Mangel die Rede ist. Das Adverb von **hard** lautet ebenfalls **hard**: **The country was hard hit by snow** „Das Land wurde (heftig) von Schneefällen heimgesucht".

⑤ Anstelle von **packed** (vgl. Lektion 86) kann man in der Umgangssprache auch **jam-packed** sagen. **Jam**, eigentlich „Marmelade", kommt auch im Wort **traffic jam** „Verkehrsstau" vor.

⑥ Wie Sie hier sehen, kann man **to talk at the top of one's voice** auch in den Plural setzen, wenn von mehreren Personen die Rede ist.

⑦ **to die down** hat nichts mit „sterben" zu tun, sondern bedeutet in Verbindung mit Lärm, Flammen oder Wind „nachlassen, herunterbrennen, abklingen, sich legen".

| 12 | Although it was very early when we docked in Hora, the island's main port, |
|---|---|
| 13 | the sun was up, the sky was deep blue, and it was already hot. ⑧ |
| 14 | The quay was crowded with local people offering rooms for rent. ⑨ |
| 15 | Barry and I decided to wait till the tourist office opened to enquire about campsites ⑩ |
| 16 | so we carried our bags to the nearest café and sat down in the shade. |
| 17 | We were ravenous by then, but they only had coffee. ⑪ |
| 18 | So we went looking for a baker's to buy a loaf of bread or a spinach pie. ⑫ |

(PRONUNCIATION)

[*12* ... d**O**kt ... h**O**:-rö ... *13* ... di:p blu: ... *14* ... ki: ... krao-did ... *15* ... in-ku**ai**-ö(r) ... kämp-ßaitß *16* ... sch**ei**d *17* ... rä-wö-nöß ... *18* ... l**ou**f ... ßpi-nötsch pai]

### FIRST EXERCISE: DO YOU UNDERSTAND THESE SENTENCES?

❶ I can hardly hear you. Alan's talking at the top of his voice. ❷ The noise finally died down, after nearly three hours. ❸ Buy me two loaves of bread from the baker's, please. ❹ The day got off to a really bad start. ❺ Sorry I'm late. There were terrible traffic jams in the city centre.

### SECOND EXERCISE: FILL IN THE CORRECT WORDS!

❶ Uns ist der Kaffee ausgegangen, und es ist kaum noch Tee übrig.

. . ' . . . . . . . . . . . . coffee and there's
. . . . . . . . . tea . . . . .

| 12 | Obwohl es sehr früh war, als wir in Hora, dem Haupthafen der Insel, anlegten,
| 13 | stand die Sonne schon am Himmel (war auf), der Himmel war tiefblau, und es war schon heiß.
| 14 | Der Kai war voll mit Einheimischen (lokalen Menschen), die Zimmer zum Mieten anboten.
| 15 | Barry und ich beschlossen, zu warten, bis die Touristeninformation öffnete, um uns nach Campingplätzen zu erkundigen,
| 16 | also trugen wir unsere Taschen zum nächsten Café und setzten uns (hinunter) in den Schatten.
| 17 | Wir waren mittlerweile völlig ausgehungert, aber sie hatten nur Kaffee.
| 18 | So gingen wir los und suchten nach einem Bäcker, um einen Laib Brot oder eine Spinatpastete zu kaufen.

(ANMERKUNGEN)

⑧ Man könnte auch sagen: The sun has risen (von to rise „aufgehen, sich erheben"). In diesem Zusammenhang sind auch sunrise „Sonnenaufgang" und sunset „Sonnenuntergang" interessant. Die Amerikaner sagen sunup und sundown.

⑨ Die Aussprache von quay ist identisch mit der von key „Schlüssel".

⑩ Sie wissen sicher noch, dass till die Kurzform von until ist.

⑪ ravenous, ein Synonym von starving „ausgehungert", ist abgeleitet von raven [*rei-wön*] „Rabe".

⑫ Auch bread „Brot" gehört in die Liste der Singularnomen aus Lektion 105. Möchte man *ein* Brot, so sagt man a loaf of bread (Plural loaves [*louws*]).

(SOLUTION TO FIRST EXERCISE: DID YOU UNDERSTAND?)

❶ Ich kann dich kaum hören. Alan spricht unerträglich laut. ❷ Der Lärm ließ schließlich nach, nach fast drei Stunden. ❸ Kauf mir beim Bäcker zwei Laibe Brot, bitte. ❹ Der Tag fing wirklich schlecht an. ❺ Es tut mit leid, dass ich zu spät komme. Es gab schreckliche (Verkehrs-)Staus im Stadtzentrum.

❷ Ich dachte, der Urlaub würde eine Katastrophe. Ich habe am ersten Tag meinen Pass verloren.

I ........ ... ....... ..... .. a disaster. I .... my passport ... ..... .... .

❸ Er hat seit dem Unfall schreckliche Albträume.

..'. .... ...... terrible .......... ..... the accident.

❹ Der Westen des Landes wurde letztes Jahr (schwer geschlagen) von schweren Stürmen heimgesucht.

The west of the country ... .... ... by storms last ....... .

❺ Sie gingen [los und] suchten nach der Touristeninformation, um sich nach Campingplätzen zu erkundigen.

.... .... ........ ... the tourist office to ....... ..... .......... .

---

| ▶ | **One hundred and ninth lesson** |

## What luck!

**1** (*At the baker's.*)
**2** — I'll pay for the bread and pies. Wait a second! Where did I put my wallet? ①

(PRONUNCIATION)

[*2* ... u**O**-löt]

### SOLUTION TO SECOND EXERCISE: THE CORRECT WORDS.

① We've run out of – hardly any – left ② thought the holiday would be – lost – the first day ③ He's been having – nightmares since ④ was hard hit – summer ⑤ They went looking for – enquire about campsites.

---

**Pie und pudding**

**Pie** und **pudding** sind die bekanntesten Gerichte der britischen (und amerikanischen) Küche; von beiden gibt es unzählige Sorten. **Pie** ist eine mit Fleisch oder Früchten gefüllte Blätterteigpastete, die im Ofen zubereitet wird. **steak and kidney pie** (Pastete mit Rindfleisch und Nieren), **pork pie** (Pastete mit Schweinefleisch) oder die vor allem bei den Amerikanern sehr beliebte **apple pie** (Pastete mit Äpfeln) sind nur einige Beispiele. Etwas, das typisch amerikanisch ist, ist **as American as apple pie**. **Pudding** ist ein Kuchen aus Mehl, Eiern und Fett, der über Wasserdampf gegart als Dessert gegessen wird. Der berühmteste Pudding ist der **Christmas pudding** aus Mehl, Eiern, dem Fett von Nieren, getrockneten Früchten und Schnaps. Er wird drei Monate im voraus zubereitet und zu Weihnachten, flambiert mit Rum oder Cognac, serviert. Etwas unspektakulärer ist der **Yorkshire pudding**, der nur aus Mehl, Eiern und Milch besteht und zum Rinderbraten serviert wird.

---

Second wave: Activate lesson 59!

## 109. Lektion

### Welch ein Glück!

1  (*Beim Bäcker.*)
2  – Ich bezahle (für) das Brot und die Pasteten. Warte mal (eine Sekunde)! Wo habe ich meine Brieftasche hingetan?

(ANMERKUNGEN)

① „Jemanden bezahlen" heißt to pay: I paid the taxi driver „Ich habe den Taxifahrer bezahlt", aber „etwas bezahlen" heißt to pay for. Natürlich kann man auch „für" jemanden bezahlen: I'll pay for you „Ich bezahle für dich" (an deiner Stelle).

| 3 | **O**h n**o**! What a f**oo**l. I m**u**st have l**e**ft it on the f**e**rry. ②③ |
|---|---|
| 4 | Or s**o**meone must have st**o**len it. Wh**a**t are we g**o**ing to d**o**? |
| 5 | It had **a**ll our m**o**ney as **w**ell as my p**a**ssport and our plane t**i**ckets. ④ |
| 6 | – H**o**w could you b**e** so st**u**pid? Now n**ei**ther of us has a p**e**nny. ⑤ |
| 7 | – This **i**sn't the time to **a**rgue. We must find a po-l**i**ceman imm**e**diately. ⑥ |
| 8 | – Exc**u**se me, d**o** you speak **E**nglish? I'm l**oo**king for the pol**i**ce st**a**tion. |
| 9 | – Y**e**s, I speak **E**nglish. It's at the **o**ther **e**nd of the t**o**wn, by the ch**u**rch. ⑦ |
| 10 | – **I**s it v**e**ry f**a**r? We're in a t**e**rrible h**u**rry. It's an em**e**rgency. |
| 11 | – A g**oo**d tw**e**nty m**i**nutes on f**oo**t. But in th**i**s h**ea**t, you'd b**e**st take the b**u**s. ⑧⑨ |
| 12 | If you l**i**ke, I'll sh**o**w you the w**ay**. I kn**o**w the t**o**wn very w**e**ll. |

(PRONUNCIATION)

[*3* ... f**u**:l ... *6* ... ßtj**u**:-pid ... *7* ... **a**:(r)-gju ... pö-l**i**:ß-mön ... *9* ... tsch**Ö**:(r)tsch *10* ... i-m**Ö**:(r)-djön-ßi]

(ANMERKUNGEN)

② Es gibt eine ganze Reihe Redewendungen mit fool, darunter: **to make a fool of oneself** „sich lächerlich machen" (aber **to make a fool of somebody** „jdn. blamieren"!), **to play the fool** „herumalbern, den Clown spielen" ...

③ **to leave** heißt nicht nur „verlassen, weggehen", sondern auch „(liegen) lassen": **I had to leave my suitcase at the hotel** „Ich musste meinen Koffer im Hotel lassen".

④ **as well as** im Sinne von „und, sowie" wird benutzt, wenn man einer längeren Aufzählung ein Element hinzufügt: **He likes jazz, pop and classical music as well as rap** „Er mag Jazz, Pop- und klassische Musik sowie Rap".

3   Oh nein! Ich (was ein) Idiot. Ich muss sie auf der Fähre [liegen] gelassen haben.
4   Oder jemand muss sie gestohlen haben. Was machen wir [jetzt]?
5   Da war (sie hatte) unser ganzes Geld [drin], außerdem mein Pass und unsere Flugtickets.
6   – Wie konntest du so dumm sein? Jetzt hat keiner von uns einen Cent [Geld] (Penny).
7   – Das ist jetzt nicht die Zeit zum Streiten. Wir müssen sofort einen Polizisten finden.
8   – Entschuldigen Sie, sprechen Sie Englisch? Ich suche die Polizeistation.
9   – Ja, ich spreche Englisch. Sie ist am anderen Ende der Stadt, an der Kirche.
10  – Ist es sehr weit? Wir haben es furchtbar eilig. Es handelt sich um einen Notfall.
11  – Zu Fuß gut 20 Minuten. Aber bei (in) dieser Hitze nehmen Sie am besten den Bus.
12  Wenn Sie möchten, zeige ich Ihnen den Weg. Ich kenne die Stadt sehr gut.

(ANMERKUNGEN)

⑤ Auf **neither** folgt das Verb im Singular: **Neither Andy nor Bob has any money** „Weder Andy noch Bob hat Geld". Da bei **neither** jedoch immer mehrere Personen beteiligt sind, benutzen manche Briten das Verb im Plural.

⑥ **to argue** „sich streiten", aber auch „diskutieren, argumentieren". Das Nomen **argument** bedeutet „Streit" und „Argument".

⑦ Die offizielle Religion in Großbritannien ist der Anglikanismus; der Monarch bzw. die Monarchin ist das Oberhaupt der **Church of England**. In Schottland, wo der Kalvinismus überwiegt, heißt die Kirche **Church of Scotland**.

⑧ Man sagt **by car** „mit dem Auto", **by bus** „mit dem Bus", **by plane** „mit dem Flugzeug", aber **on foot** „zu Fuß".

⑨ Man könnte ebenso **You'd better take the bus** sagen.

LEKTION 109

| 13 | – That's very kind of you. I'd appreciate the help. Thank you.
| 14 | – Don't mention it. As a matter of fact, I was going there anyway. ⑩
| 15 | I found this wallet near the port. Someone must have dropped it.
| 16 | I was going to report it to the police. Some people are so careless. ⑪
| 17 | – I thoroughly agree with you. Hang on!
| 18 | That's my wallet. Look at the passport photo!
| 19 | – Come on, we'll buy you an ice-cream. ⑫

(PRONUNCIATION)

[13 ... ö-pri:-schi-eit ... 14 ... män-tschön ... 15 ... drOpd ... 16 ... ri-pO:(r)t ... kä:(r)-löß 17 ... fßO-rou-li ... 19 ... aiß-kri:m]

FIRST EXERCISE: DO YOU UNDERSTAND THESE SENTENCES?

❶ She left her husband because they used to argue all the time. ❷ Excuse me, do you speak English? I'm looking for the police station. ❸ It's too hot to walk. You'd best take the bus. ❹ I'll pay for the pies. – That's very kind of you. – Don't mention it. ❺ We made fools of ourselves, but I couldn't care less.

13 – Das ist sehr freundlich von Ihnen. Ich würde mich über Ihre Hilfe freuen. Danke.

14 – Nichts zu danken (tu-nicht erwähnen es). Eigentlich bin ich sowieso gerade auf dem Weg dorthin.

15 Ich habe diese Brieftasche in der Nähe des Hafens gefunden. Jemand muss sie verloren haben (jemand muss haben fallengelassen es).

16 Ich wollte es [gerade] bei der Polizei melden. Manche Leute sind so leichtsinnig.

17 – Da stimme ich Ihnen voll und ganz zu (ich gründlich übereinstimme mit Ihnen). Warten Sie mal!

18 Das ist meine Brieftasche. Sehen Sie sich das Bild im Pass an!

19 – Kommen Sie, wir kaufen Ihnen ein Eis.

(ANMERKUNGEN)

⑩ Don't mention it „Keine Ursache, nichts zu danken" eignet sich sehr gut als Antwort auf einen Dank. Das eher amerikanisch geprägte You're welcome hört man inzwischen auch in Großbritannien immer öfter.

⑪ careless hat eine Fülle von Bedeutungen: „unaufmerksam, gedankenlos, unvorsichtig, leichtsinnig, nachlässig, unachtsam, unordentlich". Aber Achtung: I couldn't care less (in zwei Wörtern!) bedeutet „Das ist mir vollkommen egal".

⑫ ice-cream hieß früher einmal iced cream, aber mit der Zeit ist das -d weggefallen. Man hört sogar mittlerweile immer öfter nur ice.

(SOLUTION TO FIRST EXERCISE: DID YOU UNDERSTAND?)

❶ Sie hat ihren Mann verlassen, weil sie sich die ganze Zeit gestritten haben. ❷ Entschuldigen Sie, sprechen Sie Englisch? Ich suche die Polizeistation. ❸ Es ist zu heiß, um zu laufen. Du nimmst am besten den Bus. ❹ Ich bezahle (für) die Pasteten. – Das ist sehr freundlich von Ihnen. – Keine Ursache. ❺ Wir haben uns lächerlich gemacht, aber das ist mir völlig egal.

### SECOND EXERCISE: FILL IN THE CORRECT WORDS!

① Wir haben diese Brieftasche am Hafen gefunden. Jemand muss sie verloren haben.

We ..... ... ..... by the port. Someone .... ... ..... .. .

② Ich musste meinen Pass im Hotel lassen. Das ist (das) Gesetz in Griechenland.

I ... .. ..... my passport .. the hotel. It's the law in Greece.

③ Welch ein Idiot! Jetzt hat keiner von uns einen Cent [Geld] (Penny).

.... .. ..... ! Now ........ .. .. ... a penny.

④ Ist es weit? – Zu Fuß gut 20 Minuten. Oder wir können mit dem Bus fahren.

.. .. ...? – . .... .... ....... .. ..... . Or we can go .. ....

⑤ Eigentlich war ich sowieso gerade auf dem Weg zur Kirche.

.. . ..... .. ...., I ... ..... .. the church ...... .

---

▶ **One hundred and tenth lesson**

## Goodbye for now

**1** Congratulations. You've reached the last lesson – but not the end of the road!

(PRONUNCIATION)

[*1* kön-grä-tju-l*ei*-schöns ...]

## SOLUTION TO SECOND EXERCISE: THE CORRECT WORDS.

❶ found this wallet – must have dropped it ❷ had to leave – at ❸ What an idiot – neither of us has ❹ Is it far – A good twenty minutes on foot – by bus ❺ As a matter of fact – was going to – anyway.

---

**A woman policeman?**
Wie andere Sprachen wurde auch das Englische mit einer gesellschaftlichen Entwicklung konfrontiert, in deren Verlauf Berufe, die ursprünglich Männern vorbehalten waren, auch für Frauen geöffnet wurden. Bezeichnungen wie **policeman**, **fireman**, **chairman** und andere wurden durch „geschlechtsunspezifische" Bezeichnungen abgelöst: **police officer**, **fire fighter**, **chair**. Berufsbezeichnungen wie **doctor**, **nurse** oder **manager** können seit jeher auf beide Geschlechter angewandt werden.

---

*Lerntipp*

*Die nächste und letzte Lektion des Kurses ist zwar dem Thema „Abschied" gewidmet. Aber ganz so wörtlich brauchen Sie dies nicht zu nehmen. Denn Sie werden doch bestimmt Ihre Englischkenntnisse weiter ausbauen wollen, oder nicht?*

**Second wave: Activate lesson 60!**

---

## 110. Lektion

### Auf Wiedersehen ... für den Moment

1. Herzlichen Glückwunsch (Gratulationen). Sie haben die letzte Lektion erreicht – aber [noch] nicht das Ende des Weges (der Straße)!

**2** From now on, it should be plain sailing all the way. ①

**3** Obviously, you can't expect to speak fluent English after only a few months of part-time study. ②

**4** But you have learnt the basic structures and vocabulary, and you know something about British culture.

**5** And you can certainly get by in most everyday situations. ③

**6** Now it's very important that you continue.

**7** Remember the Assimil motto: daily practice makes perfect.

**8** So don't let this book gather dust at the back of a shelf. ④

**9** Take it down from time to time and look at a sentence, a paragraph or a whole lesson.

**10** Read an exercise out loud, do the second wave, and revise your irregular verbs. ⑤

**11** In short: keep in touch.

(PRONUNCIATION)

[*2* ... plein ßei-ling ... *3* Ob-wi-öß-li ... ikß-päkt ... flu-önt ... ßta-di *4* ... bei-ßik ßtrak-tschö(r)s ... wö-kä-bju-lö-ri ... kal-tschö(r) *5* ... ßi-tju-**ei**-schöns *6* ... kön-ti-nju *7* ... präk-tiß ... *8* ... gä-fsö(r) daßt ... *9* ... ßän-tönß ... pä-rö-gra:f ...]

| 2 | Von nun an sollte es ganz einfach sein (es sollte sein einfaches Segeln all der Weg).
| 3 | Natürlich können Sie nicht erwarten, nach nur einigen Monaten zeitweiligen (Teilzeit) Studiums fließend(es) Englisch zu sprechen.
| 4 | Aber Sie haben die grundlegenden Strukturen und Wörter erlernt, und Sie wissen jetzt etwas über [die] britische Kultur.
| 5 | Und Sie können sicherlich in den meisten Alltagssituationen gut zurechtkommen.
| 6 | Nun ist es sehr wichtig, dass Sie weitermachen.
| 7 | Denken Sie an (erinnern Sie) das Assimil-Motto: Tägliche Praxis macht perfekt.
| 8 | Lassen Sie also dieses Buch nicht hinten in einem Bücherregal Staub ansammeln.
| 9 | Nehmen Sie es von Zeit zu Zeit in die Hand (herunter), und lesen Sie einen Satz, einen Absatz oder eine ganze Lektion.
| 10 | Lesen Sie eine Übung (raus) laut, absolvieren Sie die „Zweite Welle", und wiederholen Sie die (Ihre) unregelmäßigen Verben.
| 11 | Kurz: Bleiben Sie in Kontakt [mit der Sprache]!

(ANMERKUNGEN)

① **plain** bedeutet „einfach, unkompliziert". **Once you've passed the entrance exams, university's plain sailing** „Wenn man einmal die Aufnahmeprüfungen hinter sich gebracht hat, ist die Universität ganz einfach".

② Hier könnte man auch sagen **... to speak English fluently...**

③ Unser letztes **phrasal verb** in diesem Kurs: **to get by** „zurechtkommen, sich zurechtfinden". **Now I know enough English to get by** „Ich kann jetzt genug Englisch, um zurechtzukommen".

④ **to gather** heißt neben „(an)sammeln" noch „zusammentragen; pflücken (Obst)" und auch „erfahren": **I gathered she's got a new boyfriend** „Ich habe erfahren, dass sie einen neuen Freund hat".

⑤ Es gibt auch: **to say something out loud** „etwas aussprechen, etwas laut verkünden".

| 12 | By **rea**ding **pa**pers and ma**ga**zines, **wa**tching **mo**vies, **sur**fing the **In**ternet |
| --- | --- |
| 13 | and **ta**king **e**very oppor**tu**nity to speak **Eng**lish – |
| 14 | and, ab**ove all**, by **no**t **wo**rrying ab**ou**t **ma**king mis**ta**kes – |
| 15 | you'll **ve**ry **qui**ckly feel **to**tally at **ea**se in this rich, **won**derful and **ve**ry **u**seful **lan**guage. ⑥ |
| 16 | As a **fa**mous **wri**ter **sai**d more than a **hun**dred years ag**o**: |
| 17 | **Eng**lish is the **lan**guage of the **wor**ld. |

(PRONUNCIATION)

[*12* ... ß**ö**:(r)-fing ... *15* ... ju:s-ful ...]

(FIRST EXERCISE: DO YOU UNDERSTAND THESE SENTENCES?)

❶ He gets by very well in Russian. ❷ Remember practice makes perfect. ❸ She takes every opportunity to speak English. ❹ We kept in touch for a long time after he moved to Nottingham. ❺ What did he say? – He told me his tailor was still rich!

(SECOND EXERCISE: FILL IN THE CORRECT WORDS!)

❶ Lassen Sie dieses Buch nicht hinten in einem Bücherregal Staub ansammeln.

. . . '. . . . this book gather dust . . . . . .
. . . . . . . . . . . . . . . .

❷ Lesen Sie einen Satz oder einen Absatz (raus) laut, und wiederholen Sie die (Ihre) unregelmäßigen Verben.

. . . . a sentence or a paragraph . . . . . . .
and revise your irregular verbs.

| 12 | Indem Sie Zeitungen und Zeitschriften lesen, Filme ansehen und [im] Internet surfen
| 13 | und jede Gelegenheit wahrnehmen, Englisch zu sprechen –
| 14 | und vor allem wenn Sie sich keine Sorgen darüber machen, ob Sie Fehler machen –
| 15 | werden Sie sich in dieser reichen, wunderbaren und sehr nützlichen Sprache sehr schnell voll und ganz (total) wohl fühlen.
| 16 | Wie ein berühmter Schriftsteller vor mehr als 100 Jahren sagte:
| 17 | Englisch ist die Sprache der Welt.

(ANMERKUNGEN)

⑥ Die Grundbedeutung von *ease* ist „Ruhe, Muße; Entspanntheit". Das Verb *to ease* bedeutet „lindern; erleichtern, entspannen, beruhigen".

(SOLUTION TO FIRST EXERCISE: DID YOU UNDERSTAND?)

❶ Er kommt im Russischen sehr gut zurecht. ❷ Denken Sie daran, dass Praxis perfekt macht. ❸ Sie nimmt jede Gelegenheit wahr, Englisch zu sprechen. ❹ Wir blieben noch lange in Kontakt, nachdem er nach Nottingham gezogen ist. ❺ Was hat er gesagt? – Er erzählte mir, dass sein Schneider noch immer reich sei!

❸ Sie haben die letzte Übung erreicht, aber nicht das Ende des Weges (Straße).

. . . ' . . . . . . . . . the last exercise but . . . . . . . . . . . . . . . . . . . .

❹ Machen Sie sich keine Sorgen darüber, ob Sie Fehler machen.

. . . ' . . . . . . . . . . . . . . . . . . . mistakes.

⑤ Von jetzt an ist es ganz einfach!

From now on, . . '. . . . . . . . . . . . . !

---

**Lerntipp**

*Mit dieser Lektion ist die Zeit gekommen, Abschied zu nehmen. Was „Englisch ohne Mühe" angeht, so ist der Abschied jedoch noch etwas verfrüht, denn Sie müssen ja – wenn Sie sich noch in der passiven Phase befinden – die aktive Phase bis zum Ende des Kurses fortsetzen! Die Wiederholung ist besonders wichtig, denn wenn das Gelernte nicht gefestigt wird, ist bald alles vergessen, und die Arbeit war umsonst.*

*Aber auch wenn Sie sich am Ende der aktiven Phase befinden, können Sie Ihr Englischstudium fortsetzen: Literatur, Rundfunk, Fernsehen und Internet sowie viele andere Medien bieten Ihnen die Gelegenheit dazu, und auf Reisen zu unseren englischen Nachbarn werden Sie bestimmt viel Lob und Anerkennung für die erworbenen Englischkenntnisse ernten!*

### SOLUTION TO SECOND EXERCISE: THE CORRECT WORDS.

❶ Don't let – at the back of a shelf ❷ Read – out loud ❸ You've reached – not the end of the road ❹ Don't worry about making ❺ it's plain sailing.

**Second wave: Activate lesson 61!**

**483** • four hundred and eighty-three

# GRAMMATIKALISCHER INDEX

## GRAMMATIKALISCHER INDEX

Dieser grammatikalische Index enthält alle in den Wiederholungslektionen von „Englisch ohne Mühe" behandelten Grammatikthemen. Auf diese Weise können Sie sich auf die Schnelle Informationen über ein bestimmtes Thema heraussuchen. Ausführlichere Erklärungen finden Sie darüber hinaus im grammatikalischen Anhang.

**Lektion**

| | |
|---|---|
| **a little** und **a few** | 56 |
| Adjektive und Adverbien | 42 |
| Adverbien | 98 |
| Alphabet | 21 |
| Antworten mit „... auch" / „... auch nicht" | 105 |
| Antworten | 7 |
| Ausdruck von Wünschen: **want/like** + Infinitiv | 63 |
| Ausdrücken von Vermutungen in Gegenwart und Vergangenheit | 105 |
| Bestimmter Artikel **the** | 35, 84 |
| Briefe | 91 |
| **can** und **must** | 21, 42 |
| **could** und **was able to** | 77 |
| Datumsangaben | 49 |
| Einfache Gegenwart (simple present) | 28 |
| Einfache Vergangenheit (simple past) | 56 |
| **everything** und **nothing** | 49 |
| **for**, **during** und **until** | 56 |
| Frageform beim simple present | 35 |
| Fragen | 7 |
| Futur (Zukunft) | 63 |
| Genitiv (Besitzfall) | 21 |
| Genitivform bei Geschäfts- und Berufsbezeichnungen | 42 |
| Gewichts- und Maßeinheiten | 35 |
| Höflichkeitsfloskeln mit dem Konditional: **would** und **could** | 63 |
| Kardinalzahlen bis 100 | 14 |
| Komparativ und Superlativ | 49 |
| Konditional Perfekt | 105 |
| Konditional Präsens | 70 |
| Mehrgliedrige Verben („phrasal verbs") | 91 |
| **might** | 84 |
| Monatsnamen und Jahreszeiten | 14 |
| **much**, **many** und **a lot of** mit Mengenangaben | 35 |
| **must** und **to have to** | 77 |
| Nahe Zukunft: **going to** und Verlaufsform | 49 |

| | |
|---|---|
| Negative Frage | 70 |
| Ordinalzahlen | 14 |
| Partikelverben | 91 |
| Passiv | 105 |
| Past Perfect (Vorvergangenheit) | 105 |
| **please** und **thank you** | 21 |
| Possessivpronomen | 14, 49 |
| Present perfect | 84 |
| Pronomen | 7 |
| Question-tags | 70 |
| Redewendungen mit **to be** | 14 |
| Reflexivpronomen und reziproke Pronomen | 63, 98 |
| Regelmäßige und unregelmäßige Pluralbildung | 28 |
| Relativpronomen **what**, **which**, **that** | 63 |
| Relativpronomen | 84 |
| Simple past (Einfache Vergangenheit) | 56 |
| Simple present (Einfache Gegenwart) | 28 |
| Simple present: Frageform | 35 |
| Singular- und Pluralnomen | 105 |
| **some** und **any** | 21 |
| **still** und **yet** | 84 |
| **their**, **there** und **they're** | 14 |
| **these** und **those** | 28 |
| **this/that** und **here/there** | 14 |
| **to get** | 77 |
| **to make** und **to do** | 98 |
| **to tell** oder **to say**? | 56 |
| Uhrzeiten | 49 |
| **used to** | 63 |
| Verb **to be** „sein" und seine Kurzformen | 7 |
| Verb **to have** | 21 |
| Verben mit Präpositionen oder Partikeln | 42 |
| Verben mit zwei Objekten | 70 |
| Verbergänzungen | 42 |
| Vergleiche mit **less** und **least** | 91 |
| Verlaufsform der Gegenwart | 42 |
| Verlaufsform der Vergangenheit | 63 |
| Verneinung | 28 |
| Verstärkendes **do** | 91 |
| Vorschläge und Aufforderungen | 35 |
| **Whose**...? | 49 |
| Wochentage | 28 |
| **would** und **used to** | 70 |
| Zusammengesetzte Nomen (Komposita) | 98 |

**487** • four hundred and eighty-seven

# GRAMMATIKALISCHER ANHANG

*INHALT*

| | Seite |
|---|---|
| | |

**NOMEN** .................................................. 491
   Grammatisches Geschlecht (Genus) ..................... 491
   Regelmäßige Pluralbildung ............................ 491
   Unregelmäßige Pluralbildung .......................... 492
   Nomen ohne Pluralform ................................ 493
   Singular trotz Plural-s .............................. 493
   Plural im Englischen, Singular im Deutschen .......... 493
   Zählbare und unzählbare Nomen ........................ 493

**ARTIKEL** ................................................ 494
   Unbestimmter Artikel ................................. 494
   Bestimmter Artikel ................................... 494

**PRONOMEN** ............................................... 496
   Personalpronomen als Subjekt ......................... 496
   Personalpronomen als Objekt .......................... 497
   Possessivpronomen .................................... 497
   Reflexivpronomen ..................................... 498
   Relativpronomen ...................................... 499

**ADJEKTIVE** .............................................. 501
   Bildung .............................................. 502
   Komparativ und Superlativ ............................ 502
   Demonstrativadjektive this/these und that/those ...... 503
   Possessivadjektive ................................... 504
   each und every ....................................... 505
   much und many als Adjektive .......................... 505
   some und any als Adjektive ........................... 506

**ADVERBIEN** .............................................. 507
   Bildung .............................................. 507
   Vergleiche ........................................... 508
   Frageadverbien ....................................... 508

**PRÄPOSITIONEN** .......................................... 508

**GENITIV** ................................................ 510

## VERBEN ... 510
- Hilfsverben ... 510
- Zeitformen der Verben ... 513
- Gegenwart (present tense) ... 513
- Futur (future tense) ... 517
- Einfache Vergangenheit (simple past) ... 519
- Zusammengesetzte Vergangenheit (present perfect) ... 521
- Vorvergangenheit (past perfect) ... 524
- Konditional ... 527
- Passiv ... 529
- Modalverben ... 530
- Liste der wichtigsten unregelmäßigen Verben ... 533

# NOMEN

## ● Grammatisches Geschlecht (Genus)

Englische Nomen haben kein grammatisches Geschlecht, d. h. es wird keine Unterscheidung zwischen Maskulinum (männlich), Femininum (weiblich) und Neutrum (sächlich) gemacht. Folglich gibt es auch keine geschlechtsspezifischen Artikel („ein, eine" und „der, die, das"):

> **a man/the man** „ein Mann / der Mann"
> **a woman/the woman** „eine Frau / die Frau"
> **a car/the car** „ein Auto / das Auto".

Aus diesem Grund werden sie auch in der Form nicht an die Adjektive angepasst (siehe Adjektive).
Bestimmte Nomen, die Berufe bezeichnen, haben dagegen eine männliche und eine weibliche Form, z.B. **actor/actress** „Schauspieler/Schauspielerin", **waiter/waitress** „Kellner/Kellnerin", ... Zahlreiche Berufsbezeichnungen können jedoch sowohl für Männer wie auch für Frauen angewandt werden: **doctor** „Arzt/Doktor", **driver** „Fahrer" usw. (siehe auch Kapitel „Artikel").

## ● Regelmäßige Pluralbildung

Im Allgemeinen wird der Plural eines Nomens durch Anhängen eines **-s** gebildet:

> **flat** „Wohnung" – **flats** „Wohnungen"
> **house** „Haus"– **houses** „Häuser".

Die gleiche Regel gilt für Nomen, die auf Vokal + **-y** enden:

> **boy** „Junge" – **boys** „Jungen".

Endet ein Nomen jedoch auf Konsonant + **-y**, wird dieses **y** im Plural zu **-ie**; dann wird das Plural-**s** angehängt:

> **lady** „Dame" – **ladies** „Damen".

Bei Nomen, die auf **-ss**, **-sh**, **-ch** oder **-x** (oder auch auf **-o**) enden, wird vor dem Plural-**s** ein **e** eingefügt:

**waitress** „Serviererin" – **waitresses** „Serviererinnen"
**brush** „Bürste" – **brushes** „Bürsten"
**watch** „Armbanduhr" – **watches** „Armbanduhren"
**box** „Schachtel" – **boxes** „Schachteln"
**potato** „Kartoffel" – **potatoes** „Kartoffeln".

Aussprachehinweis: Das Plural-**s** wird immer wie ein stimmhaftes [s] („Ha*se*") gesprochen, außer nach den Konsonanten **p**, **f**, **t** und **k**; nach ihnen wird es wie stimmloses [ß] („Maß") gesprochen.

**boys** [*bois*]
**wives** [*uaiws*]
**cars** [*ka:(r)s*]

ABER:
**flats** [*flätß*]
**cups** [*kapß*]
**books** [*bukß*]

● **Unregelmäßige Pluralbildung**

Bestimmte Nomen haben eine unregelmäßige Pluralform; hier einige der häufigsten:

**child** „Kind" – **children** „Kinder"
**fish** „Fisch" – **fish** „Fische"
**foot** „Fuß" – **feet** „Füße"
**man** „Mann" – **men** „Männer"
**mouse** „Maus" – **mice** „Mäuse" *
**tooth** „Zahn" – **teeth** „Zähne"
**woman** „Frau" – **women** [*ui-mön*] „Frauen".

* Ausnahme „Computermäuse": **mouses**.

Schließlich gibt es noch ca. ein Dutzend Nomen, die auf **-f** enden und bei denen sich dieses **f** im Plural in ein **v** verwandelt; vier davon haben Sie im Kurs kennengelernt:

**half** „Hälfte" – **halves** „Hälften"
**loaf** „Laib" – **loaves** „Laibe"
**self** „-selbst" – **selves** „-selbst" (Pl.)
**wife** „Ehefrau" – **wives** „Ehefrauen".

### ● Nomen ohne Pluralform

Spezielle Nomen haben gar keine Pluralform, d. h. sie lauten im Plural genauso wie im Singular. Siehe hierzu Kapitel „Zählbare und unzählbare Nomen".

### ● Singular trotz Plural-s

Einige Nomen enden auf einem -**s**, sind aber trotzdem Singularnomen; sie werden von einem Verb im Singular begleitet. Unter den gängigsten finden wir **news** „Nachricht(en), Neuigkeit(en)" und **series** „Serie" (**This is the six o'clock news.** „Hier sind die 6-Uhr-Nachrichten").

Auch Lehrfächer, die auf -**ics** enden, sind in der Regel ein Singular:

> **economics** „Wirtschaftswissenschaft"
> **mathematics/maths** „Mathematikwissenschaft"
> **politics** „Politikwissenschaft".
>
> **Politics is the art of the possible.** „Die Politik ist die Kunst des Möglichen".

### ● Plural im Englischen, Singular im Deutschen

Eine Reihe von Pluralnomen – begleitet von einem Verb im Plural – sind im Deutschen Singularnomen (oft handelt es sich um Kleidungsstücke mit „zwei Beinen"):

> **trousers** „Hose"
> **shorts** „Short"
> **pyjamas** „Schlafanzug"
> **glasses** „Brille".
>
> **Your pyjamas are dirty.** „Dein Schlafanzug ist schmutzig".

### ● Zählbare und unzählbare Nomen

Wie im Deutschen gibt es im Englischen Nomen, die Singularform haben, obwohl sie streng genommen aus mehreren „Bestandteilen" bestehen; sie werden von einem Verb im Singular begleitet:

**advice** „Rat"
**fruit** „Obst"
**furniture** „Möbel"
**hair** „Haare"
**information** „Information"
**progress** „Fortschritt"
**luggage** „Gepäck".

Um diese Nomen zu „singularisieren", d. h. einen der Bestandteile herauszugreifen, kann man nicht den Artikel benutzen, sondern man benutzt Konstruktionen wie **a piece of** (**a piece of fruit**, **a piece of furniture**, usw.). In vielen Fällen verwendet man diese Nomen auch einfach mit **some** oder **any**:

**Do you have any luggage?** „Haben Sie Gepäck?"
**Can you give me some information?** „Können Sie mir eine Information geben?"

## ARTIKEL

### ● Unbestimmter Artikel

Der unbestimmte Artikel lautet **a** [ö], wenn das nachfolgende Wort mit einem Konsonanten oder einem als Konsonanten ausgesprochenen Vokal beginnt und **an** [ön], wenn es mit einem Vokal oder einem stummen **h** beginnt:

**a man** „ein Mann"
**a university** „eine Universität"
**an interview** „ein Vorstellungsgespräch"
**an hour** „eine Stunde".

Es gibt keinen unbestimmten Artikel für den Plural.

### ● Bestimmter Artikel

Der bestimmte Artikel lautet sowohl im Singular als auch im Plural **the**:

**the airport** „der Flughafen"
**the guys** „die Typen".

**The** wird vor einem Wort, das mit einem Konsonanten beginnt, [fsö] gesprochen und vor einem Wort, das mit einem Vokal beginnt, [fsi:].

> **the journey** [fsö djÖ:(r)-ni] „die Reise"
> **the island** [fsi: ai-lönd] „die Insel".

Die Verwendung des bestimmten Artikels im Englischen erfolgt nicht in allen Fällen analog zum Deutschen. Wir fassen unten nur die bereits im Kurs durchgenommenen Fälle zusammen:

<u>the</u> wird nicht benutzt:

**a.** bei allgemeingültigen Aussagen

> **I like wine.** „Ich mag Wein".

Das gilt auch für Fälle, in denen das Substantiv durch ein Adjektiv näher definiert wird:

> **I like red wine.** „Ich mag Rotwein".

**b.** vor Ländernamen, es sei denn, sie stehen im Plural

> **America**, aber **the United States**.

**c.** bei Sportarten

> **He plays darts and billiards.** „Er spielt Darts und Billard."

**d.** bei Pluralwörtern in allgemeingültigen Aussagen

> **Dogs chase cats.** „Hunde jagen Katzen."

<u>the</u> wird hingegen benutzt:

**a.** wenn von einer näher definierten Sache die Rede ist

> **She loves the classical music of the eighteenth century.**
> „Sie liebt die klassische Musik des 18. Jahrhunderts."
> **I don't like the tea they drink in France.** „Ich mag den Tee nicht, den man in Frankreich trinkt."

**b.** bei Sachen, die es nur einmal gibt (der Mond, die Sonne, das Wetter)

> **Don't go out in the sun without a hat.** „Geh nicht ohne Hut in die Sonne."
> **The weather's terrible in January.** „Im Januar ist das Wetter schrecklich."

**c.** bei Musikinstrumenten

> **Laura plays the piano.** „Laura spielt Klavier."

**d.** bei Singularnomen, die stellvertretend für eine Gesamtheit von Sachen stehen:

> **The personal computer has changed the way we work.** „Der PC hat unsere Art zu arbeiten verändert."


## PRONOMEN

### ● Personalpronomen als Subjekt

Eine Besonderheit des Englischen bei den Personalpronomen (persönliche Fürwörter) besteht darin, dass für „du", „ihr" und das höfliche „Sie" nur das Wort **you** existiert, d. h. der Brite unterscheidet nicht zwischen Duzen und Siezen. Das höfliche „Sie" kann sowohl 2. Person Singular sein (man spricht eine einzelne Person an) als auch 2. Person Plural (man spricht mehrere Personen an):

|            | **Singular**      | **Plural**         |
|------------|-------------------|--------------------|
| 1. Person  | **I** „ich"       | **we** „wir"       |
| 2. Person  | **you** „du; Sie" | **you** „ihr/Sie"  |
| 3. Person  | **he** „er"       | **they** „sie"     |
|            | **she** „sie"     |                    |
|            | **it** „es"       |                    |

1) Das Pronomen der 1. Person Singular, **I**, wird immer groß geschrieben.

2) Das Pronomen der 3. Person Plural **they** kann sowohl Personen als auch Sachen bezeichnen.

● **Personalpronomen als Objekt**

Die Personalpronomen können auch Akkusativ- („wen?") oder Dativobjekt („wem?") in einem Satz sein; sie haben dann die folgenden Formen:

|  | **Singular** | **Plural** |
|---|---|---|
| 1. Person | **me** „mich, mir" | **us** „uns" |
| 2. Person | **you** „dich, dir/Sie, Ihnen" | **you** „euch/Sie, Ihnen" |
| 3. Person | **him** „ihn, ihm" | **they** „sie, ihnen" |
|  | **her** „sie, ihr" |  |
|  | **it** „es" |  |

Ist ein Pronomen Akkusativobjekt, steht es direkt hinter dem Verb:

**I phoned her yesterday.** „Ich habe sie gestern angerufen."

Bei Verben, die aus Verb + Partikel bestehen, steht das Akkusativpronomen zwischen beiden:

**If you don't know a word, look it up in a dictionary.** „Wenn du ein Wort nicht weißt, schlag es in einem Wörterbuch nach."

Wird anstelle des Pronomens ein Nomen benutzt, kann man dieses auf zweierlei Weise plazieren:

**look the word up** oder **look up the word**.

Ist das Pronomen Dativobjekt, so benutzt man meistens die Präposition **to**:

**Give it to him.** „Gib es (zu) ihm."

● **Possessivpronomen**

Die Form des Possessivpronomens (besitzanzeigendes Fürwort) richtet sich nach dem Geschlecht des Besitzers. Sie sind nicht mit den Possessivadjektiven zu verwechseln (siehe Kapitel „Possessivadjektive").

| Possessivpronomen | Beispielsatz |
|---|---|
| **mine** „meiner, -e, s" | **It's my book. It's mine.** |
| **yours** „deiner, -e, s/Ihrer, -e, -es" | **It's your key. It's yours.** |
| **his** „seiner, -e, -s" | **It's his table. It's his.** |
| **hers** „ihrer, -e, -es" | **It's her sister. It's hers.** |
| (kein Possessivpronomen) | |
| **ours** „unserer, -e, -es" | **It's our coffee. It's ours.** |
| **yours** „eurer, -e, -es/Ihrer, -e, -es" | **It's your idea. It's yours.** |
| **theirs** „ihrer, -e, -es" | **It's their piano. It's theirs.** |

● **Reflexivpronomen**

Die Reflexivpronomen (rückbezüglichen Fürwörter) werden verwendet, wenn Subjekt und Objekt einer Handlung identisch sind, d. h. wenn die Person, die die Handlung ausführt, diese an sich selbst vornimmt. Die Reflexivpronomen stehen hinter dem Verb.

**I looked at myself.** „Ich habe mich (selbst) betrachtet."
**She talked to herself.** „Sie sprach mit sich selbst."
**We enjoyed ourselves.** „Wir haben uns amüsiert."

Die Reflexivpronomen lauten:

**Singular**
1. Person **myself** „mich/mir (selbst)"
2. Person **yourself** „dich/dir (selbst)"
3. Person **himself** „ihn/ihm (selbst)"
   **herself** „sie/ihr (selbst)"
   **itself** „es/ihm (selbst)"

**Plural**
1. Person **ourselves** „uns (selbst)"
2. Person **yourselves** „euch/Sie (selbst)"
3. Person **themselves** „sie/ihnen (selbst)"

Es gibt noch das unbestimmte Reflexivpronomen **oneself**.

Eine Reihe von Verben, die täglich ausgeführte Handlungen beschreiben, werden ohne Reflexivpronomen verwendet:

**He got up at nine. Then he washed, shaved, dressed and left the house.** „Er stand um neun auf. Dann wusch er sich, rasierte sich, zog sich an und verließ das Haus."

● **Relativpronomen**

Relativpronomen (bezügliche Fürwörter) verbinden zwei Teilsätze, die in Bezug zueinander stehen; sie fungieren als Konjunktionen (Bindewörter). Sie variieren je nachdem, ob sie sich auf Personen oder Sachen beziehen und ob sie Subjekt, Akkusativ- oder Genitivobjekt sind:

|  | **Subjekt** | **Akkusativobjekt** | **Genitivobjekt** |
|---|---|---|---|
| Personen | **who** od. **that** | **who** od. **that** | **whose** |
| Sachen | **which** od. **that** | **which** od. **that** | **whose** od. **of which** |

Erläuterungen und Beispielsätze:
Während **that** als Relativpronomen sowohl für Personen als auch für Sachen benutzt werden kann, verwendet man **who** nur für Personen und **which** nur für Sachen.

**The man who/that I spoke to yesterday is my uncle.** „Der Mann, mit dem ich gestern gesprochen habe, ist mein Onkel."
**The book which/that I'm reading is very interesting.** „Das Buch, das ich lese, ist sehr interessant."

Bezieht sich das Relativpronomen auf das Akkusativobjekt, wird es oft weggelassen:

**The man I spoke to yesterday is my uncle.**
**The book I'm reading is very interesting.**

**which** kann sich auch auf eine komplette vorangehende Wortgruppe bzw. eine komplette Satzaussage beziehen; der Nebensatz wird in diesem Fall durch ein Komma vom Hauptsatz abgetrennt:

**He said that he had no money, which is true.** „Er sagte, er habe kein Geld, was wahr ist."
**He said his camera was broken, which wasn't correct.** „Er sagte, sein Fotoapparat sei kaputt, was nicht richtig war."

**that** wird häufig verwendet nach **all**, **something**, **everything**, **anything** und **only** (es kann in einem informellen Kontext auch weggelassen werden):

**Everything (that) she says is true.** „Alles, was sie sagt, ist wahr."
**All (that) I want is to find a pub.** „Alles, was ich will, ist, eine Kneipe zu finden."
**Take anything (that) you want.** „Nimm alles, was du willst."

In der informellen Sprache vermeidet man es, eine Präposition direkt an ein Relativpronomen anzuhängen. Stattdessen wird die Präposition oft ans Ende des Satzes bzw. der Aussage verschoben:

| | |
|---|---|
| Formelle Ausdrucksweise: | **At what are you looking?** „Was siehst du an?" |
| Informelle Ausdrucksweise: | **What are you looking at?** |
| Formelle Ausdrucksweise: | **The shop from which I bought it has closed.** „Das Geschäft, in dem ich es gekauft habe, hat geschlossen." |
| Informelle Ausdrucksweise: | **The shop which I bought it from has closed.** |
| Oder auch: | **The shop I bought it from has closed.** |

**Whose**, das Relativpronomen im Genitiv, bezieht sich immer auf Personen:

**She's the girl whose sister is a jazz singer.** „Sie ist das Mädchen, deren Schwester (eine) Jazz-Sängerin ist."

Für Sachen benutzt man im Genitiv das Relativpronomen **of which**:

**I finished reading her book, of which the last hundred pages are absolute nonsense.** „Ich habe ihr Buch zu Ende gelesen, von dem die letzten 100 Seiten absoluter Unsinn sind."

Da eine solche Konstruktion allerdings sehr schwerfällig ist, benutzt man in der Praxis lieber die Konstruktion mit **whose**: **... her book, whose last hundred pages ...** .

● **what** als Relativpronomen

**What** leitet als Konjunktion (Bindewort) einen Nebensatz ein und steht dann stellvertretend für ein Substantiv, das eine Sache bezeichnet. So könnte man den Satz

> **When she sees the camera I've bought, she'll be very pleased.** „Wenn Sie den Fotoapparat sieht, den ich gekauft habe, wird sie sehr erfreut sein."

... auch folgendermaßen ausdrücken:

> **When she sees what I've bought, she'll be very pleased.**

Weitere Beispiele:
> **He liked the clothes she was wearing.** „Er mochte die Kleidung, die sie trug."
> → **He liked what she was wearing.** „Er mochte, was sie trug."

Oder:
> **I told him the things I was looking for.** „Ich nannte ihm die Dinge, die ich suchte."
> → **I told him what I was looking for.** „Ich sagte ihm, was ich suchte."

Verwechseln Sie nicht **what** und **which/that**. **What** ersetzt das Akkusativobjekt, **which** bzw. **that** beziehen sich auf ein vorangehendes Wort oder eine vorangehende Wortgruppe:

> **The new camera which I bought is broken.** „Der neue Fotoapparat, den ich gekauft habe, ist kaputt."

## ADJEKTIVE

Es gibt mehrere Kategorien von Adjektiven (Eigenschaftswörtern):
– Qualitative Adjektive (beschreiben Eigenschaften)
– Demonstrativadjektive (haben hinweisende Funktion)
– Possessivadjektive (zeigen Besitzverhältnisse an)
– Distributive Adjektive (bezeichnen Mengen oder bestimmte Elemente aus Mengen)
– Quantitative Adjektive (beschreiben Mengen).

Adjektive stehen vor dem Substantiv, das sie näher bestimmen, ihre Form ist in Singular und Plural identisch:

**a new car** „ein neues Auto"
**two new cars** „zwei neue Autos"
**an old man** „ein alter Mann"
**two old men** „zwei alte Männer".

● **Bildung**

Viele Adjektive werden auf der Grundlage von Nomen gebildet, indem die Endung **-y** angehängt wird:

**rain** „Regen" – **rainy** „regnerisch"
**sun** „Sonne" – **sunny** „sonnig"
**brain** „Gehirn" – **brainy** „intelligent".

Zahlreiche Adjektive haben auch die Endung **-able**, die an ein Nomen oder Verb angehängt wird:

**love** „Liebe" – **lovable** „liebenswert"
**reason** „Vernunft" – **reasonable** „vernünftig"
**comfort** „Bequemlichkeit" – **comfortable** „bequem".

● **Komparativ und Superlativ**

Werden die Eigenschaften von Personen oder Sachen miteinander verglichen, verwendet man den Komparativ, die 1. Steigerungsstufe. Zum Ausdruck der höchsten Steigerungsstufe benutzt man den Superlativ. Die Formen für den Komparativ und den Superlativ richten sich nach der Anzahl der Silben des betreffenden Adjektivs. Bei einsilbigen Adjektiven (oder Adjektiven auf **-y**) werden die Suffixe **-er** für den Komparativ bzw. **-est** für den Superlativ angehängt:

**high** „hoch" – **higher** „höher" – **the highest** „am höchsten, der/die/das höchste".

Lautet der letzte Buchstabe des Adjektivs **-y**, so wird dieses vor dem Suffix zu **i**:

**happy** „glücklich" – **happier** „glücklicher" – **the happiest** „am glücklichsten, der/die/das glücklichste".

Endet das Adjektiv auf Vokal + Konsonant, wird dieser letzte Konsonant vor dem Suffix verdoppelt:

> **fat** „fett" – **fatter** „fetter" – **the fattest** „am fettesten, der/die/das fetteste".

Adjektive mit drei und mehr Silben werden mit vorangestelltem **more** (Komparativ) bzw. **most** (Superlativ) gesteigert:

> **interesting** „interessant" – **more interesting** „interessanter" – **the most interesting** „am interessantesten, der/die/das interessanteste".

Diverse Adjektive bilden ihren Komparativ und Superlativ unregelmäßig. Hier die häufigsten:

> **bad** „schlecht" – **worse** „schlechter" – **the worst** „am schlechtesten, der/die/das schlechteste"
> **good** „gut" – **better** „besser" – **the best** „am besten, der/die/das beste"
> **little** „wenig" – **less** „weniger" – **least** „am wenigsten, der/die/das wenigste"
> **much/many** „viele" – **more** „mehr" – **the most** „am meisten, der/die/das meiste".

... „als" ... bei Vergleichen wird mit **than** übersetzt:

> **Michael's taller than me.** „Michael ist größer als ich."

● **Demonstrativadjektive this/these und that/those**

Das Demonstrativadjektiv **this** „dieser, diese, dieses [hier]" wird verwendet, wenn sich die Person oder Sache, von der die Rede ist, in der Nähe des Sprechers befindet. Man benutzt hingegen **that** „dieser, diese, dieses [dort]", wenn die betreffende Person oder Sache weiter vom Sprecher entfernt ist:

> **This coffee is cold.** „Dieser Kaffee ist kalt."
> **Pass me that cup, please.** „Reich mir die Tasse [dort], bitte."

**this** und **that** sind die einzigen Adjektive, die sich – nicht im Geschlecht, aber im Numerus – an das Bezugswort anpassen:

**I found these keys in my pocket.** „Ich habe diese Schlüssel [hier] in meiner Tasche gefunden."
**Those towels are dirty.** „Diese Handtücher [dort] sind schmutzig."

● **Possessivadjektive**

Possessivadjektive beziehen sich immer auf den Besitzer, nicht auf das Besitztum, wobei sie – mit Ausnahme der 3. Person Singular! – unveränderlich sind, d. h. es spielt keine Rolle, ob der Besitzer männlich, weiblich oder neutral ist oder ob das Besitztum im Singular oder im Plural steht:

| Besitzer im Singular | Pronomen | Beispiele |
| --- | --- | --- |
| 1. Person | **my** „mein, meine" | **my dress** „mein Kleid", **my children** „meine Kinder" |
| 2. Person | **your** „dein, deine/Ihr, Ihre" | **your flat** „deine/Ihre Wohnung", **your rooms** „deine/Ihre Zimmer" |
| 3. Person | **his** „sein, seine" | **his house** „sein Haus", **his castles** „seine Schlösser" |
| | **her** „ihr, ihre" | **her view** „ihre Aussicht", **her holidays** „ihre Ferien" |
| | **its** „sein, seine" | **its cathedral** „seine Kathedrale", **its bridges** „seine Brücken" |

| Besitzer im Plural | Pronomen | Beispiele |
| --- | --- | --- |
| 1. Person | **our** „unser, unsere" | **our teacher** „unser Lehrer", **our daughters** „unsere Töchter" |
| 2. Person | **your** „euer, eure/Ihr, Ihre" | **your son** „euer/Ihr Sohn", **your nightclubs** „eure/Ihre Nachtclubs" |
| 3. Person | **their** „ihr, ihre" | **their school** „ihre Schule", **their kids** „ihre Kinder". |

Possessivadjektive können Possessivpronomen + Nomen ersetzen (siehe Kapitel „Possessivpronomen"):

**This is my pen.** „Dies ist mein Stift." – **This is mine.** „Das ist meiner."
**It is our room.** „Es ist unser Raum." – **It is ours.** „Es ist unserer."

**Its** kann Possessivadjektiv und Possessivpronomen sein. Es darf auf keinen Fall mit **it's**, der Kurzform von **it is** „es ist" (vom Verb **to be**) verwechselt werden.

● **each und every**

**each** und **every** bedeuten beide „jeder, jede, jedes", allerdings mit einem wichtigen Bedeutungsunterschied. **Each** wird verwendet, wenn man jede einzelne Person aus einer Gruppe von Personen oder jede einzelne Sache aus einer Gruppe von Sachen meint:

**Each room in the house was painted blue and white.** „Jeder Raum im Haus war blauweiß gestrichen."

**every** hingegen bezieht sich immer auf eine Gesamtheit von Personen oder Sachen:

**Every child was given a book and a pencil.** „Man gab allen Kindern/jedem Kind ein Buch und einen Bleistift."

Mit **every** können die folgenden zusammengesetzten Pronomen gebildet werden:

**everyone, everybody** „jeder, jede, jedes; alle"
**everywhere** „überall"
**everything** „alles".

Beachten Sie, dass **every** nur als Adjektiv verwendet werden kann, während **each** auch Pronomen sein kann.

● **much und many als Adjektive**

**Much** „viel" und **many** „viele" werden in erster Linie in Fragesätzen und verneinten Sätzen benutzt.
**much** wird für nicht zählbare Mengen mit einem Verb im Singular verwendet:

**We don't have much time.** „Wir haben nicht viel Zeit."
**Is there much traffic?** „Gibt es viel Verkehr?"

**Many** wird für zählbare Mengen mit einem Verb im Plural verwendet:

**There aren't many cars on the road today.** „Es gibt heute nicht viele Autos auf der Straße."
**Are there many Chinese restaurants in Manchester?** „Gibt es viele chinesische Restaurants in Manchester?"

Dieselbe Regel gilt, wenn ausgedrückt werden soll, dass von etwas zu viel vorhanden ist:

**There are too many calories and too much fat in hamburgers.** „Es sind zu viele Kalorien und zu viel Fett in Hamburgern."

In bejahten Sätzen werden **much** und **many** oft durch **a lot of** oder **lots of** ersetzt; in diesem Fall entfällt die Unterscheidung zwischen zählbaren und unzählbaren Mengen:

**There aren't many cars. – There aren't a lot of cars.**
**Is there much traffic? – Is there a lot of traffic?**

Das Gegenteil von **much** und **many** lautet **little** „wenig" und **few** „wenige". In der Alltagssprache findet man **little** und **few** jedoch eher selten. Anstelle von **We have little milk** „Wir haben wenig Milch" würde man z. B. eher sagen **We don't have much milk**. Verwechseln Sie **little** und **few** nicht mit **a little** „ein bisschen, ein wenig" und **a few** „einige".

● **some und any als Adjektive**

**Some** und **any** „einige, etwas" weisen auf eine bestimmte Menge hin.

**Some** wird benutzt:
a) in affirmativen (bejahenden) Sätzen:

**I've got some spare time this week.** „Ich habe diese Woche etwas freie Zeit."

b) in Fragen, auf die man eine bejahende Antwort erwartet:

**Can I have some water, please?** „Kann ich bitte etwas Wasser haben?"

c) wenn man jemandem etwas anbietet:

> **Would you like some water?** „Möchtest du etwas Wasser?"

**Any** („irgendwelcher, -e, -es") wird immer in verneinten Sätzen oder Fragen verwendet, in denen es darum geht, ob etwas vorhanden ist oder nicht. Beachten Sie, dass die deutsche Übersetzung von **any** in verneinten Sätzen „kein, keine" ist:

> **There wasn't any snow this year.** „Es gab dieses Jahr keinen Schnee."
> **Are there any cakes in the box?** „Sind Kekse in der Kiste?"

Die Konstruktion **not** + **any** kann durch eine Konstruktion mit **no** ersetzt werden (**We dont't have any time** – **We have no time**), die Wendung mit **not** + **any** ist jedoch gebräuchlicher.

Auf der Grundlage dieser Regeln können mit **some** und **any** zusammengesetzte Wörter gebildet werden:

| Affirmatives Verb | Negation mit negativem Verb | Negation mit affirmativem Verb |
|---|---|---|
| **somebody** „jemand" | **anybody** „niemand" | **nobody** „niemand" |
| **somewhere** „irgendwo" | **anywhere** „nirgendwo" | **nowhere** „nirgendwo" |
| **something** „etwas" | **anything** „nichts" | **nothing** „nichts" |


## ADVERBIEN

● **Bildung**

Die meisten Adverbien (Umstandswörter der Art und Weise) werden aus einem Adjektiv gebildet, an das das Suffix **-ly** angehängt wird:

> quick – **quickly** „schnell"
> slow – **slowly** „langsam".

Beachten Sie die folgenden Ausnahmen:

**fast** „schnell" – Adverb: **fast**;
**hard** „hart, schwierig" – Adverb: **hard**.

● **Vergleiche**

Wie bei den Adjektiven hängt die Komparativform von Adverbien von der Anzahl der Silben des Adverbs ab. Der Komparativ und Superlativ der zweisilbigen Adverbien wird mit **more** bzw. **most** gebildet:

**quickly** „schnell" – **more quickly** „schneller" – **most quickly** „am schnellsten, der/die/das schnellste".

Die einsilbigen Adverbien (und **early** „früh") erhalten die Endungen -**er** bzw. -**est**; das -**y** wird zu -**i**:

**hard** – **harder** – **hardest**;
**early** – **earlier** – **earliest**.

● **Frageadverbien**

Die meisten Fragewörter beginnen mit **wh**-. Sie haben die folgenden Fragewörter kennengelernt:

| | | |
|---|---|---|
| where | **Where's the family?** | „Wo ist die Familie?" |
| what | **What's your name?** | „Wie heißt du (was-ist dein Name)?" |
| which | **Which city are you from?** | „Aus welcher Stadt kommen Sie (welche Stadt sind Sie von)?" |
| why | **Why are you in Birmingham?** | „Warum sind Sie in Birmingham?" |
| who | **Who's sick?** | „Wer ist krank?" |

## PRÄPOSITIONEN

Wir fassen hier die Präpositionen (Verhältniswörter) zusammen, die Sie in diesem Kurs kennengelernt haben. Bei der Verwendung gibt es eine Reihe von Unterschieden zum Deutschen, vor allem, wenn Präpositionen in Verbindung mit Verben vorkommen (sog. „phrasal verbs" oder Partikelverben).

Beachten Sie, dass einige Präpositionen neben den angegebenen noch andere Bedeutungen haben können.

- **about** „über"
  **Tell me about your holidays.** „Erzähl mir von deinen (über deine) Ferien."
- **at** „in, an, bei"
  **The children are at school.** „Die Kinder sind in der Schule."
- **behind** „hinter"
  **Her house is behind the station.** „Ihr Haus ist hinter dem Bahnhof."
- **between** „zwischen"
  **Birmingham is between Manchester and London.** „Birmingham liegt zwischen Manchester und London."
- **by** „von, durch"
  **„Hamlet" was written by Shakespeare.** „‚Hamlet' wurde von Shakespeare geschrieben."
- **from** „(ausgehend) von"
  **Where do you come from?** „Woher kommen Sie?"
- **in** „in"
  **Edinburgh is in Scotland.** „Edinburgh liegt in Schottland."
- **in front of** „vor"
  **Meet me in front of the cinema.** „Wir treffen uns (triff mich) vor dem Kino."
- **into** „in, hinein"
  **We got into the car.** „Wir stiegen ins Auto ein."
- **of** „von" (Zugehörigkeit)
  **The population of this town is 2,000.** „Die Bevölkerung (von) dieser Stadt beträgt (ist) 2.000 [Einwohner]."
- **on** „auf"
  **The keys are on the table.** „Die Schlüssel sind auf dem Tisch."
- **opposite** „gegenüber"
  **The hotel is opposite a night club.** „Das Hotel ist gegenüber von einem Nachtclub."
- **over** „über"
  **The plane flew over the city.** „Das Flugzeug flog über die Stadt."
- **through** „durch"
  **She walked through the fields.** „Sie lief durch die Felder."
- **to** „bis, zu"
  **I'll take her to school.** „Ich werde sie in die Schule bringen."

- **under** „unter"
  **The car park is under the shop.** „Das Parkhaus ist unter dem Geschäft."
- **until**, **till** „bis (zeitlich)"
  **We waited until nine.** „Wir haben bis neun gewartet."
- **with** „mit"
  **Take me with you.** „Nimm mich mit (dir)."

## GENITIV

Der Genitiv drückt eine Zugehörigkeit oder ein Besitzverhältnis aus. Er wird durch Anhängen von -**'s** an den Besitzer gebildet:

**the brother of Steve** „der Bruder von Steve" – **Steve's brother** „Steves Bruder"
**the birthday of Laura** „der Geburtstag von Laura" – **Laura's birthday** „Lauras Geburtstag".

Steht der Besitzer im Plural, und ist die Pluralform regelmäßig, wird an das Plural-**s** nur ein Apostroph angehängt:

**the house of my friends** „das Haus von meinen Freunden" – **my friends' house** „das Haus meiner Freunde".

Ist der Plural unregelmäßig, wird -**'s** angehängt:

**the school of my children** „die Schule von meinen Kindern" – **my children's school** „die Schule meiner Kinder".

## VERBEN

● **Hilfsverben**

Zu den Hilfsverben zählen **to be** und **to have**.

In der Umgangssprache werden die Personalformen der Verben **to be** und **to have** oft beim Sprechen verkürzt bzw. zusammengezogen, d. h. die Vokale werden teilweise verschluckt. Diese Verkürzung wird in der Schriftsprache durch ein Apostroph anstelle des verschluckten Vokals gekennzeichnet. Dieses Phänomen tritt in erster Linie bei der affirmativen (bejahenden) und der verneinten Form auf:

◆ **to be** „sein"

– Affirmative Form

| Unverkürzte Form | Verkürzte Form |
|---|---|
| **I am** „ich bin" | **I'm** |
| **you are** „du bist / Sie sind" | **you're** |
| **he/she/it is** „er/sie/es ist" | **he's/she's/it's** |
| **we are** „wir sind" | **we're** |
| **you are** „ihr seid / Sie sind" | **you're** |
| **they are** „sie sind" | **they're** |

– Verneinte Form

Um die Negation zu bilden, setzt man **not** hinter das Verb:

| Unverkürzte Form | Verkürzte Form |
|---|---|
| **I am not** „ich bin nicht" | **I'm not** |
| **you are not** „du bist / Sie sind nicht" | **you're not** |
| **he/she/it is not** „er/sie/es ist nicht" | **he's/she's/it's not** |
| **we are not** „wir sind nicht" | **we're not** |
| **you are not** „ihr seid / Sie sind nicht" | **you're not** |
| **they are not** „sie sind nicht" | **they're not** |

– Frageform

Für Fragen wird die Inversion angewandt, d. h. man vertauscht Pronomen und Verb. Hier werden keine verkürzten Formen angewandt:

**Am I...?** „Bin ich ...?"
**Are you...?** „Bist du / Sind Sie ...?"
**Is he/she/it...?** „Ist er/sie/es ...?"
**Are we...?** „Sind wir ...?"
**Are you...?** „Seid ihr / Sind Sie ...?"
**Are they...?** „Sind sie ...?"

– Verneinte Frageform

Bei verneinten Fragen hört man in der Umgangssprache oft auch die verkürzte Form:

>**Aren't I...?** „Bin ich nicht ...?"
>**Aren't you...?** „Bist du / Sind Sie nicht ...?"
>**Isn't he/she/it...?** „Ist er/sie/es nicht ...?"
>**Aren't we...?** „Sind wir nicht ...?"
>**Aren't you...?** „Seid ihr / Sind Sie nicht ...?"
>**Aren't they...?** „Sind sie nicht ...?"

◆ **to have** „haben"

– Affirmative Form

>**I have** „ich habe"
>**you have** „du hast / Sie haben"
>**he/she/it has** „er/sie/es hat"
>**we have** „wir haben"
>**you have** „ihr habt / Sie haben"
>**they have** „sie haben"

– Verneinte Form

Dient **to have** als Hilfsverb, bildet man die Verneinung mit **not**; dient es als Hauptverb, wird es wie alle anderen Hauptverben verneint (siehe unten).

>**I have not** „ich habe nicht"
>**you have not** „du hast / Sie haben nicht"
>**he/she/it has not** „er/sie/es hat nicht"
>**we have not** „wir haben nicht"
>**you have not** „ihr habt / Sie haben nicht"
>**they have not** „sie haben nicht"

– Frageform

Dient **to have** als Hilfsverb, bildet man die Frageform, indem man Pronomen und Verb vertauscht (Inversion); dient es als Hauptverb, wird die Frageform wie bei allen anderen Hauptverben gebildet (siehe unten).

**Have I...?** „Habe ich ...?"
**Have you...?** „Hast du ... / Haben Sie ...?"
**Has he/she/it...?** „Hat er/sie/es ...?"
**Have we...?** „Haben wir ...?"
**Have you...?** „Habt ihr ... / Haben Sie ...?"
**Have they...?** „Haben sie ...?"

– Verneinte Frageform

Bei verneinten Fragen hört man in der Umgangssprache oft auch die verkürzte Form:

**Haven't I...?** „Habe ich nicht ...?"
**Haven't you...?** „Hast du / Haben Sie nicht ...?"
**Hasn't he/she/it...?** „Hat er/sie/es nicht ...?"
**Haven't we...?** „Haben wir nicht ...?"
**Haven't you...?** „Habt ihr / Haben Sie nicht ...?"
**Haven't they...?** „Haben sie nicht ...?"

● **Zeitformen der Verben**

Die Zeitformen (man sagt auch **tenses**), die Sie in diesem Kurs kennengelernt haben, sind das Präsens, die Zukunft, die einfache und die zusammengesetzte Vergangenheit sowie die Vorvergangenheit. All diese Zeitformen haben eine einfache Form und eine Verlaufsform. Auch eine Übersicht über den Konditional, das Passiv und die Modalverben finden Sie in diesem Kapitel.

◆ **Gegenwart (present tense)**

– Simple Present

Die einfache Gegenwart wird zur Beschreibung allgemeingültiger, gewohnheitsmäßiger und wiederholt ausgeführter Handlungen benutzt. Wir zeigen Ihnen hier die Personalformen des Verbs am Beispiel von **to live** „leben, wohnen". Sie sehen, dass sich nur in der 3. Person Singular die Form ändert, indem ein **-s** angehängt wird; alle anderen Formen sind identisch mit dem Singular:

**I live** „ich lebe"
**you live** „du lebst / Sie leben"
**he/she/it lives** „er/sie/es lebt"

**we live** „wir leben"
**you live** „ihr lebt / Sie leben"
**they live** „sie leben"

Nach den Infinitivendungen **-s**, **-sh**, **-ch** und **-x** wird in der 3. Person Singular vor dem **-s** ein **-e-** eingefügt:

**she wishes** „sie wünscht", **he watches** „er betrachtet", ...

Verben, die auf Konsonant + **-y** enden, bilden die 3. Person Singular mit **-ies**:

**to cry** „weinen" – **she cries** „sie weint".

Die anderen Verben auf **-y** folgen der normalen Regel:

**to say** „sagen" – **she says** „sie sagt".

Die einfache Gegenwart wird zur Beschreibung allgemeingültiger, gewohnheitsmäßiger und wiederholt ausgeführter Handlungen benutzt:

**She lives in Manchester.** „Sie lebt in Manchester."
**He goes to the gym twice a week.** „Er geht zweimal die Woche zur Gymnastik."

– Verneinte Form

Die Verneinung der Verben (Ausnahmen: **to be** und Modalverben) erfolgt mit dem Hilfsverb **to do** „machen", der Negation **not** und dem Infinitiv des Hauptverbs ohne **to**:

**I do not live** „ich lebe nicht"
**you do not live** „du lebst / Sie leben nicht"
**he/she/it does not live** „er/sie/es lebt nicht"
**we do not live** „wir leben nicht"
**you do not live** „ihr lebt / Sie leben nicht"
**they do not live** „sie leben nicht"

Sie sehen, dass in der 3. Person Singular das **-s** dieser Personalform vom Hauptverb auf das Hilfsverb übergeht:

**he lives** – **he does not live**.

– Frageform

Die Frageform wird mit **to do**, gefolgt vom Pronomen und dem Infinitiv des Verbs ohne **to** gebildet:

> **Do I live?** „Lebe ich?"
> **Do you live?** „Lebst du / Leben Sie?"
> **Does he/she/it live?** „Lebt er/sie/es?"
> **Do we live?** „Leben wir?"
> **Do you live?** „Lebt ihr / Leben Sie?"
> **Do they live?** „Leben sie?"

Auch hier geht in der 3. Person Singular das **-s** dieser Personalform vom Hauptverb auf das Hilfsverb über:

> **she lives – Does she live?**

– Verneinte Frageform

| Unverkürzte Form | Verkürzte Form |
|---|---|
| **Do I not live?** | **Don't I live?** „Lebe ich nicht?" |
| **Do you not live?** | **Don't you live?** „Lebst du / Leben Sie nicht?" |
| **Does he/she/it not live?** | **Doesn't he/she/it live?** „Lebt er/sie/es nicht?" |
| **Do we not live?** | **Don't we live?** „Leben wir nicht?" |
| **Do you not live?** | **Don't you live?** „Lebt ihr / Leben Sie nicht?" |
| **Do they not live?** | **Don't they live?** „Leben sie nicht?" |

Die verkürzte Form ist in der Umgangssprache gebräuchlicher als die unverkürzte, da diese oft schwerfällig und formell wirkt.

– Verlaufsform

Die Verlaufsform wird in allen Zeitformen mit der konjugierten Form von **to be** (Kurzformen in Klammern) und dem Partizip Präsens (Verbstamm + Endung **-ing**) gebildet:

> **I am (I'm) living** „ich lebe"
> **you are (you're) living** „du lebst / Sie leben"

**he is (he's)/she is (she's)/it is (it's) living** „er/sie/es lebt"
**we are (we're) living** „wir leben"
**you are (you're) living** „ihr lebt / Sie leben"
**they are (they're) living** „sie leben"

Die Verlaufsform wird für Handlungen bzw. Ereignisse benutzt, die im Moment des Sprechens stattfinden (man könnte in Gedanken „gerade, im Moment" ergänzen):

**I'm living in London at the moment.** „Ich lebe im Moment in London."

Einige Verben, vor allem Verben der unfreiwilligen Wahrnehmung wie **to see** „sehen", **to hear** „hören", **to understand** „verstehen" usw. werden im Allgemeinen nicht in der Verlaufsform angewandt, sondern man benutzt sie im einfachen Präsens:

**I understand what you're saying.** „Ich verstehe, was du sagst."

– Verneinte Form

Für die Verneinung wird **not** hinter das Hilfsverb gesetzt (Kurzformen in Klammern):

**I am (I'm) not living** „ich lebe nicht"
**you are (you're) not living** „du lebst / Sie leben nicht"
**he is (he's)/she is (she's)/it is (it's) not living** „er/sie/es lebt nicht"
**we are (we're) not living** „wir leben nicht"
**you are (you're) not living** „ihr lebt / Sie leben nicht"
**they are (they're) not living** „sie leben nicht"

– Frageform

Zur Bildung einer Frage werden Hilfsverb und Pronomen vertauscht (Inversion):

**Am I living?** „Lebe ich?"
**Are you living?** „Lebst du / Leben Sie?"
**Is he/she/it living?** „Lebt er/sie/es?"
**Are we living?** „Leben wir?"

**Are you living?** „Lebt ihr / Leben Sie?"
**Are they living?** „Leben sie?"

◆ **Futur (future tense)**

Es gibt drei Möglichkeiten, das Futur auszudrücken:
a) Mit der Futurform

– Einfache Form

Sie wird mit **will** und dem Infinitiv ohne **to** gebildet (Kurzformen in Klammern):

**I will** (**I'll**) **live** „ich werde leben"
**you will** (**you'll**) **live** „du wirst / Sie werden leben"
**he will** (**he'll**)/**she will** (**she'll**)/**it will** (**it'll**) **live** „er/sie/es wird leben"
**we will** (**we'll**) **live** „wir werden leben"
**you will** (**you'll**) **live** „ihr werdet / Sie werden leben"
**they will** (**they'll**) **live** „sie werden leben"

Diese Zeitform wird für Ereignisse und Handlungen verwendet, die in der Zukunft stattfinden werden oder die für die Zukunft geplant sind:

**Next year, I'll live in India for six months.** „Nächstes Jahr werde ich sechs Monate in Indien leben."

Ausnahme: Nach zeitlichen Konjunktionen (**when**, **after** usw.) wird das Präsens verwendet:

**When he goes to New York, he'll live near Central Park.**
„Wenn er nach New York geht, wird er in der Nähe des Central Park leben."

Für die Verneinung wird **not** hinter das Hilfsverb gestellt (Kurzformen in Klammern):

**I will not** (**won't**) **live** „ich werde nicht leben"
**you will not** (**won't**) **live** „du wirst / Sie werden nicht leben"
**he/she/it will not** (**won't**) **live** „er/sie/es wird nicht leben"
**we will not** (**won't**) **live** „wir werden nicht leben"

**you will not (won't) live** „ihr werdet / Sie werden nicht leben"
**they will not (won't) live** „sie werden nicht leben"

Beachten Sie, dass **will not** auch eine Weigerung ausdrücken kann:

**I will not live in a flat.** „Ich werde nicht in einer Wohnung leben" (Ich weigere mich, in einer Wohnung zu leben).

– Frageform

**Will I live?** „Werde ich leben?"
**Will you live?** „Wirst du / Werden Sie leben"
**Will he/she/it live?** „Wird er/sie/es leben?"
**Will we live?** „Werden wir leben?"
**Will you live?** „Werdet ihr / Werden Sie leben"
**Will they live?** „Werden sie leben?"

Die Frageform kann auch dazu benutzt werden, jemanden höflich darum zu bitten, etwas Bestimmtes zu tun:

**Will you help me, please?** „Würden Sie mir bitte helfen?"

– Verlaufsform

Es existiert auch eine Verlaufsform des Futurs:
b) Mit der Konstruktion **going to** + Infinitiv

Ist von einer Handlung die Rede, die mit hoher Wahrscheinlichkeit in naher Zukunft stattfinden wird, so benutzt man die Konstruktion **going to** + Infinitiv (ohne **to**):

**She's going to live in Edinburgh.** „Sie wird in Edinburgh leben."

c) Mit dem Präsens

Wie im Deutschen kann man auch im Präsens von einer in der Zukunft liegenden Handlung sprechen. Handelt es sich um eine Handlung, die bald stattfinden wird und deren Eintreten sicher ist, so verwendet man die Verlaufsform des Präsens:

**We're leaving on holiday in three days.** „Wir werden in drei Tagen in den Urlaub fahren."

Ist dagegen von einer Aktivität die Rede, die sich regelmäßig zu einem bestimmten Zeitpunkt abspielt, verwendet man das einfache Präsens:

> **Her son comes home from school at 12 o'clock.** „Ihr Sohn wird um 12 Uhr aus der Schule nach Hause kommen."

◆ **Einfache Vergangenheit (simple past)**

Die regelmäßigen Verben (man sagt auch „schwache Verben") bilden ihre einfache Vergangenheit durch Anhängen der Endung **-d** an den Verbstamm (bzw. **-ed**, wenn der Verbstamm auf -e endet). Diese Zeitform beschreibt Handlungen, die in der Vergangenheit stattgefunden haben und zum Zeitpunkt des Sprechens beendet sind. Im Deutschen wird diese Zeitform sehr oft mit der zusammengesetzten Vergangenheit (Perfekt) wiedergegeben.

– Affirmative Form

> **I lived** „ich lebte / habe gelebt"
> **you lived** „du lebtest / hast gelebt / Sie lebten / haben gelebt"
> **he/she/it lived** „er/sie/es lebte / hat gelebt"
> **we lived** „wir lebten / haben gelebt"
> **you lived** „ihr lebtet / habt gelebt / Sie lebten / haben gelebt"
> **they lived** „sie lebten / haben gelebt"

– Verneinte Form

Die Verneinung erfolgt wie im Präsens, jedoch mit den konjugierten Formen des Hilfsverbs **to do**:

> **I did not** (**didn't**) **live** „ich lebte nicht / habe nicht gelebt"
> **you did not** (**didn't**) **live** „du lebtest nicht / hast nicht gelebt / Sie lebten nicht / haben nicht gelebt"
> **he/she/it did not** (**didn't**) **live** „er/sie/es lebte nicht / hat nicht gelebt"
> **we did not** (**didn't**) **live** „wir lebten nicht / haben nicht gelebt"
> **you did not** (**didn't**) **live** „ihr lebtet nicht / habt nicht gelebt / Sie lebten nicht / haben nicht gelebt"
> **they did not** (**didn't**) **live** „sie lebten nicht / haben nicht gelebt"

– Frageform

Die Frageform wird wie im Präsens gebildet, jedoch mit den konjugierten Formen des Hilfsverbs **to do**:

**Did I live?** „Lebte ich / Habe ich gelebt?"
**Did you live?** „Lebtest du / Lebten Sie / Hast du / Haben Sie gelebt?"
**Did he/she/it live?** „Lebte er/sie/es / Hat er/sie/es gelebt?"
**Did we live?** „Lebten wir / Haben wir gelebt?"
**Did you live?** „Lebtet ihr / Lebten Sie / Habt ihr / Haben Sie gelebt?"
**Did they live?** „Lebten sie / Haben sie gelebt?"

Die unregelmäßigen Verben (man sagt auch „starke Verben") haben, wie der Name sagt, unregelmäßige Vergangenheitsformen. Eine Liste der wichtigsten unregelmäßigen Verben finden Sie am Schluss dieses Anhangs. Der Unterschied zu den schwachen Verben zeigt sich nur in der affirmativen Vergangenheitsform, nicht in der Verneinung und auch nicht in der Frageform, wie wir am Beispiel des unregelmäßigen Verbs **to run** „laufen" demonstrieren möchten:

| Infinitiv | Simple Past | Verneinte Form | Frageform |
|---|---|---|---|
| **to run** | **I ran** | **I didn't run** | **Did I run?** |

– Verlaufsform

Die Verlaufsform der Vergangenheit beschreibt eine Handlung, die zu einem bestimmten Zeitpunkt stattfand, der meistens in einem mit einer Zeitkonjunktion eingeleiteten Nebensatz genannt wird:

**They were living in London when I met them for the first time.** „Sie lebten in London, als ich sie zum ersten Mal traf."

Die Bildung dieser Zeitform erfolgt wie im Präsens, mit dem Unterschied, dass das Verb **to be** in der Vergangenheit konjugiert wird:

**I was living** „ich lebte / habe gelebt"
**you were living** „du lebtest / hast gelebt / Sie lebten / haben gelebt"
**he/she/it was living** „er/sie/es lebte / hat gelebt"

**we were living** „wir lebten / haben gelebt"
**you were living** „ihr lebtet / habt gelebt / Sie lebten / haben gelebt"
**they were living** „sie lebten / haben gelebt"

– Verneinte Form

**I was not (wasn't) living** „ich lebte nicht / habe nicht gelebt"
**you were not (weren't) living** „du lebtest nicht / hast nicht gelebt / Sie lebten nicht / haben nicht gelebt"
**he/she/it was not (wasn't) living** „er/sie/es lebte nicht / hat nicht gelebt"
**we were not (weren't) living** „wir lebten nicht / haben nicht gelebt"
**you were not (weren't) living** „ihr lebtet nicht / habt nicht gelebt / Sie lebten nicht / haben nicht gelebt"
**they were not (weren't) living** „sie lebten nicht / haben nicht gelebt"

– Frageform

**Was I living?** „Lebte ich / Habe ich gelebt?"
**Were you living?** „Lebtest du / Lebten Sie / Hast du / Haben Sie gelebt?"
**Was he/she/it living?** „Lebte er/sie/es / Hat er/sie/es gelebt?"
**Were we living?** „Lebten wir / Haben wir gelebt?"
**Were you living?** „Lebtet ihr / lebten Sie / Habt ihr / Haben Sie gelebt?"
**Were they living?** „Lebten sie / Haben sie gelebt?"

◆ **Zusammengesetzte Vergangenheit (present perfect)**

– Einfache Form

Das Present Perfect hat unterschiedliche Verwendungsweisen. Gemeinsam ist allen Verwendungsweisen, dass ein in der Vergangenheit liegendes Ereignis beschrieben wird, das noch einen Bezug zur Gegenwart hat, und dass der Zeitpunkt, an dem das Ereignis stattfand, nicht näher definiert wird.

**You can see she has lived in Australia.** „Man sieht, dass sie in Australien gelebt hat" (d. h. etwas weist zum gegenwärtigen Zeitpunkt darauf hin, dass die betreffende Person zu einem nicht näher definierten Zeitpunkt in der Vergangenheit in diesem Land gelebt hat).

Sehr oft wird im Satz ein Zeitadverb wie **before** „zuvor", **already** „schon", **never** „niemals" usw. benutzt, das die Verbindung zwischen der unbestimmten Vergangenheit und der Gegenwart herstellt:

**Have you worked in the computer industry before?** „Haben Sie zuvor schon einmal in der Computerbranche gearbeitet?"
**She has never owned a car.** „Sie hat niemals ein Auto besessen."

In dieser Verwendungsweise übersetzen wir das Present Perfect im Deutschen mit der zusammengesetzten Vergangenheit.

Beachten Sie: Verwechseln Sie nicht das Present Perfect mit dem Simple Past. Das Simple Past (einfache Vergangenheit; Imperfekt) beschreibt ein in der Vergangenheit zu einem festgelegten Zeitpunkt abgeschlossenes Ereignis, das keine Auswirkungen mehr auf die Gegenwart hat. Das bedeutet: Sobald der Zeitpunkt, an dem die Handlung stattgefunden hat, näher spezifiziert wird (auch wenn es sich nur um eine vage Angabe handelt), muss das Simple Past verwendet werden:

**She lived in Australia from 1989 to 1998.** „Sie hat von 1989 bis 1998 in Australien gelebt".
**He worked in the computer industry a long time ago.** „Er hat vor langer Zeit in der Computerbranche gearbeitet".

Kurz: Stellt der Satz eine Antwort auf die Frage „wann?" dar, kann das Present Perfect nicht verwendet werden.

In einer zweiten Verwendungsweise wird das Present Perfect benutzt, wenn von einer Handlung die Rede ist, die in der Vergangenheit begonnen hat und zum Zeitpunkt des Sprechens noch andauert; hier übersetzen wir das Present Perfect im Deutschen mit dem Präsens:

**It's been raining all afternoon.** „Es regnet [schon] den ganzen Nachmittag" (d. h. es hat den ganzen Nachmittag geregnet, und es regnet noch).

Sehr häufig findet man das Present Perfect in Konstruktionen mit **for** und **since** „seit":

> **We've been living in Portsmouth for ten years.** „Wir leben seit zehn Jahren in Portsmouth."

– Affirmative Form

Das Present Perfect wird mit der konjugierten Form von **to have** + dem Partizip Perfekt gebildet:

> **I have lived** „ich habe gelebt"
> **you have lived** „du hast / Sie haben gelebt"
> **he/she/it has lived** „er/sie/es hat gelebt"
> **we have lived** „wir haben gelebt"
> **you have lived** „ihr habt / Sie haben gelebt"
> **they have lived** „sie haben gelebt"

– Verneinte Form

Für die Verneinung wird **not** hinter das Hilfsverb gestellt (Kurzformen in Klammern):

> **I have not (haven't) lived** „ich habe nicht gelebt"
> **you have not (haven't) lived** „du hast / Sie haben nicht gelebt"
> **he/she/it has not (hasn't) lived** „er/sie/es hat nicht gelebt"
> **we have not (haven't) lived** „wir haben nicht gelebt"
> **you have not (haven't) lived** „ihr habt / Sie haben nicht gelebt"
> **they have not (haven't) lived** „sie haben nicht gelebt"

– Frageform

Für die Frageform werden Hilfsverb und Pronomen vertauscht (Inversion):

> **Have I lived?** „Habe ich gelebt?"
> **Have you lived?** „Hast du / Haben Sie gelebt?"
> **Has he/she/it lived?** „Hat er/sie/es gelebt?"
> **Have we lived?** „Haben wir gelebt?"
> **Have you lived?** „Habt ihr / Haben Sie gelebt?"
> **Have they lived?** „Haben sie gelebt?"

– Verlaufsform

Die Verlaufsform wird mit dem Hilfsverb **has/have**, dem Partizip Perfekt von **to be** (**been**) und dem Partizip Präsens des Hauptverbs gebildet:

– Affirmative Form

> **I have** (**I've**) **been living** „ich habe gelebt"
> **you have** (**you've**) **been living** „du hast / Sie haben gelebt"
> **he/she/it has** (**he's/she's/it's**) **been living** „er/sie/es hat gelebt"
> **we have** (**we've**) **been living** „wir haben gelebt"
> **you have** (**you've**) **been living** „ihr habt / Sie haben gelebt"
> **they have** (**they've**) **been living** „sie haben gelebt"

– Verneinte Form

> **I have not** (**haven't**) **been living** „ich habe nicht gelebt"
> **you have not** (**haven't**) **been living** „du hast / Sie haben nicht gelebt"
> **he/she/it has not** (**hasn't**) **been living** „er/sie/es hat nicht gelebt"
> **we have not** (**haven't**) **been living** „wir haben nicht gelebt"
> **you have not** (**haven't**) **been living** „ihr habt / Sie haben nicht gelobt"
> **they have not** (**haven't**) **been living** „sie haben nicht gelobt"

– Frageform

> **Have I been living?** „Habe ich gelebt?"
> **Have you been living?** „Hast du / Haben Sie gelebt?"
> **Has he/she/it been living?** „Hat er/sie/es gelebt?"
> **Have we been living?** „Haben wir gelebt?"
> **Have you been living?** „Habt ihr / Haben Sie gelebt?"
> **Have they been living?** „Haben sie gelebt?"

◆ **Vorvergangenheit (past perfect)**

– Einfache Form

Das Past Perfect wird verwendet, um von einer Handlung in der Vergangenheit zu sprechen, die zu einer ebenfalls in der Vergangenheit liegenden Handlung in Bezug gesetzt wird bzw. vor dieser stattfand:

> **She took the book back to the book shop where she had bought it.** „Sie brachte das Buch zurück in die Buchhandlung, in der sie es gekauft hatte."

Das Past Perfect wird in allen Personen in affirmativen Sätzen mit **had** und dem Partizip Perfekt gebildet:

– Affirmative Form

> **I had (I'd) lived** „ich hatte gelebt"
> **you had (you'd) lived** „du hattest / Sie hatten gelebt"
> **he/she/it had (he'd/she'd/-) lived** „er/sie/es hatte gelebt"
> **we had (we'd) lived** „wir hatten gelebt"
> **you had (you'd) lived** „ihr hattet / Sie hatten gelebt"
> **they had (they'd) lived** „sie hatten gelebt"

– Verneinte Form

> **I had not (hadn't) lived** „ich hatte nicht gelebt"
> **you had not (hadn't) lived** „du hattest / Sie hatten nicht gelebt"
> **he/she/it had not (hadn't) lived** „er/sie/es hatte nicht gelebt"
> **we had not (hadn't) lived** „wir hatten nicht gelebt"
> **you had not (hadn't) lived** „ihr hattet / Sie hatten nicht gelebt"
> **they had not (hadn't) lived** „sie hatten nicht gelebt"

– Frageform

> **Had I lived?** „Hatte ich gelebt?"
> **Had you lived?** „Hattest du / Hatten Sie gelebt?"
> **Had he/she/it lived?** „Hatte er/sie/es gelebt?"
> **Had we lived?** „Hatten wir gelebt?"
> **Had you lived?** „Hattet ihr / Hatten Sie gelebt?"
> **Had they lived?** „Hatten sie gelebt?"

Beachten Sie, dass die Kurzform von **had**, **-'d**, auch die Kurzform der Konditionalform **would** sein kann. Hier gibt der Kontext Aufschluss darüber, um welche Form es sich handelt.

– Verlaufsform

Die Verlaufsform wird in allen Personen mit dem Hilfsverb **had**, dem Partizip Perfekt von **to be** (**been**) und dem Partizip Präsens des Hauptverbs gebildet:

– Affirmative Form

**I had (I'd) been living** „ich hatte gelebt"
**you had (you'd) been living** „du hattest / Sie hatten gelebt"
**he/she/it had (he'd/she'd/-) been living** „er/sie/es hatte gelebt"
**we had (we'd) been living** „wir hatten gelebt"
**you had (you'd) been living** „ihr hattet / Sie hatten gelebt"
**they had (they'd) been living** „sie hatten gelebt"

– Verneinte Form

**I had not (hadn't) been living** „ich hatte nicht gelebt"
**you had not (hadn't) been living** „du hattest / Sie hatten nicht gelebt"
**he/she/it had not (hadn't) been living** „er/sie/es hatte nicht gelebt"
**we had not (hadn't) been living** „wir hatten nicht gelebt"
**you had not (hadn't) been living** „ihr hattet / Sie hatten nicht gelebt"
**they had not (hadn't) been living** „sie hatten nicht gelebt"

– Frageform

**Had I been living?** „Hatte ich gelebt?"
**Had you been living?** „Hattest du / Hatten Sie gelebt?"
**Had he/she/it been living?** „Hatte er/sie/es gelebt?"
**Had we been living?** „Hatten wir gelebt?"
**Had you been living?** „Hattet ihr / Hatten Sie gelebt?"
**Had they been living?** „Hatten sie gelebt?".

Diese Zeitform wird wie die Verlaufsform des Present Perfect, allerdings in der Vergangenheit benutzt:

**She had been living in London for a year when she met Andrew.** „Sie hatte ein Jahr in London gelebt, als sie Andrew traf."

## ◆ Konditional

– Präsens

Um den Konditional (Möglichkeitsform) zu bilden, wird das Hilfsverb **would** (oder seine Kurzform) in Verbindung mit dem Infinitiv des Verbs (ohne **to**) verwendet:

> **She would hate to live in a big city.** „Sie würde es hassen, in einer großen Stadt zu leben."

Der Konditional wird auch oft in mit **If ...** eingeleiteten Bedingungssätzen (hier steht dann das Simple Past) verwendet, und zwar dann, wenn eine Vermutung geäußert wird, die relativ unsicher ist:

> **If I won in the lottery, I would buy a new car.** „Wenn ich im Lotto gewinnen würde, würde ich ein neues Auto kaufen."

In der Umgangssprache wird meist die Kurzform von **would** benutzt:

> **... I'd buy a new car.**

Beachten Sie, dass die Kurzform von **would**, **-'d**, auch die Kurzform der Past-Perfect-Form **had** sein kann. Hier gibt der Kontext Aufschluss darüber, um welche Form es sich handelt.

– Affirmative Form

> **I would (I'd) live** „ich würde leben"
> **you would (you'd) live** „du würdest / Sie würden leben"
> **he/she/it would (he'd/she'd/-) live** „er/sie/es würde leben"
> **we would (we'd) live** „wir würden leben"
> **you would (you'd) live** „ihr würdet / Sie würden leben"
> **they would (they'd) live** „sie würden leben"

– Verneinte Form

Für die Verneinung wird **not** direkt hinter **would** gestellt:

> **I would not (wouldn't) live** „ich würde nicht leben"
> **you would not (wouldn't) live** „du würdest / Sie würden nicht leben"

**he/she/it would not (wouldn't) live** „er/sie/es würde nicht leben"
**we would not (wouldn't) live** „wir würden nicht leben"
**you would not (wouldn't) live** „ihr würdet / Sie würden nicht leben"
**they would not (wouldn't) live** „sie würden nicht leben"

– Frageform

Die Frageform wird durch Inversion von Hilfsverb und Pronomen gebildet:

**Would I live?** „Würde ich leben?"
**Would you live?** „Würdest du / Würden Sie leben?"
**Would he/she/it live?** „Würde er/sie/es leben?"
**Would we live?** „Würden wir leben?"
**Would you live?** „Würdet ihr / Würden Sie leben?"
**Would they live?** „Würden sie leben?"

◆ **Konditional Perfekt**

Diese Zeitform wird wie das Konditional Präsens, allerdings für eine in der Vergangenheit liegende hypothetische Handlung benutzt:

**I would have gone out but it was too late.** „Ich wäre ausgegangen, aber es war zu spät."

Bei einer Vermutung oder Hypothese, die in einem mit **If...** eingeleiteten Bedingungssatz genannt wird, verwendet man im Bedingungssatz das Past Perfect und im Hauptsatz den Konditional Perfekt:

**If she had won in the lottery, she would have bought a new house.** „Wenn sie in der Lotterie gewonnen hätte, hätte sie ein neues Haus gekauft."

– Affirmative Form

Der Konditional der Vergangenheit wird in allen Personen mit **would have** + Partizip Perfekt gebildet:

**I would (I'd) have lived** „ich würde gelebt haben"
**you would (you'd) have lived** „du würdest / Sie würden gelebt haben"

**he/she/it would (he'd/she'd/-) have lived** „er/sie/es würde gelebt haben"
**we would (we'd) have lived** „wir würden gelebt haben"
**you would (you'd) have lived** „ihr würdet / Sie würden gelebt haben"
**they would (they'd) have lived** „sie würden gelebt haben"

– Verneinte Form

Um die Verneinung zu bilden, wird **not** zwischen **would** und **have** gestellt:

**I would not (wouldn't) have lived** „ich würde nicht gelebt haben"
**you would not (wouldn't) have lived** „du würdest / Sie würden nicht gelebt haben"
**he/she/it would not (wouldn't) have lived** „er/sie/es würde nicht gelebt haben"
**we would not (wouldn't) have lived** „wir würden nicht gelebt haben"
**you would not (wouldn't) have lived** „ihr würdet / Sie würden nicht gelebt haben"
**they would not (wouldn't) have lived** „sie würden nicht gelebt haben"

– Frageform

Die Frageform wird durch Inversion von **would** und Pronomen gebildet:

**Would I have lived?** „Würde ich gelebt haben?"
**Would you have lived?** „Würdest du / Würden Sie gelebt haben?"
**Would he/she/it have lived?** „Würde er/sie/es gelebt haben?"
**Would we have lived?** „Würden wir gelebt haben?"
**Would you have lived?** „Würdet ihr / Würden Sie gelebt haben?"
**Would they have lived?** „Würden sie gelebt haben?"

◆ **Passiv**

Das Passiv (man sagt auch „Leideform") wird mit der jeweiligen Zeitform von **to be** + dem Partizip Perfekt des Hauptverbs gebildet. Die

Person, die die Handlung ausführt, wird mit **by** „von" eingeführt.

| | |
|---|---|
| Aktiv: | **The Romans built the bridge.** „Die Römer bauten die Brücke." |
| Passiv: | **The bridge was built by the Romans.** „Die Brücke wurde von den Römern gebaut." |
| | |
| Aktiv: | **My son painted the picture.** „Mein Sohn malte das Bild." |
| Passiv: | **The picture was painted by my son.** „Das Bild wurde von meinem Sohn gemalt." |

Die Verneinung und die Frageform werden regelmäßig gebildet:

**The bridge was not built by the Romans.**
**The picture was not painted by my son.**
**Was the bridge built by the Romans?**
**Was the picture painted by my son?**

Das Passiv wird oft dort verwendet, wo wir im Deutschen den Satz mit „man" formulieren würden:

**I've been asked to play next week.** „Man hat mich gebeten, nächste Woche zu spielen."
**Her watch has been stolen.** „Man hat ihre Uhr gestohlen."

Oft wird es auch in einem förmlichen Kontext angewandt, hier z. B. in einem Geschäft:

**Are you being served?** „Werden Sie [schon] bedient?"

Und selbstverständlich sieht man es oft auf Schildern:

**German spoken** (= **German is spoken**) „Hier wird Deutsch gesprochen."
**Smoking prohibited** (= **Smoking is prohibited**) „Rauchen verboten".

● **Modalverben**

Die beiden wichtigsten Modalverben, die Sie in diesem Kurs kennengelernt haben (neben **would**, siehe Absatz „Konditional"), sind **can** „können" und **must** „müssen" Beide Verben sind sog. „defektive Verben", d. h. Sie treten nicht in den üblichen Konjugationsformen auf. Sie haben keinen eigenen Infinitiv, sondern einen sog. „falschen Infinitiv". **To be able to** ist der „falsche Infinitiv" von **can**, **to have to** der „falsche Infinitiv" von **must**.

◆ **can** „können" (Infinitiv **to be able to**)

| Affirmative Form | Verneinte Form | Frageform |
|---|---|---|
| I can | I cannot (can't) | Can I? |
| you can | you cannot (can't) | Can you? |
| he/she/it can | he/she/it cannot (can't) | Can he/she/it? |
| we can | we cannot (can't) | Can we? |
| you can | you cannot (can't) | Can you? |
| they can | they cannot (can't) | Can they? |

**Can** hat zwei Vergangenheitsformen: **could** und **was/were able to**. **Can** beschreibt eine Fähigkeit, die eine Person in der Vergangenheit über einen längeren Zeitraum hinweg oder wiederholt besessen hat:

**Mozart could play the violin when he was five.** „Mozart konnte Geige spielen, als er fünf Jahre alt war."

Mit **was able to** umschreibt man dagegen eine spezielle Handlung, die in der Vergangenheit einmalig ausgeführt wurde:

**Although she was ill, she was able to get out of bed yesterday.** „Obwohl sie krank war, konnte sie gestern aus dem Bett aufstehen."

◆ Zeitformen von **to be able to**

| | Future tense | Simple past | Present perfect | Past perfect |
|---|---|---|---|---|
| I | will be... | was... | have been... | had been... |
| you | will be... | were... | have been... | had been... |
| he/she/it | will be... | was... | has been... | had been... |
| we | will be... | were... | have been... | had been... |
| you | will be... | were... | have been... | had been... |
| they | will be... | were... | have been... | had been... |
| | ... able to | ... able to | ... able to | ... able to |

◆ **must** „müssen" (Infinitiv **to have to**)

Das Modalverb **must** existiert nur im Präsens. Will man es im Imperfekt oder im Futur anwenden, muss es durch den sog. „falschen Infinitiv" **to have to** ersetzt werden. Im Präsens werden **must** und **to have to** weitgehend gleichwertig benutzt, allerdings gibt es eine kleine Nuance: Bei **must** geht die Verpflichtung von der sprechenden Person aus, bei **to have to** ist sie eher durch einen äußeren Umstand bedingt:

**We must leave; we're late.** „Wir müssen gehen; wir sind spät [dran]".

Aber:
**The children have to work very hard at school.** „Die Kinder müssen in der Schule hart arbeiten."

| Affirmative Form | Verneinte Form | Frageform |
|---|---|---|
| I must | I must not (mustn't) | Must I? |
| you must | you must not (mustn't) | Must you? |
| he/she/it must | he/she/it must not (mustn't) | Must he/she/it? |
| we must | we must not (mustn't) | Must we? |
| you must | you must not (mustn't) | Must you? |
| they must | they must not (mustn't) | Must they? |

◆ Zeitformen von **to have to**

| | Futur tense | Simple past | Present perfect | Past perfect |
|---|---|---|---|---|
| I | will have to | had to | have had to | had had to |
| you | will have to | had to | have had to | had had to |
| he/she/it | will have to | had to | has had to | had had to |
| we | will have to | had to | have had to | had had to |
| you | will have to | had to | have had to | had had to |
| they | will have to | had to | have had to | had had to |

## LISTE DER WICHTIGSTEN UNREGELMÄSSIGEN VERBEN

Für jedes der hier aufgelisteten Verben finden Sie den Infinitiv, gefolgt von der einfachen Vergangenheit (**simple past tense**) und dem Partizip Perfekt (**past participle**). Einige Verben haben neben ihrer unregelmäßigen auch eine regelmäßige Form, gekennzeichnet durch „**/-ed**".

Beachten Sie die Anmerkungen zu einigen Verben am Ende der Liste.

**to arise**, **arose**, **arisen** „sich erheben; entstehen"
**to awake**, **awoke**, **awoken** „erwachen"
**to be**, **was**, **been** „sein"
**to bear**, **bore**, **borne** „ertragen, gebären"
**to beat**, **beat**, **beaten** „schlagen"
**to become**, **became**, **become** „werden"
**to begin**, **began**, **begun** „anfangen, beginnen"
**to bend**, **bent**, **bent** „beugen"
**to bet**, **bet**, **bet** „wetten"
**to bid**, **bid**, **bid** „bieten (Auktion)"
**to bid**, **bade**, **bid** oder **bidden** „heißen, befehlen"
**to bind**, **bound**, **bound** „verbinden, vereinigen"
**to bite**, **bit**, **bit** oder **bitten** „beißen, stechen"
**to bleed**, **bled**, **bled** „bluten"
**to blow**, **blew**, **blown** „wehen, blasen"
**to break**, **broke**, **broken** „(zer)brechen; zusammenbrechen"
**to breed**, **bred**, **bred** „züchten"
**to bring**, **brought**, **brought** „(mit)bringen, mitnehmen"
**to broadcast**, **broadcast/-ed**, **broadcast/-ed** „senden"
**to build**, **built**, **built** „bauen"
**to burn**, **burnt/-ed**, **burnt/-ed** „(ver)brennen"
**to burst**, **burst**, **burst** „platzen"
**to bust**, **bust**, **bust** „kaputtmachen"
**to buy**, **bought**, **bought** „kaufen"
**to catch**, **caught**, **caught** „fangen, erwischen"
**to choose**, **chose**, **chosen** „(aus)wählen"
**to cling**, **clung**, **clung** „(sich) festhalten"
**to come**, **came**, **come** „kommen"
**to cost**, **cost**, **cost** „kosten"
**to creep**, **crept**, **crept** „schleichen, kriechen"
**to cut**, **cut**, **cut** „schneiden"

to deal, dealt, dealt „handeln; geben (Karten)"
to dig, dug, dug „graben"
to do, did, done „tun, machen"
to draw, drew, drawn „zeichnen, ziehen"
to dream, dreamt/-ed, dreamt/-ed „träumen"
to drink, drank, drunk „trinken"
to drive, drove, driven „fahren, lenken"
to dwell, dwelt, dwelt „wohnen, leben"
to eat, ate, eaten „essen"
to fall, fell, fallen „fallen"
to feed, fed, fed „füttern"
to feel, felt, felt „fühlen, empfinden"
to fight, fought, fought „kämpfen"
to find, found, found „(heraus)finden"
to flee, fled, fled „fliehen"
to fling, flung, flung „werfen, schleudern"
to fly, flew, flown „fliegen"
to forbid, forbade, forbidden „verbieten"
to forecast, forecast/-ed, forecast/-ed „vorhersagen"
to forget, forgot, forgotten „vergessen"
to forgive, forgave, forgiven „vergeben"
to freeze, froze, frozen „(ein)frieren"
to get, got, got/gotten „erhalten, bekommen, werden"
to give, gave, given „geben"
to go, went, gone „gehen"
to grind, ground, ground „mahlen, schleifen"
to grow, grew, grown „wachsen"
to hang, hung, hung „(auf)hängen" *1)
to have, had, had „haben"
to hear, heard, heard „hören"
to hide, hid, hid/hidden „verstecken, verbergen"
to hit, hit, hit „schlagen, treffen"
to hold, held, held „halten"
to hurt, hurt, hurt „verletzen, wehtun"
to keep, kept, kept „behalten, bewahren"
to kneel, knelt/-ed, knelt/-ed „knien"
to knit, knit/-ed, knit/-ed „stricken"
to know, knew, known „wissen, kennen"
to lay, laid, laid „legen"
to lead, led, led „leiten, führen"
to lean, leant/-ed, leant/-ed „lehnen"
to leap, leapt/-ed, leapt/-ed „springen"

**to learn**, **learnt**/**-ed**, **learnt**/**-ed** „lernen"
**to leave**, **left**, **left** „verlassen"
**to lend**, **lent**, **lent** „verleihen"
**to let**, **let**, **let** „lassen, zulassen"
**to lie**, **lay**, **lain** „liegen" *2)
**to light**, **lit**/**-ed**, **lit**/**-ed** „anzünden, anmachen"
**to lose**, **lost**, **lost** „verlieren"
**to make**, **made**, **made** „machen, herstellen"
**to mean**, **meant**, **meant** „meinen, bedeuten"
**to meet**, **met**, **met** „begegnen, treffen"
**to mistake**, **mistook**, **mistaken** „verwechseln"
**to mow**, **mowed**, **mown** „mähen"
**to oversleep**, **overslept**, **overslept** „verschlafen"
**to pay**, **paid**, **paid** „zahlen, bezahlen"
**to prove**, **proved**, **proven**/**-ed** „beweisen"
**to put**, **put**, **put** „setzen, legen, stellen"
**to quit**, **quit**, **quit** „aufhören, kündigen"
**to read**, **read**, **read** „lesen"
**to rid**, **rid**, **rid** „befreien, loswerden"
**to ride**, **rode**, **ridden** „reiten, fahren (Fahrrad)"
**to ring**, **rang**, **rung** „läuten, klingeln"
**to rise**, **rose**, **risen** „aufgehen (Sonne), steigen"
**to run**, **ran**, **run** „laufen, rennen; leiten (Firma)"
**to saw**, **sawed**, **sawn** „sägen"
**to say**, **said**, **said** „sagen"
**to see**, **saw**, **seen** „sehen"
**to seek**, **sought**, **sought** „(er)suchen"
**to sell**, **sold**, **sold** „verkaufen"
**to send**, **sent**, **sent** „schicken, versenden"
**to set**, **set**, **set** „stellen, setzen; decken (Tisch)"
**to sew**, **sewed**, **sewn**/**-ed** „nähen"
**to shake**, **shook**, **shaken** „schütteln, wackeln"
**to shine**, **shone**, **shone** „glänzen, scheinen" *3)
**to shoot**, **shot**, **shot** „schießen, abfeuern"
**to show**, **showed**, **shown** „zeigen"
**to shrink**, **shrank**, **shrunk** „schrumpfen, sich zusammenziehen"
**to shut**, **shut**, **shut** „schließen"
**to sing**, **sang**, **sung** „singen"
**to sink**, **sank**, **sunk** „sinken"
**to sit**, **sat**, **sat** „sitzen"
**to sleep**, **slept**, **slept** „schlafen"
**to slide**, **slid**, **slid** „gleiten"

**to slit**, **slit**, **slit** „(auf)schlitzen"
**to smell**, **smelt/-ed**, **smelt/-ed** „riechen"
**to sneak**, **snuck/-ed**, **snuck/-ed** „kriechen, heranschleichen"
**to sow**, **sowed**, **sown** „säen"
**to speak**, **spoke**, **spoken** „sprechen"
**to speed**, **sped/-ed**, **sped/-ed** „rasen, eilen"
**to spell**, **spelt/-ed**, **spelt/-ed** „buchstabieren"
**to spend**, **spent**, **spent** „ausgeben; verbringen"
**to spill**, **spilt/-ed**, **spilt/-ed** „verschütten"
**to spin**, **spun**, **spun** „schleudern, drehen"
**to spit**, **spat/spit**, **spat/spit** „spucken"
**to split**, **split**, **split** „spalten, teilen"
**to spoil**, **spoilt/-ed**, **spoilt/-ed** „verderben, verwöhnen"
**to spread**, **spread**, **spread** „ausbreiten, verbreiten"
**to spring**, **sprang**, **sprung** „springen"
**to stand**, **stood**, **stood** „stehen"
**to steal**, **stole**, **stolen** „stehlen"
**to stick**, **stuck**, **stuck** „stecken, ankleben"
**to sting**, **stung**, **stung** „stechen (Insekt), brennen (Augen)"
**to stink**, **stank/stunk**, **stunk** „stinken"
**to strike**, **struck**, **struck** „schlagen, treffen"
**to strive**, **strove/-ed**, **strove/-ed** „streben"
**to swear**, **swore**, **sworn** „schwören, fluchen"
**to sweep**, **swept**, **swept** „kehren"
**to swell**, **swelled**, **swollen/-ed** „(an)schwellen"
**to swim**, **swam**, **swum** „schwimmen"
**to swing**, **swung**, **swung** „schwingen, schaukeln"
**to take**, **took**, **taken** „nehmen"
**to teach**, **taught**, **taught** „lehren"
**to tear**, **tore**, **torn** „(zer)reißen"
**to tell**, **told**, **told** „erzählen"
**to think**, **thought**, **thought** „denken"
**to throw**, **threw**, **thrown** „werfen"
**to tread**, **trod**, **trodden** „treten"
**to understand**, **understood**, **understood** „verstehen"
**to undo**, **undid**, **undone** „rückgängig machen"
**to upset**, **upset**, **upset** „ärgern"
**to wake**, **woke**, **woken** „aufwachen, (auf)wecken"
**to wear**, **wore**, **worn** „tragen, anhaben"
**to weave**, **wove**, **woven** „weben"
**to weep**, **wept**, **wept** „weinen"
**to wet**, **wet/-ed**, **wet/-ed** „nass machen, nässen"

**to win**, **won**, **won** „gewinnen"
**to wind**, **wound**, **wound** „spulen, aufziehen (Uhr)"
**to withdraw**, **withdrew**, **withdrawn** „zurückziehen, abheben (Geld)"
**to wring**, **wrung**, **wrung** „(aus)wringen"
**to write**, **wrote**, **written** „schreiben"

[*1)] **to hang** kann auch regelmäßig konjugiert werden (**hanged, hanged**); es bedeutet dann „erhängen".
[*2)] **to lie** kann auch regelmäßig konjugiert werden (**lied, lied**); es bedeutet dann „lügen".
[*3)] **to shine** kann auch regelmäßig konjugiert werden (**shined, shined**); es bedeutet dann „(Schuhe) putzen".

# WÖRTERVERZEICHNIS ENGLISCH-DEUTSCH

Dieses Wörterverzeichnis enthält alle Wörter, die Sie in den Lektionen von „Englisch ohne Mühe" kennengelernt haben, ergänzt durch die Nummer der Lektion bzw. einiger Lektionen, in der/denen das entsprechende Wort auftaucht. Weiterhin umfasst das Verzeichnis die wichtigsten Begriffe des englischen Grundwortschatzes; insgesamt enthält dieses Verzeichnis über 4.400 Einträge.

Beachten Sie, dass die angegebene Übersetzung den Sinn des Wortes im jeweiligen Lektionskontext wiedergibt und dass zahlreiche Wörter noch weitere Bedeutungen haben können. Der Zusatz (to ~) weist darauf hin, dass es sich um die Infinitivform eines Verbs handelt.

In diesem Wörterverzeichnis werden die folgenden Abkürzungen benutzt:

adj. = adjective (Adjektiv)
adv. = adverb (Adverb)
AE = American English (Englisch USA)
BE = British English (Englisch GB)
Pl. = Plural (Mehrzahl)
fam. = familiar (informell)

obs. = obsolete (veraltet)
s.b. = somebody (jemand)
s.th. = something (etwas)
intrans. = intransitiv (ohne Akkusativobjekt)
trans. = transitiv (mit Akkusativobjekt)

## A

**a, an** 3 ein, eine
**abandon** (to ~) verlassen, etw. aufgeben
**abbey** 51 Abtei
**ability** Fähigkeit, Können, Begabung
**able** fähig, im Stande
**abolish** (to ~) abschaffen, aufheben
**abortion** Abbruch; Abtreibung
**about** 13, 58, 60, 95 über, bezüglich; ungefähr, etwa
**above all** 110 vor allem
**abroad** 38, 89, 108 Ausland
**absence** Abwesenheit
**absent** 55 abwesend
**absolute** 108 absolut, völlig
**absolutely** 83, 95 absolut
**absorb** (to ~) aufsaugen, auffangen
**abstract** 101 abstrakt
**abuse** (to ~) missbrauchen
**academic** Dozent, Gelehrter
**accent** Akzent, Betonung
**accept** (to ~) 104 akzeptieren
**acceptable** akzeptable, annehmbar
**acceptance** Annahme, Akzeptanz
**access** (to ~) zugreifen auf
**access** Zugriff, Zugang; Eingang
**accessory** Zubehör(teil), Apparat
**accident** 85, 105 Unfall
**accommodation** Unterkunft
**accompany** (to ~) begleiten, einhergehen mit
**according to** gemäß, entsprechend
**account** (to ~) buchen, verrechnen
**account** Abrechnung; Bankkonto
**accountant** 107 Buchhalter
**accuracy** Genauigkeit, Sorgfalt
**accurate** genau, präzise, sorgfältig
**accuse** (to ~) beschuldigen
**ache** (to ~) 71 wehtun, schmerzen
**achieve** (to ~) erreichen, erzielen
**achievement** Errungenschaft, Erfolg
**acknowledge** (to ~) anerkennen
**acquire** (to ~) erhalten, erwerben
**across** 12, 100 über (örtlich)
**act** (to ~) handeln
**action** Handlung, Aktion
**active** 29, 80 aktiv
**activity** 29 Aktivität
**actor/actress** Schauspieler
**actually** 31, 65, 79 eigentlich; im Grunde genommen
**AD (anno domini)** 100 n. Chr.
**adapt** (to ~) anpassen
**add** (to ~) hinzufügen, ergänzen
**additional** 104 zusätzlich
**address** 96 Adresse

**adjust** (to ~) anpassen, abgleichen
**adjustment** Anpassung
**administrative** Verwaltungs-
**admire** (to ~) bewundern, verehren
**admit** (to ~) erlauben; zugeben
**adopt** (to ~) adoptieren, annehmen
**adult** 73 Erwachsener
**advanced** fortgeschritten, erweitert
**advantage** 52 Vorteil, Überlegenheit
**adventure** Abenteuer
**advertise** (to ~) inserieren; werben
**advertisement** Annonce, Anzeige
**advice** 62, 96, 105 Rat, Ratschlag
**advise** (to ~) 62, 83 beraten
**adviser** 62 Kundenberater
**affaire** Angelegenheit; Affäre
**affect** (to ~) beeinflussen, beeinträchtigen
**afford** (to ~) erlauben; sich leisten können
**afraid (to be ~)** 85 Angst haben
**after all** 67, 68 schließlich, doch
**after** 53, 103 nach (zeitlich/örtlich)
**afternoon** 6 Nachmittag
**afterwards** nachher, danach
**again** 37 wieder, erneut
**against** 82 gegen
**age** 94, 107 Alter
**aged** alt, bejahrt
**agency** Agentur, Behörde, Filiale
**agenda** Tagesordnung, Programm
**aggression** Aggression, Überfall
**aggressive** aggressiv, angriffslustig
**ago** 57, 88, 103 vor (+ Zeitdauer)
**agree** (to ~) 109 zustimmen
**agreed** abgemacht, beschlossen
**agreement** Abkommen, Abmachung
**agricultural** landwirtschaftlich
**ahead** 83 da vorne, voraus
**aid** Gehilfe, Beistand
**aim** Absicht, Ziel(setzung)
**air force** Luftwaffe
**aircraft** Flugzeug
**airline** 98 Fluggesellschaft
**airport** 13 Flughafen
**alarm** Alarm
**alarm clock** Wecker
**album** 34 Album
**alcohol** Alkohol
**alcoholic** 68 alkoholisch, Alkoholiker

**alien** Ausländer, Außerirdischer
**alive** lebendig, lebhaft, belebt
**all right** 31 in Ordnung
**all the same** 78 trotzdem
**all the time** 98 die ganze Zeit
**allegation** Anschuldigung
**allege** (to ~) anschuldigen, unterstellen
**almost** fast, beinahe
**alone** 88 allein
**along** entlang, längs
**alongside** daneben, nebenher
**already** 79, 102 schon
**alright** 88, 93 na gut, in Ordnung
**also** 12, 97, 100 auch, ebenfalls
**alter** (to ~) abändern, abwandeln
**alteration** Änderung, Umbau
**alternative** (adj.) alternativ
**alternative** Alternative, Ersatzlösung
**although** 61, 108 obwohl, obgleich
**altogether** gänzlich, insgesamt
**always** 10, 79, 89, 97 immer
**amazed** 103 verblüfft, erstaunt
**ambassador** Botschafter
**ambition** Ehrgeiz, Streben
**ambitious** 44 ehrgeizig
**amend** (to ~) abändern, novellieren
**amendment** Abänderung; Gesetzesnovelle
**amount** Betrag, Summe; Menge
**amuse** (to ~) erheitern, unterhalten
**and** 1 und
**angel** Engel
**anger** Ärger, Wut
**angle** (Blick)winkel; Ecke
**angry** 54 wütend, ärgerlich
**animal** Tier
**ankle** Fußgelenk, Fußknöchel
**anniversary** Geburtstag
**announce** (to ~) 83 ankündigen
**announcement** Bekanntmachung
**annoy** (to ~) ärgern, belästigen
**annoyed** ärgerlich, verärgert
**annoying** nervig, unerfreulich
**annual** jährlich, Jahres-
**another** 102 ein anderer / eine andere; noch einer/eine/ein
**answer** (to ~) 62, 98 (be)antworten
**anticipate** (to ~) voraussehen, -planen
**anxiety** Ängstlichkeit, Beunruhigung

**anxious** 73 ängstlich, unruhig
**any** 29, 48 irgendein/-e/-s, -welche, jeder/-e/-es
**any time** 48 jederzeit
**anybody** irgendeiner, irgendjemand
**anyone** 40 irgendjemand, jeder/-e/-es
**anything** 19, 74 nichts; alles
**anyway** 59, 87, 99, 109 auf jeden Fall, sowieso, wie dem auch sei
**anywhere** 27, 95 (n)irgendwo
**apart** auseinander, extra, getrennt
**apologise** (to ~) 57, 85 sich entschuldigen
**apparently** 73, 94 anscheinend
**appeal** (to ~) anfechten, Einspruch erheben, appellieren
**appear** (to ~) erscheinen, auftauchen
**appendix** Anhang, Anlage; Blinddarm
**appetite** Appetit
**apple** Apfel
**application** 57 Bewerbung
**application form** 89 Antragsformular
**apply for** (to ~) 89 beantragen
**appointment** 78, 107 Termin, Treffen, Verabredung
**appreciate** (to ~) 109 etw. schätzen
**appreciation** Anerkennung, Einschätzung
**approach** (to ~) sich nähern, herankommen
**approach** Annäherung; Denkansatz
**appropiate** geeignet, angemessen
**approve** (to ~) annehmen, akzeptieren, bestätigen
**approximately** schätzungsweise
**April** 14 April
**arch** Bogen, Gewölbe
**architect** 100 Architekt
**area** Bereich, Gebiet, Bezirk
**argue** (to ~) 109 sich streiten, diskutieren, argumentieren
**argument** 109 Argument; Streit
**arise** (to ~) erscheinen, auftreten, entstehen
**arm** Arm
**armchair** Sessel
**armed** bewaffnet

**army** 90 Armee
**around** 51, 66, 100 ungefähr, etwa
**arouse** (to ~) erregen, aufrütteln
**arrange** (to ~) anordnen, abmachen, arrangieren
**arrest** (to ~) inhaftieren, verhaften
**arrival** Ankunft
**arrive** (to ~) 41, 102, 105 ankommen
**arrow** Pfeil
**art** 101 Kunst
**art gallery** 92, 101 Galerie, Museum
**article** 95 Zeitungsartikel
**artificial** künstlich
**artist** 8, 88, 101, 105 Künstler
**artistic** künstlerisch
**as... as** 102, 106 so ... wie
**as a matter of fact** 109 eigentlich
**as fit as a fiddle/flea** 75 topfit
**as long as** 88 vorausgesetzt
**as soon as** 74 sobald
**as usual** 37 wie gewöhnlich
**as well as** 109 und, sowie
**ash** Asche; Esche
**ashamed** beschämt
**aside** abseits, beiseite
**ask a question** (to ~) 82 fragen
**ask for** (to ~) 30, 36, 39 bitten um
**asleep** schlafend, im Schlaf
**aspect** Aspekt, Gesichtspunkt
**assault** Angriff, Anschlag, Übergriff
**assemble** (to ~) aufbauen, montieren
**assembly** Versammlung
**assert** (to ~) behaupten, erklären
**assess** (to ~) beurteilen, berechnen
**assessment** Schätzung
**assign** (to ~) zuweisen, zuordnen
**assignment** Zuweisung, Zuordnung
**assist** (to ~) helfen, assistieren
**assistance** Hilfe, Unterstützung
**assistant** Assistent, Helfer
**associate** (to ~) vereinigen
**associate** Gefährte, Mitarbeiter
**association** Gesellschaft, Verband
**assume** (to ~) annehmen, vermuten
**assumption** Annahme, Vermutung
**assurance** Versicherung, Zusicherung
**assure** (to ~) gewährleisten, versichern

**asylum** Asyl, Zufluchtsort; Heim
**at** 2, 57 an, bei, in
**at all** 54, 87 überhaupt, ganz und gar
**at home** 46, 58, 66 zu Hause
**at last** 55, 82 schließlich, endlich
**at least** 13, 81, 93 wenigstens, mindestens
**at the moment** 23, 79 im Moment, momentan, im Augenblick
**at the top of one's voice** 108 mit sehr lauter Stimme
**atmosphere** 108 Atmosphäre
**atom** Atom
**attach** (to ~) befestigen
**attachment** Anhang, Anlage
**attack** (to ~) angreifen
**attempt** (to ~) versuchen
**attempt** Versuch, Bestrebung
**attend** (to ~) absolvieren, teilnehmen
**attendance** Anwesenheit, Teilnahme
**attention** Achtung
**attitude** Haltung, Einstellung
**attract** (to ~) anlocken, anziehen
**attraction** 96 Attraktion
**attribute** Eigenschaft, Merkmal
**audience** Publikum
**August** 14 August
**aunt** 50 Tante
**Australia** 92 Australien
**author** Autor, Verfasser
**authority** Amtsgewalt, Behörde
**automatic** 104 automatisch
**autumn** 14 Herbst
**available** verfügbar
**average** Durchschnitt, Mittelwert
**award** Auszeichnung, Preis
**aware** bewusst, wissend
**awareness** Bewusstsein, Erkenntnis
**away** weg, fort
**awful** 68, 71 schrecklich, fürchterlich
**awkward** heikel, peinlich, unbeholfen

# B

**B & B (Bed and Breakfast)** 96 Frühstückspension
**Bachelor** 80 Hochschulabschluss, Junggeselle
**back** 72, 88, 110 zurück, hinten
**background** Hintergrund
**backpack** 73 Rucksack
**backpacker** 73 Rucksacktourist
**backwards** rückwärts
**bacon** 15, 108 Frühstücksspeck
**bacteria** Bakterien, Bazillen
**bad** 83 schlecht
**badly** 82 schlecht
**bag** Tasche, Beutel, Tüte
**bake** (to ~) 108 im Ofen backen
**baker's** 108 Bäcker
**balance** Ausgleich, Balance, Gleichgewicht; Waage
**ball** Ball
**ban** (to ~) untersagen, verbieten
**band** Band, Musikgruppe
**bank holidays** 38 Feiertage
**bank** 36 Bank
**banking** Bankwesen, Bank-
**bar** 27 Bar
**bare** blank, bloß, nackt
**barely** kaum, gerade eben
**bargain** (to ~) handeln, feilschen
**bargain** Handel, Schnäppchen
**barn** Scheune
**base** Basis, Fundament
**basic** 110 grundlegend
**basis** Grundlage, Ausgangsebene
**bath** 31 Bad
**bathroom** 54 Badezimmer
**battery** Batterie
**bay** Bucht
**BC (Before Christ)** 100 v. Chr.
**be** (to ~) 7 sein
**be able to** (to ~) 73, 106 können, in der Lage sein
**be afraid** (to ~) 53 sich fürchten
**be based** (to ~) 80 sich befinden
**be born** (to ~) 51, 103 geboren werden
**be bound** (to ~) **to** 96 verpflichtet sein zu
**be dying to** (to ~) 75 etw. kaum erwarten können
**be in** (to ~) 71 da sein, zu Hause sein
**be in touch** (to ~) 73 Kontakt haben zu
**be keen on** (**to**) 69 begeistert sein von
**be left** (to ~) 78, 101 übrigbleiben
**be located** (to ~) 80 sich befinden

**be off** (to ~) 55 weg sein, weggehen
**be on one's own** 88 allein sein
**be out** (to ~) 71 weg sein, ausgegangen sein
**be right** (to ~) 96 recht haben
**be sitting** (to ~) 40 sitzen
**be spoilt for choice** (to ~) 96 die Qual der Wahl haben
**be up to** (to ~) 107 machen
**be used to** (to ~) **+ -ing** 81, 106 gewöhnt sein an
**beach** 39, 86 Strand
**bear with** (to ~) 62 ertragen, erdulden
**beard** 41 Bart
**beast** Bestie, Untier
**beat** (to ~) schlagen, klopfen
**beat** Schlag, Takt
**beautiful** 40, 92 schön
**beauty** 88 Schönheit
**beauty spot** 88 schöner Ort
**because** 30, 89 weil
**become** (to ~) 68, 100 werden
**bed** 29, 92, 93, 106 Bett
**bed and breakfast** 50, 87 Frühstückspension
**bedroom** 54, 82 Schlafzimmer
**bedsit** 80 WG-Zimmer
**bee** Biene
**beef** 31 Rindfleisch
**beer** 17, 93 Bier
**beetle** 66 Käfer
**before** 47, 79, 89 vor (zeitlich)
**beg** (to ~) betteln, bitten, flehen
**begin** (to ~) 100 beginnen, anfangen
**beginning** 66 Beginn, Anfang
**behalf** (**on ~ of**) im Auftrag von
**behave** (to ~) sich verhalten, sich benehmen
**behaviour** Verhalten, Benehmen
**behind** 87 hinter
**being** Wesen; Sein
**belief** Glaube, Meinung, Überzeugung
**believe** (**to ~ in**) 66 glauben an
**bell** 94 Glocke, Klingel
**belong** (to ~) gehören, angehören
**below** nachstehend, unter
**belt** 97 Gürtel; Sicherheitsgut
**bend** (to ~) bücken, beugen, knicken

**bend** Beuge, Knick, Krümmung
**benefit** (to ~) profitieren
**benefit** Vorteil, Nutzen
**beside** außer, neben
**besides** ansonsten, außerdem
**best** bester/-e/-es; am besten
**bet** (to ~)/**bet** 69, 86 wetten/Wette
**betray** (to ~) betrügen, verraten
**better** 45, 102 besserer/-e/-es; besser
**better** (**to have** ~) 85, 89 eher/besser sollen
**between** 79 zwischen
**beverage** 95 Getränk
**beyond** darüber hinaus, jenseits
**bicycle** 29 Fahrrad
**bid** Angebot, Gebot
**big** 11, 103 groß
**bike** 29 Fahrrad
**bill** 65, 103 Rechnung
**billiards** 105 Billard
**billion** Billion
**bind** (to ~) verknüpfen; verpflichten
**binding** bindend, verbindlich
**biological** biologisch, Biologie-
**biro** 46 Kugelschreiber
**birth** 51, 89 Geburt
**birth certificate** 89 Geburtsurkunde
**birthday** 19 Geburtstag
**bit of** (**a** ~) 45, 75, 86 ein bisschen ein Stück
**bit** 88 Bisschen, Bissen
**bite** (to ~) 89 beißen
**bite** 89 Bissen, Biss
**bitter** 17 bitter, hart, herb, rauh
**black** 18 schwarz
**blade** Klinge
**blank** 101 leer, weiß
**blanket** (Woll)decke
**block** (to ~) 83 blockieren
**blocked** 85 blockiert
**blood** 108 Blut
**bloody** 108 verdammt
**blouse** 19 Bluse
**blow** (to ~) blasen, wehen
**blow** Schlag, Stoß
**blue** 8, 54, 99 blau
**board** Brett, Platte, Tafel
**boat** 86, 102, 108 Boot
**bobby** 40 Polizist
**body** Körper, Hauptteil; Leiche

**bold** dreist, frech, kühn; fett gedruckt
**bone** Knochen
**boob** 94 Idiot
**book** (to ~) 26 reservieren, buchen
**book** 26 Buch
**booking** 26 Buchung, Reservierung
**booklet** Broschüre
**bookmaker** 69 Buchmacher
**bookseller** 88 Buchhändler
**bookshop** 88 Buchhandlung
**boom** Aufschwung
**boost** Auftrieb, Erhöhung
**boot** 41 Stiefel
**bore** (to ~) 88 langweilen
**boring** 88 langweilig
**born** geboren
**borrow** (to ~) 46, 98 sich ausleihen
**boss** 81 Chef
**both** 87 beide
**bother** (to ~) **to** (+ verb) 89, 95 sich die Mühe machen zu
**bother s.b.** (to ~) 89 jdn. stören, jdn. belästigen
**bottle** 95, 102 Flasche
**bottom** 106 Boden, Grund
**bound** gebunden, verpflichtet
**boundary** Grenze
**bowl** 92 Schüssel
**box** 38, 94 Kiste; „Glotze"
**boy** 9 Junge
**boyfriend** 73, 94 Freund
**brain** 44 Gehirn
**brain surgeon** 44 Gehirnchirurg
**brainy** 44 intelligent
**brake** (to ~) 99 bremsen
**brake** 97 Bremse
**branch** Zweigstelle; Ast
**brand** Handelsmarke, Firmenzeichen
**brandy** 95 Cognac, Branntwein
**brass** Messing
**brave** mutig, tapfer, tüchtig
**breach** Bruch
**bread** 32 Brot
**break** (to ~) 15 kaputtmachen
**breakdown** Zusammenbruch
**breakfast** 15, 89, 92 Frühstück
**breast** Brust
**breath** 101 Atem
**breathtaking** 101 atemberaubend
**breed** Rasse, Sorte, Zucht

**breeze** Brise, Hauch, Lüftchen
**brick** Backstein, Mauerziegel
**bridge** 12, 100, 105 Brücke
**brief** kurz (dargestellt)
**briefcase** Aktenkoffer
**briefly** in Kürze
**brilliant** 60, 86 genial, großartig
**bring** (to ~) 72, 83, 89 (mit)bringen, (mit)nehmen
**broad** breit, weit, ausgedehnt
**broadcast** übertragen, senden
**broadly** allgemein
**broken** 16 kaputt
**brother** 3 Bruder
**brown** 59 braun
**brunch** 25 Brunch
**brush** (to ~) 92 bürsten
**bucket** Eimer
**build** (to ~) 61, 100, 105 bauen
**building** 61, 80, 100 Gebäude
**built-up area** 99 Wohngebiet
**bulk** Großteil, Masse, Menge
**bull** Bulle
**bullet** (Gewehr)kugel, Geschoss
**burden** Last, Bürde
**burger** 86 Hamburger
**bury** (to ~) 51 beerdigen, begraben
**bus** 23 Bus
**bus station** 13 Busbahnhof
**bush** Busch, Strauch
**business** 5 Geschäfte, Handel
**busy** 30, 87, 94 beschäftigt, fleißig, belebt, hektisch
**but** 9 aber
**butcher** 36 Metzger, Fleischer
**butter** 93 Butter
**button** Knopf, Taste; Schaltfläche
**buy** (to ~) 19, 64, 97 kaufen
**by** 30, 34, 109 an, neben, bei
**by** 88 am/um (mit Zeitangabe)
**by any chance** 6 zufällig
**by the way** 30 apropos, übrigens
**bye bye** 62 Tschüss

C

**cabin** Kabine, Abteil, Blockhütte
**cabinet** Aktenschrank; Gehäuse
**cable** Kabel
**café** Café
**cake** 95 Kuchen

**calculate** (to ~) berechnen
**calculation** Berechnung
**calculator** Taschenrechner
**calendar** Kalender
**call** (to ~) 13, 81, 89, 100 (an)rufen, heißen, nennen
**call back** (to ~) 58 zurückrufen
**calm** ruhig, still, gelassen
**calorie** 32 Kalorie
**camera** 16 Fotoapparat
**camp** (to ~) zelten, campen
**campaign** Kampagne
**camping** 98 Camping
**campsite** 108 Campingplatz
**campus** 80 Campus, Universitätsgelände
**can** (to ~) 21 einmachen, einkochen
**can** 15 können
**canal** Kanal
**cancer** Krebs
**candidate** Kandidat
**candle** Kerze
**cannot** kann nicht
**canvas** 101 Leinwand
**cap** Mütze, Haube, Kappe
**capability** Fähigkeit, Fertigkeit, Talent
**capable** fähig, kompetent, imstande
**capital** 100 Hauptstadt
**capitalism** 47 Kapitalismus
**capitallst** Kapitalist
**captain** Kapitän, Führer
**capture** (to ~) fangen, erfassen
**car** 24, 83, 85, 99 Auto
**car park** 76 Parkhaus
**card** Karte
**care** (to ~) 43 sich kümmern
**care** 43, 83 Pflege, Sorge
**career** Karriere, Laufbahn
**careful** 67 vorsichtig
**carefully** 67, 98, 99 vorsichtig, sorgfältig
**careless** 109 unvorsichtig
**carpet** Teppich
**carrot** 94 Karotte
**carry** (to ~) tragen, bringen, befördern
**case** 62, 101 Fall
**cash** 65 Bargeld
**cash desk** 65 Kasse
**casino** 69 Kasino

**castle** 12 Schloss, Burg
**casual** lässig, locker, zwanglos
**cat** Katze
**category** 104 Kategorie
**cater** (to ~) Lebensmittel liefern
**cathedral** 12 Kathedrale, Dom
**cattle** Rind; Vieh
**cause** (to ~) verursachen
**caution** Achtung, Vorsicht
**cave** Höhle
**CD player** 108 CD-Spieler
**cease** (to ~) aufhören, beenden
**ceiling** (Zimmer)decke
**celebrate** (to ~) feiern
**cell** Zelle
**cellphone** 58 Mobiltelefon
**central** zentral
**central heating** 55 Zentralheizung
**centre** 11 Zentrum
**century** 12, 100 Jahrhundert
**cereal** 15, 92 Frühstücksflocke, Müsli
**ceremony** Feier(stunde), Zeremonie
**certain** 67 sicher
**certainly** 48, 87, 104 sicher, bestimmt
**certificate** Zertifikat
**chain** Kette, Verkettung
**chair** 106 Stuhl
**chairman** 103 Präsident
**challenge** (to ~) herausfordern; anzweifeln, bestreiten
**chamber** Kammer
**champion** Meister (Sport)
**chance** 6 Zufall
**chancellor** Kanzler
**change** (to ~) 20, 106 ändern, wechseln
**change** 20, 43 Veränderung, Wechselgeld, Kleingeld
**channel** Kanal
**chaos** 83 Chaos
**chapter** Kapitel, Abschnitt, Teil
**character** Charakter
**characteristic** charakteristisch
**charge** (to ~) 96 berechnen, nehmen
**charge** 104 Preis, Gebühr
**charity** Almosen; Wohltätigkeit
**charm** Anmut, Liebreiz
**charming** 88 bezaubernd, reizvoll

**chart** Diagramm, Grafik, Schaubild
**chase** (to ~) jagen, verfolgen
**chat** (to ~) schwatzen, plaudern
**cheap** 62, 86, 102 billig, preiswert
**check** (to ~) 62 überprüfen
**cheek** Wange
**cheer** (to ~) 106 jubeln
**cheers** 17, 106 Prost! Zum Wohl!
**cheese** 17 Käse
**chemical** chemisch, Chemie-
**chemist** 72 Chemiker, Apotheker
**chemistry** Chemie
**cheque** 65, 104 Scheck
**chest** Brustkorb
**chew** (to ~) kauen
**chicken** Huhn, Hühnchen
**chief** Chef, Anführer, Leiter
**child** (Pl. **children**) 11, 80 Kind (Kinder)
**childhood** 51 Kindheit
**chin** Kinn
**chip** elektronischer Baustein, Spielgeld
**chips** 17 Pommes frites (GB)
**choice** 96 Auswahl, Wahl
**choose** (to ~) 64, 80, 100 (aus)wählen/-suchen
**chop** (to ~) (zer)hacken
**Christmas** 38 Weihnachten
**church** 109 Kirche
**cinema** 25, 96 Kino
**circuit** Rundstrecke, Schaltkreis
**circulate** (to ~) zirkulieren, kursieren
**circulation** Kreislauf, Umlauf
**circumstance** Umstände
**citizen** 79 Bürger
**city** 12, 100 Stadt
**civil** bürgerlich, Bürger-
**claim** (to ~) beanspruchen, fordern
**claim** Anspruch, Anrecht; Klage
**clash** Streit, Zusammenprall
**class** 58, 80 Klasse
**classic** 109 klassisch
**classical** 30, 81 klassisch; Alt-
**classmate** 88 Klassenkamerad
**clay** Lehm(ziegel), Tonerde
**clean** (to ~) 92 reinigen
**clean** 11, 104, 106 sauber
**clear** (to ~) 85 räumen
**clearly** deutlich, klar
**clerk** 103 Angestellter

**clever** 107 intelligent, geistreich
**clever Dick** 107 Schlaumeier
**client** Kunde
**cliff** Klippe, Felsen
**climbing** 29 Klettern
**clinic** Amulanz; Klinik
**clinical** klinisch; nüchtern, sachlich
**clock** Uhr
**close** (to ~) 55 schließen, zumachen
**close** 90 nah
**closely** dicht, eng, nah
**closure** Schließung, Abschluss Stilllegung
**clothes** 59 Kleidung
**clothing** Kleidung
**cloud** 10 Wolke
**club** 11 Nachtclub
**clue** Hinweis, Anhaltspunkt
**clutch** (to ~) ergreifen, umklammern
**coach** 60, 88 Reisebus
**coal** Kohle
**coalition** Koalition
**coast** 4 Küste
**coastal** Küsten-
**coat** 24, 98 Mantel
**code** Code, Kennzahl; Vorschrift
**coffee** 15, 95 Kaffee
**coffin** Sarg
**coincide** (to ~) zusammentreffen
**cold** 10 kalt
**collaboration** Zusammenarbeit
**collapse** (to ~) zusammenbrechen
**collar** Kragen
**colleague** Kollege
**collection** Sammlung, Erfassung
**collective** gemeinschaftlich, kollektiv
**collector** Sammler
**college** 80 Fachhochschule
**colonial** kolonial
**colony** Kolonie, Siedlung
**colour** Farbe, Nuance
**coloured** farbig, bunt
**combine** (to ~) vereinen
**come** (to ~) 34, 93, 94 kommen
**come in** (to ~) 79, 95 eintreten
**come on!** 97 Jetzt hör aber auf!
**come up** (to ~) 87 hinaufkommen
**come with** (to ~) 65 begleiten
**comedy** Komödie, Lustspiel
**comfort** Komfort, Bequemlichkeit

**comfortable** 11 komfortabel, bequem
**command** Befehl
**commander** Befehlshaber
**commence** (to ~) anfangen, beginnen
**comment** (to ~) 101 kommentieren, deuten
**commerce** Handel, Geschäftswelt
**commercial** kaufmännisch, gewerblich
**commercial** Werbespot, Reklamefilm
**commissioner** Beauftragter
**commit** (to ~) überlassen
**commitment** Verpflichtung
**commodity** Produkt, Handelsartikel
**common** gemeinsam
**common sense** 85 gesunder Menschenverstand
**commonly** gemeinhin, üblich
**communicate** (to ~) mitteilen
**communication** Verständigung; Datenübertragung
**commuter** 61 (Berufs)pendler
**companion** Gefährte, Kamerad
**company** 57, 103 Firma
**comparable** vergleichbar
**comparative** vergleichend
**compare** (to ~) 47 vergleichen
**comparison** Vergloich
**compel** (to ~) zwingen, nötigen
**compensate** (to ~) abfinden
**compensation** Abfindung
**compete** (to ~) konkurrieren
**competence** Zuständigkeit
**competent** kompetent, zuständig
**competition** Wettkampf, Wettbewerb, Konkurrenz
**competitive** wettbewerbsfähig
**competitor** Mitbewerber
**compile** (to ~) zusammenstellen
**complain** (to ~) sich beschweren
**complaint** Beschwerde
**complete** (to ~) fertigstellen, vervollständigen
**completely** 82 völlig, voll und ganz
**completion** Vollendung
**complex** 81 komplex
**complicate** (to ~) erschweren
**comply** (to ~) befolgen, einwilligen

**component** Komponente
**compose** (to ~) 66 komponieren, zusammenstellen
**composer** Komponist
**comprehensive** übergreifend, umfassend
**comprise** (to ~) umfassen, einbeziehen, beinhalten
**compulsory** verpflichtend
**computer** 9, 59, 79, 81 Computer
**conceal** (to ~) verbergen, verdecken
**concede** (to ~) zu-/eingestehen
**conceive** (to ~) ausdenken, begreifen; schwanger werden
**concensus** Übereinstimmung
**concentrate** (to ~) konzentrieren, bündeln, sammeln
**concentration** Konzentration
**concept** Konzept
**conception** Auffassung, Vorstellung
**concern** (to ~) betreffen, anbelangen
**concerned** betroffen; beunruhigt
**concert** 30 Konzert
**concession** Zugeständnis, Erlaubnis
**conclude** (to ~) beenden, folgern
**conclusion** Schlussfolgerung
**concrete** Beton
**concrete** handfest, konkret, greifbar
**condemn** (to ~) verurteilen
**condition** 75 Bedingung
**conference** Konferenz
**confess** (to ~) beichten, gestehen
**confidence** Vertrauen, Zuversicht
**confident** zuversichtlich
**confirm** (to ~) bestätigen, bekräftigen
**confront** (to ~) konfrontieren, gegenüberstellen
**confrontation** Konfrontation
**confuse** (to ~) verwirren, verwechseln
**confusion** Verwirrung
**congratulations** 33, 110 Herzlichen Glückwunsch
**connect** (to ~) verbinden
**connection** Verbindung, Anschluss
**conqueror** 100 Eroberer
**conscience** Gewissen
**conscious** bewusst
**consciousness** Bewusstsein

**consent** Einverständnis, Genehmigung
**consequence** Konsequenz, Folge
**consequently** folglich, somit
**consider** (to ~) bedenken, berücksichtigen, erwägen
**considerable** beträchtlich, erheblich
**consideration** Überlegung, Erwägung, Berücksichtigung
**consist** (to ~ of) bestehen aus
**consistent** beständig, konsequent
**constable** 40 Polizeiwachtmeister
**constant** konstant, gleichbleibend
**constituency** Wahlkreis; Wählerschaft
**constitute** (to ~) ausmachen, bilden
**constitution** Verfassung
**constitutional** Verfassungs-
**constraint** Be-/Einschränkung
**construct** (to ~) bauen, errichten
**construction** Bau, Anlage
**consult** (to ~) zu Rate ziehen
**consultation** Beratung, Informationsgespräch
**consume** (to ~) verbrauchen
**consumer** Verbraucher
**consumption** Verbrauch
**contact** (to ~) kontaktieren, in Verbindung treten
**contain** (to ~) enthalten
**contemplate** (to ~) betrachten
**contemporary** (adj.) zeitgenössisch
**contemporary** Zeitgenosse
**content** Inhalt, Gehalt
**contest** Wettbewerb
**context** Kontext, Zusammenhang
**continent** Kontinent
**continue** (to ~) 110 weitermachen
**continued** 11 Fortsetzung
**contract** Vertrag, Abkommen
**contradiction** Widerspruch
**contrary** Gegenteil
**contrast** Kontrast, Gegensatz
**contribute** (to ~ to) beitragen zu
**contribution** Beitrag, Mitwirkung
**control** Kontrolle, Einflussnahme
**controversy** Meinungsstreit
**convenient** 61 günstig, praktisch
**convention** Konvention, Abkommen
**conventional** herkömmlich, üblich
**conversation** Unterhaltung

**conversion** Umwandlung, Umsetzung, Umtausch
**convert** (to ~) umwandeln
**convey** (to ~) übertragen, vermitteln
**convince** (to ~) überzeugen
**cook** (to ~) kochen
**cooking** 92 Kochen, Kochkunst
**cool** 74 super
**cooperation** Zusammenarbeit
**cope with** (to ~) bewältigen, meistern
**copper** Kupfer
**copy** Kopie, Durchschlag, Exemplar
**core** Kern(stück), Innenteil, Mark
**corn** Getreide, Korn
**corner** 76, 86 Ecke
**corporate** Gesellschafts-, Unternehmens-
**correct** 33 korrekt, angemessen
**correspond to** (to ~) entsprechen, übereinstimmen
**correspondence** Schriftverkehr
**correspondent** Entsprechung
**corruption** Bestechlichkeit; Verderben, Verfall
**cost** (to ~) 64 kosten
**cottage** 87 Häuschen
**cotton** Baumwolle
**couch** 106 Couch
**could** könnte
**council** Rat
**counter** Schalter, Theke
**country** 38 Land
**countryside** Landschaft
**county** 33 Grafschaft
**couple** 74, 108 Paar
**courage** Mut
**course** Kurs, Kursus; Ablauf
**cousin** 50 Cousin, Cousine
**cover** (to ~) bedecken
**cow** 101 Kuh
**cowboy** 41 Cowboy
**crack** (to ~) bersten, knacken
**crash** 85, 99 Unfall, Zusammenstoß
**cream** 65 Sahne
**create** (to ~) (er)schaffen, erzeugen
**creation** Erschaffung, Erzeugung
**creature** Geschöpf, Lebewesen
**credit card** 65, 104 Kreditkarte
**credit** Kredit, Ansehen, Verdienst
**creditor** Gläubiger

**crew** Mannschaft, Besatzung
**cricket** Kricket
**crime** 83, 105 Verbrechen
**criminal** kriminell, strafbar
**criminal** Verbrecher
**crisp** 17, 108 knusprig
**crisps** 17 Chips
**criteria** Kriterien, Merkmale
**critic** Kritiker
**critical** entscheidend, kritisch
**criticism** Kritik
**criticize** (to ~) kritisieren
**crop** Ernte(ertrag)
**cross** (to ~) 76 überqueren
**crowd** 74 Menschenmenge
**crowded** 74, 108 überfüllt, voll
**crown** Krone
**cruel** grausam
**crush** Andrang, Gewühl; Stoß
**cry** (to ~) weinen, schreien
**cultural** kulturell, Kultur-
**culture** 110 Kultur
**cup** 18, 78, 92 Tasse
**cupboard** 106 Küchenschrank
**cure** Heilmittel, Kur
**curious** eigenartig, seltsam; neugierig
**currency** Währung
**current** aktuell, jetzig
**curriculum** Lehrplan, Studienplan
**curry** 17 Curry
**curtain** Vorhang
**curve** Krümmung, Kurve, Biegung
**custom** (adj.) maßgeschneidert
**custom** Gewohnheit; Zoll
**customer** 62 Kunde
**cut** (to ~) 43, 105 schneiden
**CV** (**curriculum vitae**) 57 Lebenslauf
**cycle** (to ~) 29 fahrradfahren
**cycling** 29 Radfahren

## D

**dad** 94, 103 Papa
**daily** 110 täglich
**damage** 99 Schaden
**damn!** 76 Verdammt!
**dance** (to ~) tanzen
**dancer** Tänzer
**danger** Gefahr, Risiko
**dangerous** gefährlich, schädlich
**dare** (to ~) wagen, sich trauen
**dark** 85 dunkel
**darkness** Dunkelheit
**darling** 24, 101 Liebling, Schatz
**data processing** 59 Datenverarbeitung
**database** Datenbank
**date** 97 Datum
**daughter** 9 Tochter
**day** 28, 102, 107 Tag
**dead** 51 tot
**deaf** taub, gehörlos, schwerhörig
**deal** (to ~) 75 handeln
**deal** 75 Geschäft, Handel
**dealer** Händler, Kaufmann
**dear** 5, 87, 108 lieb, geliebt
**death** 51, 109 Tod
**debate** Debatte, Auseinandersetzung
**debt** Schulden, Verbindlichkeiten
**debtor** Schuldner
**decade** Dekade, Jahrzehnt
**December** 14 Dezember
**decent** 96 annehmbar, ordentlich
**decide** (to ~) 47, 102, 103 entscheiden, beschließen
**decision** 93 Entscheidung
**decisive** ausschlaggebend
**declare** (to ~) aussagen, angeben
**decline/decrease** (to ~) abnehmen, sinken, zurückgehen
**decorate** (to ~) schmücken, dekorieren
**dedicate** (to ~) widmen, weihen
**deed** Handlung; Urkunde
**deep** 108 tief
**deeply** zutiefst
**default** Standard
**defeat** (to ~) besiegen, bezwingen
**defect** Fehler, Mangel
**defence** Abwehr, Verteidigung
**defend** (to ~) sich verteidigen
**defendant** Angeklagter
**defender** Verteidiger
**deficit** Defizit, Rückstand
**define** (to ~) festlegen, definieren
**definite** eindeutig, deutlich, sicher
**definitely** definitiv, ganz bestimmt
**definition** Definition, Festlegung
**degree** 80 Hochschulabschluss

**delay** 60, 89 Verzögerung
**delegate** (to ~) bevollmächtigen, entsenden
**delegation** Delegation
**delete** (to ~) löschen
**deliberate** absichtlich, bewusst
**deliberately** absichtlich, vorsätzlich
**delicate** heikel; empfindlich
**delicious** 32, 95 köstlich
**delight** Entzücken, Wonne
**deliver** (to ~) liefern, bringen
**delivery** Lieferung
**demand** (to ~) einfordern, verlangen
**demanding** anspruchsvoll, fordernd
**democracy** Demokratie
**demonstrate** (to ~) demonstrieren
**density** Dichte
**depart** (to ~) abreisen, abfahren
**department** Abteilung, Ressort, Fachgebiet
**department store** Warenhaus
**departure** Abreise, Aufbruch
**depend** (to ~) abhängen
**dependent** abhängig, unselbständig
**deposit** Ablagerung; Anzahlung
**depressed** niedergeschlagen
**depression** Depression, Flaute, Tief
**depth** Tiefe
**deputy** Abgeordneter, Vertreter
**derive** (to ~) abstammen, ableiten
**descend** (to ~) absteigen
**describe** (to ~) beschreiben
**description** Schilderung
**desert** Wüste
**deserve** (to ~) verdienen
**design** (to ~) 100 entwerfen
**design** 79 Design, Entwurf
**desirable** wünschenswert
**desire** (to ~) wünschen
**desk** 105 Schreibtisch
**despair** 101 Verzweiflung
**desperate** verzweifelt
**despite** trotz
**dessert** 75 Nachtisch
**destination** Ziel, Bestimmungsort
**destroy** (to ~) 100 zerstören
**destruction** Zerstörung
**detail** Einzelheit, Element
**detailed** ausführlich, eingehend
**detect** (to ~) entdecken, feststellen
**detective** Kriminalbeamter

**determination** Entschlossenheit
**determine** (to ~) festsetzen
**determined** entschlossen, bestimmt
**develop** (to ~) entwickeln, erarbeiten
**development** 100 Entwicklung
**device** Gerät, Apparat
**devil** Teufel
**devise** (to ~) entwerfen, erfinden
**devote** (to ~) widmen, hingeben
**diagnosis** Diagnose, Feststellung
**diagram** Diagramm, Schaubild
**dialogue** Dialog, Zwiegespräch
**diamond** Diamant
**diary** Tagebuch
**dictate** (to ~) diktieren, vorschreiben
**dictionary** 45 Wörterbuch
**die** (to ~) 51, 90 sterben
**die down** (to ~) 108 nachlassen, abklingen, sich legen
**diet** 31 Diät, Abmagerungskur
**different** 29 anders, unterschiedlich
**difficult** schwierig, kompliziert
**difficulty** Schwierigkeit, Problematik
**digital** digital
**dignity** Würde
**dilemma** Dilemma, Zwangslage
**diminish** (to ~) reduzieren
**dining room** 54 Esszimmer
**dinner** 25, 83 Abendessen
**diplomatic** diplomatisch
**direct** (to ~) anweisen, lenken
**direction** 59 Richtung
**directive** Richtlinie, Vorschrift
**directly** 96 direkt, unmittelbar
**director** Direktor, Leiter
**directory** Verzeichnis
**dirty** schmutzig, unrein; niederträchtig
**disability** Unfähigkeit; Behinderung
**disabled** unfähig, untauglich
**disadvantage** Nachteil
**disagree** (to ~) nicht übereinstimmen
**disappear** (to ~) verschwinden
**disappoint** (to ~) enttäuschen
**disappointment** Enttäuschung, Misserfolg, Fehlschlag
**disaster** 68, 102, 108 Katastrophe
**disc** Scheibe, Platte; Diskette
**discharge** (to ~) ablassen, abladen
**discipline** Disziplin
**disclose** (to ~) aufdecken, enthüllen

**discotheque** 86 Diskothek
**discount** Abschlag, Nachlass
**discover** (to ~) entdecken
**discovery** Entdeckung, Enthüllung
**discrimination** Diskriminierung
**discuss** (to ~) erörtern, besprechen
**discussion** Diskussion, Gespräch
**disease** Krankheit
**dish** Teller, Schale, Schüssel
**dislike** (to ~) nicht mögen, ablehnen
**dismiss** (to ~) entlassen, kündigen
**dismissal** Entlassung, Absetzung
**disorder** Unordnung, Durcheinander
**display** (to ~) anzeigen, darstellen
**disposal** Abgabe; Entsorgung
**dispose** (to ~) beseitigen, entsorgen
**dispute** (to ~) streiten, debattieren
**dissolve** (to ~) auflösen
**distance** Entfernung, Distanz
**distant** entfernt, fern, distanziert
**distinct** deutlich, ausgeprägt
**distinction** Unterscheidung
**distinguish** (to ~) unterscheiden, differenzieren
**distress** Leid, Not, Bedrängnis
**distribute** (to ~) verteilen, vertreiben
**distribution** Ver-/Aufteilung, Vertrieb
**district** 88, 104 Bezirk
**disturb** (to ~) stören, belästigen
**disturbance** Störung, Belästigung, Unterbrechung
**dive** (to ~) tauchen
**diverse** unterschiedlich, mannigfaltig
**diversity** Vielfalt, Ungleichheit
**divide** (to ~) auf-/einteilen
**divine** göttlich
**divorced** 9, 90 geschieden
**do** (to ~) 37, 79, 86 machen, tun
**do with** (to ~) 94, 99 etw. gut gebrauchen können, Lust haben auf
**dock** Hafenanlage
**doctor** 5, 98 Doktor, Arzt/Ärztin
**document** 104 Dokument, Schriftstück
**dog** 69 Hund
**doll** Puppe
**dolphin** Delfin
**domain** Arbeitsgebiet, Bereich
**domestic** heimisch; Inland-
**dominate** (to ~) beherrschen
**dominoes** 105 Domino

**don't mention it** 109 Keine Ursache, nichts zu danken
**donate** (to ~) spenden
**donation** Spende
**donkey** 94 Esel
**donkey's years** 94, 105 Ewigkeit
**donor** Spender
**door** 55, 99 Tür
**doorway** Eingang, Tür
**dose** Dosis, Portion
**dot** Punkt, Pünktchen
**double** 57 doppelt
**doubt s.th.** (to ~) 78 etw. bezweifeln
**doubtful** fraglich, unsicher
**down** 10 hinunter, herunter
**downstairs** 106 (nach) unten
**downward** nach unten, abwärts
**dozen** 51, 101 Dutzend
**draft** Entwurf, Vorlage
**drag** (to ~) ziehen, schleifen
**drain** (to ~) ableiten, entleeren
**drama** Drama
**dramatic** dramatisch
**draught** Durchzug
**draw** (to ~) (ab)zeichnen, ziehen
**drawer** Schublade
**drawing** Zeichnung; Verlosung/Ziehung
**dreadful** 27, 85 schrecklich
**dream** Traum
**dress** (to ~) 32 sich anziehen
**dress** 8 Kleid
**dressing** 32 Salatsauce
**dried** getrocknet
**drift** (to ~) (ab)driften, (ab)treiben
**drill** (to ~) an-/aufbohren; dressieren
**drink** (to ~) 33 trinken
**drink** 53, 94, 95, 99 Getränk, Drink
**drinking** Trinken, Trunk
**drive** (to ~) 60, 83, 85 (Auto) fahren
**driver** 67 Fahrer
**driver's licence** 97, 104 Fahrerlaubnis, Führerschein
**driving lesson** 68 Fahrstunde
**driving test** 86 Führerscheinprüfung
**drop** (to ~) 109 fallen lassen
**drop** Tröpfen
**drown** (to ~) ertrinken; ersticken
**drug** Droge
**drum** Trommel
**drunk** 97 betrunken

**dry** 95 trocken
**dry cleaners** 76, 96 (chemische) Reinigung
**duck** 24 Ente
**due** fällig
**dull** 92 langweilig
**duly** gebührend, ordnungsgemäß
**duration** Dauer
**during** 34 während
**dust** 110 Staub
**duty** Pflicht
**dynamic** dynamisch

## E

**each** 33 jeder/-e/-es
**each other** 90 einander, gegenseitig
**eager** begierig, eifrig
**eagle** Adler
**ear** Ohr
**early** 66, 108 früh, zeitig
**earn** (to ~) 66 verdienen (Geld)
**earnings** Gehalt, Verdienst, Einkünfte
**earring** Ohrring
**Earth** (the ~) die Erde (astr.)
**earth** Erde, Boden; Welt
**earthquake** Erdbeben
**ease** (to ~) erleichtern, indern
**easily** leicht, einfach
**east** 4 Osten
**Easter** 38, 88, 96, 104 Ostern
**eastern** östlich, Ost-
**easy** 41, 89, 101 leicht, einfach
**eat** (to ~) 31, 86, 94, 95 essen
**echo** (to ~) widerhallen, zurückwerfen
**echo** 94 Echo
**ecological** ökologisch, Umwelt-
**ecology** Ökologie, Umweltschutz
**economic** wirtschaftlich, ökonomisch
**economical** sparsam, rationell
**economist** Volkswirt
**economy** Wirtschaft; Sparsamkeit, Ökonomie
**edge** Kante, Rand, Saum
**edition** Auflage, Ausgabe
**editor** Herausgeber, Redakteur
**educate** (to ~) 73 erziehen
**education** 80, 82 Ausbildung

**educational** erzieherisch, pädagogisch
**effect** (to ~) herbeiführen, bewirken
**effect** Eindruck, Einfluss, Auswirkung
**effective** wirkungsvoll, effektiv
**effectively** tatsächlich
**efficiency** Wirksamkeit
**efficient** 61 leistungsfähig, wirksam
**effort** 103 Anstrengung
**egg** 15 Ei
**eight** 9 acht
**eighth** 8 achter/-e/-es
**either... or...** 69 entweder ... oder ...
**either** einer von beiden
**elaborate** (to ~) ausarbeiten
**elbow** Ellbogen
**elderly** (the ~) ältere Menschen
**elect** (to ~) (aus)wählen, bestimmen
**election** 43 Wahl
**electoral** Wahl-
**electrical** elektrisch
**electrician** 96 Elektriker
**electricity** Elektrizität, Strom
**electronic** elektronisch
**electronics** Elektronik
**elegant** vornehm, geschmackvoll
**element** Bestandteil, Komponente
**elementary** grundlegend, einfach
**elephant** Elefant
**eleven** 11 elf
**eligible** annehmbar, qualifiziert
**eliminate** (to ~) beseitigen
**elite** Elite, Auslese
**else** sonst, andernfalls
**elsewhere** woanders, andernorts
**embark** (to ~) an Bord gehen
**embarrass** (to ~) beschämen
**embody** (to ~) verkörpern, enthalten
**embrace** (to ~) umarmen
**emerge** (to ~) auftauchen, auftreten
**emergence** Entstehung, Auftauchen
**emergency** 109 Notfall
**emission** Absonderung, Abgabe
**emotion** Emotion, Gefühl
**emotional** gefühlsmäßig, Gefühls-
**emphasize** (to ~) hervorheben
**empire** 100 [Welt-]Reich
**employ** (to ~) beschäftigen, gebrauchen
**employee** Angestellter
**employer** 83 Arbeitgeber

**employment** Beschäftigung
**empty** (to ~) (aus)leeren
**empty** 55 leer
**enable** (to ~) ermöglichen
**enclose** (to ~) anfügen, beifügen
**encode** (to ~) verschlüsseln, kodieren
**encounter** (to ~) begegnen
**encourage** (to ~) aufmuntern
**encouragement** Ermutigung
**encyclopedia** Enzyklopädie
**end** (to ~) beenden, abschließen
**end** 10, 34, 109 Ende
**ending** Ende, (Ab)schluss
**endless** endlos, unendlich
**endorse** (to ~) befürworten, unterstützen, gutheißen
**endure** (to ~) aushalten, dulden
**enemy** Feind
**energetic** 29 kraftvoll
**energy** Energie
**enforce** (to ~) durchsetzen
**enforcement** Durchführung
**engage** (to ~) beschäftigen, anstellen
**engaged** beschäftigt; besetzt; verlobt
**engagement** Beschäftigung, Verpflichtung; Verlobung
**engine** Motor, Antrieb
**engineer** 8 Ingenieur
**engineering** Ingenieurwesen, Technik
**England** 12 England
**English** 12 englisch, Engländer
**enhance** (to ~) erhöhen, steigern
**enjoy** (to ~) 81 gefallen
**enjoy oneself** (to ~) 90, 108 sich amüsieren
**enlarge** (to ~) vergrößern
**enormous** 41 enorm
**enough** genug, ausreichend
**enquire about** (to ~) 89, 108 sich erkundigen, Auskunft einholen
**entrance** 65, 85 Eingang, Einfahrt
**entry** Eingang; Eingabe; Eintrag
**envelope** Briefumschlag
**environment** 81 Umgebung
**environmental** umweltpolitisch
**envoy** Gesandter, Bote
**equal** gleich, ebenbürtig
**equality** Gleichheit, Ebenbürtigkeit
**equally** ebenso
**equation** Gleichung, Ausgleich
**equilibrium** Gleichgewicht
**equip** (to ~) ausrüsten, ausstatten
**equipment** Ausrüstung, Ausstattung
**equivalent** Äquivalent, Entsprechung
**era** Ära, Zeitalter
**erase** (to ~) löschen, ausmerzen
**erect** (to ~) errichten, aufstellen
**erode** (to ~) anfressen; untergraben
**erosion** Abnutzung, Abtragung
**error** Fehler
**escape** (to ~) entfliehen, entkommen
**especially** 34 besonders
**essay** Abhandlung, Aufsatz
**essence** Wesen, Wesentliches
**essential** wesentlich
**essentially** im Wesentlichen
**establish** (to ~) einrichten, aufstellen
**established** bekannt, eingeführt
**establishment** Einrichtung, Betrieb; Führungsschicht
**estate** 107 Gut, Besitz; Gebiet
**estate agent** 107 Immobilienmakler
**estimate** (to ~) abschätzen, bewerten, beurteilen
**ethnic** ethisch, Volks-
**evaluate** (to ~) auswerten, beurteilen
**even** 36, 86, 101 sogar, selbst
**even though** 61 obwohl
**evening** 6 Abend
**evenly** ausgeglichen, gleichmäßig
**event** 92 Ereignis
**eventually** 102 schließlich, endlich
**ever** jemals
**every** 39 jeder/-e/-es
**everybody** 39 jeder/-e/-es, alle
**everyday** 110 Alltags-
**everyone** 39 jeder/-e/-es, alle
**everything** 48, 82 alles
**everywhere** 54 überall
**evidence** Beweis, Hinweis
**evident** klar, offenkundig, erwiesen
**evidently** offenbar, augenscheinlich
**evil** Übel, Sünde
**evolve** (to ~) entwickeln, entfalten
**exactly** 36, 79, 82 genau
**exam** 82 Examen, Prüfung
**examination** Untersuchung

**examine** (to ~) untersuchen, betrachten, prüfen
**example** 38 Beispiel
**exceed** (to ~) überschreiten
**excellence** Spitzenleistung, Güte
**excellent** hervorragend, vorzüglich
**except** 20 außer
**exception** Ausnahme
**exceptional** außer-/ungewöhnlich
**excess** Ausschweifung, Maßlosigkeit
**excessive** maßlos, übertrieben
**exchange** (to ~) austauschen
**exchange rate** Wechselkurs
**excite** (to ~) aufregen, erregen
**excited** 58 aufgeregt
**excitement** Erregung, Nervosität
**exciting** 38, 100 aufregend
**exclude** (to ~) ausschließen
**exclusion** Ausschluss, Ablehnung
**exclusive** alleinig, einzig
**exclusively** ausschließlich, exklusiv
**excuse** (to ~) 36, 97, 109 entschuldigen, rechtfertigen
**execute** (to ~) ausführen/-üben
**execution** Ausführung, Durchführung
**executive** (adj.) leitend
**executive** Geschäftsführer, Führungskraft
**exemption** Ausnahme(regelung)
**exercise** 29, 93 Übung
**exhibit** (to ~) ausstellen, darstellen
**exhibition** Ausstellung, Schau
**exile** Exil
**exist** (to ~) existieren, bestehen
**existence** Existenz, Dasein
**existing** bestehend, vorhanden
**exit** Ausgang, Ausfahrt
**exotic** 86 exotisch
**expand** (to ~) erweitern, ausdehnen
**expansion** Erweiterung, Ausdehnung
**expect** (to ~) 58, 78, 110 erwarten
**expectation** Aussicht, Erwartung
**expected** erwartet, voraussichtlich
**expedition** Entdeckungsreise
**expenditure** Ausgaben, Aufwand
**expense** Aufwendungen, Kosten
**expensive** 86, 104 teuer
**experience** 79, 81 Erfahrung
**experiment** Experiment

**experimental** versuchsweise
**expert** Experte, Fachmann
**expertise** Sachkenntnis, Kompetenz
**expire** (to ~) ablaufen, verfallen (Frist)
**explain** (to ~) erklären, erläutern
**explanation** Erklärung, Erläuterung
**explode** (to ~) explodieren
**exploit** (to ~) 47 ausbeuten
**exploitation** Ausbeutung, Verwertung
**exploration** Erforschung, Erkundung
**explore** (to ~) 50 erkunden
**explosion** Explosion
**export** (to ~) exportieren, ausführen
**expose** (to ~) freilegen, ausstellen
**exposure** Enthüllung, Darstellung
**express** (to ~) 101, 105 ausdrücken
**expression** Ausdruck, Äußerung
**expressly** ausdrücklich
**extend** (to ~) ausweiten/-bauen
**extension** Ausbau/-dehnung
**extensive** 61 ausgedehnt
**extent** Ausmaß, Umfang
**external** äußerlich
**extinct** (to ~) auslöschen
**extra** 83, 104 zusätzlich, Extra-
**extract** (to ~) herausziehen, extrahieren
**extraordinarily** ungemein
**extraordinary** außergewöhnlich, außerordentlich
**extremely** äußerst, überaus
**eye** 41 Auge
**eyebrow** Augenbraue

**F**

**fabric** Bau, Gewebe, Struktur
**fabulous** 64, 87 sagenhaft
**face** (to ~) gegenüberstehen
**face** 82 Gesicht
**facilitate** (to ~) vereinfachen
**facility** Einrichtung, Anlage; Möglichkeit
**fact** Tatsache, Fakt
**faction** Fraktion, Interessengruppe
**factor** Faktor, Gesichtspunkt
**factory** 51 Fabrik
**faculty** Fachbereich; Fähigkeit
**fade** (to ~) verblassen, abklingen

**fail** (to ~) 68 durchfallen, nicht bestehen (b. e. Prüfung)
**failure** Misserfolg, Versäumnis
**faint** (to ~) in Ohnmacht fallen
**faint** geringfügig, schwach
**fair** ordentlich, anständig
**fairly** 74 ziemlich
**faith** Glaube, Gläubigkeit, Vertrauen
**faithful** treu, gewissenhaft
**fall** (to ~) 83, 92 fallen
**fall in love** (to ~) 92 sich verlieben
**fall** Herbst; Abnahme, Verminderung
**false** falsch, unaufrichtig
**fame** Ruhm; Ruf
**familiar** vertraut, gewohnt
**family** 2 Familie
**famous** 12, 100, 101 berühmt
**fan** 66 Fan
**fancy** 88 Lust, Laune
**fantastic** 11 fantastisch
**fantasy** Fantasie, Fantasterei
**far (from** ~) 36, 76, 109 weit von
**fare** 62 Tarif
**farm** Bauernhof
**fascinating** 100 faszinierend
**fashion** 103 Mode
**fast** (to ~) fasten
**fast** 61, 97, 99 schnell
**fat** 32 dick, fett/Fett
**fate** Schicksal
**father** 94 Vater
**fault** 99 Fehler
**favour** Gefallen, Gunst, Gefälligkeit
**favourite** 29, 102 Lieblings-
**fear** (to ~) fürchten, Angst haben
**fear** Furcht, Angst
**feather** Feder
**feature** Merkmal, Eigenschaft; Beitrag
**February** 14 Februar
**fed up (to be** ~) es satt haben, die Nase voll haben
**federal** Bundes-
**fee** Gebühr, Abgabe, Entgelt
**feed** (to ~) füttern
**feedback** Rückmeldung, Reaktion
**feel** (to ~) 68, 102 (sich) fühlen
**feel like** (to ~) 94 Lust haben auf
**feeling** 101 Gefühl
**fellow** Kamerad, Kumpel, Partner
**female** Frau; Weibchen (Tier)

**female** weiblich
**feminist** Feministin
**fence** Zaun, Schranke, Hindernis
**ferry** 73, 102, 105 Fähre
**fertile** fruchtbar
**festival** Festival, Festspiel
**fetch** (to ~) 106 holen
**fever** Fieber
**few (a** ~) 53, 88, 92 einige, ein paar
**fewer** 86 weniger
**fibre** Faser, Fiber
**fiction** Dichtung, Fiktion
**fiddle** 75 Fidel
**field** 81, 101 Feld, Bereich
**fierce** erbittert, heftig, scharf
**fifth** 5 fünfter/-e/-es
**fight** (to ~) 83, 105 kämpfen
**fight** Kampf
**figure** (to ~) berechnen, ausrechnen
**figure** Zahl, Ziffer, Betrag
**file** (to ~) einordnen, ablegen
**file** Akte, Datei
**fill** (to ~) 103 füllen
**film** (to ~) filmen
**film** 45, 105 Film
**filter** (to ~) filtern
**filter** Filter
**filthy** dreckig, schmutzig
**final** (adj.) endgültig, End-
**final** Endspiel, Schlussrunde
**finally** 108 schließlich
**finance** (to ~) finanzieren
**finance** Finanzierung, Finanzwesen
**financial** finanziell
**find** (to ~) 54, 80, 86, 95 finden
**findings** Ergebnisse, Ermittlungen
**fine** 1, 18 gut, fein, schön, OK
**finger** Finger
**finish** (to ~) 78, 80 beenden, aufhören
**finish** Fertigstellung, Endbearbeitung
**fire** (to ~) anheizen, brennen; feuern
**fire** 100 Feuer
**firm** (adj.) fest, hart, straff
**firm** Firma, Betrieb
**first of all** 108 zunächst einmal
**first** 1, 83, 93, 94 erster/-e/-es
**firstly** erstens, zunächst
**fiscal** steuerlich, Finanz-
**fish** (to ~) fischen, angeln
**fish** 31 Fisch

**fishing** Fischerei, Angelsport
**fist** Faust
**fit** (to ~) 64 passen (Größe)
**fit** 75 fit, in Form
**fitting room** 64 Umkleidekabine
**five** 14 fünf
**fix** (to ~) 97 reparieren; festlegen
**flag** Flagge, Fahne
**flame** Flamme
**flash** (to ~) blinken, aufleuchten
**flash** Blitz
**flashing** 83 blinkend
**flask** 99, 105 Flachmann
**flat** 8 flach, platt
**flat** 8, 80 Wohnung
**flavour** 17 Geschmack(srichtung)
**flea** 75 Floh
**flee** (to ~) fliehen, meiden
**fleet** Flotte, Fuhrpark
**flesh** Fleisch
**flexible** anpassungsfähig
**flight** 48, 89 Flug
**float** (to ~) treiben, schwimmen
**flood** (to ~) (über)fluten
**flood** Flut
**floor** 82 Boden
**flow** (to ~) fließen, strömen
**flow** Fluß, Strömung, Durchlauf
**flower** 95 Blume
**flowerbed** Beet
**fluent** 23, 110 fließender/-e/-es
**fluently** 23, 98 fließend
**fly** (to ~) 48 fliegen
**fly** 48 Fliege
**focus** Brennpunkt, Blickpunkt
**fog** Nebel
**fold** (to ~) falten
**fold** Falte
**folder** Sammelmappe, Aktenordner
**folk** Volk, Leute
**follow** (to ~) 40 folgen
**following** 100 folgender/-e/-es
**fond** verliebt, versessen; kühn
**food** 27 Essen, Nahrung
**fool** 109 Dummkopf, Idiot
**foot** 28 Fuß
**football** 69 Fußball
**footstep** Schritt, Fußstapfen
**for** 9, 54 lang (+ Zeitdauer)
**forbid** (to ~) verbieten, untersagen
**force** Kraft

**forecast** (to ~) 83 vorhersagen
**forecast** Prognose, Ausblick
**forehead** Stirn
**foreign** 53 ausländisch
**foreigner** Ausländer
**forest** Wald
**forever** ewig, auf immer
**forge** (to ~) schmieden, formen
**forget** (to ~) 54, 82 vergessen
**fork** 106 Gabel
**form** (to ~) formen, bilden
**formal** formal; offiziell
**formation** Anordnung; Entstehung
**former** ehemaliger/-e/-es
**formerly** früher, ehemals
**forth** voran, vorwärts
**forthcoming** bevorstehend
**fortnight** vierzehn Tage, zwei Wochen
**fortunate** glücklich, günstig
**fortune** 52, 96 Vermögen
**forward(s)** 74 vorwärts, nach vorne
**found** (to ~) 100 gründen
**foundation** Gründung; Fundament
**four** 14 vier
**fox** Fuchs
**fraction** Bruchteil; Abteilung
**fragile** zerbrechlich
**frame** Rahmen
**framework** Gerüst, Rahmenbedingungen
**fraud** Betrug, Schwindel
**free** (to ~) befreien
**free** 27, 88 frei; gratis, kostenlos
**freedom** Freiheit
**freely** frei, ungehindert
**freeze** (to ~) 71 frieren
**freezer** 71 Tiefkühltruhe/-schrank
**freight** Fracht, Ladung
**French** 22 französisch, Franzose
**french fries** 31 Pommes frites
**frequency** Häufigkeit
**fresh** frisch
**Friday** 28, 94 Freitag
**fridge** 53, 93 Kühlschrank
**fried** gebraten
**friend** 20, 82, 87, 103 Freund
**friendly** 108 freundlich
**friendship** Freundschaft
**fries** 31 Pommes frites
**frighten** (to ~) ängstigen

**frog** Frosch
**from** 4, 101 von, aus
**front** Vorderseite
**frontier** Grenze
**frown** (to ~) Stirn runzeln
**frozen** gefroren
**fruit** Obst, Früchte
**fruitful** fruchtbar, ertragreich
**fuel** Benzin, Treibstoff
**fulfil** (to ~) erfüllen, nachkommen
**full** 26, 104 voll
**fully** 26, 48 vollkommen, ganz und gar
**fully booked** 26 voll ausgebucht
**fun** 50 lustig, amüsant/Spaß, Scherz
**function** Funktion, Arbeitsweise
**fund** (to ~) finanzieren
**fund** Fond, Kapital, Geldsumme
**fundamental** grundlegend, wesentlich
**funeral** Bestattung, Beisetzung
**funny** 50 lustig, witzig
**furious** erbost, wütend
**furniture** 105 Möbel
**further** ferner, weiter
**fuss** 93 Wirbel, Aufhebens, Theater
**future** Futur, Zukunft

## G

**gain** (to ~) gewinnen
**gain** Gewinn, Ertrag, Profit
**gallery** Gallerie; Empore
**gallon** 33 Gallone (ca. 4,546 Liter)
**gamble** 69, 103 Glücksspiel, Risiko
**gambler** 69 Spieler
**game** 29 Spiel
**gang** Bande, Gruppe, Trupp
**gap** Lücke, Spalt, Kluft
**garage** 68 Garage
**garden** 106 Garten
**gardener** Gärtner
**garment** Bekleidung, Kleidungsstück
**gas** Gas
**gate** Tor, Ausgang, Pforte
**gather** (to ~) 110 (an)sammeln, zusammentragen; pflücken (Obst)
**gay** heiter, lustig; homosexuell
**gaze** (to ~) bestaunen, anstarren
**gaze** (starrer) Blick; Anstaunen
**gear** Antrieb, Triebwerk

**gender** die Geschlechter
**gene** Gen, Erbfaktor
**general** 43 allgemein
**generally** 61, 80 normalerweise
**generate** (to ~) erzeugen
**generation** Generation; Erzeugung
**generous** 52 großzügig
**genetic** genetisch
**gentle** mild, sanft, behutsam
**gentleman** Herr
**genuine** echt, authentisch
**geographical** geografisch
**geography** 22 Geografie
**geometry** Geometrie
**German** 22, 83 deutsch, Deutscher
**gesture** Gebärde, Geste
**get** (to ~) 21, 97 erhalten, bekommen; werden
**get away** (to ~) 88 rauskommen
**get back** (to ~) 93, 105 zurückkommen
**get by** (to ~) 110 zurechtkommen
**get changed** (to ~) 93 sich umziehen
**get dark** (to ~) 85 dunkel werden
**get dressed** (to ~) 93 sich anziehen
**get in touch with** (to ~) 96 Kontakt aufnehmen
**get married** (to ~) 92 heiraten
**get off** (to ~) 41, 108 aussteigen
**get on** (to ~) 41, 92 einsteigen (Fahrzeug); sich verstehen
**get out of** (to ~) 75 rausgehen
**get to** (to ~) 59, 62 ankommen
**get up** (to ~) 25, 92 aufstehen
**get worse** (to ~) 72 sich verschlimmern, schlechter werden
**ghost** Geist, Gespenst
**giant** (adj.) riesig
**giant** Hüne
**gift** Geschenk, Gabe; Begabung
**gin and tonic** 39, 95 Gin Tonic
**girl** 8, 90, 92 Mädchen
**girlfriend** Freundin
**give** (to ~) 105 geben
**give a bell/ring** (to ~) 94 anrufen
**give up** (to ~) aufgeben, verlassen
**give way** (to ~) 99 Vorfahrt gewähren
**glad** froh, zufrieden
**glance** (to ~) Streifblick

**glass** 65, 95, 99 Glas
**glasses** Brille
**global** weltweit, global
**glory** Ehre, Pracht, Ruhm
**glove** Handschuh
**go** (to ~) 82 ablaufen, sich abspielen
**go back** (to ~) 39, 85 zurückgehen
**go clubbing** (to ~) 74 ausgehen (Bars, Clubs usw.)
**go down** (to ~) 36 hinuntergehen, heruntergehen
**go on** (to ~) 76, 85 weiterfahren/-gehen; passieren, los sein
**go out** (to ~) 35, 93 hinaus-/herausgehen
**goal** Tor, Ziel
**goalkeeper** Torwart
**goat** Ziege
**God** 66 Gott
**gold** Gold
**golden** goldfarben, goldgelb
**golf** Golf
**good** 6 gut
**good** 98 Gut
**good heavens!** 97 Lieber Himmel!
**good morning** 6 guten Morgen
**good night** 6 gute Nacht
**goodbye** 55 auf Wiedersehen
**good-looking** 52 schön, gutaussehend
**goodness** Güte, Gutherzigkeit
**goods** Waren, Güter
**gorgeous** 94 umwerfend
**gossip** (to ~) 107 tratschen
**gossip** 107 Tratsch, Klatsch
**government** 43, 83 Regierung
**GP (general practitioner)** 72 Allgemeinmediziner
**grab** (to ~) ergreifen, packen
**graceful** anmutig, graziös
**grade** Grad, Stufe, Rang
**gradually** allmählich, schrittweise
**graduate** (to ~) 79 Diplom erlangen
**grain** Getreide(korn)
**grammar** Grammatik
**grand** bedeutend, berühmt, großartig
**grandfather** 50 Großvater
**grandmother** 50 Großmutter
**grandparents** 52 Großeltern
**grant** (to ~) gewähren, zugestehen
**grant** Beihilfe, Darlehen, Zuschuss

**graph** Diagramm, Grafik, Schaubild
**grass** 101 Gras
**grateful** dankbar, erkenntlich
**grave** (adj.) ernst(haft), feierlich
**grave** Grab
**gravity** Schwerkraft
**great** 10, 100 genial, großartig, groß
**greatly** in hohem Maße, außerordentlich
**Greek** 73 griechisch, Grieche
**green** Grünfläche
**green** 41 grün
**greet** (to ~) (be)grüßen
**greeting** Gruß
**grey** 41 grau
**grin** (to ~) grinsen
**grind** (to ~) schleifen, mahlen
**grip** Griff
**gross** brutto, grob
**ground** Boden, Erde
**group** 66 Gruppe
**grow** (to ~) 100 wachsen
**growth** Wachstum, Entwicklung
**guarantee** (to ~) gewährleisten
**guarantee** Garantie, Gewährleistung
**guard** Wache, Wächter
**guess** (to ~) 58, 102 raten
**guess** Schätzung, Vermutung
**guest** Gast, Besucher
**guidance** Leitung, Führung
**guide** (to ~) führen, leiten, lenken
**guide** Fremdenführer; Handbuch
**guidebook** 86 Ratgeber, Reiseführer
**guidelines** Richtlinien
**guilt** Schuld
**guilty** schuldig
**guitar** 66, 108 Gitarre
**gun** 20 Gewehr
**guy** 8, 94, 102, 108 Typ, Kerl
**gym** 25 Gymnastik

# H

**habit** Angewohnheit, Gepflogenheit
**hair** 41, 93, 105 Haare
**half** 69, 85 halb; Hälfte
**hall** Halle, Saal; Diele, Flur
**hall of residence** 80 Wohngebäude
**ham** 93 Schinken

**hammer** Hammer
**hand** (to ~) geben, reichen
**hand** 71 Hand
**handbag** 55 Handtasche
**handful** Handvoll
**handicap** Behinderung; Hindernis
**handkerchief** Taschentuch
**handle** (to ~) beherrschen, behandeln
**handle** Griff, Henkel, Klinke
**handsome** 52 hübsch, gutaussehend
**handy** praktisch, handlich
**hang** (to ~) aufhängen
**hang on** (to ~) 94, 109 warten
**happen** (to ~) 58, 92 geschehen
**happily** 92 glücklich
**happiness** Fröhlichkeit, Glücksgefühl
**happy** 11, 107 glücklich
**harbour** Hafen; Versteck
**hard** (adj.+adv.) 23, 80, 108 heftig, hart, mühsam, schwierig
**hardly** 108 kaum, schwerlich
**hardware** Computergeräte, Apparatur
**harm** 99 Schaden
**harmony** Harmonie, Eintracht
**harsh** herb, rauh
**harvest** Ernte
**hat** 35 Hut
**hate** (to ~) 30, 89 hassen
**have** (to ~) 7, 15, 99 haben, nehmen
**have rather** (to ~) 104 vorziehen, lieber haben
**have to** (to ~) 48 müssen
**hazard** Gefahr, Risiko, Wagnis
**he** 3 er
**head** 71 Kopf
**headache** 71 Kopfschmerzen
**heading** Titel, Überschrift; Briefkopf
**headline** 83 Schlagzeile, Überschrift
**headmaster** 67 Schulleiter
**headquarters** Zentrale, Hauptsitz
**headteacher** 67 Schulleiter
**heal** (to ~) ver-/ausheilen
**health** 43, 93 Gesundheit
**health care** 42 Gesundheitswesen
**health club** 93 Wellness-Club
**health food shop** 31 Reformhaus

**hear** (to ~) 103 hören
**hearing** Anhörung, Verhandlung
**heart** Herz(stück)
**heat** (to ~) erhitzen, aufheizen
**heat** 109 Hitze
**heating** Heizung
**heaven** 97 Himmel
**heavily** schwerlich
**heavy** 83 schwer, schwerwiegend
**hectic** 87 hektisch
**heel** Ferse, Hacke
**height** Höhe, Größe
**heir** Erbe
**helicopter** Hubschrauber
**hell** Hölle
**hello** 1, 57, 104 Hallo
**help** (to ~) 16, 94 helfen
**help oneself** (to ~) 106 sich bedienen
**help** 76, 109 Hilfe
**helpful** hilfreich, nützlich
**hence** folglich, infolgedessen
**her** 8 ihr, sie
**here** 4, 10, 94, 99 hier
**heritage** Erbe, Vermächtnis
**hero** 94 Held
**hesitate** (to ~) zögern
**Hi** 3 Hallo
**hidden** versteckt, verborgen
**hide** (to ~) verstecken, verbergen
**hierarchy** Hierarchie
**high** 96 hoch
**high street** 69 Haupteinkaufsstraße
**high tea** 25 Nachmittagstee
**highlight** (to ~) hervorheben, betonen, herausstellen
**highly** höchst, in hohem Maße
**hike** (to ~) 73 wandern
**hill** 87 Hügel
**hip** Hüfte
**hire** (to ~) 83, 104 einstellen, engagieren; BE mieten
**his** 8 sein, ihn
**historian** Historiker
**historic** historisch
**historical** 12 historisch
**history** 22 Geschichte (Historie)
**hit** (to ~) 66 schlagen, treffen
**hit** 66, 108 Schlag, Treffer; Erfolg
**hitch-hike** (to ~) 73 trampen
**hobby** 82 Hobby, Zeitvertreib

**hold** (to ~) halten, besitzen, haben
**hold on** (to ~) 67 warten
**hold** Griff, Halt; Einfluss
**holder** Inhaber; Halterung
**hole** Loch, Öffnung
**holiday** 1, 94 Ferien
**holiday resort** 90 Ferienort
**holy** heilig, geweiht
**home** 22 Heim, Zuhause
**honest** ehrlich, aufrichtig
**honestly** 53, 90 ehrlich
**honey** Honig
**honeymoon** Flitterwochen
**honour** (to ~) (be)ehren, anerkennen
**honour** 53 Ehre
**hook** Haken
**hope** (to ~) 87 hoffen
**hope** Hoffnung
**horizon** Horizont
**horizontal** horizontal, waagerecht
**horn** Horn; Hupe
**horrible** schrecklich, fürchterlich
**horror** Schrecken
**horse** 69 Pferd
**hospital** 72 Krankenhaus
**host** (to ~) veranstalten
**host** Gastgeber, Hausherr
**hostile** feindlich
**hot** 10 heiß
**hotel** 11, 86, 102 Hotel
**hour** 60, 78, 85, 96 Stunde
**house** (to ~) beherbergen, unterbringen
**house** 8 Haus
**House of Commons, the ~** 43 Unterhaus (brit. Parlament)
**household** Haushalt
**housework** 58, 93 Hausarbeit
**housing** Bebauung, Unterkunft
**housing estate** 107 Wohnsiedlung
**how** 1 wie
**how come?** 52 wie kommt es ... ?
**how much** 96, 92 wie viel
**however** 104 jedoch
**huge** 11 riesig
**human** menschlich
**human being** menschliches Wesen
**human resources** 57 Personal-
**humanity** Menschlichkeit
**humour** Humor, Komik; Laune
**hundred** 34, 83, 100 hundert
**hungry** 15, 102 hungrig
**hunt** (to ~) jagen, hetzen
**hunting** Jagd, Hatz
**hurry** (to ~) 89, 94, 109 sich beeilen
**hurt** (to ~) 98, 99 verletzen, weh tun
**husband** 8, 87, 90, 97 Ehemann
**hut** Hütte, Baracke
**hygiene** Hygiene, Gesundheitspflege

**I** 1 ich
**ice** 45, 109 Eis
**ice-skating** 45 Eislaufen
**icon** (= small picture) Symbol
**idea** 19, 78, 96 Idee
**ideal** (adj.) 105 ideal, vollkommen
**ideal** Ideal, Wunschbild
**identical** identisch, gleich
**identification** Erkennung
**identify** (to ~) erkennen
**identity** Identität, Persönlichkeit
**ideology** Ideologie
**idiom** Redensart, Ausdrucksweise
**if** 39, 46, 67, 68 falls
**ignore** (to ~) nicht beachten
**ill** 72 krank
**illegal** illegal, gesetzeswidrig
**illness** Krankheit
**illusion** Einbildung
**illustrate** (to ~) veranschaulichen
**illustration** Abbildung, Darstellung
**image** (Ab)bild; Vorstellung
**imagination** Vorstellungskraft
**imagine** (to ~) 87 sich vorstellen
**immediately** 51, 66, 92 sofort
**immense** riesig, unermesslich
**immigrant** Einwanderer
**impact** Auswirkung, Einfluss
**impatient** ungeduldig
**implement** (to ~) einführen
**implementation** Anwendung, Einführung
**implication** Auswirkung, Folge
**imply** (to ~) bedeuten, implizieren
**import** (to ~) importieren, einführen
**importance** Bedeutung, Wichtigkeit
**important** 58, 82 wichtig, bedeutend
**impose** (to ~) auferlegen, verhängen
**impossible** unmöglich

**impress** (to ~) beeindrucken
**impression** Eindruck, Abdruck
**impressive** beeindruckend
**imprisonment** Inhaftierung
**improve** (to ~) verbessern, optimieren
**improvement** Verbesserung
**in** 5 in, an, auf
**in fact** 37, 92, 102 genauer gesagt, kurz gesagt, eigentlich
**in short** 110 kurz gesagt
**inadequate** ungeeignet
**inappropriate** unangebracht
**incentive** Anreiz, Ansporn
**inch** 108 Zoll (2,54 cm)
**incident** Vorfall, Ereignis
**include** (to ~) 104 einschließen
**including** einschließlich
**income** 80 Einkommen
**inconvenience** 85 Unannehmlichkeit
**increase** (to ~) 80 erhöhen, steigern
**increase** Steigerung, Zunahme
**increasingly** zunehmend
**indeed** in der Tat, gewiss
**indepedence** Unabhängigkeit
**independent** 104 unabhängig
**indicate** (to ~) andeuten, hinweisen
**indication** Hinweis, Andeutung
**indicator** Anzeige, Zeiger
**indirect** indirekt, mittelbar
**individual** (adj.) individuell, persönlich
**individual** Individuum, Person
**industrial** industriell, gewerblich
**industrial estate** 107 Industriegebiet
**industry** 93 Industrie
**inevitable** unvermeidbar
**inevitably** unweigerlich, zwangsläufig
**infection** Infektion, Entzündung
**inflation** Inflation
**influence** (to ~) beeinflussen
**influence** Einfluss
**influential** 66 einflussreich
**inform** (to ~) benachrichtigen
**informal** ungezwungen, zwanglos
**information** 62, 105 Auskünfte, Informationen
**ingredient** Bestandteil, Zutat
**inhabitant** Ein-/Bewohner

**inherit** (to ~) 52 erben
**initial** anfänglich, Anfangs-
**initiate** (to ~) auslösen, einleiten
**initiative** Initiative
**injection** Injektion, Spritze
**injure** (to ~) verletzen, beschädigen
**injury** Verletzung
**ink** Tinte
**inner** innerlich
**innocent** unschuldig
**innovation** 43 Innovation
**input** Eingabe, Einsatz
**inquire** (to ~) 89 sich erkundigen
**inquiry** Ab-/Anfrage
**insect** Insekt
**insert** (to ~) einfügen
**inside** drinnen, innerhalb
**insight** Einblick, Einsicht
**insist** (to ~) bestehen/beharren/dringen auf
**inspect** (to ~) inspizieren
**inspection** Überprüfung, Kontrolle
**inspire** (to ~) begeistern, inspirieren
**install** (to ~) installieren, einrichten
**installation** Installation, Einrichtung
**instance** Vorgang, Fall, Gelegenheit
**instant** Augenblick, Moment
**instantly** augenblicklich
**instead** 106 anstelle von, anstatt
**institution** Organisation, Einrichtung
**instruct** (to ~) ausbilden, unterrichten
**instruction** Anweisung, Anordnung
**instrument** Gerät, Werkzeug
**insufficient** unzureichend
**insurance** 104 Versicherung
**integral** eingebaut, ganzheitlich
**integrate** (to ~) einbauen/-binden
**integrated** integriert, eingebaut
**integrity** Unversehrtheit, Vollständigkeit
**intellectual** gebildet, geistig
**intelligence** Intelligenz
**intelligent** 44 intelligent
**intend** (to ~) beabsichtigen, planen
**intense** heftig, stark
**intensive** intensiv
**intention** Absicht, Plan, Vorhaben
**interaction** Wechselbeziehung
**interest** 92, 103 Interesse
**interested** 57, 79, 92 interessiert

**interesting** 44, 79, 86 interessant
**interfere** (to ~) behindern, stören
**interior** (adj.) innerer/-e/-es
**interior** Innenbereich
**intermediate** dazwischenliegend
**internal** innerlich, intern, inländisch
**Internet, the** ~ Internet
**interpretation** Interpretation, Deutung
**interpreter** Dolmetscher
**interrupt** (to ~) unterbrechen, stören
**interval** Zeitabstand, Pause
**interview** (to ~) befragen, interviewen
**interview** 57 Vorstellungsgespräch; Interview
**into** 103 in, hinein
**introduce** (to ~) einführen, vorstellen
**introduction** 6 Vorstellung; Einführung
**invent** (to ~) 65 erfinden
**invention** Erfindung; Fantasie
**invest** (to ~) 52 investieren
**investigate** (to ~) untersuchen
**investigation** Ermittlung
**investment** Vermögensanlage
**investor** Investor, Kapitalanleger
**invisible** unsichtbar
**invitation** Einladung, Aufforderung
**invite** (to ~) 88, 105 einladen, auffordern
**involve** (to ~) 85 verwickeln, beteiligen, hineinziehen
**involvement** Beteiligung, Verwicklung
**iron** 93 (Bügel)eisen
**irregular** 110 unregelmäßig
**irrelevant** belanglos, bedeutungslos
**island** 73, 74 Insel
**isolation** Isolation, Trennung
**issue** (to ~) (her)ausgeben
**issue** Angelegenheit, Thema; Ausgabe
**it** 4 es
**item** Begriff, Element, Objekt
**its** 14 sein/-e

## J

**jacket** 64 Jacke
**jackpot** 68 Jackpot, großes Los
**jam** 65 Marmelade
**jam-packed** 108 proppenvoll
**January** 14 Januar
**jaw** Kinn
**jazz** 94 Jazz
**jealous** 11 eifersüchtig
**jeans** 54 Jeans
**jet** Strahl, Düsenflugzeug
**jewellery** Schmuck
**job** 22, 79, 95 Arbeit, Stelle
**Job Centre** 36 Arbeitsamt, -agentur
**join** (to ~) 103 eintreten in (Firma)
**joint** gemeinsam
**joke** (to ~) 46 scherzen
**journal** Zeitschrift; Tagebuch
**journalist** Journalist
**journey** 61, 86, 108 Reise
**joy** Freude, Entzückung
**judge** Richter
**judg(e)ment** (Gerichts)urteil
**judicial** rechtlich, juristisch
**juice** Saft
**July** 14 Juli
**jump** (to ~) springen
**junction** Kreuzung, Abzweigung
**June** 14 Juni
**junior** jüngerer/-e/-es
**jury** Jury, Geschworener
**just** (adj.+adv.) 17, 31, 39, 89 nur, gerade, einfach
**justice** Gerechtigkeit
**justification** Rechtfertigung
**justify** (to ~) rechtfertigen, begründen

## K

**keen** 69 scharf, schneidend; begeistert, leidenschaftlich
**keep** (to ~) (be)halten, aufbewahren
**keep in touch** (to ~) 110 in Kontakt bleiben
**keeper** Anker; Hüter, Tierpfleger
**key** 24, 83, 105 Schlüssel
**keyboard** Tastatur; Keyboard (mus.)
**kick** (to ~) schlagen, stoßen, treten
**kick** Schlag, Stoß, Tritt
**kid** (to ~) 61, 99, 100 scherzen
**kid** 2, 99 Kitz; Kind
**kidney** 108 Niere

**kill** (to ~) töten, ermorden, umbringen
**killer** Mörder, Totschläger
**kind** 50, 101 Art, Sorte
**kind** 95, 109 nett, freundlich
**king** König
**kingdom** Königreich
**kiss** (to ~) küssen
**kiss** Kuss
**kit** Ausrüstung, Bausatz
**kitchen** 54 Küche
**knee** Knie
**kneel** (to ~) 42 sich hinknien
**knife** (**knives**) 106 Messer (Plural)
**knock** (to ~) (an)klopfen
**knot** Knoten
**know** (to ~) 36, 52, 89 wissen, kennen
**knowledge** Wissen, Kenntnisse
**known** bekannt

## L

**label** Kennzeichen, Etikett
**labour** (schwere körperliche) Arbeit
**lack** Mangel, Knappheit
**lad** 103 Junge
**ladder** Leiter; Laufmasche
**lady** Dame
**lager** 17, 106 helles Bier
**lake** 87, 96, 104 See
**lamb** 31, 106 Lammfleisch
**lamp** Lampe
**land** Land
**landlord** Hausbesitzer, Vermieter
**landscape** Landschaft
**lane** Fahrspur, -bahn; Gasse
**language** Sprache, Redeweise
**language laboratory** Sprachlabor
**laptop** 58, 105 tragbarer Computer
**large** 69 groß
**largely** zum größten Teil
**laser** Laser(gerät)
**last** (adj.) 55, 103, 110 letzter/-e/-es
**last** (to ~) 78, 80 (an)dauern
**late** (adj.+adv.) 51, 95 spät, verspätet
**latest** letzter/-e/-es
**laugh** (to ~) 107 lachen
**laughter** Gelächter, Lachen
**launch** (to ~) abschießen; einführen

**launch** Abschluss; Einführung
**law** 79 Recht, Gesetz
**lawn** Rasen
**lawyer** 79 Anwalt/-ältin, Jurist
**lay** (to ~) (ab)legen, decken (Tisch)
**layer** Schicht, Überzug; Ebene
**layout** Entwurf, Gestaltung, Skizze
**lazy** 97 faul
**lead** (to ~) führen, leiten
**leader** Führer
**leadership** Führung, Leitung
**leading** 100 führender/-e/-es
**leaf** Blatt
**leaflet** Broschüre, Faltblatt
**league** Bündnis, Bund, Liga
**lean** (to ~) 42 sich (an)lehnen
**leap** (to ~) springen
**learn** (to ~) lernen
**learner** Lerner
**learning** Lernen, Bildung
**lease** (to ~) leasen, mieten
**least** 86, 104 (Partikel z. Bildung d. Superlativs)
**leather** 41 Leder
**leave** (to ~) 53, 78, 88, 92, 93 verlassen, weggehen
**lecture** Vorlesung, Vortrag
**lecture theatre** 80 Hörsaal
**lecturer** Dozent, Vortragender
**left** 11, 83, 97 links
**leg** Bein
**legal** 73 legal, rechtmäßig
**legend** Bildunterschrift; Sage
**legislation** Gesetzgebung
**legislative** gesetzgebend
**legitimate** legitim, rechtmäßig
**leisure** Freizeit, Muße
**lemon** Zitrone
**lend** (to ~) 36, 88, 104 verleihen
**length** Länge
**less** 86 weniger
**lesson** 1, 110 Lektion
**let** (to ~) 75, 103, 104 lassen, vermieten
**let s.b. know** (to ~) 81, 82 jdm. Bescheid sagen
**letter** 46, 87, 88 Brief; Buchstabe
**level** Ebene, Grad, Stufe
**level** flach, eben
**liable** verantwortlich, haftbar
**liberal** tolerant

**liberty** Freiheit
**librarian** 88 Bibliothekar
**library** 88 Bibliothek
**licence** Lizenz, Genehmigung
**lid** Deckel, Klappe; Augenlid
**lie** (to ~) 39 lügen
**lie down** (to ~) 39, 108 sich hinlegen
**lie** Lüge
**life** 86, 87, 92, 100 Leben(sdauer)
**lifespan** Lebenserwartung
**lifetime** Lebenszeit, Lebensdauer
**lift** (to ~) anheben, abheben
**lift** 60 Aufzug, Fahrstuhl
**light** (adj.) leicht, geringfügig
**light** 55, 83 Licht; Lampe
**lighting** Beleuchtung
**lightly** leicht
**lightning** Blitz(schlag)
**like** (to ~) 22 mögen, gern haben
**like best** (to ~) 86 am liebsten mögen
**like** 10, 97 gleich, ähnlich, wie
**likely** wahrscheinlich, voraussichtlich
**limit** 97 Begrenzung
**limitation** Begrenzung
**limited** begrenzt, eingeschränkt
**line** (to ~) belegen, beschichten
**line** 60, 89 Strecke; Linie
**link** (to ~) verknüpfen, vernetzen
**link** Verbindung, Vernetzung
**liquid** (adj.) flüssig; zahlungsfähig
**liquid** Flüssigkeit
**list** (to ~) auflisten, aufstellen
**list** 96 Liste
**listen to** (to ~) 43, 83, 103 zuhören
**literally** buchstäblich, wörtlich
**literary** literarisch
**literature** Literatur
**litre** Liter
**little** (a ~) 53, 102 ein bisschen
**little** klein
**live** (adj.+adv.) lebend, lebendig
**live** (to ~) 8, 80, 90 leben, wohnen
**lively** lebhaft, lebendig, munter
**liver** Leber
**living** (adj.) lebend, lebendig
**living** 66 Leben
**living room** 54, 76 Wohnzimmer
**load** (to ~) (be)laden, beschweren
**load** 82 Last, Bürde

**loaf** 108 Brotlaib
**loan** Darlehen, Kredit
**local** 88 lokal, örtlich
**local people** 108 Einheimische
**locally** dezentral, vor Ort
**locate** (to ~) auffinden, aufsuchen
**location** Ort, Schauplatz, Stätte
**lock** (to ~) 55 abschließen
**lock** 55 (Tür)schloss
**log** (to ~) aufzeichnen, protokollieren
**logic** Logik
**logical** logisch, folgerichtig
**loneliness** 101, 105 Einsamkeit
**lonely** einsam, allein
**long** (adj.+adv.) 41, 105 lang, langandauernd, langfristig
**long-distance journey** 61 Fernreise
**long-term/long term** (adj.) langfristig
**look** Blick, Aussehen, Style
**look** (**to ~ at/on**) 37, 54, 83, 86 ansehen, betrachten, anschauen
**look for** (to ~) 36, 102, 109 suchen
**look forward to** (to ~) 74, 90 sich freuen auf
**look up** (to ~) 86 nachsehen, nachschlagen
**loose** lose, nicht fixiert
**lord** Adliger, Herr
**Lord** Gott
**lorry** LKW
**lose** (to ~) 68, 93 verlieren
**lose weight** (to ~) 93 abnehmen
**loss** Verlust
**lost** 102 verloren, verirrt
**lot of** (a ~) 34, 92, 93, 94 viele
**lot** Haufen, Gruppe, Bande
**lottery** 68 Lotterie
**loud** (adj.+adv.) 58 laut
**loudspeaker** 58 Lautsprecher
**love** (to ~) 29 lieben
**love** 53, 87, 92 Liebe
**lovely** 81, 87 wunderschön, herrlich
**lover** Liebhaber
**low** (adj.+adv.) 62 niedrig, tief
**lower** (to ~) absenken, mindern, einschränken
**loyal** loyal, treu, ergeben
**luck** 3 Glück
**lucky** glücklich (Umstand, Fügung)
**luggage** 105 Gepäck
**lump** Masse, Klumpen, Brocken

**lunch** 17, 106 Mittagessen
**lung** Lunge
**luxury** 39 Luxus

## M

**machine** Maschine, Apparat, Automat
**mad** verrückt, wahnsinnig
**madam** 20, 96, 97 Dame
**magazine** 110 Zeitschrift; Magazin (im TV)
**magic** Magie, Zauberei, Zauberkunst
**magnificent** herrlich, prächtig
**mail** Post(sachen/sendung)
**main** 22, 86 Haupt-
**mainly** 51 hauptsächlich
**maintain** (to ~) aufrechterhalten
**maintenance** Wartung, Pflege
**majestic** 12 stattlich, majestätisch
**major** 100, 104 groß, bedeutend
**majority** Mehrheit, Volljährigkeit
**make** (to ~) 93 machen, herstellen
**male** Mann, Männchen (Tier)
**male** männlich
**man** 3 Mann; Mensch
**manage** (to ~) verwalten
**management** 61, 78 Verwaltung
**manager** 78 Direktor
**manner** Art und Weise, Methode
**manual** 104 manuell; Handbuch
**manufacture** (to ~) herstellen
**manufacturer** Hersteller, Produzent
**many** 32 viele
**map** (Land)karte
**march** (to ~) marschieren, wandern
**March** 10 März
**margarine** 93 Margarine
**margin** Rand, Spanne, Differenz
**mark** (to ~) kennzeichnen, markieren
**mark** Kennzeichen, Merkmal, Marke
**market** (to ~) verkaufen, absetzen
**market** 52 Markt
**marketing** 79 Marketing
**marriage** Ehe
**married** verheiratet
**marry** (to ~) heiraten
**marvellous** 67 wundervoll
**mask** Maske
**mass** 96 Masse
**masses of** 96 Unmengen von

**Master** Magister
**master** Meister, Herr, Könner
**masterpiece** 101 Meisterwerk
**match** (to ~) entsprechen, passen
**match** 45 Match, Wettkampf; Streichholz
**matchbox** Streichholzschachtel
**mate** 24, 88 Freund, Kumpel
**material** Material, Baustoff
**mathematical** mathematisch
**mathematics/maths** 105 Mathematik/Mathe
**matter** (to ~) 90 wichtig sein
**matter** 71 Angelegenheit
**mature** reif
**maximum** Größt-, Höchst-
**may** (modal verb) können, dürfen, mag, möge
**may be, maybe** 44 vielleicht
**May** 14 Mai
**maybe** (adv.) eventuell
**mayor** Bürgermeister
**me** 9 mir, mich
**meal** 95 Mahlzeit, Essen
**mean** (adv.) gemein, mies; geizig
**mean** (to ~) 68 bedeuten
**means** Hilfsmittel, Mittel
**meantime** Zwischenzeit
**meanwhile** in der Zwischenzeit
**measure** (to ~) 105 messen
**measure** Maß(nahme); Messgröße
**measurement** Abmessung, Ausmaß
**meat** 95 Fleisch
**mechanical** mechanisch, technisch
**medal** Medaille, Orden
**media** (the ~) Medien, Presse
**medical** ärztlich, medizinisch, Arzt-
**medicine** 72 Medikament
**medieval** 101 mittelalterlich
**medium** (adj.) mittlerer/-e/-es
**medium** (Hilfs)mittel
**meet** (to ~) 41, 90, 92 treffen
**meeting** 64, 78 Treffen, Besprechung
**melt** (to ~) schmelzen, sich auflösen
**member** 43 Mitglied; Gliedmaß
**membership** Mitgliedschaft
**memorial** Denkmal, Mahnmal
**memory** 54, 90 Gedächtnis, Erinnerung, Computerspeicher
**mental** mental, geistig, seelisch

**mention** (to ~) erwähnen, anführen
**mention** 109 Erwähnung, Nennung
**menu** 65 Speisekarte
**mere** bloß, rein, schier
**merely** bloß, lediglich
**merge** (to ~) verschmelzen
**merit** (to ~) verdienen
**merit** Verdienst, Vorzug, Wert
**mess** Durcheinander, Unordnung
**message** 58 Nachricht, Mitteilung
**metal** Metall
**meter** 62 Taxameter
**method** Maßnahme, Verfahren
**metre** Meter; Takt
**metropolitan** großstädtisch, hauptstädtisch
**middle** (adj.) 106 mittlerer/-e/-es
**middle** Mitte, Zentrum
**midnight** Mitternacht
**might** (modal verb) können, dürfen
**might** Macht
**mild** mild, gnädig, sanft
**mile** 60, 85 Meile
**military** militärisch, Militär-
**milk** 18 Milch
**million** 66 Million
**mind** (to ~) 86 sich kümmern
**mind** 55 Geist, Verstand, Intellekt
**mine** 46, 99 meiner, -e-, s
**minimise** (to ~) vermindern
**minimum** Minimum, Mindestmaß
**minister** Minister
**ministry** Ministerium, MInisteramt
**minor** geringfügig; minderjährig
**minority** Minderheit
**minus** Minus, Verlust
**minus** minus, weniger
**minute** 94 Minute; Augenblick
**miracle** Wunder(tat)
**mirror** Spiegel
**miserable** 68 unglücklich
**misery** Elend, Not, Misere
**miss** (to ~) 87 verpassen
**missing** fehlend, verschollen
**mission** Mission, Auftrag
**mist** Dunst, Nebel
**mistake** (to ~) missverstehen
**mistake** 110 Fehler
**mix** Mischung, Gemisch
**mixed** 32 gemischt, konfus
**mixture** Mischung, Gemisch

**mobile** beweglich, mobil
**mobile phone** 58 Handy
**mode** Art und Weise, Betriebsart
**model** (to ~) formen, modellieren
**model** Modell, Muster
**moderate** mäßig, bescheiden
**modern** 61 modern
**modest** bescheiden, anspruchslos
**modification** Veränderung
**modify** (to ~) verändern, modifizieren
**module** Modul, Bauteil
**moment** 37 Moment
**Monday** 28 Montag
**money** 20, 82 Geld
**monitor** (to ~) überwachen, kontrollieren
**monitor** Bildschirm
**monkey** Affe
**monopoly** Monopolstellung
**monster** Ungeheuer, Scheusal
**month** 44 Monat
**monthly** monatlich, Monats-
**monument** Denkmal, Monument
**mood** Stimmung, Laune
**moral** (adj.) moralisch, sittlich
**moral** Moral
**more** 43, 44 mehr
**moreover** außerdem, darüber hinaus
**morning** Guten Morgen!
**morning** 6, 88, 92 Morgen
**mortality** Sterblichkeit
**mortgage** Hypothek, Pfand
**most** 74 der, die, das meiste
**mostly** hauptsächlich, größtenteils
**mother** 44 Mutter
**motion** Bewegung
**motivate** (to ~) motivieren, anregen
**motivation** Motivation, Anregung
**motive** Anlass, Beweggrund, Motiv
**motor** Motor
**motorway** 61, 85, 99 Autobahn
**motto** 110 Devise
**mount** Gestell, Halterung, Träger
**mountain** Berg
**mouse** (Computer)maus
**mouth** 103 Mund
**move** Bewegung, Schritt; Umzug
**move** (to ~) 34, 67, 68 (s.) bewegen; umziehen

**movement** Bewegung (pol.)
**movie** (AE) 94, 110 Film
**movie camera** 16 Filmkamera
**MP (Member of Parliament)** Abgeordneter
**Mr (Mister)** Herr (Anrede)
**Mrs (Missis)** Frau (Anrede)
**Ms (Miss)** „Fräulein" (Anrede)
**much** 22 viel
**mud** Lehm, Schlamm, Matsch
**multiple** vielfach, mehrfach
**mum** Mama
**murder** (to ~) (er)morden
**murder** Mord
**murmur** (to ~) murmeln, raunen
**muscle** Muskel
**museum** 13 Museum
**mushroom** Pilz, Champignon
**music** 27, 66 Musik, Noten
**musical** musikalisch
**musician** Musiker
**must** (modal verb) 40 müssen, sollen
**mutter** (to ~) brummen, murmeln
**mutual** gegenseitig, wechselseitig
**my** 3 mein, meine
**mystery** Geheimnis, Rätsel
**myth** Märchen, Mythos, Sage

## N

**nail** (Metall-/Finger)nagel
**naked** nackt
**name** (to ~) benennen, bezeichnen
**name** 3 Name
**namely** nämlich, und zwar
**narrow** (adj.) schmal, eng
**narrow** (to ~) begrenzen, einengen
**nation** 69 Nation
**national** national, staatlich, Staats-
**nationalist** Nationalist
**native** eingeboren, heimisch
**native speaker** Muttersprachler
**natural** natürlich, ursprünglich
**nature** Natur
**naval** See-, Flotten-
**navy** Marine, Kriegsflotte
**near** 22 in der Nähe von, nah bei
**nearby** (adj.+adv.) nahegelegen
**nearly** 74, 80, 107 fast
**neat** ordentlich, adrett, gepflegt

**necessary** 83 nötig, erforderlich
**necessity** Notwendigkeit, Erfordernis
**neck** Nacken
**need** (to ~) 64, 89, 93 benötigen, brauchen
**need** Bedarf, Bedürfnis, Nachfrage
**needle** Nadel
**negative** negativ
**neglect** (to ~) vernachlässigen
**negotiate** (to ~) ver-/aushandeln
**negotiation** Verhandlung
**neighbour** 55, 106 Nachbar
**neighbourhood** Nachbarschaft
**neither** 66, 106, 109 keiner, -e, -s; ... auch nicht
**nephew** 50 Neffe
**nerve** Nerv
**nervous** nervös, gereizt, aufgeregt
**nest** Nest
**net** (adj.) rein, netto
**net** Netz
**network** 61 Netzwerk
**neutral** neutral, indifferent
**never** 24, 89 niemals
**nevertheless** 97 nichtsdestotrotz
**new** 19, 94, 97, 103 neu
**New Year's Day** (1.1.) Neujahrstag
**New Year's Eve** (31.12.) Silvester(tag)
**news** 45, 83, 105, 106 Nachrichten
**newsagent** 40 Zeitungshändler
**newspaper** 40 Tageszeitung
**next** 8, 19, 55, 82 nächster/-e/-es
**nice** 19, 96 hübsch, schön, nett
**niece** 50 Nichte
**night** 6, 102 Nacht
**night club** 11 Nachtclub
**nightmare** 108 Albtraum
**nine** 9 neun
**ninth** 9 neunter/-e/-es
**no** nein
**no way** 59 auf keinen Fall
**noble** adelig, feudal, stattlich
**nobody** 73, 99 niemand
**nod** (to ~) nicken
**noise** 86 Lärm, Geräusch
**none** 64, 78, 95 keiner, -e, -s
**nonsense** 72, 75 Unsinn
**non-smoking** 65 Nichtraucher-
**noon** Mittag(sstunde)
**no-one** 34, 78 niemand

**nor (neither ..., ~ ...)** weder ..., noch ...
**norm** Norm, Standard
**normal** normal, regulär, üblich
**Norman** 12 normannisch
**north** 12, 83 Norden
**northern** nördlich, Nord-
**nose** 71 Nase
**not even** 36 nicht einmal
**not** 5 nicht, kein
**notable** bemerkenswert
**notably** besonders
**note (to ~)** erwähnen, anmerken
**note** Notiz, Bemerkung; Ton (Musik)
**nothing** 48, 93, 101 nichts
**notice (to ~)** bemerken, beobachten
**notice** Notiz, Mitteilung, Beobachtung
**notion** Begriff, Idee, Gedanke
**noun** Nomen, Substantiv
**novel (adj.)** neuartig, ungewöhnlich
**novel** 51 Roman
**November** 14 November
**now** 20, 81, 92 nun, jetzt
**nowadays** 92 heutzutage, im Moment
**nowhere** 54 nirgendwo
**number** 16, 96 Nummer
**numerous** zahlreich, häufig
**nurse (to ~)** großziehen; stillen
**nurse** Krankenschwester; Amme
**nursery school** Kindergarten, Kinderkrippe
**nut** 94 Nuss
**nut roast** 94 Nussauflauf

## O

**o'clock** 45 (Zeitangabe +) Uhr
**oak** Eiche
**obey (to ~)** gehorchen, befolgen
**object (to ~)** widersprechen
**object** Objekt, Ding; Ziel, Zweck
**objection** Einspruch/-wand
**objective (adj.)** sachlich, objektiv
**objective** Ziel(setzung)
**obligation** Verpflichtung, Pflicht
**oblige (to ~)** verpflichten, zwingen
**observation** Beobachtung
**observe (to ~)** beobachten
**observer** Beobachter, Zuschauer
**obstacle** Hindernis, Hürde
**obtain (to ~)** bekommen, erhalten
**obvious** offensichtlich, einleuchtend
**occasion** Gelegenheit, Anlass
**occasional** gelegentlich
**occasionally** gelegentlich, zeitweise
**occupation** Beschäftigung, Tätigkeit
**occupy (to ~)** beschäftigen; besetzen
**occur (to ~)** auftreten, sich ereignen
**occurrence** Ereignis, Vorfall
**ocean** 39 Ozean, Meer
**October** 14 Oktober
**odd** ungerade; merkwürdig
**odds** (Gewinn)chancen; Ungleichheit
**of** aus, über, von
**of course** 54, 81, 90, 97 selbstverständlich, natürlich
**off** 55 weg, fort, ab
**offence** Angriff, Ärgernis; Straftat
**offender** Angreifer, Straftäter
**offer (to ~)** 67, 80, 82, 103 anbieten, schenken
**offer** 104 Angebot
**office** 36, 39, 53, 96, 103 Büro
**officer** 83, 85, 97 Polizeibeamter, Wachtmeister
**official (adj.)** amtlich, behördlich
**official** Amtsperson, Beamter
**officially** offiziell, von Amts wegen
**offline** nicht im Netz, offline
**often** 38, 80, 98 oft
**oh dear!** 18, 97 oh je
**oil** Öl
**OK, okay** 9 in Ordnung
**old** 9 alt
**old-age pension** 43 Rente
**old-fashioned** altmodisch
**on** 1, 10 auf, in
**on foot** 109 zu Fuß
**once** 50, 54, 102, 103 einmal; sobald
**one** 14 ein, eine
**one another** 90 einander
**onion** Zwiebel
**online** im Netz, online
**only** 38, 97, 104 nur, lediglich
**onto** auf, hinaus, nach
**onwards** nach vorn
**open (to ~)** 103 öffnen, aufmachen
**open** 96 offen

**opening** (Er)öffnung, Anfang
**openly** öffentlich, offen
**opera** Oper
**operate** (to ~) betreiben, agieren
**operation** Arbeitsablauf, Betrieb
**operational** in Betrieb, funktionsfähig
**operator** Bediener, Betreiber
**opinion** Meinung, Ansicht
**opponent** Gegenspieler, Kontrahent
**opportunity** 81, 110 Gelegenheit
**opposed** entgegengesetzt, gegensätzlich
**opposite** 11, 47 gegenüber/Gegenteil
**opposition** Gegensatz, Opposition
**opt** (to ~) sich entscheiden, wählen
**optimistic** optimistisch
**option** Wahlmöglichkeit, Alternative
**or** oder
**oral** oral, mündlich
**orange** (adj.) orange
**orange** Orange, Apfelsine
**orchestra** Orchester
**order** (to ~) 65, 102 bestellen
**order** Auftrag, Anweisung
**ordinary** gewöhnlich, üblich, alltäglich
**organ** Organ; Orgel; Zeitung
**organise** (to ~) organisieren, ausrichten, veranstalten
**organizer** Organisator, Veranstalter
**origin** Ursprung, Herkunft
**original** 89, 96 Original
**originally** originell, ursprünglich
**originate** (to ~) entspringen, entstehen
**other** 86 anderer/-e/-es
**otherwise** im anderen Fall, andernfalls
**ought** 99 sollen, müssen
**our** 14 unser, -e
**ours** unsere, unseres
**out of breath** 101 außer Atem
**out of date** 97 abgelaufen
**out of order** (**to be** ~) 97 nicht funktionieren, kaputt sein
**out of the question** 94 kommt nicht in Frage
**outcome** Ausgang, Ergebnis, Folge
**outer** äußerer/-e/-es, Außen-

**outlet** Verkaufsstelle, Fabrikladen
**outline** (to ~) skizzieren, umreißen
**outline** Skizze, Entwurf
**output** Ausgabe, Ausstoß
**outside** äußerster/-e/-es, vor
**outside** 106 draußen
**outsider** Außenseiter
**outskirts** 80 Stadtrand, Außenbezirk
**outstanding** außerordentlich
**oven** (Back)ofen
**over** 52, 78, 86 über, vorbei, zu Ende
**over there** 76 dort drüben
**overall** (adj.+adv.) Gesamt-
**overall** Arbeitskittel, Monteuranzug
**overcome** (to ~) überwinden
**overlook** Überblick
**overnight** (adj.+adv.) über Nacht
**overpriced** 86 überteuert
**overseas** überseeisch, Auslands-
**owe** (to ~) schulden, verdanken
**owl** Eule
**own** (to ~) besitzen, innehaben
**own** eigener/-e/-es
**owner** 96 Besitzer
**ownership** Eigentum(srecht), Besitz
**oxygen** Sauerstoff

## P

**pace** Gangart, Geschwindigkeit
**pack** (to ~) ein-/verpacken
**pack** Bündel, Packung, Stapel
**package** (to ~) zusammenpacken
**package** Paket; Verpackung
**packed** (**to be** ~) 86 überfüllt
**packet** kleines Paket, Päckchen
**pad** Polster, Kissen; Notizblock
**page** Seite
**paid** bezahlt, getilgt
**pain** Schmerzen
**painful** schmerzhaft, -lich, mühevoll
**paint** (to ~) 88 malen
**paint** Farbe
**painter** Kunstmaler, Anstreicher
**painting** 101 Gemälde
**pair** 54 Paar
**pair of jeans** 59 Jeans
**palace** Palast, Schloss
**pale** blass, farblos

**palm** Handfläche; Palme (bot.)
**panel** Tafel, Platte, Paneel; Gremium
**panic** Panik, Bestürzung
**pants** Unterhose
**paper** 40, 104, 110 Papier; Zeitung
**paragraph** 110 Absatz
**parallel** parallel
**parent** Elternteil
**parental** elterlich, Eltern-
**parish** Kirchengemeinde, Pfarrbezirk
**park** (to ~) 76, 95 parken
**park** Park(anlage), Parkplatz
**parking** Parken, Parkplätze
**parliament** Parlament
**parliamentary** parlamentarisch
**parrot** Papagei
**part** (Bestand)teil, Bauelement, Stück
**partial** einseitig, unvollständig, Teil-
**partially** teilweise
**participant** Teilnehmer, Beteiligter
**participate** (to ~) teilnehmen, mitwirken, beteiligt sein
**particle** Partikel, Stückchen, Teilchen
**particular** spezieller/-e/-es
**particularly** insbesondere, vor allem
**partly** teilweise, zum Teil
**partner** (Lebens)partner; Teilhaber
**part-time** 88, 110 Teilzeit-
**party** 8, 47, 94 Party, Fete; (pol.) Partei
**pass** (to ~) passieren, vorbeigehen; weiterreichen
**pass an exam** (to ~) 68 Prüfung bestehen
**passage** Durchgang, Übergang
**passenger** Passagier, Reisender
**passion** Leidenschaft
**passport** 55, 89 Pass
**past** Vergangenheit
**past** 45 nach; vergangen, früher, ehemalig
**pasta salad** 106 Nudelsalat
**pastry** Gebäck, Pastete; Teig
**path** Pfad, Weg
**patient** Patient
**patient** 62 geduldig
**pattern** Muster, Modell, Schablone
**pause** (to ~) pausieren, anhalten
**pause** Pause

**pavement** Gehweg
**pay** (to ~) 65, 109 (jdn.) bezahlen
**pay** 98 Lohn, Gehalt
**pay rise** 83 Lohn-/Gehaltserhöhung
**payment** 104 Zahlung
**PC (Personal Computer)** Rechner
**pea** 94 Erbse
**peace** Frieden, Ruhe
**peaceful** 87 friedlich
**peach** Pfirsich
**peak** Bergspitze; Höhepunkt, Scheitel
**peasant** Kleinbauer
**peckish** (to be ~) 89 Hunger haben
**peculiar** eigenartig, sonderbar
**pedestrian area** 76 Fußgängerzone
**peel** (to ~) 94 schälen
**peer** (to ~) forschend/prüfend blicken
**peer** Ebenbürtiger, Gleichgestellter
**pen** 46 Stift
**penalty** 109 Strafe
**pencil** 46 Bleistift
**penetrate** (to ~) ein-/durchdringen
**pension** 43 Pension
**pensioner** 43 Rentner
**people** 33, 34, 61 Leute; Volk
**pepper** Pfeffer
**per** pro
**per cent** 83 Prozent/-prozentig
**perceive** (to ~) wahrnehmen, bemerken, erkennen
**percentage** Prozentsatz
**perception** Wahrnehmung
**perfect** 38, 95, 110 perfekt
**perform** (to ~) aufführen, vortragen
**performance** Aufführung, Vorstellung
**perhaps** 44, 78, 102 vielleicht
**period** Periode, Zeitraum
**permanent** andauernd, dauerhaft
**permission** Erlaubnis
**permit** (to ~) erlauben, genehmigen
**persist** (to ~) fortbestehen, bleiben
**persistent** anhaltend, beständig
**person** 23 Person
**personal** 9 persönlich, individuell
**personality** Persönlichkeit
**personnel director** 58 Personalchef
**personnel** Personal, Mitarbeiter
**perspective** Ausblick, Aussicht
**persuade** (to ~) überzeugen/-reden

**pet** Haustier
**petrol** 27 Benzin
**pharmacy** 72 Apotheke
**phase** Stadium, Zeitabschnitt
**philosophical** philosophisch
**philosophy** Philosophie
**phone** 10, 96 Telefon
**phone** (to ~) 90 telefonieren
**phone book** 71 Telefonbuch
**phone call** 93 Anruf
**photographer** Fotograf
**phrase** Satz, Redewendung
**physical** physisch, körperlich
**physically** physisch, körperlich
**physics** Physik
**piano** 23 Klavier
**pick** (to ~) aufsammeln, auflesen
**pick up** (to ~) 89 mitnehmen
**picture** (to ~) (sich) ausmalen
**picture** 101 Bild
**pie** 108 Pastete
**piece** 43 Stück
**pig** Schwein
**pigeon** Taube
**pile** Stapel, Stoß, Menge, Haufen
**pilot** Pilot
**pin** (to ~) anheften, befestigen
**pin** Bolzen, Nagel, Dorn, Heftzwecke
**pint** 17 Pint (0,568 Liter)
**pipe** Pfeile, Rohr, Röhre
**pit** Bergwerk, Grube, Vertiefung
**pitch** Neigung(swinkel); Tonhöhe
**pity** Erbarmen, Mitleid
**place** (to ~) legen, stellen, setzen
**place** 27, 86, 90, 96 Ort, Platz, Stelle
**plague** (**the ~**) 100 Pest
**plain** (adj.) 110 einfach, schlicht
**plain** Ebene, Fläche, Flachland
**plan** (to ~) 62, 73 planen, vorhaben
**plan** 83, 93 Plan
**plane** 109 Flugzeug
**plant** (to ~) an-/einpflanzen
**plant** Pflanze, Gewächs; Fabrikanlage
**plastic** (adj.) formbar, plastisch
**plastic** Kunststoff, Plastik
**plate** 106 Teller
**platform** Podest, Podium; Bahnsteig
**play** (to ~) 23, 105, 108 spielen
**play** Schauspiel, Theaterstück

**player** Spieler, Darsteller
**plead** (to ~) bitten, ersuchen, flehen
**pleasant** 82 angenehm
**please** (to ~) erfreuen, gefallen
**please** 17 bitte
**pleased** erfreut, zufrieden
**pleasure** Vergnügen, Genuss, Freude
**plenty** Fülle, Menge, Reichtum
**plenty of** 72 viel, reichlich
**plot** Handlung(schema)
**plunge** (to ~) abtauchen, versenken
**plural** Plural, Mehrzahl
**plus** Plus(zeichen)/plus, zuzüglich
**pocket** 24 Tasche (bei Kleidung)
**poem** Gedicht
**poet** Dichter, Poet
**poetry** Dichtung, Poesie
**point** (to ~) zeigen, deuten
**point** Punkt, Spitze, Zipfel
**point of view** Meinung, Standpunkt
**poison** Gift
**pole** Pol; Mast, Pfahl, Stange
**police** 99 Polizei
**police station** 109 Polizeistation
**policeman** Polizist
**policy** 47 Politik (pol. Konzept)
**polite** höflich
**political** politisch, Staats-
**politician** 47 Politiker
**politics** 45 Politik (Staatskunst)
**pollution** 33 Verschmutzung
**pool** Becken, Reservoir; Vorrat
**poor** 2, 88 arm
**pop** (to ~) 106 knallen, platzen
**pop music** 106, 109 Popmusik
**pop out** (to ~) 106 schnell irgendwohin gehen
**popular** 34 beliebt, populär
**population** Bevölkerung
**pork** 94 Schweinefleisch
**port** 100, 109 Hafen, Anschlussbuchse (Comp.)
**portrait** Porträt, Bildnis
**pose** (to ~) darstellen, Modell stehen
**position** (to ~) positionieren, in Stellung bringen, aufstellen
**possess** (to ~) besitzen, haben
**possession** Besitz, Eigentum, Habe
**possibility** Möglichkeit
**possible** 50 möglich

**possibly** 102 möglicherweise
**post** (to ~) ver-/absenden
**post** Arbeitsplatz, -stelle; Pfosten
**post office** 36, 89 Postamt
**postcard** 38 Postkarte
**poster** Poster, Plakat
**postgraduate** 80 Student im Aufbaustudium; Doktorand
**pot** Topf, Gefäß, Kanne, Tiegel
**potato** 94 Kartoffel
**potential** potentiell, möglich
**potentially** eventuell, möglicherweise
**pottery** Töpferei, Keramik, Steinzeug
**pound** 35 Pfund (Währung, Gewicht)
**pour** (to ~) (ein)gießen, (ein)schütten
**powder** Puder, Pulver, Staub
**power** Kraft, Macht, Leistung
**powerful** kraftvoll, leistungsstark
**practical** praktisch, brauchbar
**practically** praktisch
**practice** 110 Praxis
**practise** (to ~) ausüben, betreiben
**praise** (to ~) (an)preisen, loben
**praise** Lob, Lobpreis
**pray** (to ~) beten, bitten, flehen
**prayer** Gebet
**precede** (to ~) voraus-/vorangehen
**precious** wertvoll, kostbar, teuer
**precise** präzise, genau, konkret
**precisely** genau, gerade
**predecessor** Vorgänger
**predict** (to ~) voraussagen
**prediction** Voraussage
**prefer** (to ~) 61, 104 vorziehen, lieber haben
**preference** Vorliebe, Priorität
**pregnancy** Schwangerschaft
**pregnant** schwanger
**prejudice** Vorurteil
**preliminary** vorläufig, einleitend
**premium** erstklassig, hochwertig
**preparation** Vorbereitung
**prepare** (to ~) 98 vorbereiten
**preposition** Verhältniswort
**prescribe** (to ~) verschreiben
**prescription** 72 (Arzt)rezept
**presence** Präsenz, Anwesenheit
**present** (adj.) präsent, anwesend

**present** (to ~) präsentieren, vorstellen
**present** Gegenwart (gram.)
**present** 52, 97, 105 Geschenk
**presentation** Vorführung, Darbietung
**preserve** (to ~) erhalten, schützen
**president** Präsident; Firmenchef
**presidential** vorsitzend, Präsidenten-
**press** (to ~) 62 drücken
**press** Presse, Zeitungswesen
**pressure** Druck, Drängen, Belastung
**presumably** vermutlich
**pretend** (to ~) heucheln, vorgeben
**pretty** 60 ziemlich
**pretty** 8, 19, 106 hübsch
**prevent** (to ~) verhindern, vermeiden
**prevention** Verhinderung/-meidung
**previous** vorheriger/-e/-es
**previously** vorher
**price** (to ~) Preis festsetzen
**price** 33 (Kauf)preis
**pride** Stolz
**priest** Priester, Geistlicher
**primarily** in erster Linie
**primary school** 22 Grundschule
**prime** erstklassig, vorzüglich
**primitive** primitiv
**prince/princess** Prinz/Prinzessin
**principal** hauptsächlich, Haupt-
**principle** 82 Prinzip
**print** (to ~) ab-/aus-/bedrucken
**print** Druck, Kopie, Abdruck
**printer** Drucker
**prior** älterer/-e/-es
**prison** 51 Gefängnis
**prisoner** Gefangener, Häftling
**privately** unter vier Augen
**prize** 33 Preis (Gewinn)
**probability** Wahrscheinlichkeit
**probable** wahrscheinlich
**probably** 66, 94 wahrscheinlich
**problem** 16, 81, 88 Problem
**procedure** Verfahren, Ablauf
**proceed** (to ~) fortfahren, verfahren
**proceeding** Vorgehensweise; Rechtssache
**process** (to ~) be-/verarbeiten
**process** Vorgang, Arbeitsablauf
**processor** Rechner; Prozessor

**produce** landwirtsch. Erzeugnis
**producer** Erzeuger, Hersteller
**product** Erzeugnis, Produkt
**productive** ertragreich, ergiebig
**productivity** Leistungsfähigkeit
**profession** Beruf, Fach, Metier
**professional** professionell/Professioneller
**profile** Profil, Selbstdarstellung
**profit** Gewinn, Nutzen, Ertrag
**profitable** einträglich, lukrativ
**profound** tiefgründig, tiefschürfend
**program** (**PC**) Computerprogramm
**program** (to ~) (**PC**) programmieren
**programme** Programm(heft); Sendung
**progress** (to ~) vorankommen
**progress** 43, 103, 105 Fortschritt(e)
**progressive** fortschreitend
**project** (to ~) entwerfen, planen
**project** Projekt, Plan
**prominent** herausragend, markant
**promise** (to ~) versprechen
**promise** 47 Versprechen
**promote** (to ~) fördern, unterstützen
**promotion** 103 Beförderung; Werbung
**promotional** 104 Werbe-
**prompt** (adj.) unverzüglich, sofortig
**prompt** Aufforderung
**pronoun** Fürwort
**pronounce** (to ~) aussprechen
**pronounciation** Aussprache
**proof** Beweis; Korrekturfahne
**proper** 107 echt, richtig, zutreffend
**properly** 73 richtig
**property** Eigentum, Besitz, Anwesen
**proportion** Verhältnis, Anteil
**proposal** Vorschlag, Antrag, Angebot
**propose** (to ~) vorschlagen
**proposition** Behauptung, Aussage
**prospect** Aussicht, Perspektive
**protect** (to ~) (be)schützen, bewahren, behüten
**protection** Schutz, Sicherung
**protective** (be)schützend, Schutz-
**protein** Protein, Eiweiß
**protest** (to ~) protestieren, reklamieren, Einspruch einlegen
**proud** stolz, hochmütig

**prove** (to ~) erproben, unter Beweis stellen
**provide** (to ~) anbieten, ausliefern, beschaffen, besorgen
**provided that** 88 vorausgesetzt, dass
**province** Provinz; Gebiet, Fach
**provincial** provinziell, kleinstädtisch
**provision** Bereitstellung, Beschaffung
**provoke** (to ~) auslösen, bewirken
**psychological** psychologisch
**psychologist** Psychologe
**pub** 17 Kneipe, Pub
**public** Öffentlichkeit, Volk
**public holiday** 104 gesetzlicher Feiertag
**public school** Privatschule
**public toilet** öffentliche Toiletten
**publication** Veröffentlichung
**publicity** Werbung, Reklame; Öffentlichkeit
**publish** (to ~) 51 veröffentlichen
**publisher** Verlag, Verleger
**publishing** 79 Verlagswesen
**pull** (to ~) ziehen, schleppen, reißen
**pullover** 76 Pullover
**pump** Pumpe
**punish** (to ~) (be)strafen
**punishment** Bestrafung, Strafe
**pupil** 80 Schüler, Student-in
**puppy** Welpe
**purchase** (to ~) kaufen, erwerben
**purchase** Kauf, Erwerb
**pure** rein, pur, klar
**purely** bloß, rein, völlig
**purpose** Zweck, Zielsetzung
**pursue** (to ~) betreiben, fortsetzen
**pursuit** Jagd, Streben, Verfolgung
**push** (to ~) drücken, stoßen, treiben
**push** Anstoß, Antrieb, Druck, Schub
**put** (to ~) 24 legen, stellen, setzen
**put on** (to ~) 97 anziehen
**put up** (to ~) 87, 100 unterbringen, beherbergen
**pyjamas** 54 Schlafanzug

## Q

**qualification** 80 Qualifikation
**qualified** qualifiziert, kompetent

**qualify** (to ~) befähigt sein
**quality** Qualität, Güte
**quantity** Quantität, Menge, Anzahl
**quarter** 45 Viertel
**quay** 108 Kai (am Hafen)
**queen** Königin
**question** (to ~) befragen
**question** 9, 81 Frage
**questionnaire** Fragebogen
**queue** (to ~) 62 Schlange stehen
**queue** 62 Warteschlange, -schleife
**queue jumper** 62 Drängler
**quick** 103 schnell
**quickly** 98, 102, 110 schnell
**quiet** leise, ruhig, still
**quit** (to ~) verlassen, aufgeben
**quite** 60 ziemlich
**quota** Quote, Anteil, Kontingent
**quote** (to ~) zitieren, angeben
**quote** Preisangebot, Offerte; Zitat

# R

**rabbit** Kaninchen
**race** (to ~) rennen, hetzen
**race** 69 Wettrennen; Rasse
**racial** rassisch, Rassen-
**rack** Ablage, Gerüst, Ständer
**radiation** Strahlung
**radical** drastisch, radikal
**radio** (to ~) funken
**radio** 83 Radio
**raid** Überfall, Raubzug, Einbruch
**rail** (Eisenbahn)schiene, Geländer
**railway** 13 Eisenbahn
**railway station** 13 Bahnhof
**rain** (to ~) 50 regnen
**rain** 10 Regen
**raise** (to ~) anheben, erhöhen
**rally** Zusammenkunft, Kundgebung
**random** willkürlich
**range** (to ~) 101 sich erstrecken
**range** Bereich, Reichweite, Auswahl
**rank** Rang, Klasse, Grad
**rap** (to ~) klopfen, pochen, schlagen
**rap** 109 Rap-Musik
**rape** Vergewaltigung
**rapid** rasant, schnell, rapide
**rare** selten, rar
**rarely** selten
**rat** Ratte

**rate** (to ~) beurteilen, einschätzen
**rate** Rate
**rather** ziemlich
**ratio** Verhältnis, Anteil
**rational** rational, vernünftig
**raven** 108 Rabe
**raw** roh, unverarbeitet, grob
**reach** (to ~) 74, 85, 110 erreichen
**reach** Reichweite
**react** (to ~) reagieren
**read** (to ~) 40, 80 lesen, studieren
**read out loud** (to ~) 110 laut lesen
**reader** Leser
**readily** bereitwillig, leicht
**reading** Lektüre, Lesung
**ready** 65 fertig, bereit
**real** wirklich, echt
**realistic** sachlich, realitätsnah
**realise** (to ~) 67, 86, 89, 97 erkennen, sich bewusst werden
**really** 4, 10, 15, 27 tatsächlich
**rear** (adj.) hinterer/-e/-es, Hinter-
**rear** hinterer Teil, Heck
**reason** Grund, Motiv, Ursache
**reasonable** 33 angemessen
**reasonably** vernünftigerweise
**rebuild** (to ~) wiederaufbauen
**recall** (to ~) (sich) erinnern, zurückrufen, abrufen
**receipt** Annahme; Quittung
**receive** (to ~) erhalten, annehmen
**receiver** Empfangsgerät
**recent** neuester/-e/-es; letzter/-e/-es
**recently** kürzlich, vor kurzem
**reception** Empfang, Aufnahme
**recession** Rückgang, Flaute
**recipe** (Koch)rezept
**reckon** (to ~) vermuten, glauben
**recognise** (to ~) 41 wieder erkennen
**recognition** Anerkennung, Erkennen
**recommend** (to ~) befürworten
**recommendation** Empfehlung
**record** (to ~) aufzeichnen, erfassen
**record** Aufzeichnung, Protokoll
**recording** Aufzeichnung, Aufnahme
**recover** (to ~) 103 sich erholen
**recovery** Erholung, Aufschwung
**recruit** (to ~) anwerben, einstellen
**red** 41 rot
**reduce** (to ~) herabsetzen, senken

**reduction** Herabsetzung, Senkung
**redundant** redundant, überflüssig
**refer** (to ~) sich beziehen auf
**referee** Gutachter, Schiedrichter
**reference** Empfehlung, Verweis
**referendum** Volksentscheid
**reflect** (to ~) 100 widerspiegeln
**reflection** Spiegelung, Spiegelbild
**reform** (to ~) umgestalten
**reform** Reform, Neuordnung
**refrigerator** 53 Kühlschrank
**refugee** Flüchtling
**refusal** Weigerung, Ablehnung
**refuse** (to ~) sich weigern, ablehnen
**regain** (to ~) wiedererlangen
**regard** (to ~) ansehen, betrachten
**regard** Beachtung, Betrachtung
**regarding** bezüglich, hinsichtlich
**regime** Regime, Herrschaft
**region** Region, Gegend
**regional** regional, örtlich begrenzt
**register** (to ~) registrieren, eintragen
**register** Register, Verzeichnis
**registration** Eintragung
**regret** (to ~) bedauern, bereuen
**regular** planmäßig, ordentlich
**regularly** regelmäßig
**regulate** (to ~) regulieren, anordnen
**regulation** Anordnung, Regelwerk
**reign** (to ~) herrschen
**reign** Herrschaft, Regierungszeit
**reinforce** (to ~) bekräftigen
**reject** (to ~) zurückweisen, ablehnen
**relation** Beziehung, Verbindung
**relationship** Beziehung, Verhältnis
**relative** relativ, jeweilig
**relative** Verwandter, Anghöriger
**relatively** relativ
**relax** (to ~) (sich) entspannen
**relaxation** Entspannung, Lockerung
**relaxed** 59 locker, ungezwungen
**release** (to ~) befreien, entlassen
**release** Freigabe; Veröffentlichung
**relevance/relevancy** Relevanz, Belang, Bedeutung
**relevant** relevant, von Belang
**reliable** 60 zuverlässig
**relief** Abhilfe, Linderung
**relieve** (to ~) erleichtern, lindern
**religion** Religion
**religious** religiös, fromm, gläubig

**reluctant** abgeneigt, widerstrebend
**rely** (to ~) vertrauen, sich verlassen
**remain** (to ~) bleiben
**remainder** Rest(bestand)
**remaining** restlich, übrig
**remains** Rest, (sterbliche); Ruine
**remark** (to ~) anmerken, hinweisen
**remark** Bemerkung, Hinweis
**remarkable** bemerkenswert
**remedy** Heilmittel, Abhilfe
**remember** (to ~) 38, 47, 82, 87 sich erinnern, denken an
**remind** (to ~) 82 erinnern
**reminder** Erinnerung, Mahnung
**remote** abgelegen, entlegen, Fern-
**removal** Beseitigung, Entfernung
**remove** (to ~) beseitigen, entfernen
**renew** (to ~) 89 erneuern
**rent** (to ~) 87, 104 mieten
**rent** Miete, Pacht
**rental** 86, 104 Miete
**repair** (to ~) 61 reparieren
**repair** Ausbesserung, Reparatur
**repeat** (to ~) wiederholen, aufsagen
**repeatedly** wiederholt, mehrmals
**replace** (to ~) ersetzen, erneuern
**replacement** Ersatz, Austausch
**reply** (to ~) antworten, entgegnen
**reply** Antwort, Entgegnung
**report to** (to ~) 109 etw. melden
**report** Bericht, Beschreibung
**reportedly** angeblich, wie gemeldet
**reporter** 51 Reporter
**represent** (to ~) vertreten
**representation** Vertretung
**representative** charakteristisch
**representative** (Stell)vertreter, Bevollmächtigter
**reproduction** Nach-/Abbildung
**republic** Republik
**reputation** Ruf, Leumund
**request** (to ~) beantragen
**request** An-/Abfrage, Antrag
**require** (to ~) benötigen, brauchen
**requirement** Erfordernis, Bedarf
**rescue** (to ~) (er)retten, bergen
**rescue** Rettung, Bergung, Befreiung
**research** (to ~) erforschen
**resemble** (to ~) ähneln, gleichen
**reservation** Reservierung, Buchung
**reserve** (to ~) reservieren, buchen

**residence** Wohnsitz, Aufenthaltsort
**resident** (adj.) ansässig, angesiedelt
**resident** An-/Ein-/Bewohner
**residential** Wohn-
**resign** (to ~) Amt niederlegen
**resignation** Abdankung, Rücktritt
**resist** (to ~) Widerstand leisten
**resistance** Widerstand, Gegenwehr
**resource** Ressource, Quelle
**respect** (to ~) (be)achten
**respond** (to ~) beantworten
**response** Beantwortung, Reaktion
**responsibility** Zuständigkeit
**responsible** 104 verantwortlich
**rest** (to ~) sich ausruhen/erholen
**rest** Ruhe(pause)
**restaurant** 25, 96 Restaurant
**restore** (to ~) instand setzen
**restrict** (to ~) be-/einschränken
**result** (to ~) herauskommen
**result** 69 Ergebnis
**resume** (to ~) wiederaufnehmen
**retailer** Wiederverkäufer
**retain** (to ~) behalten, zurückhalten
**retire** (to ~) s. zurückziehen (Rente)
**return** (to ~) zurückkehren
**return** 62 zurück
**return** 62 Hin- und Rückfahrkarte
**reveal** (to ~) enthüllen, offenlegen
**revenue** Einkommen, Einnahmen
**reverse** (to ~) herumdrehen
**review** (to ~) nach-/überprüfen
**review** Überprüfung, Durchsicht
**revise** (to ~) 110 wiederholen
**revision** Überarbeitung, Korrektur
**revolution** Umsturz; (Um)drehung
**revolutionary** revolutionär
**reward** (to ~) auszeichnen
**reward** Belohnung, Preis
**rhythm** Rhythmus
**rib** Rippe
**rice** Reis
**rich** 52, 66, 105, 110 reich
**ride** (to ~) reiten, fahren, laufen
**ride** (Aus)ritt, Fahrt
**rider** Reiter, Fahrer
**ridiculous** lächerlich
**right** 11, 76 Recht
**right** 11, 33, 72 richtig, recht(s)
**right now** 59, 60 gerade jetzt
**rightly** mit Recht, zu Recht

**rigid** rigide, starr, steif, unnachgiebig
**ring** (to ~) 58, 94 klingeln, läuten
**ring** 94 Ring, Kreis; Klingelzeichen
**riot** Aufruhr, Krawall, Tumult
**rip** (to ~) aufreißen, auftrennen
**rise** (to ~) aufstehen, wachsen
**rise** 83 Erhöhung, Anstieg
**risk** (to ~) Risiko eingehen
**risk** Risiko, Gefahr
**ritual** Ritus, Zeremoniell
**rival** 52 Rivale
**river** 12 Fluss
**River Thames** 100 Themse (Fluss)
**road** 61, 83 Straße
**roast** 94 Braten
**rob** (to ~) 38, 79 (aus)rauben
**robber** 40 Räuber
**rock** Felsen, Gestein
**rock band** 66 Rockband
**roll** (to ~) rollen, drehen, wälzen
**roll** Brötchen, Semmel
**Roman** 100 römisch, Römer
**romantic** romantisch
**roof** 104 Dach
**room** 11, 86, 106 Raum, Zimmer
**root** Wurzel, Ursprung, Stamm
**rope** Leine, Seil, Strick
**rose** Rose
**rough** derb, roh, spröde
**roughly** grob geschätzt
**round** (adj.) rund, ringsherum
**round** (to ~) beidrehen; runden
**round** Runde
**roundabout** 99, 105 Karussel, Kreisverkehr, Kreisel
**route** Strecke, Kurs, Richtung
**routine** Routine, alltägliche Arbeit
**row** Reihe, Zeile; Krach, Radau
**royal** königlich
**rub** (to ~) (ein)reiben, scheuern
**rubber** Radiergummi
**rubbish** (fam.) 97 Unsinn
**rude** 62 unhöflich
**rug** Teppich, Vorleger
**ruin** (to ~) zerstören, vernichten
**ruined** 100 zerstört
**rule** (to ~) regieren, entscheiden
**rule** Regel, Vorschrift
**ruler** Lineal
**rumour** Gerücht
**run** (to ~) 71 laufen (Nase)

**run** Andrang, Ansturm
**run into** (to ~) 99, 107 hineinlaufen
**run out of** (to ~) 73 zu Ende gehen
**runner** Läufer, Laufbursche
**running** fortlaufend, fließend
**rural** ländlich, bäuerlich
**rush** (to ~) 34 sich beeilen
**rush** Andrang, Ansturm; Eiltempo

## S

**sabbatical** 67 Sabbat-
**sack** (to ~) feuern, kündigen
**sacred** geistlich, heilig
**sad** traurig, betrübt, kummervoll
**sadly** leider, in trauriger Stimmung
**safe** sicher, gefahrlos
**safely** wohlbehalten
**safety** Sicherheit
**sail** (to ~) segeln
**sailing** 110 Segeln
**salad** 93 Salat
**salary** 33, 82 Gehalt
**sale** (Schluss)verkauf, Vertrieb
**salt** 17 Salz
**same** 86, 92 gleich
**sample** Muster, Probe, Beispiel
**sanction** Sanktion, Auflage
**sand** Sand
**sandwich** Sandwich, belegtes Brot
**sandy** 86 sandig, Sand-
**satellite** Satellit
**satisfaction** Zufriedenheit
**satisfy** (to ~) befriedigen
**Saturday** 28 Samstag
**sauce** 32 Sauce
**saucer, flying** ~ 18 Untertasse, UFO
**sausage** Würstchen, (Brat-)Wurst
**save** (to ~) retten; sparen; speichern
**saving** Rettung; Einsparung
**savings** Ersparnisse, Rücklagen
**say** (to ~) 43, 101 sagen
**saying** Sprichwort, Spruch
**scale** Größenordnung, Maßstab
**scan** (to ~) abtasten, abfragen
**scarcely** kaum, knapp, schwerlich
**scared** verängstigt
**scene** Szene
**schedule** Zeit-/Fahr-/Terminplan
**scholar** Gelehrter, Lerner

**school** 2, 94, 103 Schule
**science** Wissenschaft
**scientific** wissenschaftlich
**scientist** Wissenschaftler
**scissors** Schere
**scone** 65 Teegebäck
**scope** Umfang, Reichweite
**score** (to ~) erzielen, punkten
**score** Punktzahl, Spielstand
**scratch** (to ~) kratzen
**scream** (to ~) schreien, kreischen
**scream** (Auf)schrei
**screen** 8 Bildschirm
**script** Manuskript, Drehbuch
**sculpture** Skulptur, Plastik
**sea** 86 Meer
**seafood** 86 Meeresfrüchte
**seal/seal up** (to ~) (ab)dichten
**seal** Seehund; Siegel, Verschluss
**search** (to ~) (durch)suchen
**search engine** Suchmaschine
**season** 96 Saison
**seat belt** 97 Sicherheitsgurt
**seat** 78, 97 Platz, Sitz
**second** (adj.) 2 zweiter/-e/-es
**second** Sekunde
**secondary school** 80 weiterführende/höhere Schule
**secondly** zweitens
**secret** (adj.) geheim
**secret** Geheimnis
**secretary** Sekretär
**section** 65 Bereich
**sector** Sektor, Bereich, Abschnitt
**secure** (to ~) sichern, befestigen
**secure** sicher, geschützt, geborgen
**security** Sicherheit, Geborgenheit
**see** (to ~) sehen, blicken, schauen
**seed** Samen
**seek** (to ~) suchen, streben nach
**seem** (to ~) (er)scheinen, wirken
**seemingly** anscheinend, scheinbar
**segment** Segment, (Teil)abschnitt
**seize** (to ~) ergreifen, erfassen
**seldom** selten, rar
**select** (adj.) auserlesen, ausgewählt
**select** (to ~) auswählen, aussuchen
**selection** Auswahl
**selective** ausgewählt, gezielt
**self** 58 selbst
**self-centred** 107 egozentrisch

**selfish** 92 egoistisch
**sell** (to ~) verkaufen, vertreiben
**seller** Verkäufer
**seminar** Seminar, Lehrgang
**senate** Senat
**send** (to ~) 38, 80 senden, schicken
**senior** 103 (Dienst)älterer, Vorgesetzer
**sensation** Sensation; Empfindung
**sense** (to ~) spüren, empfinden
**sense** 46 Verstand, Geist, Intellekt
**sensible** bewusst, spürbar, sinnvoll
**sensitive** empfindsam, feinfühlig
**sentence** (to ~) verurteilen
**sentence** 110 Satz; Gerichtsurteil
**separate** (to ~) trennen, aufteilen
**separation** (Ab)trennung/spaltung
**September** 14 September
**sequence** Abfolge, Sequenz
**sergeant** 40 Polizeimeister
**series** Folge, Reihe, Serie
**serious** 85, 99 ernst, ernsthaft
**servant** Diener
**serve** (to ~) 74 servieren
**server** Server (EDV); Diener
**service** (to ~) betreuen, pflegen
**service** Service, Dienstleistung
**session** (Arbeits)sitzung, Tagung
**set** (to ~) einsetzen, bestimmen
**set** Anlage, Garnitur
**setting** Situation, Szenerie
**settle** (to ~) siedeln
**settle in** (to ~) 87 sich einleben
**settlement** Siedlung; Begleichung
**settler** Siedler
**seven** 14 sieben
**seventh** 7 siebter/-e/-es
**several** 86 mehrere, einige
**severe** streng, hart, schwerwiegend
**sewing** 92 Nähen
**sex** Geschlecht; Sex
**sexual** sexuell, geschlechtlich
**sexuality** Sexualität
**shade** Schatten, Farbton, Abstufung
**shadow** 108 Schatten
**shaft** Schaft, Stiel
**shake** (to ~) schütteln, erschüttern
**shall** (modal verb) sollen, werden
**shallow** seicht, oberflächlich
**shame** Scham(gefühl), Schande
**shape** Form, Gestalt, Umriss

**share** (to ~) 80, 92 teilen
**share** Anteil, Beteiligung
**sharp** scharf, spitz, schneidend
**sharply** scharf
**shave** (to ~) 92 sich rasieren
**she** 4 sie
**shed** (to ~) abwerfen, haaren
**shed** Schuppen, Verschlag
**sheep** Schaf
**sheet** 106 Betttuch; Blatt Papier
**shelf** 106, 110 Regalbrett
**shell** Muschel, Schale; Hülle
**shelter** Schutz(dach), Obdach
**sherry** 95 Sherry
**shield** (der) (Schutz)schild
**shift** (to ~) verschieben, verlagern
**shift** Verlagerung; Arbeitsschicht
**shine** (to ~) 39 scheinen, glänzen
**ship** (to ~) verfrachten
**ship** Schiff, Frachter
**shirt** 41, 93 Hemd
**shock** (to ~) erschrecken
**shock** 103 Schock
**shoe** 97 Schuh
**shoot** (to ~) (ab)schießen, abfeuern
**shop** (to ~) einkaufen
**shop** 64, 80, 105 Geschäft, Laden
**shopping** 25 Einkäufe
**shore** Küste
**short** 96 kurz, knapp
**shortage** Knappheit, Mangel
**shortly** 96 in Kürze, gleich
**shorts** (a pair of ~) 54 Shorts
**short-term** kurzfristig
**shot** Schuss
**should** (modal verb) 99 sollten
**shoulder** Schulter
**shout** (to ~) schreien, rufen
**show** (to ~) 104 zeigen
**show** 33 Show
**shower** 31, 92 Dusche, Regenschauer
**shrug** (to ~) mit den Achseln zucken
**shut** (to ~) ver-/einschließen
**shy** schüchtern, scheu
**sick** 5 krank
**sickness** Krankheit, Übelkeit
**side** Seite, Seitenteil
**sieve** 90 Sieb
**sigh** (to ~) seufzen
**sight** Sicht

**sign** (to ~) unterzeichnen
**sign** Zeichen, Hinweis
**signal** (to ~) signalisieren, melden
**signature** Unterschrift
**significance** Bedeutung, Stellenwert
**significantly** 80 erheblich
**silence** Stille, Ruhe, Schweigen
**silent** still, ruhig, schweigsam
**silk** 64 Seite
**silly** 59 dumm
**silver** 66 (aus) Silber
**similar** ähnlich, gleichartig
**simple** einfach, schlicht; ehrlich
**simply** nur, lediglich, einfach
**sin** Sünde
**since** 85 seit
**sing** (to ~) 23 singen
**singer** 94, 101 Sänger
**single** Alleinstehender; Einzelfahrschein; Einzelzimmer
**single** 52, 80, 92 einfach, einzig; alleinlebend
**singular** Einzahl
**sink** (to ~) sinken, untergehen
**sink** Spüle, (Wasch)becken
**sip** 99 Schlückchen
**sir** 20, 85, 97 Herr
**sister** 3, 94 Schwester
**sit** (to ~) 40, 79, 107 sitzen
**site** 80 Ort, Platz
**sitting room** 76 Wohnzimmer
**situated** gelegen, befindlich
**situation** 110 Situation
**six** 14 sechs
**sixth** 6 sechster/-e/-es
**size** 64 Größe
**skeleton** Skelett
**ski** (to ~) Ski fahren
**skiing** 29 Skifahren
**skill** 81 Fähigkeit, Fertigkeit
**skin** Haut
**skirt** 80 Rock
**skull** Schädel, Totenkopf
**sky** Himmel; Luftraum
**slam** (to ~) zuschlagen, zuknallen
**slave** Sklave
**sleep** (to ~) 71, 106, 108 schlafen
**sleep** Schlaf
**sleeve** Ärmel; Manschette
**slice** (Brot)scheibe, Schnitte
**slide** (to ~) (ein)schieben, gleiten

**slide** Dia; Schlitten
**slight** geringfügig, schwach, leicht
**slightly** ein bisschen, etwas, leicht
**slim** (to ~) 44 abnehmen
**slim** 44 schlank, dünn
**slip** (to ~) 82 (aus)rutschen
**slip** Ausrutscher; Beleg, Schein
**slope** (Ab)hang, Gefälle, Neigung
**slow** 83, 87 langsam
**slowly** 14 langsam
**small** 4 klein
**smart** 64, 101 clever, intelligent; schick
**smash** (to ~) zertrümmern
**smell** (to ~) duften, riechen nach
**smell** Duft, Geruch
**smile** Lächeln
**smoke** (to ~) rauchen
**smoke** Rauch, Dampf, Qualm
**snake** Schlange (Tier)
**snap** (to ~) einrasten, zuschnappen
**snooker** 69 Snooker (Billard)
**snow** 83 Schnee
**so** 6, 27, 34, 96 so, also, daher
**so much** 95 so (sehr)
**so what?** 44 na und?
**soap** Seife
**so-called** sogenannter/-e/-es
**social** 80 sozial
**socialism** 47 Sozialismus
**society** Gesellschaft, die ~ (Leute); Verein
**sociology** Soziologie
**sock** Socke
**soft** 95 weich, angenehm
**soft drink** 95 alkoholfreies Getränk
**software** 59, 79 PC-Programm
**soil** Boden, Erdreich
**solar** solar, Sonnen-
**soldier** Soldat
**sole** einzig
**solely** ganz allein, einzig und allein
**solicitor** Rechtsanwalt, Jurist
**solid** fest, stark, stabil
**solution** Lösung (Problem/Chem.)
**solve** (to ~) (auf)lösen
**some** 15, 74, 80 einige, manche
**somebody** irgendjemand
**somehow** irgendwie
**someone** 40, 108 jemand
**something** 19, 78 etwas

**sometime** irgendwann
**sometimes** 24, 38, 98 manchmal
**somewhat** einigermaßen, etwas
**somewhere** 27 irgendwo
**son** 9, 90 Sohn
**song** 66 Lied
**soon** 62, 78, 87 bald, früh
**sophisticated** kompliziert, raffiniert
**sore** 71 schmerzhaft
**sorry** 26, 79, 87, 95 tut mir leid, Entschuldigung
**sort** (to ~) sortieren
**sort** 61, 81 Sorte, Art
**soul** Seele
**sound** (adj.) fundiert, gesund
**sound** (to ~) 38, 85 klingen
**sound** 38 Klang
**soup** 72 Suppe
**sour** sauer, bitter
**source** (Daten)quelle, Ursprung
**south** 12 Süden
**southern** südlich, Süd-
**space** 101, 108 Raum, Platz
**Spanish** 22 spanisch, aus Spanien
**Spanish** (the ~) der/die Spanier
**spare** 87 Ersatz-
**spare time** 88 Freizeit
**spare room** 87, 106 Gästezimmer
**speak** (to ~) 23 sprechen
**speaker** Sprecher; Lautsprecher
**special** 104 speziell
**specialist** Experte, Fachmann/-frau
**specially** speziell, besonders
**species** Art, Sorte
**specific** speziell, typisch, gezielt
**specifically** besonders, speziell
**specification** Anforderung, Vorgabe
**specify** (to ~) angeben, festlegen
**specimen** Muster, Probe
**spectacle** Schauspiel, Spektakel
**spectacular** eindrucksvoll
**spectator** Zuschauer
**spectrum** Spektrum, Bandbreite
**speech** Rede
**speed** (to ~) 97 (zu) schnell fahren
**speed** 97 Geschwindigkeit, Tempo
**spell** (to ~) buchstabieren
**spell** Zauberspruch, Bann
**spelling** Schreibweise
**spend** (to ~) 43, 80, 88 ausgeben (Geld), verbringen (Zeit)

**spending** Ausgaben
**sphere** Kugel, Wirkungskreis
**spice** Gewürz
**spider** Spinne
**spill** (to ~) aus-/verschütten
**spin** (to ~) drehen, trudeln, kreisen
**spinach** 108 Spinat
**spine** Wirbelsäule
**spirit** Geist, Seele, Stimmung
**spiritual** geistig
**spite** Boshaftigkeit, Verachtung
**splendid** glänzend, prächtig
**split** (to ~) (auf)teilen, (auf)spalten
**spoil** (to ~) 96 verderben
**spoilt** 96 verdorben, verwöhnt
**spokesman/-woman** (Presse)sprecher; Wortführer
**sponsor** (to ~) fördern, stiften
**spoon** 18 Löffel
**sport** 29 Sport
**sporting** 80 sportlich
**spot** (to ~) orten, ausfindig machen
**spot** 86, 88 Punkt, Platz, Ort, Stelle
**spread** (to ~) aus-/verbreiten
**spring** (to ~) entspringen, federn
**spring** 14 Frühling
**spy** Spion
**squad** Gruppe, Mannschaft, Truppe
**square** (adj.) viereckig
**square** Quadrat, Karree
**squeeze** (to ~) auspressen
**stability** Stabilität
**stable** (adj.) beständig, dauerhaft
**stable** Stall
**staff** Personal, Belegschaft
**stage** Bühne, Plattform; Abschnitt
**stair** 106 Stufe
**stall** (to ~) abwürgen, blockieren
**stamp** (to ~) frankieren, stempeln
**stamp** Briefmarke, Stempel
**stance** Haltung, Einstellung
**stand** (to ~) 40 stehen
**stand** Ausstellungsstand
**standard** Standard
**standing** Niveau, Ruf (positiv)
**star** (to ~) die Hauptrolle spielen
**star** 33 Star, Stern
**stare** (to ~) anstarren
**start** (to ~) 45, 51, 103 beginnen, anfangen
**start** Start, Anfang

**starting** 82 Anfangs-
**starve** (to ~) 31 verhungern
**state** (to ~) behaupten, erklären
**state** Staat, Land, Nation
**statement** Erklärung, Standpunkt
**station** 13 Bahnhof, Haltestelle
**statistical** statistisch
**statue** Statue
**status** 100 Stellung, Status
**stay** (to ~) 50, 88, 94, 96 bleiben, sich aufhalten
**stay** Aufenthalt
**steady** konstant, stetig
**steak** 27, 94 Steak
**steal** (to ~) 105 stehlen, rauben
**steam** (Wasser)dampf
**steel** 83, 93 Stahl
**steep** steil
**stem** Stamm, Stiel, Halm, Stengel
**step** (to ~) schreiten, treten
**step** Schritt, Tritt; Treppenstufe
**stick** (to ~) anheften, ankleben
**stick** Stab, Stiel, Stock
**stiff** steif, starr
**still** 37, 78 immer noch, weiterhin
**stimulate** (to ~) stimulieren, anregen
**stimulus** (An)reiz, Antrieb
**stir** (to ~) ver-/umrühren, mischen
**stitch** Stich
**stock** 52 Aktien, Geschäftskapital
**stomach** 89 Magen
**stone** 12, 41 Stein; (Gewichtseinheit 6,348 kg)
**stop** (to ~) 99 aufhören, anhalten
**storage** Speicher, Lager, Depot
**store** (to ~) speichern, lagern
**store** 86 Geschäft, Laden
**storm** 108 Sturm
**story** 69 Geschichte (Erzählung)
**straight** 67 gerade, aufrecht
**straight away** 67 sofort
**strain** (to ~) belasten, anstrengen
**strain** Belastung, Anstrengung
**strange** seltsam, fremdartig
**stranger** Fremder, Fremdling
**strategy** Strategie
**straw** Stroh(halm)
**stream** Strom, Strahl, Strömung
**street** 30, 96 Straße
**strength** Kraft, Stärke
**strengthen** (to ~) stärken, festigen

**stress** (to ~) betonen, hervorheben
**stress** Betonung, Nachdruck
**stretch** (to ~) (aus)dehnen
**stretch** Ausdehnung, Strecke
**strict** streng, strikt, genau
**strictly** grundsätzlich, genau
**strike** (to ~) schlagen, stoßen
**strike** Schlag, Stoß; Streik
**string** Leine, Schnur, Bindfaden
**strip** (to ~) abziehen, abstreifen
**striped** 106 gestreift
**stroke** (to ~) streicheln
**stroke** Schlag(anfall), Hieb
**strong** 44 stark
**structural** baulich, Bau-
**structure** 110 Struktur
**struggle** Kampf, Anstrengung
**student** 79, 80 Student
**studio** Studio, Atelier
**studio flat** Einzimmer-Apartment
**study** (to ~) 79, 80 studieren
**study** 110 Studium
**stuff (fam.)** 82 Zeug, Sachen
**stupid** 97,109 dumm
**style** Stil, Form, Art
**subject (to be ~ to)** unterliegen, neigen zu, unterworfen sein
**subject** Thema, Fach, Untertan
**submission** Angebot, Vorlage
**submit** (to ~) einreichen, vorlegen
**subsequent** nachfolgend
**subsidiary** Niederlassung, Filiale
**subsidy** Zuschuss, Beihilfe
**substance** Material, Substanz
**substantially** im Wesentlichen
**substitute** (to ~) ersetzen, vertreten
**subtle** raffiniert, ausgetüftelt
**suburb** 22 Vorort
**subway** (Fußgänger)unterführung
**succeed** (to ~) gelingen, glücken
**success** 66 Erfolg
**successful** 51 erfolgreich
**succession** Reihenfolge; Erbfolge
**successive** aufeinanderfolgend
**successor** Nachfolger
**such** 82 solch, solcher/-e/-es
**sudden** plötzlich, überraschend
**suddenly** 102 plötzlich
**sue** (to ~) (ein)klagen, ersuchen
**suffer** (to ~) (er)leiden, (er)dulden
**sufferer** Leidender, Leidtragender

**sufficient** ausreichend, genügend
**sugar** 18, 93, 95 Zucker
**suggest** (to ~) vorschlagen
**suggestion** 93, 96 Vorschlag
**suicide** Selbstmord
**suit** (to ~) 64 sich eignen, recht sein
**suit** 59 Anzug, Kostüm
**suitable** passend, geeignet
**suitcase** Koffer
**suite** Suite, Zimmerflucht; Sitzgruppe
**sum** (to ~) addieren, summieren
**sum** Summe, Betrag
**summary** Zusammenfassung
**summer** 14, 90 Sommer
**summit** Gipfel, Höhepunkt, Spitze
**sun** 9, 108 Sonne
**Sunday** 28 Sonntag
**sunlight** Sonnenlicht
**sunny** 10 sonnig
**sunshine** 106 Sonnenschein
**suntan** 74 Bräune
**super** 11 super, hervoragend
**superb** 96 fantastisch
**superior** qualitativ besser
**supermarket** 53 Supermarkt
**supervise** (to ~) beaufsichtigen
**supervision** Überwachung, Leitung
**supper** 25 Abendessen
**supplement** (to ~) ergänzen
**supplement** Ergänzung, Nachtrag
**supplier** Lieferant, Anbieter
**supply** (to ~) ausliefern, versorgen
**supply** Vorrat, Bestand, Versorgung
**support** (to ~) unterstützen, fördern
**support** Unterstützung, Beistand
**supporter** Unterstützer, Förderer
**suppose** (to ~) 58, 88, 99 vermuten
**supposed** angeblich, vermeintlich
**suppress** (to ~) abschaffen
**supreme** höch-/oberster/-e/-es
**sure** 17, 33, 68, 86, 87 sicher, natürlich, selbstverständlich
**surely** bestimmt, sicher, sicherlich
**surface** (Ober)fläche
**surgeon** 44 Chirurg
**surgery** 71 Operation; Arztpraxis
**surname** Nachname
**surplus** Überschuss, Rest
**surprise** (to ~) überraschen
**surprise** Überraschung, Verblüffung
**surround** (to ~) umgeben

**survive** (to ~) 74 überleben
**swallow** (to ~) (ver)schlucken
**swear** (to ~) 95 schwören
**sweat** 89 Schweiß
**sweater** 59, 76 Pullover
**sweatshirt** 59 Sweatshirt
**sweep** (to ~) fegen, kehren
**sweet** 65, 95 süß
**swim** (to ~) 39 schwimmen
**swimming** 29 Schwimmen
**swing** (to ~) schaukeln, schwenken
**swing** Schaukel, Schwung
**switch** (to ~) um-/ein-/ausschalten
**switch** (Um-)schalter
**symbol** Symbol, Zeichen
**symbolic** symbolisch, sinnbildlich
**sympathy** Verständnis, Mitgefühl
**symptom** Krankheitserscheinung
**system** System
**systematic** systematisch, planmäßig

# T

**table** 26, 106 Tisch
**tablet** Tablette; (Schreib)tafel
**tackle** (to ~) angehen, anpacken
**tactic** Taktik, Vorgehensweise
**tactless** 97 taktlos
**tag** Marke, Kennzeichen
**tail** Schwanz (Tier)
**take** (to ~) 29, 58, 64, 72, 85 nehmen, dauern, bringen
**take care** (to ~) 83 aufpassen
**take down** (to ~) 110 herunternehmen
**takeaway** 86 Imbissstube mit Gerichten zum Mitnehmen
**takeover** Übernahme, Aufkauf
**tale** Erzählung, Fabel, Geschichte
**talent** Talent, Begabung
**talented** 23 talentiert, begabt
**talk** (to ~) 40, 94, 97, 99 sich unterhalten, miteinander sprechen
**talk** Gespräch, Unterhaltung
**tall** 41, 102 groß, hochgewachsen
**tap** (to ~) klopfen, antippen
**tap** (Wasser)hahn
**tape** Band, Streifen; Tonband
**target** (to ~) abzielen auf, planen
**target** Ziel(scheibe), Zielsetzung
**tariff** Tarif, Preisliste

**task** Aufgabe, Arbeit, Funktion
**taste** (to ~) 103 probieren, kosten
**taste** 32 Geschmack
**tax** (to ~) besteuern, belasten
**tax** 43 Steuer
**taxation** Besteuerung, Steuerveranlagung
**taxpayer** Steuerzahler
**tea** 15, 92 Tee
**teach** (to ~) 22 unterrichten, lehren
**teacher** 5 Lehrer
**teaching** Lehrtätigkeit
**team** 102 Mannschaft, Team
**team up** (to ~) 102 sich zusammentun
**tear** (to ~) (zer)reißen, zerren
**tear** Träne
**technical** technisch
**technique** Arbeitstechnik, Methode
**technological** technologisch
**technology** Technologie, Technik
**teenage** 103 Teenager-, Jugend-
**telephone** (to ~) anrufen
**telephone** Telefon
**television** 45 Fernsehen, Fernseher
**tell** (to ~) 9, 58, 78 erzählen, sagen
**telly** 45, 94 Fernseher, Glotze
**temper** Temperament, Gemütsart
**temperature** 39 Temperatur
**temple** Tempel; Schläfe; Brillenbügel
**temporary** vorübergehend
**tempt** (to ~) reizen, locken
**temptation** 93 Versuchung
**ten** 9 zehn
**tenant** Mieter, Hausbewohner
**tend** (to ~) neigen zu
**tendency** Neigung, Veranlagung
**tender** zärtlich, weich
**tension** (An)spannung
**tent** Zelt
**tenth** 10 zehnter/-e/-es
**term** Dauer; Amtszeit; Fachausdruck
**terminal** Endbahnhof; Flughafengebäude; Arbeitsplatz (PC)
**terrace** Terrasse; Abstufung
**terrible** 10, 90, 100 schrecklich
**terribly** 87 furchtbar
**territory** (Hoheits)gebiet, Bereich
**terror** Terror, Schrecken
**test** (to ~) testen, (aus)probieren
**test** Test, Versuch; Klassenarbeit

**text** Text; Wortlaut
**textile** Gewebe, Textilie
**than** als (vergleichend)
**thank** (to ~) 17 (be)danken
**Thank heavens!** 97 Gott sei Dank!
**thank you** 17 danke
**thanks** 99 danke, Dank
**that** 8 dieser/-e/-es da
**the** 30 der, die, das
**theatre** 25 Theater
**theft** Diebstahl
**their** 11 ihr, ihre
**theme** (Leit)motiv, Thema
**then** 32, 93, 100 dann, danach
**theoretical** theoretisch
**theory** Theorie
**therapy** Therapie
**there** 10 dort
**there is/are** 12 es gibt dort
**thereafter** danach, sodann
**thereby** dabei, dadurch
**therefore** deshalb, deswegen
**these** diese (Plural)
**thesis** Diplom-/Haus-/Doktorarbeit
**they** 2 sie (3. Pers. Pl.)
**thief** Dieb
**thigh** Oberschenkel
**thin** 44 dünn
**thing** 19, 82, 87, 96 Ding, Sache
**think** (to ~) 33, 67 denken, glauben
**third** 3 dritter/-e/-es
**thirsty** 15 durstig
**thirteenth** 13 dreizehnter/-e/-es
**thirty** 14 dreißig
**this** 3 dieser/-e/-es hier
**thoroughly** 109 voll und ganz
**those** 24 jener/-e/-es dort
**though** 61 obwohl
**thought** Gedanke, Überlegung
**thousand** 34, 100 tausend
**thread** Faser, Faden, Garn
**threat** (Be)drohung, Gefahr
**threaten** (to ~) (be)drohen
**three** 12 drei
**throat** 71 Hals, Kehle, Rachen
**through** 76 (hin)durch
**throughout** durchgehend, immer
**throw** (to ~) werfen, schleudern
**thumb** 27 Daumen
**Thursday** 28 Donnerstag
**thus** so, auf diese Weise

**ticket** 30, 109 Eintrittskarte; Schein
**tide** Gezeiten, Tide
**tie** (to ~) binden, bündeln, schnüren
**tie** (Ver)bindung, Beziehung; Schlips
**tight** eng, dicht, knapp, stramm
**tighten** (to ~) festziehen, spannen
**till** (= **until**) 53, 108 bis
**till** (Laden)kasse
**timber** (Nutz)holz
**time** (to ~) einplanen, festlegen
**time** 30, 39, 57, 88, 89 Zeit, Zeitdauer, Periode; mal
**time** (**in** ~) 99 rechtzeitig
**timetable** (Fahr-/Zeit-/Stunden-)Plan
**tin** Zinn; Blechdose
**tiny** 11 winzig
**tip** (to ~) Trinkgeld geben; kippen
**tip** Trinkgeld
**tire** (to ~) 88 ermüden
**tired** 85, 88, 100, 102 müde
**tiring** 88 ermüdend
**tissue** Gewebe, Stoff; Taschentuch
**title** Titel, Überschrift; Besitzrecht
**to** zu
**tobacco** Tabak
**today** 31, 100 heute
**toe** Zeh
**together** 66, 92 zusammen
**toilet** 54 Toilette
**tomato** 94 Tomate
**tomorrow** 53 morgen
**ton** (= **2,000 pounds**) 86 1.016 kg
**tone** Farbton, Farbtiefe; Klang(farbe)
**tongue** Zunge
**tonight** heute Abend, heute Nacht
**tonne/metric ton** Tonne (1.000 kg)
**too** 11, 52, 67 zu (+ Adj.); auch
**too many/much** 32 zu viele/viel
**tool** Werkzeug; Hilfsmittel
**tooth** (Pl. **teeth**) 28, 92, 101 Zahn
**toothache** 71 Zahnschmerzen
**toothbrush** 92 Zahnbürste
**top** 83, 88, 108 Spitze
**top** (to ~) überragen, übersteigen
**top deck** 108 Oberdeck
**topic** Thema, Oberbegriff
**toss** (to ~) schleudern, schütteln
**total** (adj.) vollständig, völlig
**total** Gesamtmenge/-betrag, Summe
**totally** vollkommen, ganz und gar
**touch** (to ~) 73 berühren

**touch** Berührung, Kontakt
**tough** rauh, hart, robust, grob
**tour** (to ~) 73 umherreisen
**tour** (Rund-)Fahrt/Gang, Ausflug
**tourism** Tourismus
**tourist** 50, 86, 96 Tourist
**touristy** 74, 90 touristisch
**tournament** Turnier, Wettkampf
**towards** nach, zu, entgegen
**towel** 106 Handtuch
**tower** Turm, Mast
**town** 4, 86, 96 Stadt
**toy** Spielzeug
**trace** (to ~) aufspüren
**trace** Spur, Verfolgung
**track** Weg, Spur, Kurs, Fährte
**trade** (to ~) handeln, Handel treiben
**trade** Handel, Branche, Geschäft
**trader** Händler, Kaufmann/-frau
**trading centre** 100 Handelszentrum
**tradition** Brauchtum
**traditional** traditionell
**traffic** 34 Verkehr
**traffic jam** 61, 108 Verkehrsstau
**traffic lights** 76, 99 Ampel
**tragedy** Tragödie, Trauerspiel
**tragic** tragisch
**trail** (to ~) hinter sich herziehen
**trail** Spur, Pfad, Wanderweg
**train** (to ~) 81 ausbilden, schulen
**train** 22 Zug
**trainer** Ausbilder, Schulungsleiter
**training** 79 Lehrgang, Schulung
**transaction** Geschäftsvorgang
**transfer** (to ~) übermitteln
**transfer** Übergabe, Überweisung
**transform** (to ~) um-/verwandeln
**transformation** Verwandlung
**transition** Übergang, Überleitung
**translate** (to ~) übersetzen
**translation** Übersetzung
**transmission** Übertragung
**transmit** (to ~) übermitteln
**transport** (to ~) befördern
**transport** Transport, Beförderung
**trap** (to ~) (ein)fangen (i. d. Falle)
**trap** 86 Falle
**travel** (to ~) 48 reisen
**travel** 51, 102 Reise
**traveller** Reisender
**tray** Tablett, Fach, Ablage

**treasure** Schatz, Kostbarkeit
**treat** (to ~) behandeln, bearbeiten
**treatment** Behandlung, Handhabung
**treaty** Abkommen, Vertrag
**tree** 106 Baum
**tremble** (to ~) (er)zittern, bangen
**trend** Tendenz, Neigung, Verlauf
**trial** Versuch, Test, Probe
**tribe** (Volks)stamm, Sippe
**tribunal** Gericht, Gerichtshof
**tribute** Tribut, Abgabe, Anerkennung
**trick** List, Streich, Kunstgriff
**trigger** (to ~) auslösen, abdrücken
**trigger** Auslöser; Abzugshahn
**trip** (to ~) trippeln, stolpern
**trip** 74, 107 Kurzreise
**triple** 57 dreifach, dreimal
**triumph** Triumph, Sieg
**troop** Truppe, Schar
**tropical** tropisch
**trouble** Ärger, Schwierigkeit, Unruhe
**trousers** 54 Hose
**truck** (AE) LKW
**true** 92, 95 wahr, echt
**truly** wirklich, aufrichtig, wahrhaftig
**trust** (to ~) vertrauen auf
**trust** Treuhandges.; Vertrauen
**truth** 102 Wahrheit
**try** (to ~) 27, 64, 81, 88 versuchen, (an/aus)probieren
**try** Versuch
**tube** Rohr, Röhre, Schlauch
**Tube** (the ~) 34 Londoner Metro
**tuck** (to ~) falten, stecken, verstauen
**Tuesday** 28, 88 Dienstag
**tune** Lied, Melodie
**tunnel** Tunnel
**turn** (to ~) 36, 55, 83 drehen, wenden
**tutor** Studienleiter, Betreuer
**TV** Fernsehen
**twelve** 9, 12 zwölf
**twenty** 14 zwanzig
**twice** 50 zweimal, doppelt
**twin** (adj.) doppelt, Doppel-
**twin** Zwilling
**twist** (to ~) (ver)drehen, biegen
**two** 9 zwei
**type** 104 Typ, Art, Sorte
**typical** 80 typisch
**typically** üblicherweise
**tyre** Autoreifen, Bereifung

## U

**ugly** (adj.) hässlich
**ultimate** letzter/-e/-es; äußerer/-e/-es
**ultimately** letztendlich, schließlich
**umbrella** (Regen-/Sonnen-)Schirm
**unable** unfähig, nicht in der Lage
**unacceptable** unzumutbar
**uncertain** unsicher, ungewiss
**uncertainly** ungewiss
**uncle** 50 Onkel
**uncomfortable** ungemütlich
**under** 106 unter
**underclothes** 76 Unterwäsche
**undergo** (to ~) durchleben, erdulden
**Underground** 34 Metro, U-Bahn
**underline** (to ~) unterstreichen
**underlying** grundlegend
**undermine** (to ~) untergraben
**underneath** 76 unterhalb
**underpass** Straßenunterführung, Fußgängertunnel
**understand** (to ~) 34 verstehen
**understanding** Verständigung
**undertake** (to ~) unternehmen
**undertaking** Unternehmung
**underwater** 76 Unterwasser-
**underwear** Unterwäsche
**undoubtedly** ohne Zweifel
**unemployed** arbeitslos
**unemployment** Arbeitslosigkeit
**uneventful** 92 ereignislos
**unexpected** unerwartet, unverhofft
**unfair** unfair, ungerecht
**unfortunately** leider
**unhappy** 51 unglücklich
**uniform** (adj.) einheitlich
**uniform** 40 Uniform
**union** Bund; Gewerkschaft
**unique** einzigartig, einmalig
**unit** (Maß)einheit, Element; Gerät
**unite** (to ~) (ver-)einen/einigen
**united** vereint, vereinigt
**universal** weltweit, allgemeingültig
**universe** Universum, Weltall
**university** 80, 90, 107 Universität
**unknown** unbekannt
**unless** 62 es sei denn
**unlike** anders als, im Gegensatz zu
**unlikely** unwahrscheinlich
**unlimited** 104 unbegrenzt

**unnecessary** unnötig
**unpleasant** unangenehm
**until** 53 bis
**unusual** ungewöhnlich
**up** 10 nach oben, oben
**up to (to be ~)** 36 etw. machen
**update** Aktualisierung, Update
**upon** an, auf, darauf
**upper** oberer/-e/-es; höherer/-e/-es
**upset** aufgebracht, überrascht
**upstairs** 106 (nach) oben; im OG
**upwards** (adv.) aufwärts
**urban** städtisch, Stadt-
**urge** (to ~) (be)drängen, antreiben
**urgent** dringend, dringlich, akut
**US (the ~; the United States)** USA, Vereinigte Staaten
**use** (to ~) 81 benutzen, verwenden
**use** Gebrauch, Verwendung, Einsatz
**used** abgenutzt, verbraucht
**used (to be ~ to)** pflegen etw. zu tun
**used (to get ~ to)** sich gewöhnen an
**useful** 110 nützlich
**useless** nutzlos, sinnlos, unnütz
**user** Benutzer, Anwender
**usual** 25, 82 gewöhnlich, normal
**usually** 25, 31 normalerweise
**utility** Nützlichkeit, Hilfsprogramm
**utterly** völlig, vollkommen
**U-turn** 85 Drehung, Kehrtwende

# V

**vague** unbestimmt, unsicher
**valid** 104 gültig
**valley** Tal
**valuable** wertvoll, kostbar
**value** (to ~) einschätzen, taxieren
**value** Wert, Nutzen
**value added tax (VAT)** MWSt.
**van** 85 Lieferwagen
**vanish** (to ~) verschwinden
**variation** Schwankung, Abweichung
**variety** Vielfalt
**various** verschieden(artig)
**vary** (to ~) variieren, wechseln
**vast** enorm, unermesslich, riesengroß
**VAT (value added tax)** MWSt.
**vegetable** 95 Gemüse
**vegetarian** 91, 94, 95 Vegetarier
**vein** Ader, Vene

**venue** Veranstaltungsort, Treffpunkt
**verb** 110 Verb
**verdict** Bescheid, Urteil(sspruch)
**verse** Lyrik, Vers, Strophe
**version** Version, Fassung
**vertical** vertikal, senkrecht
**very** 3 sehr, äußerst, wirklich
**vessel** Behälter, (Hohl)gefäß; Schiff
**via** 48 über, per
**victim** (Schlacht)opfer
**victory** Sieg
**video** 29, 86 Video
**view** (to ~) anschauen, betrachten
**view** 11, 87, 96 Aussicht, Ausblick
**viewer** Betrachter, Zuschauer
**village** 23 Dorf
**vinegar** 17 Essig
**violence** Gewalt(tätigkeit)
**violent** gewalttätig, heftig
**virtual** virtuell
**virtually** praktisch, nahezu, fast
**virtue** Tugend, Vorteil, Vorzug
**virus** Virus, Erreger
**visible** sichtbar, erkennbar
**vision** Sicht; Vorstellung; Sehkraft
**visit** (to ~) 38, 75, 101 besuchen
**visit** 88, 90 Besuch
**visitor** 96 Besucher
**visual** bildlich, optisch, visuell
**vital** wesentlich, entscheidend
**vitamin** Vitamin
**vocabulary** 110 Wortschatz
**vocational** 80 beruflich, Berufs-
**voice** Stimme, Mitspracherecht
**volume** Lautstärke; Umfang; Band
**voluntary** freiwillig, vorsätzlich
**volunteer** Freiwilliger
**vote** (to ~) 43 wählen,(ab)stimmen
**voter** Wähler
**vowel** Vokal, Selbstlaut
**vulnerable** verletzlich, verwundbar

# W

**wage** Lohn
**waist** Taille, Bauch
**wait** (to ~) 26, 58, 83, 85, 99 warten
**wait** 62, 79 Wartezeit, Warten
**waiter, waitress** 26 Kellner, Kellnerin
**wake** (to ~) auf-/erwachen

**walk** (to ~) laufen, gehen, spazieren
**walk** 86 Spaziergang
**wall** Mauer, Wand
**wallet** 109 Brieftasche
**wander** (to ~) 102 bummeln
**want** (to ~) 37, 94, 101 wollen
**war/world~** Krieg/Weltkrieg
**wardrobe** 54 Kleiderschrank
**warehouse** Warenlager, Depot
**warm** (adj.) warm
**warm** (to ~) (sich) erwärmen, aufheizen
**warmth** Wärme
**warn** (to ~) (vor)warnen, (ab)mahnen
**wash** (to ~) 59, 106 sich waschen
**washing** (BE) 92 Wäsche, Waschen
**washing up** 103 Abwasch
**waste** (adj.) überschüssig, überflüssig; öde
**waste** (to ~) 89 verschwenden
**waste** 89 Müll, Abfall
**watch** (to ~) 40, 75, 94, 103 beobachten, ansehen (Film/TV)
**watch** 40 Armbanduhr
**water** 65 Wasser
**wave** (to ~) flattern, wehen, winken
**wave** 110 Welle
**way** 13, 60 Weg, Mittel, Methode
**we** 4 wir
**weak** schwach, matt, flau, dünn
**weaken** (to ~) (ab)schwächen
**weakness** Schwäche, Flaute
**wealth** Vermögen, Wohlstand
**weapon** Waffe
**wear** (to ~) 40, 97 tragen (Kleidung)
**weather** 10, 83 Wetter
**web** 79 Netz
**web café** 86 Internet-Café
**web site** 84 Internet-Seite
**wedding** Hochzeit
**Wednesday** 28 Mittwoch
**week** 19, 82, 97, 103 Woche
**weekend** 25 Wochenende
**weekly** (all)wöchentlich
**weigh** (to ~) 41, 93 (ab)wiegen
**weight** 93, 105 Gewicht
**welcome** (to ~) jdn. willkommen heißen
**welcome** 67, 78 willkommen
**welfare** Wohlfahrt, Fürsorge, Sozialhilfe

**well** (adv.) 1 gut
**well** Brunnen
**well** 45, 85, 68, 79, 81 nun, naja
**well-known** 69 bekannt
**Welsh** 6 walisisch, Waliser
**west** 12, 83 Westen
**western** westlich, West-
**wet** 10, 82 nass
**whale** Wal
**what** 3 was, welcher/-e/-es
**what's more** 97 darüber hinaus
**whatever** was auch immer
**wheel** (Lenk)rad, Radfelge
**when** wann
**whenever** wann auch immer
**where** 2, 92, 101 wo
**whereabouts** 90 wohin, woher
**whereas** indessen, während
**wherever** egal wo, wo auch immer
**whether** 96, 107 ob
**which** 4 welche/~r/~s, der, die, das
**while** 83, 104, 106 während
**while** 87 Weile, Moment
**whilst** (formal) solange, während
**whisper** (to ~) flüstern, raunen, tuscheln
**white** 18 weiß, Weiß
**who** 5 wer, der, die, das (Rel.pron.)
**whoever** egal wer, wer auch immer
**whole** 55, 110 ganz, vollständig
**wholly** gänzlich
**whom** wem, wen
**whose** 46, 90 wessen, deren, dessen
**why** 5, 86 warum
**wide** (adj.+adv.) 69, 101 breit
**widen** (to ~) ausweiten, erweitern
**widespread** weitverbreitet
**widow** Witwe
**width** Breite, Weite, Querschnitt
**wife** 23 Ehefrau
**wild** wild
**will** (modal verb) werden
**will** Wunsch, (letzter) Wille, Testament
**win** (to ~) 33, 107 gewinnen
**win** Sieg, Gewinn
**wind** Wind
**window** 55 Fenster, Schalter
**wine** 26, 27, 95 Wein
**wink** (to ~) 71 blinzeln

**wink** 108 Blinzeln
**winner** Gewinner, Sieger
**winning** Gewinnung, Abbau
**winter** 14 Winter
**wipe** (to ~) ab-/auswischen, abtrocknen
**wire** Draht, Leitung, Kabel
**wisdom** (~**tooth**) 75 Weisheit (-zahn)
**wise** 75 vernünftig, klug, weise
**wish** (to ~) 85 wünschen
**wish** Wunsch, Anliegen
**with** 9 mit
**withdraw** (to ~) streichen
**withdrawal** Rückzug, Abbruch
**within** innerhalb, im Rahmen
**without** 32 ohne
**witness** (to ~) bezeugen, miterleben
**witness** Zeuge
**woman** 22, 90 Frau
**wonder** (to ~) 87, 101, 107 sich fragen
**wonder** Wunder, Verwunderung
**wonderful** 58, 95, 110 wundervoll
**wood** Holz
**woodland** Waldgebiet, -land
**wool** 64 Wolle
**word** Wort, Ausdruck, Versprechen
**work** (to ~) 22, 85, 97 arbeiten; funktionieren
**work** 2, 78, 92 Arbeit
**worker** 83 Arbeiter
**working** berufstätig, arbeitsfähig
**working class** 34 Arbeiterklasse
**workshop** Arbeitstagung, Werkstätte, Betrieb
**workstation** 81 PC-Arbeitsplatz
**world** 88, 100 Welt
**worried** 55, 59 beunruhigt, besorgt
**worry** (to ~) 27 sich beunruhigen
**worse** 72, 99 schlimmer, schlechter
**worthwhile** lohnend, erstrebenswert
**would** würde
**wound** Wunde
**wrap** (to ~) einpacken, ein-/umwickeln
**wrist** Handgelenk
**write** (to ~) 23 schreiben
**writer** 51, 100, 110 Schriftsteller, Verfasser, Autor

**written** geschrieben, schriftlich
**wrong** 16, 33, 59, 96 falsch, unrecht

## X

**x-ray** (to ~) röntgen, durchleuchten

## Y

**yard** Garten, Hof
**yeah!** Ja! Klar!
**year** 9, 79, 88, 89, 92, 100 Jahr
**yellow** 41 gelb
**yes** ja
**yesterday** 53 gestern
**yet** 43, 93, 94, 99 noch nicht
**yield** (to ~) zum Resultat haben, führen zu
**yoghurt** 78 Joghurt
**you** 2 du, Sie, ihr
**young** 9, 102, 103 jung; junger Mensch
**youngster** Jugendlicher
**your** 3 dein, deine, Ihr, Ihre, euer, eure
**yours** 46 deiner, deine, Ihrer, Ihre, euerer, eure
**youth** Jugendlicher, Jugend

## Z

**zero** null
**zip** Reißverschluss
**zone** Zone, Gebiet